1985年夏，和学生赵刚在山坡小树林里摔跤

1985年在乐山一中工作时，指导学生在郊外写观察作文

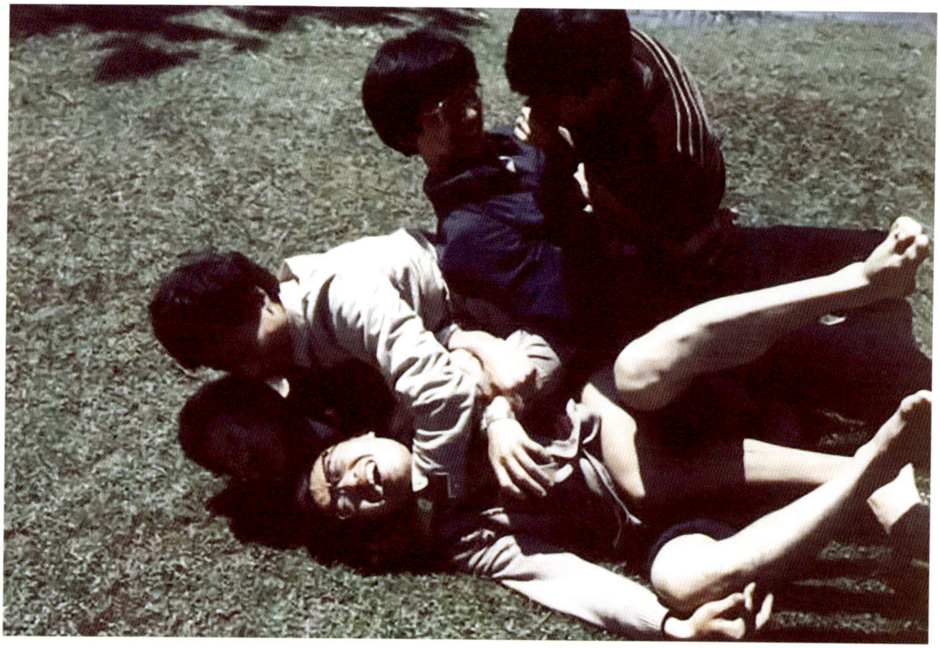

1989年春天，和学生在草地上嬉戏

1994年12月，指挥学生大合唱

1995年12月，和学生在公园

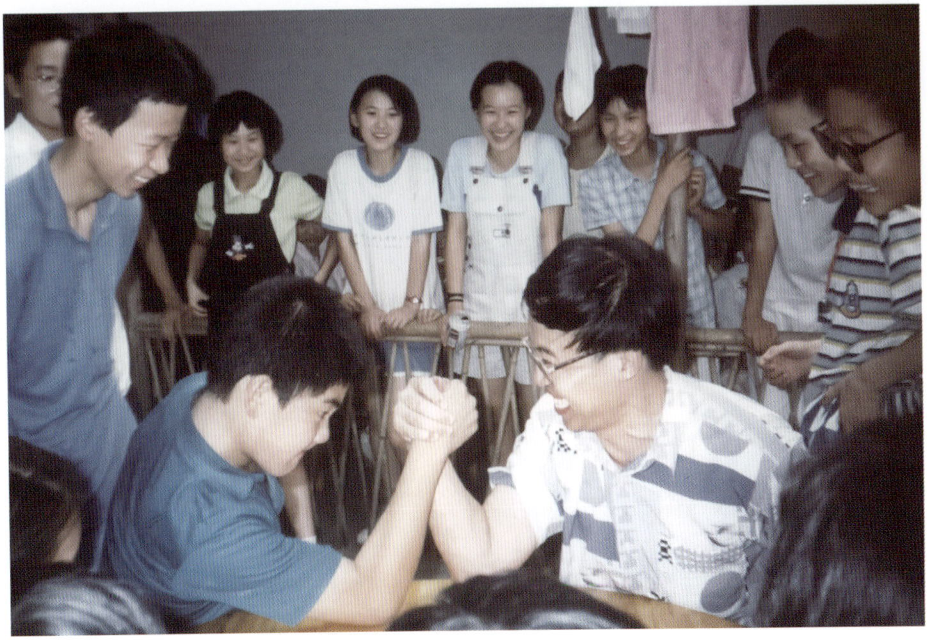

1998年夏天，和学生扳手腕

2001年，师从朱永新先生读博

2004年，在成都市盐道街外语学校时，和高一新生在学校草坪上

2004年春天，在南开大学讲学

2005年春天，郊游途中

2007年8月，在武侯实验中学的马克思语录碑前

2009年，在武侯实验中学和孩子们一起做游戏

2013年5月，在武侯实验中学的课堂上

2013年11月，在课堂上和学生交流对话

2013年11月，在学校为初三学生上课

2014年秋天，和学生在校园

LI ZHENXI

李镇西教育文集

做最好的班主任

李镇西◎著

漓江出版社
·桂林·

目录

序：永远的班主任

我要感谢李镇西老师，因为他让我成为他的著作《做最好的班主任》的第一个读者；我还要感谢李镇西老师，因为他信任我，让我为他的作品写序。其实我自认为我写序是不适宜的，但我们是朋友，不能推辞。

“序”是可以不要题目的，但我常常为许多班主任动人的事迹所感动，我想到用《永远的班主任》这个题目，借此表达我对所有班主任朋友的敬意。

李镇西老师是很多班主任都熟悉的，很多班主任老师读过他的书，或者听过他的报告，这里，我没有必要诉说他的爱心育人、教育民主、教育责任等动人的教育故事。对这些特有的李镇西教育精神的描述，在这里没有必要重复了。我只说我读了眼前这本《做最好的班主任》以后的一些想法。

教育不能没有爱，但爱不等于教育。教育需要爱，教育还需要智慧。李老师的教育智慧是从哪里来的，读了这本书我在思考。以往我读过李老师的一些书，我常常为他的一些别出心裁的教育设计、教育艺术所打动，例如他向学生索要教师节的“特别礼物”，例如他创意编写的“班级史册”……所有这些，都是李老师教育智慧的表现。为什么李老师有这些教育智慧，这些教育智慧是从哪里来的？我认为最主要、最根本的是来自他对学生、对教育事业的热爱。爱因斯坦说过“热爱是最好的老师”。李镇西爱学生、爱教育事业，他以融入学生当中为快乐，他以从事教育劳动为幸福。当他做着自己感到快乐的事，就会以饱满的热情投入其中，他的内在积极性便被充分地调动起来，他的心理潜能便被激发出来，他的教育才能便很好地发挥出来。而当他的工作取得成就以后，当他得到学生们的爱戴以后，他享受着学生们给予的关爱，体验着教育劳动的幸福，并从中受到莫大的鼓舞，而这些又激励着他更进一步发挥他的智慧，如此往复，形成了一个良性循环。

李老师的教育智慧来自他的教育实践。这与上面所说的爱心是一致的。

上面所说他对学生、对事业的爱，必然表现于他的教育实践，他爱自己的事业，爱班主任的教育实践。于是，教育实践成了他教育智慧的又一个源泉。获得教育智慧需要学习教育理论知识，但仅仅学习理论知识未必就能增长智慧。获得教育智慧还应当直接实践，学习理论不能代替在实践中的感受、体验、领悟。他认为班主任工作是一项富于实践性、理论性与开拓性的科学事业。他愿意永远做一个班主任。多年来他从自己的班主任实践中学习，也从他人的教育实践中学习，这样他对班主任工作更加娴熟，也更加理性化、艺术化，教育智慧也得到更好的发挥。

优秀班主任之所以优秀，重要的因素是他们热爱事业，坚持实践。魏书生老师做了校长、做了书记，还是要当两个班的班主任，即使做了教育局局长还要兼做班主任。任小艾老师说，她开始工作时，每当“看到人家班主任给学生组织活动，快快乐乐的，心里就羡慕得不得了。我感到一个教师如果不当班主任，就不能算是真正意义上的教师”。有一天，她“实在憋不住了，去找教导主任请战：要求当班主任”。李镇西老师做了多少年的班主任都没有做够，似乎对做班主任有瘾。他到成都市盐道街中学外语学校任副校长，一去就对校长说：“请给我一个班，让我做班主任。”于是他做副校长的同时，还担任班主任。现在他在成都市武侯实验中学做校长了，还担任了三个班的副班主任。对他来说，即使做个副的也好。这样的事例很多。我的一位年轻的班主任朋友，很喜欢自己的工作，做得很出色，先后仅做过四年班主任，就被评为区里优秀班主任。后来学校没有让他继续当班主任，只教数学，开始他也认了。但过了两年，他还是要求做班主任。这些班主任的执着精神，能不令人敬佩吗？做班主任似乎成为他们的“嗜好”，都希望永远做班主任。因为做班主任可以与学生生活在一起，能感受到快乐，享受幸福；因为班主任能通过自己的教育实践增长才干，有充实感、成就感。当然，各个优秀的班主任的教育境界有各自的特点，但有一个共同点：他们都爱学生、爱事业，都有一种执着精神，都希望永远做班主任。

李镇西老师提出的“做最好的班主任”，这与班主任专业化的精神是一致的。我们每个人都应当追逐自己设定的目标，快乐地、充分地发挥自己的潜能，“做最好的自己”。做最好的班主任和班主任专业化，是班主任自我发展的目标，也是班主任自我持续努力的过程。这是一个没有止境的过程。某个阶段的发展目标实现了，又有新的目标在前面。而做最好的班主任、班主任专业化，都是永远的追求。永远的班主任需要永远地学习。李镇西老师拿到博士学位以后，仍然继续当班主任，仍然孜孜不倦地学习，坚持每天写随笔。社会不断前进，教育实践和教育理论不断发展，永远的班主任，需要永远地学习。

我完全相信，痴迷于班主任的朋友，即使年老退休了，班主任的情结还是永存的。

学习李镇西老师的这本书，收获颇多，上面讲的只是一些感想。当然，书中的某些提法，也是可以再思考、再推敲的。

李镇西老师的书所阐述的几个问题，也是班主任们遇到过的问题。因此这本书是来自实践的书，是符合班主任需要的书。

李镇西老师的书，并非用理论阐述、理论论证的方式告诉人们怎样做班主任，而主要是通过记述自己如何做班主任的教育故事来说明问题。读了这些教育故事，也就学习了有关的教育理念。这样的表达方式是会受到广大班主任的欢迎的。学习李镇西老师，学习他成功的经验，学习他的具体方法是必要的，但是我以为最重要的、最根本的是要学习李镇西老师的教育理念，学习他的教育境界、教育精神：热爱、民主、责任。我们的教育精神境界提高了，也会创造出美丽动人的教育故事来。

我相信班主任朋友们会这样做的。

我们期盼着李老师为我们创造出更多更好的教育故事！

班华

2007 年 11 月 25 日

（作者为中国教育学会教育学分会德育专业委员会主任委员，南京师范大学教育科学学院教授、博士生导师）

在办公室

第一辑 班主任的专业素养

班主任的幸福源于何处?

享受职业，赢得尊严，学生爱戴，同行敬佩，家庭幸福，衣食无忧，超越自己。

班主任应该有怎样的素养?

有童心，有爱心，有责任心；是专家，是思想家，是心理学家。

第一节　做班主任，让我的生活如此精彩

你愿意做班主任吗

你愿意做班主任吗？

如果就此对所有老师做个调查，有多少老师能够由衷地做出肯定的回答呢？

我可以坦然说：我真的非常愿意做班主任！

2004 年 3 月，应我的请求，成都市教育局决定将我从成都市教科所调往学校，出任成都市盐道街中学外语学校的副校长。一到学校，我就对谢丹琦校长说："请给我一个班，让我做班主任。"半年后，我如愿接手了一个高一新班。日子一下回到了从前，我和学生一起早读，然后是备课、上课、找学生谈心、接待家长、批改学生作文、看学生随笔……每天的生活平凡、琐碎、忙碌而又充实。因为我每天都在实践着，思考着，感动着，幸福着。

这事在我的朋友中引起了反响，特别是在网络上，许多老师纷纷发帖夸我"太高尚了""境界就是不一样"。我赶紧声明："我只是想做我感兴趣的事，谈不上高尚！"结果，又被人赞美为："李老师真谦虚！"去年，我又来到一所带有乡村学校性质的初中出任校长，并且担任三个班的副班主任，于是又引来了一片喝彩声。直到最近，还有一位名叫杨智慧的湖南老师在网上发表题为《教师的境界》的文章，说我对教育具有"殉道"的精神——

> 他们对教育的痴情不在于建立一家之言，更不在于成名成家，只想把对教育的热情播撒到更多的人中间，让更多的学生能够在快乐自由的教育土壤上健康成长；他们为教育做出了常人无法理解的选择，不为名，更不为利，教育是他们终身的情人，为了心中的教育理想，他们抛弃了应该拥有的舒适，拒绝了应该占据的地位，远离了应该获得的声誉。在此，我不禁又想起了李镇西，他从乐山一中拼杀到成都石室中学，从石室中学挤进成都教研

室，又从成都教研室攻到苏州大学博士学位，这符合“人往高处走”的追求规律，他至少是成就了专家境界的教师。按理说，他还可以不断向高处攀登，至少可以在高等师范教育领域占有很重要的学术地位，但是，这时候，他却开始“向低处走”了，从成都教研室到盐道街外语学校，既当班主任又任课还管教学，自讨苦吃而又心力交瘁着，接着从盐道街来到了更艰苦的武侯实验中学——一个城郊的初级中学。或许很多人读不懂他的选择，其实，他才是一个超凡脱俗的追梦者，“教育”就是他心中的“梦”，心中的“道”，他是一个敢为教育“殉道”的人，一个敢做教育“清教徒”的人，应该是殉道境界的典型教师。

我看了之后，在后面跟帖道——

真诚谢谢杨老师对我的鼓励！

但我决不接受所谓“殉道境界”，因为我所做的一切和什么什么道德无关，和什么什么境界无关，和什么什么精神无关！

只和兴趣有关。

居里夫人几天几夜废寝忘食地提炼镭，人们赞美她富有牺牲精神，有顽强的毅力，但却不知道如此废寝忘食，恰恰是居里夫人最幸福的时候。不让她享受这种幸福，才需要坚强的毅力呢！

以上说法，绝对发自内心，和谦虚一点关系都没有。

的确如此，我是发自内心地愿意做班主任，因为20多年的班主任生涯，赋予我无与伦比的快乐。

孩子们是我永远的青春礼物

这年5月4日，二十年前毕业的学生邀请我聚会。阔别多年，我又和学生们聚在了一起。这些学生离开我的时候是十五六岁，现在已经三十五六岁了。如果是在大街上猛一见到，我可能会认不出来，但和他们聊了几句，我就觉得他们一点儿都没变。特别是当他们聚精会神听我说话的时候，那神态，那眼光，一下便暴露了他们当年拥有并一直保存到现在的纯真，而我一下便回到了二十年前的课堂上。

我和他们拉家常的时候，自然会问“孩子多大了”“爱人是做什么的”之类的问题，但我说出这些话的时候觉得特别别扭，因为他们在我眼中老摆脱不了初中生的样子，我怎么能够对一个初中生问这些问题呢？我又摇摇头，仔细想想，哦，人家都已经长大成人了！

多年不见，我们自然有说不完的话。学生们回忆我带他们去野外玩儿，还有那一次毕业篝火晚会，还有上街搞勤工俭学，还有我每学期给他们读的书（他们还记得有《青春万岁》《爱的教育》以及刘心武等文学家的报告文学作品），还有每天课堂上的一分钟演讲，还有……

邱梅影说：“李老师，我女儿读小学，老师要求他们读《爱的教育》，我一下想到了我读书的时候，你给我们朗读《爱的教育》。”

赵刚说：“李老师，也许正是因为有了你，《爱的教育》才有了现在这么多的读者！”

我说：“也许吧！至少我是改革开放后，最早向学生推荐《爱的教育》的老师。而且最近有出版社出版《爱的教育》时，还请我写序呢！我很自豪！”

彭可佳不停地向我“请教”各种家庭教育问题，她儿子已经六岁，特别调皮，是让儿子今年就读小学呢，还是让他再推迟一年读小学，她拿不准主意。我说：“就今年入学！推迟一年，你儿子也不见得就不调皮了。男孩子嘛，调皮是很正常的。”

她又问儿子是否适合读寄宿制学校，我斩钉截铁地说：“不行！父母和孩子朝夕相处的影响，是任何教师都不能取代的！”

卢涛说：“李老师，我现在还记得你教我们的时候，一个暑假去旅行，你给我们每一个同学都写信，每天给一个同学写一封，我收到的信是说你在黄果树瀑布。”

他又说他第一次当众演说，就是在我班上的时候，按我的要求在语文课前做一分钟演讲。

卢婕说到我指导同学办小报，每期都由一个同学独立完成，而且每天都按时“出版”张贴出来。

邱梅影说她读了我写的《爱心与教育》。我很惊讶，因为她并不是搞教育的，我问：“你哪来的这本书？”

她说：“我买的呀！”

我真是感动得要命！

我说：“你读到书中的你的故事没有？”

她说：“当然读到了！是我们去为彭艳阳祝贺生日。你在书里还用了我一篇文章。我在那篇文章里说：‘大家见家里没有大人（李老师当然不算是“大人”），便开始狂欢。是的，李老师不是大人。’后来有记者引用了这句话评论，说李老师和学生的平等关系。本来嘛，当时我们的确没有把李老师当大人，你就是我们的朋友。”

陈晓蕾说：“李老师一直对教育都充满热情，这种热情一直都没有变。”

……

我说：“我要感谢你们！我从你们身上获取了教育的动力。因为我和你们接触，发现教育是这么有意思！于是，我便对教育更加热情了。”

我给大家说：“我现在还保存着当年我给你们照的相，课间跳绳呀，中午在教室里睡觉呀，还有你们在野外活动的，等等。我还保留着你们当年写的日记呢！唉，因为走得急，我忘记带这些‘文物’了！不然，今天你们看到这些东西，一定会非常亲切的。”

我又对同学们说：“你们还记得吗？记得二十年前毕业那天，我们在学校举行了毕业典礼后，集体来到大渡河畔，支起帐篷，点上篝火，彻夜狂欢。”

同学们都说：“怎么不记得？”

几天前，这批学生又和我聚了一次。我们选定的聚会地点，在岷江之滨大佛对面的一个酒店。走进包间，墙上一红色条幅上的大字格外醒目：永远的未来。

应大家的要求，我给各位一一签名赠书《做最好的家长》——当年的少男少女现在大多已经是爸爸妈妈了！

然后我们举杯庆贺并互相祝福。在酒桌上，看着这些学生，我回到了二十年前。同学们都说我还有一颗童心，我很开心！

临别前，赵刚提议大家在条幅上一一签名。我第一个写下自己的名字，然后同学们签名。赵刚写下的是：“我爱未来班！”

看着这些学生，我真是感慨万千。二十年前，对我们国家来说，那是一个风起云涌的年代；对我来说，是青春燃烧的岁月。当时教这个班的时候，我毫无经验，无论班主任工作还是语文教学都谈不上有多么优秀，但我全身心地投入，把自己的生命融入了教育，融入了学生，并乐此不疲。如果说当初我这样做更多的是凭着青年人的热情和兴趣的话，那么，正是学生们对我的爱让我感到职业的幸福，这种幸福感成了我以后从事教育工作不竭的原动力。

林玲说：“妈妈听说我要来参加毕业二十年聚会就在感叹，时间过得真快呀！当年毕业的时候一想到二十年后相会，觉得非常遥远。但现在二十年已经过去了，时间简直过得太快了！”

是呀，一晃这些学生已经从十五六岁的小男孩小姑娘成长为“帅哥”“美女”了，我却从风华正茂的小伙子步入了中年。但是和他们在一起，我便回到了年轻时代。时间还在流逝，他们还会从青年到中年，我也将渐渐步入老年，但和他们在一起的时光，却是我永远的青春记忆。人生就是这么奇妙，完全是偶然的——他们在二十年前闯进了我的职业，我们之间便拥有了三年共同的生活，我的生命曾经和他们融为一体。无论今后岁月如何流逝，无论我和他们将怎样慢慢变老，那三年时光，将是我永远的青春记忆。不只是这个班的学生，应该说，我和每一届学生相处的三年时光，都是我生命中阳光灿烂的日子。神秘的命运之神把一批又一批学生送到我的生活中，让我永远都和童心为伴，与青春同行，因此，我要对我所有的学生说——

你们是我永远的青春礼物！

甜蜜的“苦差事”

有的老师之所以不愿当班主任，是觉得当班主任太累。为此，在 20 世纪 80 年代末，当我还是一名年轻班主任的时候，我写过一篇《甜蜜的“苦差事”——谈班主任的苦乐观》谈及这个问题。

当教师“苦”，当班主任更“苦”，这是不言而喻的。但“苦”中之无穷之乐，乐中之无尽之趣，却不是每一位班主任都能体会得到的。明代学者章溢早就说过：“乐与苦，相为倚伏者也，人知乐之为乐，而不知苦之为乐。”

我们常常会听到一些年轻班主任抱怨：“我整天都围着学生转，从催促早操到检查晚寝，还要找人谈心……忙死了！”是的，如此披星戴月的确比一般任课老师辛苦。但这何尝不是班主任特有的幸福源泉之一呢？与学生朝夕相伴之际，师生感情就更为深厚；与学生促膝谈心之时，师生心灵便更加贴近。比起其他任课老师，我们同学生的接触要密切得多，对学生各方面的关心越无微不至，我们得到的来自学生的爱也越丰厚。相信所有真正热爱孩子的班主任都有过这样类似的经历和体验：当你和学生一起出去郊游时，在纵情嬉戏中，你会感到自己不知不觉走进了学生的心灵，自己也变年轻了；当你重病在床时，最能给你安慰的，是床前学生的微笑和他们送上的一束鲜花；当学生毕业前夕，在他们依依不舍的眼神里，你会发现，学生最留恋的老师，还是他们平时有些“惧怕”甚至有点“怨恨”的班主任……面对学生爱的回报，作为呕心沥血的班主任，我们会感到由衷的欣慰：也许我们的月收入远不及那些个体摊上的买卖人，但我们从事的不仅是太阳下最高尚的职业，而且也是地球上最幸福的事业！因为我们拥有几十颗童心，这是何等优厚的精神财富啊！

当然，对于具有创造精神的班主任来说，他得到的精神财富还不仅仅来自学生的敬意，更有来自事业的硕果。

谁都希望自己在事业上有所成就，然而现在一些教师（特别是一些刚分配到学校的大学生）都宁愿把这份事业心用于学科教学，而不看重班主任工作；即使当了班主任，也不愿下功夫研究。因为在他们眼中，班主任工作不外乎就是管管纪律，哄哄孩子，要么当"警察"，要么做"保姆"，总之，作为"研究"对象，实在搞不出什么"名堂"。另外从客观上看，班主任工作比起单纯的知识传授要复杂、困难得多，既无现成的教材，也无具体的模式，而且周期长，见效慢，往往辛辛苦苦做了许多事，也很难立竿见影。尤其在前几年忽视思想政治工作的大气候中和目前片面追求升学率的巨大压力下，搞德育研究更为艰难，其收效远不如搞一套高考复习资料来得快……如此种种，使班主任科研长期以来一直得不到应有的重视，也使具有中国特色的"班主任学"至今未能真正建立。

从科研角度看，班主任工作当然很难搞，但正因为"难搞"，它才更具价值。由于种种原因，中国的教育理论相对来说是落后的，而在教育学理论中，德育理论研究又是最薄弱的部分。这使不少教师做起班主任工作来感到无章可循、无本可依。然而，德育理论的暂时缺乏恰恰为一切有事业心的班主任提供了一块可供开垦耕耘的处女地，为我们勇敢探索、大胆创新提供了一个大显身手的广阔领域。比起教育的其他方面，德育的空白要多一些，正等待着我们去填补：德育内涵的研究，德育新内容、新途径、新方法、新格局的研究，现代班主任素质的研究，班组管理科学化的研究，集体主义教育研究，商品经济下的德育工作研究，德育效果的科学评定研究，社会主义民主教育研究，社会主义人道主义教育研究……看，班主任工作是一项多么富于实践性、理论性与开拓性的科学事业啊！因此，班主任绝不应该是"警察"或"保姆"，而是真正的"人类灵魂的工程师"，只要我们善于思考、勤于实践、勇于创新，就会比单纯的任课教师取得更丰硕的教育科研成果。当然，还必须说明的是，从事德育研究与从事教学研究并不是矛盾的，二者往往互相促进、相得益彰。从苏联杰出的教育家苏霍姆林斯基，到中国年轻的教育家魏书生，都说明真正的教育家必然既教书又育人，仅仅凭学科教学而成为教育家的几乎没有。

作为教师，面对的永远是朝气蓬勃的脸庞，这多么令人欣喜；作为班主任，面对的永远是晶莹的童心，这多么令人骄傲；作为教育科研工作者，面对的永远是挖掘不尽的宝藏，这多么令人自豪！献身于这平凡而崇高的事业，一切辛苦都是甜蜜的。正如青年马克思所说：“如果我们选择了最能为人类福利而劳动的职业，那么，我们就不会被任何重负所压倒，因为这是为全人类所做出的牺牲；那时，我们感到的将不是一点点自私而可怜的欢乐，我们的幸福将属于千百万人。我们的事业并不显赫一时，但将永远存在，而面对我们的骨灰，高尚的人们将洒下热泪！”（《青年在选择职业时的考虑》）

我当年写文章的时候，已经有七八年的班主任工作经历了，也就是说，我所写的全是我的切身感受。现在又过去了近二十年，我对班主任工作的“苦”与“乐”有了更深刻的体会。特别是我这么多年的班主任实践印证了文中所说：“只要我们善于思考、勤于实践、勇于创新，就会比单纯的任课教师取得更丰硕的教育科研成果。”仅教育专著我就已经出版二十多部，如果不做班主任，我绝不可能有这么丰硕的教育成果的。看，班主任工作能够让我由一名普通的教师，成长为在一定范围内能产生一些积极影响的教育专家，我能不喜欢当班主任吗？

班主任工作给予我丰厚的馈赠

班主任工作不仅仅是给我们无穷的情感财富和教育科研成果，而且还更能锻炼我们。我这里说的“更能锻炼我们”，意思就是说，比起做一般的任课老师，做班主任得到的锻炼更多。的确是这样。现在，我之所以能够做校长，就是因为我做过多年的班主任。换句话说，如果我没有做过班主任，我是不可能有信心和能力做好校长的。我曾经在我校教职工大会上说：“对年轻人最好的培养，是让他做班主任！在学校工作中，没有比做班主任更能锻炼人培养人的了。班主任工作穷尽了校长管理的全部奥秘。我就是从做班主任直接走上校长岗位的。以前我对做好校长没有信心，魏书生对我说，你能做好班主任，就一定能够做好校长。冯恩洪和程红兵也跟我说过这样的话。的确如此。人们常说，一个好校长就是一所好学校，我要补充一句，一个好班主任，就是一个好校长！”

我这话可能说得有些偏激，但绝对是有几分道理的。班主任需要面对校长，需要协调科任老师的关系，需要和学校每一个部门合作，需要和学生家长打交道，当然更需要面对不同个性的学生，如此全方位的与人交往，能不得到全方位的锻炼吗？所谓组织能力、协调能力、应变能力、沟通能力等，全在其中了。这里我要特别强调的是，转化班上的一个个“后进生”，更是对班主任最好的磨砺。我认为，判断一个老师是不是真正优秀，就看他对待“后进生”的态度和技能。班集体的发展和学生的成长，是一个跌宕起伏，有时候甚至是惊心动魄的过程，这个过程，同时也就是班主任不断享受教育并不断成长的过程。面对一个“后进生”，无论多聪明的教育者，也无法预料明天他会给自己惹什么祸事。也正是在这个意义上，我说过：“教育，每天都充满悬念！”这里的“悬念”，主要就是我们通常所说的教育的难题。期待着每一天的“悬念”，进而研究、解决不期而遇的“悬念”，并享受解开“悬念”后的喜悦，然后又期待着下一个“悬念”……如此周而复始，这便是教育过程的魅力所在，也是教师成长的奥秘所在。

班主任这个角色给我的馈赠实在是太多太多。1992 年，在我当班主任 10 周年，也是从教 10 周年的时候，我写过一篇题为《用童心报答童心》的散文。在这篇文章的开头，我先引述了学生的一篇作文——

1985 年 5 月 13 日，是星期一。

下午读报课时，李老师跨进了教室，照例给我们读小说《青春万岁》。突然，陈晓蕾站了起来：“李老师，请您出去一下，好吗？”李老师莫名其妙地跟着她出了教室。戏剧般地，班干部潘芳奕迅速走上讲台，向同学们讲了一个秘密计划，大家一致赞成。几分钟之后，李老师又莫名其妙地被请回了教室，迎接他的是神秘而兴奋的笑声……

紧接着的几天，同学们暗中忙碌起来……

5 月 17 日，这一天终于到来了。语文课的铃声一响，李老师便走了进来。

值日生罗晓宇用清脆的声音喊道：“起立！敬礼——”

顿时，一阵春潮般的声浪从每一位同学胸中涌出，回荡在教室里：“祝——李——老——师——生——日——快——乐！”

李老师惊愕了，还没等他回过神来，前排的谈俊彦走上讲台，双手捧着一封信：“李老师，这是全班同学的祝贺信！”班长彭艳阳捧着一束还带着露水的玫瑰花从后排跑到讲台前，庄严地向老师敬了一个队礼：“李老师，这是全班同学献给您的鲜花！”

李老师完全不知所措了。又有十几位同学拥上了讲台——雯时间，讲桌堆满了鲜花、蛋糕、影集、笔记本、生日卡……兴奋和得意之情在每个同学心中荡漾着：让辛勤的老师惊喜，让尊敬的老师幸福，正是我们的心愿！掌声有节奏地响着，伴着笑声。

“今天，并不是我的生日啊！”呆了半晌，李老师这么说。可同学们七嘴八舌地嚷道：“肯定是的，5月17日，没错！”“老师，要诚实哟！”

下面是我的文字——

我当然是诚实的，不过当时我又不敢向学生坦白我的生日应该是9月29日。学生为何错把5月17日当成我的生日呢？至今是个谜。直到今天，当我抄录这篇作文时，我耳边好像还回响着学生们那热烈、真诚的掌声和笑声，因而禁不住心潮澎湃！当时，面对童心，激动的我用颤抖的声音说了几句肺腑之言：“我并不是一位好老师，可同学们对我这么好，我实在受之有愧啊！但是，从此以后，我将竭尽全力做一位好老师，用我的童心来报答同学们的童心。请同学们，不，请朋友们监督我！”

这事发生在我参加教育工作的第三年。在这之前，我曾三次气急败坏地打学生（虽然不是我班学生）——此例足以证明“我并不是一位好老师”的话绝非我在学生面前故作谦虚，但是从那时起，“用童心报答童心”却成了我真诚的誓言，并为之努力实践。

为了报答童心，我尽量使自己的整个身心都与学生融为一体。每带一个新班，我都把全班同学的生日工整地抄贴在我书房的最醒目处，每个学生生日那天，我都送上一本小书、笔记本或其他小礼物。每次放假，我都安排一次与学生的旅游：我曾与学生站在黄果树瀑布下面，让飞珠溅玉的瀑布把我们浑身浇透；我曾与学生穿着铁钉鞋，冒着风雪手挽手登上冰雪世界峨眉之巅；我曾与学生在风雨中经过八个小时的攀登，饥寒交迫地进入瓦屋山原始森林……每一次，我和学生都油然而生风雨同舟、相依为命之情，同时又感到无限幸福。这种幸福不只是我赐予学生的，也不单是学生奉献给我的，它是我们共同创造、平等分享的。

为了报答童心，我力争使自己的教育工作充满科学精神与民主气息，让教育真正深入学生的心灵世界。在班级管理方面，我变过去教师一人说了算的“人治”为全班学生运用集体制订的班级规章互相制约、共同管理的“法治”，并将我也放在与学生平等的位置，和学生一起建设班集体。在思想教育方面，我在遵循党的教育方针的前提下，始终把目光对准学生的心灵：善良人性的保持、正直品格的塑造、现代意识的培养、创造能力的锻炼以及青春心理的辅导……特别令我和我的学生欣慰的是我们共同进行的未来班教育改革的成功。《中国青年报》《教育导报》《教书育人》等九家报刊先后登载了未来班的事迹。在未来班，我引导学生们自我管理、自我教育、勤奋学习、关心集体、参与改革。为了让教育充满符合少年儿童心理的浪漫色彩，我们为未来班设计了班徽、绘制了班旗，还创作了班歌。当学生们唱着由他们自己作词、著名作曲家谷建芬同志谱曲的班歌时，他们感到多么自豪和鼓舞，而我受到的却是教育和鞭策：与我们素不相识的谷建芬同志并不是教育工作者，她却对下一代有着强烈的责任感，而我身为教育者又该怎样对待自己的职业呢？

为了报答童心，我立志成为创造型、学者型的教育工作者，通过自己一生的教育实践，为丰富和发展中国的教育理论做出自己力所能及的贡献。可能有人会觉得我“太狂妄”，但我始终欣赏这句名言：“不想当元帅的兵绝不是好兵！”也许我一直到退休也不过是一名普通教师，但这并不妨碍我现在为自己由衷热爱的事业（因为我由衷热爱自己的学生）提出一个高远的目标，并终生奋力攀登。从 1985 年起，我开始有意识地总结自己的教育教学实践，思考当今中国的一些教育难点与热点。这些总结与思考陆陆续续地变成近百篇论文发表在各级报刊上：《沉重的思考——中学生德育的危机及其原因初探》（《中国青年报》）、《把教师的权威转化为集体的权威》（《中国青年报》）、《班级管理民主化尝试》（《中国青年报》）、《谈语文教学的民主》（《教育导报》）、《以口语训练促进阅读教学》（《天津教育》）、《把录像引进语文课堂》（《四川电教》）、《现代文阅读能力结构初探》（《乐山教研》）……

从教 10 年，我成长的道路并不是一帆风顺——我取得过一些成绩，也遇到过不少挫折；受到过许多领导、专家、学者、老师的指点帮助，也引起过个别人对我失误的幸灾乐祸或对我成功的妒火中烧……但无论何时，给我以清醒头脑与坚强意志的，还是我

> 的学生：当我重病卧床，学生给我送来录有他们安慰话语和歌声的磁带时；当我站在寒冬的讲台上，一位常被我批评的学生递上一张写有“请穿上大衣，当心着凉”的字条时；当我即将外出开会或讲学，学生们深情地说“李老师，您可要早点回来”时；当我在一个元旦的早晨，推开寝室门，惊讶地发现门上插着一束鲜花，在朝晖的映照下，花带上一行灿烂夺目的“李老师，愿您永远是一轮初升的太阳”的小字时……热泪盈盈中，我真诚地感到：一切荣辱得失，比起这一颗颗炽热的童心，是多么地微不足道啊！
>
> 仿佛是历史的重演，1990年高考前夕的一次语文复习课，我走进教室，映入眼帘的是黑板上一行美术大字：“祝李老师生日快乐！高90届（1）班全体同学。”讲桌上摆着一份特为我定做的特大蛋糕和一本有全班同学签名的精美影集。在雷鸣般的掌声中，班长代表全班同学向我送上一束鲜花：“李老师，您不用解释了，今天是不是您的生日并不重要，我们不过是借‘庆生’向您表达三年来我们对您的感激之情罢了！”我把生日蛋糕切成六十块，与学生们共享，然后抚摸着鲜花一字一句地对学生们说道：“作为老师，还有什么是比这更高的奖赏呢？不过，我欠你们的太多太多了！这笔债，我是永远也还不清的啊……”
>
> 但是，我愿以毕生的精力去偿还这笔“债”。是的，用童心报答童心，这就是我献身教育的原动力。如果有人认为我的思想境界不够高的话，那么，我想借用杰出教育家苏霍姆林斯基的一段话来强调我的教育信念：“我生活中最主要的东西是什么？我毫不犹豫地回答：对孩子的爱。”（《我把心灵献给孩子》）不过，根据自己切身的感受，我还想冒昧地替导师这段话补上一句：“以及孩子对我的爱！”

在《给教师的一百条建议》中，苏霍姆林斯基这样写道：“每个儿童就是一个完整的世界，没有重复，各有特色。如果这个世界显示在你面前，如果你感觉到每个儿童都有个性，如果每个儿童的喜悦和苦恼都敲打着你的心，引起你的思考、关怀和担心，那你就勇敢地选择崇高的教师工作作为自己的职业吧，你在其中能找到创造的喜悦。”这里所说的“喜悦”，正是班主任特有的幸福。

陶行知说：“真教育是心心相印的活动。”苏霍姆林斯基说：“教育——这首先是人学！”而我要说，唯有班主任，才能真正和学生“心心相印”，才能真正领略到“人学”的魅力。

班主任成长，从写教育随笔开始

尽管对“班主任专业化”的提法可能还会有些争议，但这个概念所包含的积极意义——班主任不仅应该有着除一般教师的素质之外的特定素质（包括班主任工作技巧），而且这种特定素质的提高是一个持续不断的过程——则越来越被更多的教育者认可。正如“教师专业发展”是一个持续不断的过程一样，“班主任专业化”也是一个发展的概念，既是一种状态，又是一个不断深化的过程。在这里，“发展”首先意味着“自我发展”，即“自我培养”——我从来都认为，任何一个领域的人才首先是自我培养而不是别人培养的；从根本上说，只有自己才能够培养自己。班主任当然也不例外。

而我的经历告诉我，班主任坚持写随笔是“自我发展”或者说是“提高专业化水平”的有效途径之一。可以说，结合班主任工作写教育随笔，是我成长的“捷径”。我不止一次听到一些教师对教育写作的怨言。我想，所有把教育当作事业而不仅仅是职业的教育者都会认为，教育写作不但是有意义的，而且还是快乐的。

千万不要以为写作仅仅是笔下功夫，而文章则仅仅是为了应付领导检查或评职称。事实上，没有教育实践就没有真正的教育写作。如果我们把教育实践看作“采矿”的话，那么，写作就是一种“提炼”。记得 1987 年我还在乐山工作时，乐山市教研室的唐建新老师就对我说：“你不要只是不停地奔跑，还应该适当停下来沉思——通过写作，整理、反思、总结自己的教育实践。”正是这种“反刍生活”式的写作，使我对自己的教育得失有了比较清醒的认识，对教育的本质以及教育科学规律有了相对正确的理解与把握，对我每一天的工作有了一种持续不断的动力与激情。“以心灵赢得心灵，用人格塑造人格”“语文生活化，生活语文化”“一位受孩子衷心爱戴的老师，一定是一位最富有人情味的人”“只有童心能够唤醒爱心，只有爱心能够滋润童心”“用孩子的眼睛去观察，用孩子的耳朵去倾听，用孩子的大脑去探寻，用孩子的情感去热爱”……这些都是我在梳理自己教育实践时的理性思考。它们来自教育实践，通过写作成为我自觉的信念进而又指导着我的教育实践。这是一种良性循环：全身心地投入丰富多彩的教育生活，使我们每每有一种写作的冲动，而写作之中的思考与写作之后的成功又激起我们投入教育生活的更大的热情。教育写作，让我们成为一个头脑清醒的教育者。

而我当初之所以想到写教育随笔，是受苏霍姆林斯基的启发。最早读苏霍姆林斯基时，我为这位伟大的教育家三十多年如一日地坚持写教育随笔的精神所感动。正是这几十年的教育随笔，使苏霍姆林斯基的著作被后人称作“活的教育学”“教育的百科全书”。苏霍姆林斯基的著作，融真挚的教育情感、生动的教育故事和深刻的教育思考于一体，语言平易，娓娓道来，但又不乏文学的魅力。在读过一些即使硬着头皮读也实在读不懂的教育“理论”著作后，读到这样朴素亲切而富有感染力的真正的教育名著，我每每感慨不已：没有令人仰视的“理论框架”，没有故弄玄虚的深奥术语，通篇只是心灵泉水的自然流淌——这样的文字，其实我也可以写呀！当然，我那时绝对没想过将来也要写什么“教育名著”，但用文字记录下自己青春的足迹，总是一件有意思的事。于是，我也试着写我的教育随笔了。

第一篇教育日记写的是这样一个故事：我因开玩笑而无意伤了班上一位残疾同学的自尊心，于是，当天晚上我怀着内疚之情到了他的家里，向他赔礼道歉。现在看来是一件微不足道的事，当时却一定是深深地触动了我的心灵。不然，我不会写得那么详细：我开玩笑时的得意忘形，孩子委屈的表情，我内疚的心理，我晚上家访迷路时的焦急，我在学生家里和他们的对话，以及告别学生后在回家的路上看到满天星斗时的轻松与喜悦……我都写得栩栩如生，今天读来还有身临其境之感。其实，我当年的每一篇日记大多都是这样一些真实而琐碎的故事：我带着学生在郊外原野上的一次“疯狂”，去成都春游时我与几个“调皮大王”的“较量”，我与一名陷入“早恋”而深感苦恼的学生的谈心，我带着几个学生以主人的身份走进市长办公室向全市最大的公仆询问家乡的改革大计，我班学生与著名作曲家谷建芬同志的友谊……在写这样的随笔时，我没有一点“写文章”的感觉，也没有想发表的功利性目的，只觉得应该用笔挽留住每一天平凡而纯真的日子而已。但现在翻开我当年所写的几十本教育随笔，我自己都禁不住感动了：那一页页发黄的文字，化作一张张老照片在我眼前变得清晰起来，分别多年的学生们正向我走来，他们调皮的笑声穿过遥远的时空扑面而来……

当然不仅仅是写故事，我也记录下自己平时在教育教学方面的一些思想火花，如前文“以心灵赢得心灵，用人格塑造人格”这些散落在我现在著作中的句子，都是我从当年的教育随笔中提取出来的。这些思考，也许并不深刻更不“前卫”，但它们是我对自己鲜活教育实践的真切感受，因而，它们也逐渐成了我百折不挠的教育信念。

特别需要指出的是，教育随笔的写作不仅仅是单纯的写作，它必然伴随着实践、阅读与思考。它与实践相随，与阅读同行，与思考为伴。实践是它的源泉，阅读是它的基础，思考是它的灵魂。特别是思考，对于教师来说尤为重要。人们不是常说“一个作家应该同时是一个思想家”吗？那么，同样的道理，任何一位教育者都应该同时又是一位思考者。而班主任的随笔写作，便是教育思考的很重要的途径。写作的过程，就是我们反思、审视、总结、提炼、升华自己的教育实践的过程。

当一位班主任在日常工作中一边实践一边思考一边写作（记录）时，他已经进入教育科研的状态了，而且这种研究带有鲜明的人文风格与个性化色彩。我认为，这是一线老师结合自己的实践进行教育科研的最佳方式。

教育研究，之所以与一般的自然科学研究不同，在于它更多关注的不是因果、不是规律、不是物性，而是价值、是精神、是人性。教育学研究的教育现象，不是精确的而是模糊的。在教育实践中，教育者和被教育者的关系不是人与物的关系，而是人与人的关系——准确地说，是教育者和被教育者已经融为一个整体。具体到班主任工作，师生水乳交融的亲密接触，心灵之间的息息相通，使得班主任的工作与研究完全合而为一，而且充满感情。更重要的是，这种研究带有鲜明的个性化色彩。我曾读过加拿大学者马克斯·范梅南的《生活体验研究——人文科学视野中的教育学》，作者在书中推出了在教育学和与人相关的诸如心理咨询、护理、卫生健康等科学领域做人文科学研究的一种崭新方法，特别是对阐释型的现象学研究方法提供了详尽的方法论上的解释和大量的研究实例。它向读者展示了如何关注人的生活体验以及如何将之建构成一个文本上引人注目并产生浓厚兴趣的研究课题。我认为，生活体验研究是一种最富个性化的研究，我们每个老师包括班主任都可以采用这种方式进行研究。“生活体验研究”，我可以通俗地理解成一边“生活”（实践）、一边“体验”（感受）、一边“研究”（思考）——把自己的生活体验作为研究对象，自己既是研究者，又是被研究者。而这种研究每一个老师都可做，不管你是否有“课题”，你每天的工作，就是你的课题。现在回头想我当年写的《爱心与教育》，就是生活体验研究的结晶。而班主任老师每天坚持写教育随笔，也是在进行这样的研究。

当然，这种研究绝不是为学术而学术的研究，它首先基于研究者崇高的教育理想主义情怀，即超越眼前功利的教育使命感。应该说，班主任坚持不懈写随笔，是需要毅力的。因此没有崇高的事业追求，是不可能对日常工作如此热爱并且深入思考的。我经常想，包括班主任在内的中小学教师，也是知识分子；而“知识分子”这四个字首先意味着一种没有理由不求回报甚至不求理解的神圣的使命感！作为一个普通教师，也许他一辈子都站在最基层学校的教室里，每天都和孩子们在一起，但这不妨碍他以自己点点滴滴的奋斗推动着中国教育的进步，进而推动着中国的进步。无数班主任用心血写成的教育随笔，便是构筑中国班主任学辉煌大厦的金砖玉瓦！

班主任在写随笔中成长，就是在实践中成长，在反思中成长，在攻克难题的艰辛中成长，在收获成功的喜悦中成长。“班主任专业化成长”是一个很大的课题，但对每一位有追求的班主任来说，这个课题可以从自己做起，从小处做起——比如，从写教育随笔开始。

编撰班级史册，展示班级风采

一、童心与青春的里程碑

在每个班毕业前夕为学生编撰班级史册，已成了我当班主任的“保留节目”。当为初 84 级一班编印《未来》（一）时，还只能用铁笔在蜡纸上一个字一个字地刻写，然后自己手握滚筒油印，最后发动全班学生一起装订；而到了编撰《恰同学少年》，我们的班级史册就已经是一本激光照排、烫金硬封的精装书了。这些书，对我来说，是我教育历程的足迹；对学生来说，则是他们青春的纪念碑。

如果这样还不能说明编撰班级史册的意义的话，那么，我想摘录我在为高 95 级（1）班编撰《恰同学少年》时写的序言中的几段文字——

> ……《恰同学少年》的意义不但我和我的学生明白，我的学生家长明白，而且与我并肩战斗的各位科任老师明白，一直给我以鼓励与支持的学校领导也明白——它是一段生活的定格，一页历史的缩影，一种精神的凝固，一份情感的珍藏，一簇创新的火花，一道理想的光芒，一串记忆的珠宝，一束青春的花朵……
>
> 绝对的真实，是这本书的生命，这也可能是它能够吸引其他读者的地方。我整理这 30 多万字的稿件时，整个身心无不为我学生的纯真和我们集体的凝聚力而激动万分：我为有这么好的学生而自豪！而且，这一份自豪并非我这个班主任所独有——三年来与我风雨同舟的数学刘老师已满头银发，她在给学生的毕业赠言中写道：“能有你们这样聪明勤奋的学生是我一生最大的荣幸！”学

生们对这本属于他们的“青春纪念册”自然倾注了极大的感情，但我认为，再过10年、20年、30年，这本书对他们的意义才会真正显示出来。今天，他们带着这本《恰同学少年》离开了高中班级，也就带着一颗童心踏上了人生征程；将来，他们的思想会更加成熟，感情会更加深沉，知识会更加丰富，但高95级（1）班情结会伴随他们一生；甚至我们不妨这样大胆地想象：再过50年，他们中的某一位同学，会突然收到另一位天各一方分别多年的同学寄来的生日贺卡，那薄薄的贺卡会让时光倒流——流回那黑板上方写有“善战者不败，善败者不亡”的小小教室，顿时，布满皱纹的脸上会挂满青春的泪花……

一滴水可以折射出太阳的光辉。一切不属于我们这个可爱集体却又偶然读到这本书的人们，在惊叹、感慨或羡慕的同时，还能够通过一个班级看到20世纪末中国普通中学教育的缩影：欢欣与苦涩、黯淡与辉煌、诅咒与无奈、纯真与虚伪、泪水与汗水、自信与违心、骄傲与尴尬……不管是肯定还是否定、赞扬还是批评，这一切都是我们经历过的。所有关注中国教育的人，所有关心当代中学生的人，读了这本书不会没有一点收获。

——尽一切可能真实地反映出我和学生们共同度过的这1000多个难忘的日子，并最大限度地展示我们班集体的个性和我教育的个性，是我编撰这本《恰同学少年》的主要目的之一。而且，只要今后我仍在中学执教，并担任班主任，那么，这样的青春纪念碑，我将一座一座地铸造下去……

这里所说的班级史册，是全班学生共同撰写、编印的反映班集体三年来各方面情况的“班级风采录”。班主任组织、指导学生编撰这样的班级史册，是很有意义的。

（一）围绕编撰班级史册，班主任可以引导学生更加热爱、关心班级，把班集体建设得更加美好。编撰班级史册的具体工作虽然是毕业前最后一学期的事，但班史的书写却是从班集体组建的第一天便开始了。因为我们所说的班级史册毕竟不是单纯的优秀作文集，而是三年班级风貌的忠实记载，集体精神的珍贵结晶。班主任在与新生见面之初，便可提出班级史册的编撰，以激励学生在未来的集体生活中以行动认真写好班史的每一页。从某种意义上讲，前五个学期都是编撰班级史册的准备阶段，而这同时也就是班集体建设的过程。

（二）通过编撰班级史册，可以强化、巩固学生已经形成的集体情感与集体观念。在一些班级，随着毕业的临近，班集体便开始涣散：学习纪律、清洁扫除、班级活动等都不如以前，激烈的升学竞争还可能影响一些学生之间的团结……怎样使班集体能在最后阶段都保持良好的风貌呢？编撰班级史册是一种有效的方法，学生在编撰班级史册的时候，对班级往事的回顾，最能激起他们对心爱集体的依依不舍之情，五十多位同学所表现出来的这种共同的恋情，会使班级的凝聚力空前强大。这有助于班主任以集体主义教育为中心，对学生进行各种毕业教育。

（三）学生拥有一本班级史册，是拥有了一份丰厚的精神财富。毕业之际，学生领取毕业证书的同时，又得到一本凝结着自己心血的班级史册，其心情之激动是无法形容的，因为这无疑是把集体生活与集体精神永远留在了身边。对学生来说，这是一座标志自己健康成长的青春里程碑，是一枚体现自己纯真品格的人生纪念章，是一段珍贵的回忆，是一份炽热的情感，是一串闪光的脚印，是一颗晶莹的童心……“忠实于少年时代的友爱、热情和誓言，这是人生最严肃的事情。”学生告别了同学，告别了班主任，告别了母校，但手中的班级史册将激励着他永葆童心，走向成熟！

（四）班主任拥有一本班级史册，是拥有了一份对新班学生进行教育的生动教材和总结自己教育经验的素材。每一个学生只有一次中学生活，但班主任却要和不同的学生经历一次又一次中学生活，因此，班级史册对班主任来说，就不仅仅具有纪念意义，更具有教材意义。新生进校后，在组建集体的过程中，上一年级的班级史册，便成了对学生进行集体主义教育的生动教材：或是教师选读，或是学生传阅，通过一本班级史册，老同学的集体主义精神便潜移默化地感染了每一位新生，同时，这无形之中也为新班级树立了一个榜样。如果班主任坚持不懈地在所带的每一个班级都组织学生编撰班级史册，那么，10 年、20 年、30 年之后，班主任便拥有了一座蕴含着自己教育思想、教育实践、教育特色的“教育矿藏”，他可以以一本本班级史册为素材，总结自己的教育经验，提炼出一些教育观点，并上升为理论，为丰富、发展中国的教育理论做出自己的贡献。

二、怎样编撰班级史册

前面已经谈到，班级史册并不是一般的优秀作文集，而是记载集体生活、反映集体精神的班史。因此，编撰班级史册必不可少的前提条件是，师生共同造就一个朝气蓬勃、健康发展、富有特色、令人难忘的班集体。

这一条件具备之后，便可在最后一学期着手具体的编撰工作了。一般来说，编撰班级史册可按以下步骤和方法进行。

（一）征集稿件。一切反映本班三年集体生活的文章都在征集之列。征集稿件的途径主要有三：一是班主任保存的学生文稿，这是班主任平时有意识地从学生处搜集选留的有关作文、周记、日记等文字材料；二是让学生在自己以往的作文本中选择符合班级史册内容的文章；三是与语文教师配合，利用一次课堂作文时间，让学生写三年来班集体生活中最难忘的人或事。

（二）筛选修改。在充分征集稿件的基础上，根据班级史册的内容和编写要求对稿件进行筛选。内容重复的稿件可择优选用，对漏掉的内容（如重要的事件、值得记录的活动、突出的同学等）可安排学生临时写。筛选稿件的时候，应特别注意作者的覆盖面，尽量让每一位同学都有文章入选。入选稿件确定后，便一一交还给作者修改。由于在筛选的时候便对内容进行了审核，因此，这时的修改不在内容上做大的变动，而主要是进行文字方面的修饰与调整。若学生复习时间太紧，修改工作也可由班主任和语文教师承担，但即使是经过教师修改的文章，也应尽量保持原作者的文字特点。

（三）编排目录。入选稿件改定后，便可根据内容将其分门别类，如写老师的、写同学的、写课内学习的、写课余活动的、写惜别之情的、写畅想未来的等，以形成班级史册一定的体例，在这个基础上，编排班级史册目录。为了突出其“纪念”意义，还可把“任课教师名单”“三好学生”“班级大事记”等作为附录编在班级史册后面。

（四）印刷装订。根据条件，班级史册的文章可以油印，也可以铅印甚至激光印刷。这项工作可争取学生家长的配合支持。如果是打印，班主任将稿件分散交给能够帮忙联系打印的家长，也可按稿件作者分别让其家长“承包”打印。稿件打印好后，待学生毕业考试完后便可回校人人动手一起装订成册。当然，若条件许可，班级史册完全可以交印刷厂激光排版印刷成书。

还需说明的是，对于不是语文教师的班主任来说，班级史册的编撰，显然离不开语文任课教师的指导。因此，班主任应主动与语文教师联系，求得理解与支持。一般来说，本班语文教师对此是会予以积极配合的，因为组织编撰班级史册，这对学生语文能力的锻炼与提高，作用是极为明显的。

附：《恰同学少年》介绍

《恰同学少年——成都玉林中学高95级（1）班风采录》是我和学生们

编撰的班级史册。

书的正文之前，是我班集体生活的照片，各位老师写的赠言以及校长、班主任、班长写的序言。

全书正文部分为十六章。

第一章《新班风采》

本章是同学们对刚踏进新班时的“第一印象”的生动描绘，也是我班集体主义凯歌的序曲:《新班和朝阳一起诞生》《我为我的新班而自豪》《这里有正气》《我是一个幸运者》……

第二章《恩师难忘》

本章是献给各位老师的颂歌，同学们根据三年来自己的切身感受，栩栩如生地写出了不同老师的不同个性特色和他们对学生共同的爱:《罗明星老师:悄然离去的老象》《“妈妈老师”刘传碧》《谢谢您，马家健老师！》《黄进老师的风格》……

第三章《同窗印象》

本章是全班 51 位同学的肖像画廊，每一位同学的音容笑貌跃然纸上:《我为与她同学而自豪》(写陈峥)、《朴素即美》(写夏亚卉)、《天生我“柴”必有用》(写柴云川)、《“卡通人物”》(写龚晓冬)……

第四章《集体之光》

本章集中展示了我班集体主义精神的绚丽色彩，反映了同学们为集体荣誉而奋发向上的蓬勃朝气:《班级风景谈》《我们歌唱……》《“数风流人物，还看今朝！”》《美的旋律》……

第五章《走向成熟》

本章反映的是同学们在成长路上的丰富的情感、庄严的思考、成功的喜悦以及心灵的烦恼:《小小少年长大了》《论“战胜自我”》《灵魂的搏斗》《诚实比 100 分更可贵》……

第六章《我的一天》

本章选取班级生活中的一天，来反映班级既温暖又紧张的火热生活:《一寸光阴一寸金》《考试与考验》《挑战》《乐在其中》……

第七章《课余拾趣》

本章记载了三年集体生活中同学们在学习以外的欢声笑语:《周末，我们狂欢》《迎接新年》《运动场上的趣事》《一场精彩的女子篮球赛》……

第八章《“南下风暴”》

本章实录了我们高一春游时，在野外举行的一次惊险有趣的军事游戏:

《本次行动代号:“南下风暴”》《田野，卷过“风暴”》《战斗在“敌人”心脏》《跟踪追击，一网打尽》……

第九章《赤诚情怀》

本章反映的是同学们关心改革、纵论天下的爱国情怀:《国旗下的思考》《十八岁，我们开始回答》《悲鸿不悲，德华缺德》《北京不是失败者》……

第十章《高考评说》

本章是同学们对我国现行高考模式乃至教育制度的分析、评论:《现行高考制度之利弊观》《我看高考》《我的疑惑》《我想办这样一所学校》……

第十一章《两代对话》

本章记录的是我班同学和他们的家长通过书信开展的一次心灵对话:《我的肺腑之言》《对孩子的一席话》《爸爸妈妈请放心》《你们的心愿儿女明白》……

第十二章《我爱我班》

本章抒发了同学们对自己温暖班级的真诚的爱:《我们的生日》《爱在我“家”》《兄弟姐妹情》《一个电话传来的温馨》……

第十三章《决战高三》

本章是同学们高三毕业前夕火热生活的写照，是他们拼搏人生、挑战未来的雄壮进行曲:《高三风景》《上甘岭精神》《这就是人生》《冲锋号吹响了！》……

第十四章《深情回眸》

本章表达了同学们离别之际对心爱集体的依依恋情:《我舍不得我的班集体》《记忆的珍珠》《无悔的时光》《一本书和一个普通而又美丽的灵魂》……

第十五章《世纪之约》

本章是同学们对锦绣前程、壮丽人生的美好憧憬和大胆畅想:《还母校一个辉煌》《梦幻未来》《50年后的聚会》《跨世纪畅想》……

第十六章《辉煌叹号》

本章是对班级生活最后一页的真切描绘:《高考三日随想》《未完的答卷》《大哥，多保重！》《高考捷报:理所当然的丰收》……

正文之后是我写的三篇后记:《接过人格的火炬》(写给和我一起奋战的老师)、《永远的敬意》(写给理解并支持我的学生家长)、《我从同学们身上学到了什么？》(写给我可爱的学生们)。

书的最后是附录:《任课老师名单》《三好生、优秀学生干部名单》《班团干部名单》《科代表名单》《小组成员名单》《全班同学生日一览》《毕业前一个月座次一览》。

第二节　寻找班主任工作的幸福感

不止一次听到班主任抱怨“工作辛苦”“责任太重”“学生难管”“待遇太低”“身心俱疲”……实话实说，同为班主任，这些体验我都有。我的确感到班主任压力之大，是任何单纯的任课老师所没有的。随便举个例子，连不是自己所教的学科成绩不好，如果你是班主任你也有责任，于是教语文的班主任督促学生完成数学作业，教英语的班主任督促学生背文言文，教数学的班主任督促学生记英语单词……这样的“错位”太普遍了，也太正常了，因为一个班主任面临的各种考试压力乃至升学压力实在太沉重！不但学校各级领导，学生家长和这些家长背后的社会对班主任的要求也实在太高太高，这一切都加重了班主任的工作负担和精神负担，所以体会不到幸福。

但是，班主任工作真的就没有幸福感吗？如果应该有幸福感，那么到哪里去寻找这种幸福感呢？

为什么班主任丧失了幸福感

曾在网上读到我的朋友魏智渊的一篇帖子《我们的教师为什么丧失了幸福？》——

> “十一五”期间，新教育实验的主题语是“过一种幸福完整的教育生活”，这是对新教育实验的宗旨或者说目标的准确概括。这也表明，新教育实验着眼于人（包括教师与学生，特别是教师），着眼于人的“教育生活”。因此，新教育实验要改变的是师生的行走方式与精神状态，而要改变教师的行走方式与精神状态，必须首先认定许多教师的日常教育生活可能是不幸福的、是割裂的。

为什么说许多教师的日常教育生活可能是不幸福的？这种不幸福的根源在哪里？

这种不幸福的根源可能在于制度的压迫。在这里使用制度这个词是中性的。无论在哪个国家，哪种社会制度下，制度与自由永远都是相对的。这种制度不仅仅包含政治制度，也包括课程制度等。在中国语境下，这种制度很容易发生异化变形，从而对教师构成伤害。比如各种不合理的考评制度特别是教师评价机制。在就业压力越来越大的情况下，这种对教师的异化越来越严重。这种不幸福的根源可能来自学生的变化。越来越多的教师会发现学生越来越难教了！校园暴力层出不穷，恋爱现象严重，厌学普遍化，教师在面对学生的时候，很难再依靠传统的权威去维持必要的纪律。从另一方面来说，也可以说学生的民主意识普遍增强了。教育的市场化倾向日渐明显，家长与学生拥有了越来越多的发言权，也让许多老师难于应付。这种不幸福的根源可能来自教育改革。近年来，各种教育改革你方唱罢我登场，教材再也不是数十年如一日的老面孔了，特别是推行新课程以来，教育领域中的巨大变化让许多老师难以适应，理论话语与实践话语缺乏融合使得专家与教师彼此不信任，也加剧了教师的焦虑。

在这种情况下，为了寻求幸福感与安全感，教师很容易拒绝变化，变得平庸。因此，许多教师的日常教育生活是以重复性为特征的，日复一日，年复一年。在这种状态下生活的教师，很容易形成犬儒主义态度。这种态度至少表现为：

一、怨言满腹

其实，抱怨是改变现状的第一步，因为不满现实，我们才往往着手改变它。但是，当一个老师只停留在抱怨阶段而不采取任何措施时，抱怨的意义就变了。在这种时候，抱怨中既有真实的不满，也有掩饰自己的作用。在抱怨领导、抱怨制度甚至抱怨同事的同时，他很可能也是在转移自己的无能与无力。当我们把一切归咎于领导，归咎于制度时，我们实际上是在为自己开脱，规避自己对于现状的责任。（也有才华横溢者怨言满腹，这里只列举其中的一种情形。）

二、嫉贤妒能

对于平庸的教师而言，优秀教师的存在对自己永远是一种威胁。因此，他们可能会结成同盟，嘲讽、打击优秀教师以维持自己的地位与安全感。

三、拒绝变化

新课程的成功与否，在很大程度上要取决于教师素质。新课程虽然在设计上存在一些问题，但新课程最大的阻力或许仍然是来自一线的教师。有相当一部分教师，既不满现状，同时又拒绝变化，因为任何变化都会带来不确定性，这种不确定性会带来不安全感。

这种教师往往墨守成规、无所作为甚至丧失人格。他们已经形成了习惯性思维，不能适应新的情境，教育教学生活日益教条化，这种日常教育教学生活的庸俗化，也是教育改革举步维艰的原因之一。而这种生活态度所带来的幸福感既是虚幻的，也是低层次的。或者说，教师的教育与生活是割裂的。

而对于新教育而言，“过一种幸福完整的教育生活”绝对不是只进行局部的改革，首先是对以重复性为特征的日常教育生活的批判，在批判的基础上，试图以六大行动为切入点来重建教师的教育生活或者说职业生活。而这种重建的目的不仅仅在于将来，它首先着眼于现在，着眼于教师教育生活的幸福完整。

因此，新教育实验希望教师对于日常教育生活始终保持一种反思的态度，这种反思是通过包括阅读、写作和教学在内的六大行动来完成的。当一个教师在采取教学行为的时候，他往往是受某种内在的对教育的理解的支配，也就是说，每个教师都会拥有自己对教育的理解与解释，这种理解与解释往往是未经检验的，带有偏见的。而反思，则是指与书籍，与同事，与专家，与自我保持对话关系，从而洞察与反省自己的理解与解释，不断地修正，教学行为因此会不断地调整。只有这样，教师工作才会具有创造性，才会不断地超越自我，专业化水平才会不断地提高，才会真正地体会到一个教师的职业愉悦，享受到真正的幸福。

教师自己无力促成这种反思的话，则可能会依靠外在的启蒙与介入，而外在力量（比如专家或政府推行的教育改革等）的介入往往会对教师原有的日常教育生活构成冲击，使教师陷入恐惧或者说焦虑状态，甚至有强烈的不安全感。因此，作为这种不安全感的反弹，有的教师可能会倾向于抱怨，拒绝改变以缓解焦虑，获取虚幻的安全感。

但是不断地接受这种有益介入的老师，则可能促成真正的反思，进而改变自己的教育教学方式，从而获得真正的专业化发展，也获得真正的安全感。

“过一种幸福完整的教育生活”，这不仅仅意味着课堂的改变，教育的改变，从某种意义上，也意味着教师职业态度与生活态度的根本变化。也就是说，我们要改变的，不仅仅是教育，甚至是我们的人生。

魏老师在这里侧重从新教育实验的宗旨“过一种幸福完整的教育生活”的角度谈教师幸福感的丧失，但我觉得他的分析同样适合于对班主任的审视。各位班主任朋友可以对照这篇文章看看自己，是否也因为这些因素而失去了幸福感。

当然，作为一篇网上比较即兴随意的帖子，魏老师的概括和论述还不尽准确和严密，但他的确说到了一些教师丧失幸福感的原因。“怨言满腹”使班主任成天都生活在哀叹中，而这种哀叹一点都不能改变现实，反而让我们觉得自己是世界上最不幸的人。所以，我经常对老师们说：“如果你对自己的职业不满意，有两个办法可以选择——要么改变职业，要么改变职业心态！”这话其实不是我的原创，是我从一本书上读到的。“嫉贤妒能”可能不是班主任普遍存在的问题（这点我对魏老师的分析有所保留），但的确也有一些班主任出于班与班之间的评比竞争而斤斤计较，患得患失，进而嫉妒比自己做得好的班主任，这可能也会增加自己的烦恼和不安全感。“拒绝变化”，我认为这才是班主任幸福感丧失最根本的原因。下面我还要做进一步的分析。

我认为，班主任的幸福感是因厌倦而丧失的。刚参加工作时，或者说刚当上班主任的时候，绝大多数老师还是兴致勃勃、精神抖擞的，很有一番宏图大志，也多多少少能够从学生和班集体的积极变化中品尝到幸福感。但随着时间的推移，随着困难的增多，厌倦感逐渐替代了幸福感，最后越来越感受不到丝毫的幸福，只剩下一个字——烦！

班主任的厌倦感是如何产生的

《现代汉语词典》上对“厌倦”一词的解释是：“对某种活动失去兴趣而不愿继续。”我想，绝大多数班主任刚刚上任的时候，一定不会“厌倦”的，而是充满热情和兴趣，除非他是领导强迫安排当班主任的。但几年过后（有的班主任也许还要不了几年）为什么就对班主任工作失去兴趣而不愿继续了呢？

几年前，我在网上还读到过一篇帖子，请允许我隐去作者的姓名而将这个帖子公布于此——

> 我是一个工作仅仅两年的年轻教师，做班主任也已经两年。我曾经是那么渴望和孩子们在一起生活，因为大学实习的时候，短短一个月，我在上课的同时还被安排做实习班主任，这让我感到了和孩子们在一起是多么幸福！我和孩子们一起打羽毛球，我给他们讲故事，我们一起去登山，去野炊……这段生活让我实在难忘。所以，一分配到学校，听说不当班主任我就急了，因为这就意味着我不能够更多地接触学生。领导终于答应我当班主任了，我是多么高兴！我可以说是全身心地扑在了孩子们身上，扑在了工作中。然而，好景不长，我很快失望了，班主任工作并不是我想象的那么美好。班上调皮学生太活跃，科任老师不断向我反映课堂纪律差，几乎每天我都在生气，于是我不得不用铁的手腕来镇住学生，学生开始怕我了，但班级秩序却焕然一新。还有学校对班主任的一系列常规要求，早操、早读、课间操、眼保健操、下午的小班会等，都要求班主任必须到班上去，每天都如此，机械重复，我只能疲于应付，哪还有什么幸福可言。还有班上几个特别顽固的“差生”，几乎每天都要给我惹祸，按住了这头那头又冒出来了，真是让我怒火中烧，却又束手无策。我从来没有指望能够改变这几个“钉子户”，只要他们每天规规矩矩别惹事，我就心满意足了，然而这点愿望都很难实现。我实在难以想象，当初那份热情到哪里去了？

这篇帖子所反映的心态变化，应该说很具代表性。

这位年轻的班主任一开始就犯了一个错误，把“实习班主任”和正式的班主任画上了等号。实习期间当班主任只是客串，没有任何压力，从某种意义上说，只管带着学生乐就可以了。也不会长期和某些调皮学生打交道，一个月的实习时间，也不能真正转化哪怕一个“后进生”。因此，和学生关系融洽和谐，也是很自然的。所以，每次我校的实习老师离去的时候，学生都是依依不舍，泪水涟涟的，不止一次地让该班老师不无醋意地感叹："只有一个月啊！可我教了学生几年了……"其实，这是很正常的。

等实习老师到了学校当上了正式的班主任，他的任务就不只是带着学生玩儿，逗学生乐，还要管理学生，严格要求学生，必要时还要严厉地批评学生，此外，还承担着教学任务，还有班上学生学习成绩的压力，还要和一个个具体的"差生"打交道……这才是真正而真实的班主任生活常态。而面对这种常态，上面这个帖子的作者感到不适应：第一，他觉得孩子不可爱了；第二，他觉得生活不新鲜了，每天都是那么枯燥，"机械重复"，"疲于应付"。如此一来，自然厌倦，当然不会幸福！

刚参加工作的班主任是如此，一些有了一把年纪的老班主任可能也会有类似的厌倦感。带头一个班，还精神头儿十足，每天都有新的想法，但日子一长，渐渐觉得没趣了。过去，只要学生邀请一起玩儿，班主任可能马上兴奋地答应，可现在只觉得累而不想参加孩子们的活动了。过去，面对难题，面对再难缠的学生也有办法，而且能够从中获得一种成就感，可现在，觉得学生一届不如一届："真不知道现在的学生在想什么！"无法与学生沟通，于是叹息："唉，现在的学生越来越不好教啦！"

由此可以得出结论——

班主任幸福感的丧失是由于厌倦感的滋生，而厌倦感的滋生，主要源于两点：远离学生，拒绝变化。

远离学生，不是指在物理距离上远离学生，而是指班主任和学生的心灵距离在拉大。本来我们面对的学生是一个个鲜活的生命，但因为感情的隔膜，学生在我们眼前成了物，是分数，是试卷，是学习和考试的机器！"目中无人"的教育，怎么可能会有幸福感？厌倦感焉能不油然而生？

拒绝变化，指的是一切都喜欢按经验办事，总希望以不变应万变，或者说总希望学生适应自己，而不是自己去适应已经变化了的学生，学生的变化折射的是社会和时代的变化，不愿跟上社会和时代的变化的老师，面对前所未有的教育难题，很容易束手无策。

随便举个例子，十几年前的班主任，其班上根本不可能有上网成瘾的学生，而现在迷恋网络的学生恐怕不少，班主任傻眼了，因为他根本不会上网，只能学着一些媒体的腔调批评学生："网络有害！网络是虚幻的，千万不要上网！"然而，如果学生问："老师，您上网吗？您怎么知道网络有害呢？"自以为富有经验的班主任将如何回答？我们的确有不少班主任有责任心，工作踏实，勤勤恳恳，但观念陈旧，方法过时，缺乏现代意识与独创精神，繁重的工作任务又使他们无暇学习现代教育科学理论。保姆式、警察式的班主任都属于这种情况。面对变化不断的教育对象，他们感到困惑："唉！老办法不灵，新办法不明，蛮办法不行！"如此一来，不厌倦曾经热爱的班主任工作才怪！

班主任的幸福感源于何处

不止一次，读过我著作的人问我："您如此痴情于教育，二十多年来您真的就没有厌倦过吗？"我知道，一个人二十多年来一直对教育一往情深，可能会有人不信，所以为了让大家觉得"真实"，我也想说"其实我也动摇过，也厌倦过，但是，看到什么什么，我又振作精神怎么怎么的"，然而，我不能说假话，我得说实话呀！所以，我坦然地告诉所有关心我的人：从教二十多年来，我真的从来没有厌倦过我的职业，包括班主任工作！

也许有读者会不以为然：当然啦，你是"教育名人"，是"教育专家"，名也有了，利也有了，当然幸福！

我只能说这是误解。当我还是默默无闻的年轻班主任的时候，那时不但没有什么名，反而还因为经常犯错误而挨批评，工资也不高，可是我照样和我的孩子们穿行在细雨蒙蒙的原始森林，或奔跑在阳光灿烂的绿色原野上，照样沉浸在我那只有九平方米的单身宿舍里，侧身于单人床和书柜之间，思绪飞扬于陶行知的精神空间和苏霍姆林斯基的心灵世界，照样细心观察研究班上"后进生"每一天细微的变化，并从中获得一种非名非利的幸福感！

记得二十多年前的一个晚上，一位同事来到我宿舍，白天我刚刚挨了领导不公正的批评（详情恕我不予赘述），他本来是来安慰我的，但看到我的书桌上铺满稿子，一篇教育手记刚写了一半，而我正在读《第三次浪潮》，并滔滔不绝地谈我的体会，他感慨万千地说："想不到你还有如此广阔的精神空间！我任何一句所谓安慰你的话都是多余的！你的教育生活这么充实，哪需要什么安慰啊！"

所以我敢坦然地说：对教育，我从来没有失去过兴趣和幸福感！

秘密何在？如何克服班主任工作的厌倦感？或者说，班主任幸福感源于何处？

最近几年我在外面讲学，谈到教师的幸福来源时，我喜欢说这么几条：

享受职业，赢得尊严，学生爱戴，同行敬佩，家庭幸福，衣食无忧，超越自己。

享受职业。一个人只有以享受的心境对待职业才可能获得职业幸福，享受职业本身就是坚守职业。不，我这话说得不对！一个热爱职业享受职业的人，是不需要什么毅力去坚守什么的。举个例子，为了提炼出镭，居里夫妇倾注巨大的心血、智慧、体力，甚至生命，他们在一间夏不避燥热，冬不避寒冷的破旧棚屋内从事起脑力加苦力的劳动，从1898年到1902年的四年时间里，废寝忘食，坚持不懈，终于从几十吨沥青铀矿废渣中提炼出十分之一克纯镭盐，并测定了镭的原子量。人们在敬佩居里夫妇的时候，往往用“坚韧不拔”“牺牲精神”“呕心沥血”等词语来赞美他们。其实，我认为这种赞美并没有理解科学家的情怀。照世俗的眼光看，他们的确是做出了一种牺牲，但这种牺牲在居里夫妇那里是一种享受，是一种幸福，是一种陶醉！只有把职业当作享受的人，才可能心甘情愿地废寝忘食，坚持不懈。那是一种享受职业的痴迷状态啊！回过头说我们的班主任，如果我们能够以享受职业的态度对待我们的工作，怎么会有厌倦感呢？一个把职业、事业和生活融为一体的人，一定是幸福的！

赢得尊严。有句话经常被人说：“不要把教育当作谋生的职业，而要当作事业。”我认为这话不对，不当作谋生的职业，教师吃什么？靠自己的劳动谋生，这是很光荣的，并不可耻。但是，我们对自己的要求应再高一些，即不要“仅仅”把教育当作谋生的饭碗，还应该作为事业来追求。因为作为人，特别是作为知识分子的教师，我们当然不能仅仅满足于吃饱穿暖，还要有一种更高的精神层面的追求，那就是自我价值的实现，那就是自身的光荣感。这就是我说的“赢得尊严”。一个班主任，得到学生和家长的信赖，是一种尊严；班上得了流动红旗，这是一种成功，也是一种尊严；他的班级获得了优秀班级，他也觉得有尊严；他发表文章了或者出版专著了，更是觉得有尊严。这种尊严就是幸福的来源之一。

学生爱戴。这个话题我在许多著作中都谈过，但我今天还得说。学生爱戴，这是班主任最大的幸福，这种幸福超过了任何来自领导的表扬和奖励。而要获得学生的衷心爱戴，就必须寻找一切机会自然而然地融入学生当中。上面那位只当了两年班主任却已经开始厌倦的年轻老师，之所以开始抱怨，很重要的原因就是没有像实习期间一样和孩子们融为一体。严格要求也罢，“铁的手腕”也罢，这和爱孩子不矛盾的，更不妨碍我们在课余和孩子一起玩儿。所以，我反复给一些年轻班主任说，克服厌倦最好的办法，就是不断地和孩子一起，不但在行动上和他们交往，而且在情感上和他们交融，不断被孩子感染和感动，你就会有幸福感的。

“一个好教师意味着什么？首先意味着他热爱孩子，感到跟孩子交往是一种乐趣，相信每个孩子都能够成为一个好人，善于跟他们交朋友，关心孩子的欢乐和悲伤，了解孩子的心灵，时刻都不忘记自己也曾经是个孩子。”（苏霍姆林斯基语）时刻不忘自己是孩子的老师，必然和孩子心心相印，而且每天都会生活在被童心感动的情怀中，生活在感动中就是一种幸福！从我刚参加工作那年起，我就经常周末和孩子们一起在大渡河畔嬉戏打闹，到后来我常常带学生去登山去探险，再到最近我把学生带到油菜花地里上课，我一直生活在童心中。现在，我当校长了，同时兼任着三个班的副班主任，每次走进教室，孩子们都会围上前来向我表示亲热。一次一个记者想给我拍几张和学生一起的照片，我便带他来到班上，他被学生对我的那种狂热惊呆了，拍完照片后他跟我开玩笑地说：“你的学生见到你，就像一九六六年八月天安门广场上的红卫兵见到毛主席！”就在前不久，我生日那天，我病了，躺在家里的床上休息，中午我打开网站，点开学校论坛，看到有老师发了个帖子，说学生给我送生日礼物，并附有照片，照片上是我办公室里摆满的鲜花、贺卡和苹果。我当即决定，马上回到学校，给学生们上一堂课，以此来庆祝我的生日并感谢我的学生。于是，我真的赶到了学校给学生上课。回到办公室，看到鲜花、苹果，苹果下面压着一张贺卡，上面写着——

李校长：祝您生日快乐！听说您身体不好，希望您好好保重身体，您知道吗？在我们班上，过生日的同学都会得到一个苹果和香蕉，但是因为妈妈说过，香蕉对身体不好的人帮助不是很大，因此我们给您带了一个苹果。再次希望您保重身体！祝您生日快乐！

——初一（11）班全体同学

读者想想，生活在这样的温馨之中，我怎么可能厌倦我的职业？相反我会对我的职业产生自豪感：试问还有哪个职业能让我如此幸福？

同行敬佩。这说的是校内人际关系要和谐。班主任之间因为种种评比竞赛，容易暗中较劲，甚至互相诋毁，班主任一定要胸襟豁达开阔，不要斤斤计较，同行之间要互相欣赏互相敬佩，只有生活在这样的人文环境中，我们才会幸福。

家庭幸福。班主任的确要比一般的任课老师牺牲更多的本来属于自己的家庭生活时间，所谓“七上八下”（指早晨七点上班，晚上八点回家），因此，我们的家人承担了更多的家务，这实际上也在为我们做出贡献。所以，班主任一方面要想方设法取得家人的理解，另一方面在可能的情况下要尽量多照顾一下家庭，另外，在节假日应该多陪陪家人。有人总以为我很忙，成天都扑在学生和工作上，没有时间陪家人，而且生活一定枯燥无味。其实这也是一种误解。我承认我陪家人的时候的确不多，但只要有时间，我一定会陪着家人玩儿的。特别是最近几年我有了车之后，只要不外出，我喜欢在周末驱车带着家人去郊外的古镇玩儿。我喜欢摄影（当然，水平很臭，但足以自娱自乐），也常常在阳春三月，和家人来到野外的油菜花地里饕餮那无边的醉人春色。只有工作快乐，家庭也和谐，这样的幸福才是完整的。

衣食无忧。刚才我说了，班主任工作也是我们谋生的饭碗，这并不可耻。我们通过自己的劳动挣钱，是一件很光荣的事。我们是要把班主任工作当作事业来追求，但从事这项工作的底线，还是保证生活的基本质量。当然，追求物质生活是无止境的，如果仅仅是追求物质享受，我们永远都不会满足，因而永远都不会幸福。但是，如果连起码的生活条件都不能保证，恐怕再高尚的人也感觉不到幸福。所以，我竭力主张提高班主任的待遇，甚至曾经提出过，在一个学校，同等条件下，收入最高的应该是班主任。因为衣食无忧的确也是班主任幸福的来源之一。

超越自己。一个人每天做同一件事肯定会厌倦的；或者新接手一个班之后依然像过去那样带班，每天都重复昨天的故事，也会厌倦的。能不能追求做最新的自己，也就是说不要重复自己，要超越自己，在超越中我们会获得成就感，进而感到幸福。我做班主任有一个愿望，就是让我的每一个工作日都充满创造的乐趣！我每带一个班，都给自己提出绝不复制上个班，而要重新提出一个新的目标，这个目标对我来说也就是新的科研课题。

比如，第一个班，我搞的是未来班，这是综合素质提高的一个实验班，三年后获得成功，《中国青年报》《班主任》杂志都登了这个班的事迹和我的具体做法。第二个班，我对班集体主义教育进行系列探索，取得了明显成效，《河南教育》给我开了一个专栏，专门介绍我的做法。第三个班，我进行青春期教育的探索，后来出了一本专著《青春期悄悄话》。第四个班，我进行班级民主化管理的实验，同样获得成功，《中国青年报》以几乎整版的篇幅刊登我的论文。如此等等，我不停地实践不停地探索，觉得每一个班都是我的试验田，每三年一个周期我都在超越自己，同时也在挑战自己，更觉得所有难题都是我研究的课题。

有的老师因为班上“后进生”多，便觉得烦，觉得和这些学生打交道缺乏成就感。而我呢，恰恰把每一个“后进生”都当作科研对象来研究。同样是面对“后进生”，换一种科研的眼光去打量，感觉大不一样。正如我在拙著《与青春同行》的序言中所写：“班集体的发展和学生的成长，是一个跌宕起伏，有时候甚至是惊心动魄的过程，比如，面对一个‘后进生’，无论多聪明的教育者，也无法预料明天他会给自己惹什么祸事。也正是在这个意义上，我说过：‘教育，每天都充满悬念！’这里的‘悬念’，主要就是我们通常所说的教育的难题。期待着每一天的‘悬念’，进而研究、解决不期而遇的‘悬念’，并享受解开‘悬念’后的喜悦，然后又期待着下一个‘悬念’……如此周而复始，这便是教育过程的无穷魅力！”现在我要说，享受这种魅力，也是作为一名不断超越自己的班主任的幸福所在！

解放班主任

“解放班主任”是我在1990年提出的一个命题，我觉得至今没有过时。没有对班主任的解放，就没有班主任的幸福。

当教师累，当班主任更累。许多教师宁愿多上些课，也不肯当班主任，这使不少学校领导头疼。如果我们仔细观察分析目前班主任工作的状况，就会发现，教师们不愿当班主任，并不一定是怕累——对于一个有事业心的人来说，只要有兴趣、有价值，工作再累也不会觉得苦。问题在于，由于学校领导在管理使用与评价等方面的不甚科学，加之班主任自身工作方法的陈旧落后，造成了目前不少班主任的低效劳动甚至是无效劳动，班主任们累得冤枉。为了让班主任在思想上、行动上能轻装上阵，切实成为学生精神家园的关怀者，把整个学校的班主任工作提高到一个科学的层次，我郑重提出：“解放班主任！”

“解放班主任”的途径主要有二：学校领导对班主任的科学使用与科学评价；班主任在思想上、行动上的“自我解放”。

科学使用班主任，就是要科学地划定班主任的权力与责任以及与之相关的工作内容。现在的普遍情况是，班主任工作“严重超载”：既要管学生，又要管家长，还要管科任老师；既要管学生校内纪律，又要管学生校外表现，还要管学生家庭教育；除了班级纪律管理、思想教育，还要具体督促检查甚至辅导学生各学科学习……真所谓“班主任工作是个筐，什么内容都要往里装”！班主任的责任似乎无限大，因为他什么都要管而且必须管好；同时班主任的权力似乎又无限小，因为无论是谁都可随时给班主任下达任务，是一个忙忙碌碌的办事员。如此穷于应付，疲于奔命，班主任哪有精力去关注学生的心灵？因此，“解放班主任”的首要条件是科学划定班主任的权力与责任。我们认为，班主任最基本、最主要的任务就是学生思想教育和班级常规管理，他的权力与责任也只在这个范围之内。至于学校工作的其他方面，班主任只是协助而已；若凡是与学生有关的事都把班主任推到第一线，那么试问：学校非班主任人员的教书育人、管理育人、工作育人、服务育人又从何谈起呢？

科学评价班主任工作，也是“解放班主任”的关键。现在对班主任的片面评价主要表现在三个方面：一是简单而庸俗的“量化”。计划、总结的份数，纪律、卫生的分数，做好人好事的次数，上交学校广播稿、壁报稿的篇数等。姑且不论如此“量化”是否真能反映出一位班主任的成绩，单是这种形式便使班主任有做不完的统计、填不完的表格、挣不完的分数，忙于种种检查评比而不得不把科学细致的思想工作置之一边。二是“以智论德”。不管班主任平时做了多么深入扎实的学生思想工作，不管这些工作带来了多么良好的班风，只要毕业考试成绩不理想，尽管其原因是多方面的，往往一律归咎于班主任。三是提倡并鼓励班主任当“保姆”。越是陪着学生自习，守着学生做操，盯着学生扫地的班主任，得到的评价就越高，而那些培养学生自育自治能力，放手让学生自我管理的班主任，往往被视为“不负责”“不深入学生”“放大水筏子”……如此评价班主任，班主任的手脚怎么会不被束缚？我们不反对科学量化，但班主任工作的效果并不是都能量化的；学生成绩当然反映了班主任工作的一个重要方面，但毕竟只是一个方面而非全部；班主任事必躬亲的精神固然可敬，但“垂拱而治”“不战而屈人之兵”的管理方式更为合理科学。因此，只有使班主任工作得到全面科学公正的评价，班主任们才可能从沉重的体力负担与心理负荷中解脱出来。

“解放班主任”，不仅仅是学校领导的事。对于每一位班主任来说，更应主动在思想上、行动上“自我解放”。思想上的“自我解放”，就是要勇于更新教育观念；行动上的“自我解放”，就是应善于改革教育方法。

更新教育观念，要求班主任用教育科学理论武装自己的头脑，明确自己的使命是引领人格，而非管制学生；自己的身份是学生思想的引路人，而非学生集体的独裁者。在此基础上，班主任的思想观念应实现三个转变。

一是变事务应付为教育科研。班主任随时以科研的态度来对待自己的每一项工作，把自己所带的班级当作自己的教育科研基地。要根据实际情况善于提出科研课题，并紧紧围绕课题去思考与实践，减少各种事务对自己的干扰。这样班主任会觉得每一天的工作都会有新的发现、新的收获，因而同样紧张的工作也变得有兴趣、有意义了。

二是变个人权威为集体意志。一些班主任之所以感到太累，原因之一是他们过分注重自己的个人权威，对班上的事什么都不放心，非亲自过问不可。然而，由于集体意志并未形成，班主任的努力往往收效不大，这自然使他们感到力不从心、精神疲惫。一个班当然离不开班主任的个人权威，但这个人权威应该通过健康舆论、班级法规转变为集体的意志，使班级由“我的（班主任个人）”变为“我们的（学生集体）”，这样，班级凝聚力才会形成，班主任的工作才容易事半功倍。

三是变孤军奋战为师生合作。这是教师个人权威转变为学生集体意志后的必然结果。孤军奋战的苦与累，想必每一位班主任都体会过，但未必每一位班主任都能醒悟，这种“苦与累”是自己的错误观念造成的。既然认为这个班只是班主任个人的，既然不相信学生的自我管理能力，那么，凡事当然就只有靠班主任一人支撑了。其实，班主任完全应该也可以把一个班级的重担让几十个学生分担的。不要老是认为学生自觉性差，能力不强。实际上，学生源于教师对自己的信任而产生的自觉性是不可忽视的，学生潜在的组织能力、管理能力更是不可低估的。因此，所谓“培养学生的自觉性与能力”，首先就是班主任为学生提供自我教育与管理的机会，而不是“手把手地教”。当每一个学生都以主人的姿态与班主任协力建设班集体时，班主任还会感到累吗？

改革教育方法，目的在于使班主任摆脱繁多杂事的缠绕。这可以从两个方面入手：大胆放手民主管理。前面已说，班主任的基本任务是学生思想教育与班级常规管理，因此，班主任大可不必面面俱到，越俎代庖。要分清哪些工作是自己义不容辞的事，哪些则仅仅需要自己当参谋、出主意，明确之后，该减则减，该丢则丢。若班主任一人“兼任”文娱委员、体操教练、生活保姆、教导主任……则往往心力交瘁、事倍功半甚至得不偿失。班主任工作一旦减肥消肿，班主任的精力会更集中，其工作目标更明确，工作效率也会明显提高。另外，即使对属于班主任分内之责的班级常规管理及各种事务，班主任也不应该一手包办，而应放手让学生学会自己管理班级，处理班级事务。所谓“民主管理”，绝不仅仅是依靠几个班干部，而是要引导学生制订出班级规范，以制度的形式来保证每一位学生都有参与班级管理的权利与义务，同时每一个人（包括班主任）都受到班集体的监督，一句话，变以“人”（班主任）治班为以“法”（班级规范）治班，使学生真正成为集体的主人。诚如是，班主任自然便从繁重的事务性劳动中解放了出来。

“解放班主任”的意义在于，使班主任由体力型的勤杂工成为科研型的教育者。因此，班主任获得“解放”之后，肩上的责任不是更轻了，而是更重了，但同以前不同的是，班主任真正还原成了“学生心灵的关怀者”：他可以有充裕的时间找学生谈心，深入学生心灵，研究学生思想，把学生思想工作做得更细更好；他可以有充沛的精力结合一个班的教育实践，思考、探索教育改革，进行教育实验；他可以看书学习，进修提高，不断吸取新知识，充实自己；也可以撰写论文甚至著书立说，为中国教育的现代化做出自己的理论贡献……当然，随着班主任的“解放”，学生能力的锻炼与提高，学校其他职能部门工作的强化，也是不言而喻的。由此可见，“解放班主任”不但应该而且势在必行！

做一个胸襟开阔、心灵自由的班主任

我提出“解放班主任”，也被不少人误解，他们对我说“无法解放”，理由是“学校领导不愿‘解放’我们”。其实，我所提倡的“解放班主任”并不只是针对学校领导的“争自由，求解放”——学校行政领导对班主任的松绑当然是极为重要的，同时，“解放班主任”也包括班主任在民主和科学教育思想指导下的“自我解放”。这里的“自我解放”主要应该体现在两个方面，即改进方法以减轻工作负担和调节心理以缓解精神压力。这里，我着重谈谈后者。

都说当班主任很累很累。在我看来，这个“累”的体现除了工作的繁忙外，更多地在于班主任心灵的沉重，而且“心累”胜于“身累”。比起一般的科任教师，班主任的心理负荷要大得多：领导的评价、同事的议论、家长的批评以及学生的意见……往往都会成为班主任心灵的绳索。因此，正确对待周围的舆论并随时调适自己的心理状态，是每一位班主任精神上“自我解放”的关键。

一、对待领导的评价要冷静

没有哪一个班主任敢说他一点不在乎领导对自己的评价。但是，过分注重领导对自己以及自己所带班级的评价，却往往会使自己背上沉重的思想包袱：如果得到了领导的表扬，他可能会喜不自胜而在以后的工作中战战兢兢以期“不辜负领导的鼓励”；如果受到了领导的批评，他可能会万分沮丧而长时间笼罩在失败的阴影之中；如果领导的批评是冤枉了他或者他的班级在德育评估时被莫名其妙地扣了几分，他更可能会睡眠不足、食欲不振、血压上升、肝火旺盛……

其实，领导的评价固然是一个班主任工作好坏的标志之一，但绝不是唯一的标志；而且，我们的工作难道仅仅是为了得到领导的青睐吗？显然不是。因此，我们完全可以用另一种心态来面对领导的评价：领导表扬了自己，说明自己的工作在某一方面达到了学校的要求，但也不过是“某一方面”而已，有啥值得“喜不自胜”的？而且，领导表扬你也就表扬了，你还是一个普通的班主任，你的班级还是一个普通的班级，人家没有也不会把你当成政治家来挑剔；如果你太看重得到的表扬并不断警告自己“要谦虚啊”“千万不要翘尾巴啊”，那是你自己太把自己当成一个“人物”了。领导批评了自己，如果确实是自己的错，那没什么，心平气和地接受并尽可能地改正就是了嘛。只要干工作，就会有差错，有了差错挨几句批评谁都会遇到的，无所谓“丢面子”，因而也大可不必“万分沮丧”。至于领导确实冤枉了自己或者自己的班级受到不公正的评价，我的看法是，“冤枉”也罢，“不公正”也罢，由他去！我们的工作又不是为了领导而是为了自己的良心——只要问心无愧，便自有公论。这样一想，保管消肿化瘀顺气。当然，这里实际上还有一个以善良的心态对待领导的问题。首先，不要动辄便觉得领导冤枉了自己，而要仔细检查自己是否有了过失却“当局者迷”；其次，即使领导真的批评错了，也不要轻易认定领导是“成心与我过不去”，须知我们也不时错批评学生呢。既然我们希望学生原谅我们的过错，我们为什么又不可以原谅领导呢？

有时还会出现这种情况，我们在改进班主任工作的过程中，明明自己是对的，却得不到领导的理解和支持，反而还受到指责与批评。这种情形最容易使一些班主任感到委屈因而垂头丧气。每当此时，我们应该通过理解领导来赢得领导的理解。所谓“理解领导”，就是站在领导的角度纵观全局。这样，我们就会看到：某一项符合本班实际的改革，却不一定符合全校的实际；或者某一举措虽然在理论上无懈可击，可是具体实践的条件却还不太成熟；或者某一做法尽管代表了教育改革的方向，但若猝然“一刀切”地大面积推广，却只会适得其反……所以，我们与领导的“分歧”，未必是“改革与保守”之争，而往往是局部和整体、设想和操作、渐进和突变等方面的暂时错位。这样一想，我们便会以建设性的积极态度听取领导的意见，进而赢得领导对我们责任心的信任和事业心的理解，并允许或者至少是默认我们在服从大局的前提下所进行的有益探索。当我们的改革实验确有成效的时候，领导的支持便是自然而然的了。

对待领导的评价要冷静，力争做到不因领导的表扬而欣喜若狂，也不因领导的批评而气急败坏。古人所提倡的“不以物喜，不以己悲”，的确是大大有助于心理健康的。

二、对待同事的议论要宽容

人言之所以可畏，在于它所直接伤害的是人的心灵。但人言的存在是不以人的意志为转移的，任何人都不可能不被人背后议论。因此，要想避免心灵伤害，与其徒劳地去制止人言的产生，不如为自己筑起一道心灵的防线，这道防线便是宽容。

我们平时所遇到的来自同事的议论，不外乎三种情况：中肯的批评、善良的误解和恶意的中伤。对于中肯的批评，我们应闻过则喜，不应一触即跳。既然是自己错了，跳也没用——那只会显出自己心胸的狭隘。有的人也许会说：“既然是中肯的批评，为什么不当面向我提出，而要在我背后议论呢？”我认为，只要人家说得对，就别计较别人是当面提出还是背后议论；如果硬要计较，不妨计较一下：为什么别人不愿向我当面提出呢？真的这样一计较，可能又会计较出自己的一些不足——这不又有利于自己进步了吗？对于善良的误解，也应心平气和地对待。同事之间，在性格特点、处事方式、思维角度乃至教育观念等方面的差异是客观存在的，所以，某些正确的见解与做法暂时不被人接受甚至遭到误解，也是难以避免的。既然人家没有恶意，也就大可不必怨恨人家。明智的做法是，能够解释的尽可能解释，一时解释不清的干脆不解释，自己该怎么干就怎么干；要相信日久见人心，更要相信事实胜于雄辩——消除误解的最好办法莫过于做出让人信服的成就！

那么，对于恶意的中伤，我们是不是就应该奋起自卫、迎头痛击呢？我的体会是，仍然尽可能地宽容。我们不妨分析一下恶意中伤所产生的原因：首先，中伤者往往是心理不健康者；其次，你的某一方面也许比他强那么一点点，使他感到“怅然心中烦”，他需要宣泄；最后，中伤者希望你因受到中伤而火冒三丈，看到你委屈地向群众辩诬、向领导申告、向所有“愿意”听你诉说的人诉说的狼狈样儿，他会获得一种心理平衡。由此可见，恶意中伤者是小人。本不是一个档次的人，他根本无法理解你的思想境界更无法进入你的精神世界，你何必与他一般见识呢？因为“当你与傻子吵架时，旁边的观众往往分不清究竟谁是傻子”（外国谚语）。真正如苏霍姆林斯基所说的“大写的人”，是不可能因小人的流言而失去自己的尊严的。再从另一个角度看，宽容恶意的中伤，并不只是出于蔑视，而且还出于同情。是的，小人也需要同情。你想，你也许在有些方面优于他，比如班级课间操表扬比他多一次，国庆板报评比比他多两分，卫生红旗比他多三面，更为“要命”的是，在最近的一次单元小测验中，你班上 90 分以上的人数又比他多四个，等等，总之你总是独占风流，他却一无所“捞”。人家也是人啊，也渴望着体现自己的尊严呀，于是，让他在背后说你几句“他班课间操尽争表现”“他班的板报全都是剽窃”“他班的卫生红旗还不是靠行贿得来的”“他班的单元测验学生作弊凶得很”……有什么关系呢？他说了以后，既无损于你一根毫毛，又有助于他调节心理平衡，有什么不可以的呢？

还应该特别指出的是，同事的议论，绝大多数还是属于中肯的批评和善良的误解，真正恶意的中伤是极个别的。因此，面对不那么中听的议论，我们的确应以宽容之心待之。

三、对待家长的批评要平和

这里的家长当然是指学生家长。班主任的心理压力很多时候来自学生家长——尤其是得知一些家长直接向学校领导“告状”时，更容易怒火中烧，觉得家长们太不尊重自己了。于是，又是找领导解释“那只是个别家长不实事求是的诬告，而且这个家长的娃儿是标准的差生”，又是开家长会“辟谣”并声明：“有什么意见直接对我说嘛，怎么动不动就捅到校长那里去呢？”说实话，我以前正是这样一个班主任，我也因此常常气急败坏，恼羞成怒，“悲壮”而又滑稽！现在回想起来，自己当初不只是心胸狭隘、认识片面，而是自己的家长观有问题。

学生家长中当然难免有个别修养极差而又道德低下者，但应该相信，绝大多数家长对班主任是真心尊重并对班主任的工作是持积极合作的态度的。说得“世故”点，人家把自己的娃儿送到你的手下，他凭什么要无缘无故地与你过不去嘛？一个家庭都会有磕磕碰碰，那么如同一个小社会的一个班的所有成员（当然包括学生家长在内）之间自然会有各种矛盾，家长们对班主任有这样那样的看法、意见，更是再正常不过了。怎么办？根据本人过去的教训，我得出结论：以宽宏的民主胸襟平和地容纳学生家长的各种意见，包括尖锐的批评或者刺耳的杂音。如果像我当初那样，总认为："既然我是一班之主任，那当然就得听我的；家长毕竟不懂教育，如果被家长牵着鼻子走，还要我班主任干什么？"于是，每次家长会都是我的"一言堂"，即使有所谓家长委员会，也不过是为了班上的事有人跑腿或者学生春游时找车子方便一点。这样一来，家长当然不敢在我面前"乱说乱动"，而只会对我十分客气甚至毕恭毕敬，但是，校长那里所收到的家长对我的"告状信"却多起来了，于是，我的烦恼也就多起来了——有一段时间，我甚至感到"天长地久有时尽，此恨绵绵无绝期"！反过来，如果我们畅通班主任与家长之间的交流渠道，经常主动听取家长对班级工作的批评，并随时吸收其合理因素改进我们的工作，或者即使家长们的意见不尽合理，但我们也充分尊重他们发表不同看法的权利，那么，一般说来，家长们是会与班主任真诚配合的，我们工作起来也就心情舒畅多了。

当然，即使这样，有的家长可能仍然爱好"直接与学校领导个别交换意见"，我的看法是，这是人家不容剥夺的民主权利，理应受到尊重与保护；至于他向领导个别交换的"意见"是否属于"诬告"，是否会有损班主任的名誉，我们应充分相信领导的洞察力与处事水平。"文革"中，曾一度流行苏联影片《列宁在1918》中的一句"名言"："我们不理睬他！"——人民委员斯大林的这句台词用来对付今天某些家长居心叵测的"告状"，倒是十分合适的。

四、对待学生的意见要豁达

在各种舆论中，对班主任心灵最大的伤害，可能莫过于自己学生反戈一击的"背叛"——公开与自己唱对台戏，或借学校进行教学调查的时候向校领导"告"班主任的"状"……想想看，自己每天早出晚归忙工作，辛辛苦苦为学生，满腔青春血、一把老骨头，换来的竟然是学生的"不满意"！叫人怎能想得通、睡得着呢?！又叫人怎能忍受这窝囊罪、咽下这不平气呢?！

其实，只要我们意识到学生毕竟是学生，而自己是长他们十几岁乃至几十岁的成年人，便什么都想得通睡得着，既能忍受"窝囊罪"又能咽下"不平气"了。既然是学生，他们必然不成熟：胸无城府，说话直率，思想偏激，认识片面……他对我们提意见甚至是不太实事求是的"意见"，一般都不是因为师生"感情危机"，更不会有什么恶意。觉得不满意，就要说出来——这就是学生的幼稚之处，也正是他们的可爱之处。当然，很多时候，学生的意见的确与实际情况多少有些出入，这往往并非他们有意“乱说”，而是因为他们儿童式的思维导致他们“判断失误”。比如：课堂上他答不出问题，老师叫他站着想一下，他可能便会认为老师是在“体罚”他；老师偶尔有过两次几秒钟的迟到，学生便可能在下一次教学调查中说老师“经常迟到”（因为在他们看来，老师有一次迟到都是不应该的）；在一次轻松活泼的教学气氛中，教师爱抚地称学生为“小傻瓜”，虽然大多数学生都不会觉得难堪而只会感到亲切，但可能也会有个别学生认定“老师是在侮辱我们”。凡此种种，我们能与学生斤斤计较吗？当然也可能会有因常挨老师的批评而借“反映教学情况”报复班主任的个别学生，但作为思想境界远在学生之上的教育者，也是不屑计较这些的。也许有人会说：“我当然不会计较，但领导却会以此来‘计较’我！”对此，还是用得着一句老话，即“相信群众相信党”。“相信群众”就是坚信自己的工作好坏自有公论；“相信党”就是坚信大多数领导会正确对待学生的意见，并不会仅仅凭学生的只言片语来评价教师的。有了这两个“相信”，我们自然就不会背上思想包袱了。

对待学生的意见要豁达，还不仅仅关系到教师的人格修养，更体现出我们民主的教育思想。姑且不论学生们合理的意见会有助于我们的工作，班主任主动把自己置于学生的监督、制约之中，这也是我们每一位有事业心的教育者理应具备的现代意识。更何况我们培养出来的学生应该是具有独立人格、平等观念、民主素质的主人，这才能适应将来社会主义现代化中国跻身世界强盛民族之林的需要。如果我们的学生连向老师说“不”的勇气都没有，这不但是我们教育的悲哀，更是未来中国的悲哀！

当然，使班主任感到“心累”的因素还有很多，比如教育过程中的种种难题、升学率的压力以及来自社会对班主任过高的期望值等。但是班主任自己能够尽可能解除的心理重负，我认为就是正确对待领导的评价、同事的议论、家长的批评和学生的意见。常说要注重学生良好心理品质的培养，这是完全正确的；可是教师本身心理素质的自我优化，却还未能引起所有教育者的高度重视。乐观向上，情绪饱满，胸怀坦荡，豁达宽容，正是优良心理品质的体现。唯有在精神上真正站起来的班主任，才能获得彻底的自我解放。法国作家雨果曾用诗一般的语言说：“世界上最宽阔的是海洋，比海洋更宽阔的是天空，比天空更宽阔的是人的心灵！”愿我们每一位班主任朋友都拥有如此宽阔无垠的胸襟与自由舒展的心灵！

第三节　班主任应该有怎样的素养

写到班主任应有的素养，有两个问题困扰着我：第一，能否把班主任的素养和一般教师的素养区别开来？第二，现在谈班主任素养的文字实在是汗牛充栋，我如何谈出我的切身体会？

已经有人提出了“班主任的专业化发展”，这是一个有争议的话题。质疑者认为班主任的所有素养都是所有教师必备的素养，比如，班华教授说：“精神关怀是班主任专业化的核心内容。”有人便追问道：“难道其他老师就不关怀学生的精神了吗？”我认为，班主任的素养和一般教师的素养是交叉的，同时又有所侧重，或者说更为强调。还是以“精神关怀是班主任专业化的核心内容”这个命题为例，其他老师当然也应该关怀学生的精神，但作为和学生朝夕相处的班主任，他们对学生的精神关怀更全面更细致更持久，这是毫无疑问的。所以，说“精神关怀是班主任专业化的核心内容”我认为是没有错的。因此，要我把班主任的素养和一般教师的素养严格区别开来，在学术规范上是很困难的，而下面我谈班主任应该具备的各项素养，也许其他老师也应该具备，但对班主任来说，则更为重要，而且更为突出。

查阅现在有关班主任素养的论述，的确非常丰富。“爱岗敬业”呀，“德才兼备”呀——仔细一想，这些哪里只是教师职业所独有的要求呢？还有“热爱学生”“民主平等”“为人师表”等，对于诸如此类的表述，我都同意。说实话，对于班主任素养我实在说不出更多的新的内涵，我只是想谈谈我体会最深的几点。也就是说，我没有能力对这个话题进行教科书式的“面面俱到”而又“严谨规范”的论述，但我愿意根据我的实践和体验予以富有个性的表达。仅此而已。

20 多年的班主任工作实践告诉我，优秀的班主任，应该具备童心、爱心和责任心。童心使我们能够和孩子融为一体，爱心使我们能“把整个心灵献给孩子”（苏霍姆林斯基语），而责任心则能使我们站在人生和时代的高度，着眼于儿童的未来与社会的未来培养出“追求真理的真人”（陶行知语）。

同时，优秀的班主任还应该是“专家”“思想家”和“心理学家”——这里，我之所以将这三个称谓都加上引号，是想表明并强调，也许我们的班主任一辈子都成不了真正意义上的专家、思想家和心理学家，但这不妨碍我们给自己的事业定一个终生努力的奋斗目标：专家，能够使我们在学科教学或其他专业技能上（而不仅仅是单纯的道德上）征服学生的心，并给他们以积极的影响；思想家，能够让我们随时反思自己的工作，并以鲜活的思想点燃学生思考的火炬；心理学家，能够使我们不知不觉走进学生的心灵，同时让学生不知不觉向我们打开心灵的大门。

童心：我们必须会变小孩子

过去人们常常把教书先生称为娃娃头、孩子王，其实，从今天的情况看，班主任才是真正的娃娃头、孩子王。不管这称呼是褒还是贬，它至少说明班主任总是与孩子们联系在一起，我们的心灵总是年轻的。的确，乐于保持一颗童心，善于在某种意义上把自己变成一个儿童，这不但是教师最基本的素质之一，更是班主任（当然不仅仅是班主任）对学生产生真诚情感的心理基础。虽然随着岁月的流逝，我们不可避免地会在年龄上与学生拉开距离，但我们应努力使自己与学生的思想感情保持和谐一致，甚至在某种意义上尽可能让自己具有儿童般的情感，儿童般的兴趣，儿童般的思维，儿童般的纯真。

儿童般的情感。大教育家裴斯泰洛齐曾这样深情地写道：“我决心使我的孩子们在一天中没有一分钟不从我的面部和我的嘴唇知道我的心是他们的，他们的幸福就是我的幸福，他们的欢乐就是我的欢乐。我们一同哭泣，一同欢笑。”能够自然地与学生“一同哭泣，一同欢笑”的教师无疑会让学生视为知心朋友。有些在成人看来是不可理解的感情，在儿童看来却是非常自然的。而变“不可理解”为“非常自然”，正是不少优秀老师赢得学生心灵的可贵之处。某校初中班有一位性格开朗、学习成绩很好的女孩子，有几天她在课堂上却神情忧郁、无精打采。班主任一了解，原来不久前这位女孩子家里的一只小花猫死了，她因此而非常难过。班主任没有批评她，而是买了一个精美的瓷器小猫送给她，并温和地对她说：“你有一颗善良的心！但在你的生活中，还有比死去的小花猫更重要的内容，那就是你的学习。振作起来吧！”这以后，小女孩逐渐恢复了开朗活泼的性格。如果说这位班主任对这位女生思想开导得很成功，那么，他的秘密就在于他首先是怀着儿童般的情感去理解儿童的心灵世界，否则，用成人的冷漠去对待孩子的真诚，一切语重心长的教育都无济于事。

儿童般的兴趣。有人认为，教师在学生面前固然应平易近人，但切不可显出过分的孩子气，因为这样会使教育者丧失起码的尊严。但我认为，只要把握学生的情感，并注意环境、场合，教师任何“过分的孩子气”都不会是多余的。作为成人，教师当然不可能在任何方面都与学生有着共同的兴趣爱好，但班主任的职业却要求我们应该保持一点儿童的兴趣。“只要人们没有做到以童年的欢乐吸引住孩子，只要在孩子的眼睛里尚未流露出真正的欢欣的激情，只要他没有沉醉于孩子气的顽皮活动之中，我们就没有权利谈论什么对孩子的教育影响。”（苏霍姆林斯基《教育的艺术》）每个班主任都应问问自己：我和学生有共同爱好吗？尽可能保持一些和学生的共同兴趣爱好，这绝不是一味地迁就学生，而是教育的需要。多一种与学生共同的兴趣爱好，你便多了一条通往学生心灵深处的途径。当学生发现老师带他们去郊游并不仅仅是为了满足学生们的愿望，而更多的是出于老师自己的兴趣时，他们会不知不觉地把老师当作朋友。在与学生嬉笑游戏时，教师越是忘掉自己的“尊严”，学生越会对老师油然而生亲切之情——而这正是教育成功的起点。

儿童般的思维。我们常常说要多理解学生，但有时学生的言行，站在教师的角度看，是很难理解的。在这种情况下，只要我们站在学生的角度考虑一下，就很容易理解了。这当然不是说要把教师的思想降低到学生的水平，而是说如果我们学会点儿童思维，将更有助于我们真正理解学生，从而更有效地引导并教育学生。正是具备了儿童般的思维，全国优秀少先队辅导员韩凤珍同志在教育中努力发现孩子们身上缺点的可爱性。韩老师曾在《彻底解放那些被冤枉的孩子》一文中举例分析说：“一个低年级小学生家住三楼，家里水管坏了，她看到爸爸妈妈常到一楼提水，并很注意节约用水。有一天，她学习刷锅洗碗后，又坐在小板凳上，在锅里洗起脚来。爸爸妈妈一见，全都惊叫起来：‘你怎么能在锅里洗脚呢？’那小女孩却回答说：‘我洗完了碗，见锅里的水还很清，倒掉多可惜啊，就洗了脚嘛。’……此类事例举不胜举。孩子们总是怀着善良而美好的动机去做事，渴望得到周围人的赞扬、寻求心理满足。但是，他们生理心理发育还不成熟，考虑事情欠周到，常常把好事做成了坏事，这是很自然的。因此，我们把孩子们做的那些动机好效果坏的蠢事，称之为‘可爱的缺点’。”只有童心才能理解童心，只有学会“儿童思维”，教师才能够发现学生缺点中的可爱之处，甚至智慧之处。

儿童般的纯真。童心，意味着纯朴、真诚、自然、率直，而这些也正是人民教师，特别是中小学教师应具备的品质。生活阅历赋予我们成熟，社会经验赋予我们练达，文化知识赋予我们修养，人生挫折赋予我们机智……但是，对真善美的执着追求，对假恶丑的毫不妥协，火热的激情，正直的情怀，永远是教育者的人格力量！当教师第一次与学生见面，他就开始置身于几十位学生的监督之中，老师哪怕表现出一点点矫饰、圆滑、世故、敷衍塞责、麻木不仁、玩世不恭……都逃不过学生那一双双明净无邪的眼睛，并会在学生纯洁的心灵中蒙上阴影。作为社会人，教师也许会有几副面孔，但面对学生，教育者只能有唯一的面孔：诚实！须知真诚只能用真诚来唤起，正直只能以正直来铸造。正因为如此，卢梭在《爱弥儿》中告诫教育者："不要在教天真无邪的孩子分辨善恶的时候，自己就充当了引诱的魔鬼。"

陶行知多次告诫教育者："我们必须会变小孩子，才配做小孩子的先生。"所谓"会变小孩子"，我的理解就是教师要尽量使自己具备"孩子的心灵"——用孩子的眼睛去观察，用孩子的耳朵去倾听，用孩子的大脑去思考，用孩子的兴趣去探寻，用孩子的情感去热爱！

对此，先生还有一段十分感人的话："您不可轻视小孩子的情感！他给您一块糖吃，是有汽车大王捐助一万万元的慷慨。他做了一个纸鸢飞不上去，是有齐柏林飞船造不成功一样的踌躇。他失手打破了一个泥娃娃，是有一个寡妇死了独生子那么悲哀。他没有打着他所讨厌的人，便好像是罗斯福讨不着机会带兵去打德国一般的怄气。他受了你盛怒之下的鞭挞，连在梦里也觉得有法国革命模样的恐怖。他写字想得双圈没得着，仿佛是候选总统落了选一样的失意。他想你抱他一忽儿而您偏去抱了别的孩子，好比是一个爱人被夺去一般的伤心。"一个伟大的教育家，对儿童的心灵世界竟有如此细腻的感受和深刻的理解，我们只能说，陶行知先生的一颗真诚博大的爱心同时又是一颗纯洁无瑕的童心！从某种意义上说，童心决定着爱心；而教育者这样的童心，正是我们当好班主任所必不可少的"精神软件"！

爱心：对孩子的依恋之情

爱心对教育的意义已经无须证明。在有关教师和班主任素养的所有论述中，无一例外都会提到爱心。

只是，说到爱心，我们往往只想到一些感人的事迹——老师重病在身，却依然坚持在讲台上；学生突然生病，老师背着学生直往医院跑；学生有困难，老师给他以经济资助……这些的确都是爱心的体现。而且还有比这些更感人的爱心——

前不久，我曾在电视里看到著名表演艺术家侯耀华，为贵州山区一名"跪着授课"36年的陆永康下跪颁奖，这个场面深深地震撼了我。出生9个月就因小儿麻痹症导致双腿膝盖以下肌肉萎缩的陆永康，20岁时成为一名小学民办教师，从此开始漫长的跪着教书的生涯，他也因此而赢得了他的学生和千千万万人的感动，并获得了2006年度"三农"人物。电视里，跪着的侯耀华仰面对陆老师说："你为孩子跪了三十多年，就让我为你跪一次吧！当我跪着看你的时候，你是一座山！"

看到这里，我的眼眶也湿润了，陆老师对学生的爱无疑是世界上最伟大的爱之一。

但是，我要说的是，像上面谈到的这些爱的事迹，并不是爱的常态，而是在特殊情况下所呈现出来的爱；对绝大多数一般老师来说，展示这些爱的前提条件并不具备：老师不可能每天都生病，学生也不可能每天生病，也并不是每个学生都需要老师提供经济资助，像陆老师那样跪着给学生上课，更不是每个老师所能够做到——不一定是我们不愿意，而是我们都是四肢健全的人！所以，我认为，我们对学生的爱，应该是日常生活中（即常态的条件下）所自然而然的情感和行为。

比如，师生之间的互相依恋。我常常对一些年轻班主任说，判断自己是不是真的爱学生，其实有一个很简洁的办法，就是问问自己：我是不是依恋学生？或者说我是不是常常在周末和节假日情不自禁地思念学生？千万别小看这种思念，苏霍姆林斯基说："对孩子的依恋之情——这是教育修养中起决定作用的一种品质。"

要说对学生的爱，在二十多年班主任工作经历中，我并不比其他优秀老师做得更好，更没有什么催人泪下的"爱的奉献"，但我认为我是真心爱学生的。为什么呢？因为我觉得我对学生有着依恋之情，或者说我和学生之间互相依恋着。

80年代我刚参加工作的头几年，我全身心地投入到工作中，投入到学生中，一到周末，学生向我说"再见"，我真是怅然若失，于是，我常常在星期天下午把学生约出来玩儿。在我还是单身汉的时候，几乎每年春节我都是和学生一起度过的，几乎每个暑假都和学生一起游山玩水：近的如峨眉山，远的如重庆歌乐山、云南石林、贵州黄果树瀑布……后来结婚了，我和爱人暑期外出旅游，每天我都要给一个学生写信并寄出。这封信其实就是当天的游记，我通过这种方式向学生表达我对他们的惦记。在外旅游五十多天，每个学生都会收到我的一封信。并没有谁要求我这样做，完全是不自禁的思念驱使我拿起笔，让远方的学生分享我旅途的快乐。

那年从教科所回到学校要求当班主任，不少人纷纷赞美我有“高尚的奉献精神”，我说不是，我不过是对学生有依恋之情而已，因为学生也很依恋我呀！最近几年在外面讲课，我多次展示一张照片：火车缓缓启动，一群孩子跟着火车在奔跑。这张照片的背后有一个让我无论什么时候想起来都十分温馨的故事——

2000 年春天，我接到教育部通知，去西安参加骨干教师国家级培训。这意味着我不得不离开学生三个月。离开成都那天，学生舍不得我走，一直把我送到火车站，并把我的行李扛进车厢放到行李架上。还有十几分钟就要开车了，我叫孩子们回去，可他们说要看着我走。我在车厢里，孩子们在月台上，隔着车窗，我们什么都没有说，只是久久地互相凝视。就这样沉默了一会儿，然后李之同学给了我一张折好的字条：“李老师，你必须开车以后才能看。”崔涛同学说：“李老师，我去给你买一瓶水！”说着就跑远了。不一会儿，他在窗外踮着脚把水递给我。张潇文拿着一副扑克牌站在窗下，仰望着我：“李老师，我给你耍个魔术吧！”于是，那副扑克牌便在他手上变得眼花缭乱起来……

火车启动了，我向学生们挥手告别。他们却一边跟着越来越快的火车奔跑着，一边流着眼泪向我挥手：“李老师再见！”我和他们的距离在迅速拉大，但从窗口远远看去，一群少男少女在追逐着火车，却越追越远；我的眼睛开始潮湿，但我仍然清晰地看到，王立炜、胡夏融跑在最前面，后面的李之、成梅实在跑不动了，蹲在月台上号啕大哭起来，但她们的眼睛仍然在追逐着火车……

我从怀里掏出李之交给我的纸条，展开一看，上面抄着《祝你一路顺风》的歌词——

那一天知道你要走
我们一句话也没有说
当午夜的钟声敲痛离别的心门

却打不开你深深的沉默
那一天送你送到最后
我们一句话也没有留
当拥挤的月台挤掉送别的人们
却挤不掉我深深的离愁
我知道你有千言你有万语却不肯说出口
你知道我好担心我好难过却不敢说出口
当你背上行囊，卸下那份荣耀
我只能让眼泪留在心底
面带着微微笑，用力地挥挥手
祝你一路顺风
当你踏上月台，从此一个人走
我只能深深地祝福你，深深地祝福你
最亲爱的朋友，祝你一路顺风

歌词下面还有一行字："李老师，保重身体！"最后是孩子们的签名。看这段歌词还有这些签名，我忍了很久很久的眼泪终于喷涌而出。

苏霍姆林斯基在《帕夫雷什中学》一书中，曾经深情地描述了他和学生们一起"水上旅行"的情景。他和孩子们想乘船经过水库驶入大河，然后登上某个荒无人烟的小岛。"可是我们没有船，于是我从新学年一开始就攒钱，到了春天，我就从渔民那里买来了两条船，家长们又买了一条船，于是我们的小船队便出航了。可能有人会想，作者想借这些实例来炫耀自己特别关心孩子。不对，买船是出于我想给孩子们带来快乐，而孩子们的快乐，对于我就是最大的幸福。"每次读到这里，我都怦然心动：这就是苏霍姆林斯基和孩子的"依恋之情"！

我情不自禁地想到巴金老人关于写作的一句话："文学的最高技巧，就是不讲技巧。"在这里，巴金并非反对一切技巧，而是想强调，比起所谓技巧，真情实感更为重要。我把这个观点移用到班主任素养上来，似乎也可以这样说，对于班主任工作来说，教育智慧当然是重要的，但比起一切方法、技巧、兵法、绝招来说，情感高于一切！

其实，类似的观点陶行知早就说过了。在重新学习陶行知教育思想时，先生有一段话特别震撼我的心灵："要想完成乡村教育的使命，属于什么计划方法都是次要的，那超过一切的条件是同志们肯不肯把整个的心献给乡村人民和儿童。真教育是心心相印的活动。唯独从心里发出来的，才能打动心的深处。”

读着这段话，我很自然地想到了今天的素质教育，想到了班主任工作。我认为，素质教育绝不仅仅是教育技术层面的事，它首先是一种充满情感的教育，同样，班主任工作也不仅仅是一种技巧的展示，而首先是教育者爱心的充分体现，是“心心相印的活动”。还是我在拙著《爱心与教育》中说过的那句老话:“离开了情感，一切教育都无从谈起。”

责任心:为共和国培养公民

我们常说的责任心，当然是指对学生要有负责的精神。那么，什么叫“对学生负责”呢？这个问题似乎不应该有争议，其实不然。

比如，有两类班主任，一类是整天都守着学生——早操、早读、课间操、午休、做清洁卫生、晚自习，一直到寝室灯熄灭，班主任都辛辛苦苦地陪伴着（同时也监视着）学生。这样的班主任是不是负责任的老师？还有一类班主任，并不时时刻刻守候着学生，而是着力培养学生的自律和自理的能力，他并不时时出现在教室里或操场上，但班上的纪律却很不错，这样的班主任又是不是负责任的老师呢?

表面上看，这两类班主任都是对学生负责，其实，我认为，第一类老师只能说是工作态度端正，却很难说是对学生真正负责，因为学生离不开他的守候，一旦没有了老师，学生就乱成一团糟，毫无自律意识和自我管理的能力，当着老师一套背着老师又是一套，渐渐形成双重人格，长大之后他将如何对待他人对待社会，他是否真的会有出息？培养出这样永远离不开别人督促的学生，这样的老师能说是负责任吗?

而第二类老师，虽然没有随时守着学生，无论是自习课纪律还是清洁卫生，或者说参加学校运动会呀文艺表演呀等各种活动，学生能够做到老师在与不在一个样，并且为班级争光。这样的班主任，并不事必躬亲，甚至似乎还比较轻松（其实是潇洒），但我认为他们是真正负责任的老师，因为他们培养了学生自我教育和管理自己的能力，这种能力将让学生终身受用。当然，在班级刚刚建立的初期，班主任对学生必要的细致训练、亲自监督也是必不可少的，但最终的目的是让学生自律、自理和自治。（也不排除还有这样的老师，以培养学生自觉性为名而放任不管，结果班风糟糕。这样的班主任连表面上的负责都谈不上！）

因此，我这里所说的责任心，既是班主任在日常点点滴滴的工作中，认真细致和绝不敷衍地做好每一件事，更是着眼于未来培养学生良好的人格品质和行为习惯。一般来说，绝大多数班主任并不缺乏前者，而对于后者，则不是所有班主任都能做到。

最近几年，我常常问自己："我把怎样的人奉献给未来更加民主的现代化中国？"我也常常把这句话说给我的学生家长听，让他们也这样问问自己。

为中国培养怎样的人？在现代中国，最早提出这个问题的教育家是陶行知。他说："民主教育是教人做主人，做自己的主人，做国家的主人，做世界的主人。""今日的学生，就是将来的公民。将来所需要的公民，即今天所应当养成的学生。"

为共和国培养现代公民，应该是我们每一位教育者的神圣使命，更应该是班主任的自觉意识和行为。为什么我要这样强调班主任的自觉意识和行为呢？因为可以毫不夸张地说，班主任每天在学生面前所展示的言谈举止，都会潜移默化地影响着学生的成长，进而影响着中国的未来。因此，我们对自己的一言一行要特别谨慎，特别小心。我们今天怎么对待学生，明天学生会怎么对待他人。我们的手中诞生着未来的公民！

在这里，责任心的背后，其实就是我们的教育理想。更直接一点说，一个班主任是否有真正的责任心，取决于他是否有教育理想。

不得不遗憾地指出，我们的教育正在功利化、技术化、庸俗化，我们曾经的理想正在渐渐失落。有时候，为了坚守心中的理想，不得不忍受着现实的种种痛苦。当我几乎快要放弃理想的时候，心灵深处总有一个声音在提醒我："不要忘记，你是一个知识分子！"

是的，从我参加教育工作的第一天起，我就经常提醒自己："我是一个知识分子！"在我看来，"知识分子"这四个字首先意味着一种没有理由不求回报甚至不求理解的神圣的使命感！我一开始就在我的教育事业中倾注了我的社会理想。我想，也许我一辈子都是一个班主任和语文教师，但这不妨碍我以自己点点滴滴的奋斗推动着中国教育的进步，进而推动着中国的进步！

在一个价值多元化的时代，我们不能够要求每一个人只能做同样的选择；换句话说，每一个人有权选择自己的生活方式和对职业的态度。中国教育也的确需要一批乃至一代把教育当作事业而不仅仅是谋生饭碗的教育者——尤其是每天和学生朝夕相处并潜移默化影响学生的班主任。他们应该有直面现实的勇气，有超越苦难的精神，有披荆斩棘的双手，有遥望未来的眼睛，在他们的心中应该永远燃烧着教育理想主义之熊熊火炬！

我再一次想到了陶行知。固然，我们今天面临的一些困难是陶行知时代所没有的，但陶行知当年所面临的种种压力也是相当沉重的，他有时甚至会付出生命的代价。其实，陶行知本来已经拥有了相当尊贵的社会地位和相当优裕的生活待遇，他完全可以很体面地在那个社会生活得如鱼得水。但是，陶行知硬是放弃了他所拥有的一切，唯一留下了他对中国教育所寄予的理想主义，然后脱下西装，奔赴乡村，用自己的教育探索，向那个风雨如磐的时代发出了呐喊，进行着抗争！ 20 世纪上半叶的中国教育因此而有了一些亮色，中国因此拥有了一位饮誉世界的大教育家！

人类之所以需要教育，就因为人类永远都不满现实，教育本身就意味着对现实的超越。理想往往被视为脱离现实的乌托邦，但人之所以不同于动物，就在于人有对明天的向往，对乌托邦的憧憬。国际 21 世纪教育委员会主席雅克·德洛尔在给联合国教科文组织提交的报告的序言，题目就叫《教育——必要的乌托邦》。德洛尔这样写道："世界往往不知不觉或不声不响地需要某种理想和我们为了不触犯任何称为道德的标准。教育的使命是多么崇高啊！它需要根据每个人的传统和信仰，在充分尊重多元化的情况下，促使每个人将其思想和精神境界提高到普遍行为模式和在某种程度上超越自我的高度。委员会字斟句酌地认为，这关系到人类的生存问题。"

班主任还应该清醒地意识到，中国教育正面临一个挑战：拍岸而来的全球化浪潮。全球化包括"经济一体""政治多极"和"文化融合"，而这背后所体现出的人类进步的文明精神：公正、平等、尊重、宽容、自由、多元等民主的价值观，无疑应该融入未来的教育发展。中国加入世界贸易组织，意味着中华民族正式领到了参与世界经济大竞争的比赛资格证。但是，中国以什么样的品格、精神和能力参与世界经济大竞争，将取决于我们的教育为中国培养什么样的公民。因为国家之间的竞争，说到底是国民素质之间的竞争，而国民素质之间竞争的背后则是教育的竞争——唯有以培养独立人格、公民意识、批判精神、创新能力为己任的民主教育，才有可能使中国人应对世界贸易组织的考验，才有可能让未来的中国迎接世界的挑战。

因此，我们应该追求理想的教育和教育的理想。那么，在今天的中国，什么是理想的教育？我认为，是一种把人当成人的教育！我们向往并为之奋斗的教育，应该是目中有人的教育，是充满人性、人情和人道的教育，是为了一切人全面发展的教育，是充满着民主精神、散发着科学芬芳、闪烁着个性光芒的教育！

而什么是教育的理想呢？我用一句话来概括我的教育理想：为现代化中国培养真正的公民！

只有站在这样的高度看待班主任的责任心，我们才无愧于中国教师的历史使命。

专家：源于专业的人格魅力

在这个特定的语境中，专家的含义是：第一，课上得很棒；第二，还在某些方面有较深的造诣或一技之长。

我不止一次听一些校长这样介绍某位老师："这个老师虽然课上得不是太好，但适合于做班主任。"对此，我总是表示怀疑——一个连课都上不好的老师，真的适合做班主任吗？

我想起了杰出的苏联教育家马卡连柯说过的一句话："高度熟练、真才实学、有本领、有技术、手艺高超、实事求是、不辞劳苦——这才是最吸引孩子们的东西。"马卡连柯这里说的不只是班主任，但毫无疑问包括了班主任。试想，不能"吸引孩子"的老师能够当好班主任吗？马卡连柯还说过："学生可以原谅老师的严厉、刻板，甚至吹毛求疵，但是不能原谅老师的不学无术。"

所以我认为，作为一个班主任，一定首先要在学科教学或者说专业技能上征服学生，要让学生迷恋自己的课堂。一个刚毕业的大学生分到了学校担任初一年级的班主任，他来向我"请教"："李老师，我怎么才能尽快在学生中树立威信呢？"我的回答很简单："把第一堂课上好！"他又问："课怎样才算上好了呢？"我说："有一个简单的标志，那就是学生觉得上你的课时间过得特别快，下课后又盼着明天上你的课！"

魏书生、孙维刚、窦桂梅……许多著名的优秀班主任同时又是教学艺术精湛的特级教师，他们首先是在课堂赢得了学生的心，这是他们成为优秀班主任的必要条件。其实，无数并不著名的优秀班主任也是如此。我高中的班主任张新仪老师之所以受到全班同学的爱戴，首先是因为她的物理课实在是上得太棒了！思路清晰、深入浅出而又妙趣横生，那时候我们最盼望的课就是物理课，因为佩服张老师，我们自然很信任她，张老师在同学们心目中当然就有着非常高的威信。高中毕业我下乡插队一年后考上大学中文系，回母校看张老师，她很惊讶："你怎么考中文系不考物理系呢？你的物理学得那么好，应该考物理系才对！"我笑了："张老师，其实我并不喜欢物理，只是因为您教物理，而且物理课上得那么好，我才把物理学得那么好。”的确如此，张老师首先是靠物理课让我佩服她，进而喜欢她，然后又因为我喜欢她，于是不但特别听她的话，而且连“她的物理”也学得“那么好”！

也正是因为高中班主任张老师对我的影响太大，所以我后来当了老师后，也决心像张老师那样做一个上课受学生欢迎的班主任。可以非常自豪地说，我的课是受到了学生的欢迎的。下面是我很多年前教过的学生，毕业之后对我语文教学的评价——

陈峥（高中毕业考上清华大学，后赴美留学，现在美国工作）：李老师的语文课给我留下的最深印象是：松而有度。最有趣的是第一次在上语文课时听李老师读小说时的错愕与惊喜，还有我第一次对文言文感觉不那么面目可憎，语文课上少了枯燥单调的说教，多了一份讨论和自学，还有动脑思考的乐趣。应该说，启发学生思维，培养学生的语文或者说中文的感悟力是李老师一直坚持的原则。高中语文教学我认为更重要的是培养一种人文素养，而不仅仅停留在语文知识本身。李老师常常利用课堂时间为我们读一些课外书，其作用正在于培养大家对文学的兴趣，提高大家的文学修养，并对人生、对社会有更多的关注，更多的敏感，并常常能有所感悟。这种教学方式应该说是一种更高层次的指导。这要求老师本人有相当高的文学基本功、思考勇气和思维深度，同时还要有良好的语言表达、沟通能力。至少我认为，李老师正是具备了这些素质的一位语文老师。他常常能以犀利、敏锐的眼光洞察社会、感悟人生，并用独到准确而富有激情的语言点燃大家的思想火炬，进而潜移默化地熏陶我们的人格。同时，他又非常擅长写作，其语言生动、思想独到的文章常常出现于报纸杂志，这本身就有一种言传身教的作用。他对文学的敏感性使得他每每能将当代文坛的最新佳作推荐给我们，如《文明的碎片》《风过耳》《凤凰琴》等。这使我们比起一般的中学生又多了一份幸运。“师者，所以传道授业解惑者也。”我想，李老师不仅以其独到的见解、丰富的文学知识吸引了我们，更是以一种人文素养，一种人格魅力影响着我们、推动着我们，这也许就是李老师的语文教学取得成功的原因，也是给我的最深印象。

何翔威（高中毕业考上四川大学，现在广东工作）：李老师的语文课最大特色是他那富有激情的朗读。他总是抽出宝贵的时间给我们念那些感人肺腑的小说、报告文学以及优美的散文。想起他给我们读《文明的碎片》中的《道士塔》，可以听到他对道士的厌恶与憎恨；读《苏东坡突围》时，对苏东坡人格的赞赏，等等。还有一次，他要求我们的父母给我们写信，李老师在为我们念这些家长来信时，他的激情与对我们的期望，我至今还记得。李老师还常常把他写的文章读给我们听。通过一次次朗读，李老师无疑把我们引入了一个充满魅力的文学殿堂，他让我们体会作者的匠心，揣摩文章的妙处。但李老师的语文课并非简单的文学欣赏，而是通过这些文章，引导我们去思考人生，去认识社会，让我们不只是一个客观的欣赏者，而是将自己的心灵融入作者的心灵，感受美的境界，追求美的人生，同时，又教会我们正视现实中的丑恶，从而感受到自己的责任。一篇《道士塔》，让我们对中国人过去的愚昧无知感到痛心；而给我们读了中篇小说《凤凰琴》后，又让我们深知“希望工程”的意义，以及乡村民办教师的清苦和他们高尚的情操，我们因而更应珍惜这来之不易的学习机会。我想，也许李老师早已忘记了他给我们读过的每一篇作品，而且连我也的确记不起李老师究竟在三年中给我们读过多少作品，但这些作品所体现的真善美，却正在化为我们的人格。如果有人要问我最留恋高中生活的什么，我想我会毫不犹豫地回答：“李老师的语文课！”

作为“专家”的班主任，除了能够把课上得棒，最好还应该有教学以外与自己专业相关（或者不相关）的一技之长：教数学的，不妨在课余研究一点数学“猜想”；教物理的，最好同时又是一个科技制作的能工巧匠；教政治的，能不时发表一些经济学小论文；教语文的，可能又是一位《楚辞》研究者……

有一位体育老师被学校安排任一个“差班”的班主任——学校之所以让他出任这个班的班主任，就是因为前几任班主任对这个班束手无策，于是学校不得不寄希望于这位身材魁伟的体育老师，看他能不能把学生“镇住”。

第一次到班上去，迎接他的是教室里面的吵闹，本来已经上自习好几分钟了，教室里却毫无学习气氛，连桌子上都站着狂打的顽童！班主任生气地指着那几个顽童：“你们跟我走！”

几个顽童满不在乎地跟着老师走了，而且越走越快，走到了老师的前面，一直走到办公室，然后不等老师命令，他们自觉地面对墙壁站成一排。显然，以前班主任的常规教育方式让他们形成了定势思维——犯了错误，自然要被老师叫到办公室罚站，不如争取主动，先站好再说。随后进来的班主任哭笑不得："我叫你们到办公室了吗？我只说要你们跟我走，你们却朝办公室跑！"

几个顽童有点纳闷："你不是叫我们跟你走吗？不到办公室到哪里去呢？"

班主任指了指操场："到那儿去！"

顽童们似乎恍然大悟，随即一溜小跑直奔操场，等班主任赶到操场，几个孩子已经在跑道上跑了将近一圈了——依然是定势思维使然。

这下班主任乐了："我叫你们跑了吗？"

学生更加不解了："那你叫我们到操场来干啥呢？"

班主任说："到这来！"说着指了指操场边的单杠。

几个孩子来到单杠边，只听班主任说了一声："站在这里，看我的！"

班主任很敏捷地跃上单杠，开始甩大回环，动作优美潇洒，轻松自如，一圈，两圈，三圈，越甩越快，一口气甩了几十个大回环，简直令几个孩子眼花缭乱，目瞪口呆！

从此，这几个顽童对班主任佩服得五体投地！

以后这个班的风气令学校领导刮目相看。我们当然不能说，班主任之所以能够改变班风仅仅靠的是那几十个大回环——如果那样，就把班主任工作看得太简单了，但是，班主任和顽童们第一次见面，就以自己精湛的专业技艺给了他们一个下马威，赢得了学生的心，以后的"较量"自然一马平川，势如破竹。

这个班主任在其专业领域，就是一名"专家"。

每一个立志成为深受学生欢迎的班主任，都应该问问自己：我究竟用什么去吸引学生的？教学艺术和专业特长，使教师让学生产生一种热爱科学、不断进取的潜移默化的感染教育作用，也使教师本人对学生保持着一种源于科学、源于知识、源于专业的人格魅力。

思想家：做一个反思型的教师

同样是做班主任，都很敬业，而且常规工作都很不错，在这种情况下，

“思考”成了决定班主任工作境界高下的重要因素。或者我们设想，有两个小伙子同一年毕业分配到学校当班主任，两人都很认真地工作，三年过去了，两个班的学生都考得不错，但是，其中一个小伙子不但积累了比较丰富的经验，而且对教育的认识更加深刻，同时开始有了自觉的创新意识和自我超越的冲动；而另一个小伙子除了疲倦，心灵中没有任何来自职业的收获。这是为什么？那是因为前者工作了三年，那一千天每天都在思考，因而每天都不一样；而后者虽然也工作了一千天，但从某种意义上看，他其实只工作了一天，因为没有思考，他便每天都在重复“昨天的故事”，盲目而麻木地凭着惯性在完成常规工作。

帕斯卡尔有一段著名的话：“思想形成人的伟大……人只不过是一根苇草，是自然界最脆弱的东西，但他是一根能思想的苇草。”应该说，帕斯卡尔不过是用诗一般的比喻说了一个常识而已：人没有思想，其“异于禽兽者几希”！

我始终认为，真正的教师（首先是对学生影响最大的班主任）应该是一个思想触觉十分灵敏的人；追求真理，崇尚科学，独立思考，保持个性，应该是每一个教育者坚定的人生信念。

成天忙于应付补课、编资料而使自己的思想视野愈来愈狭窄的“教书匠”，是难以胜任素质教育重任的。要知道，教育本身就是最具创造性的精神活动，因而教育者充满理想主义激情的人文情怀和独具个性的思想之光，理所当然地应该贯穿于教育的每个环节和整个过程。作为思想者的教师，在踏踏实实地做好每一件具体教育工作的同时，还应不断关心着、思考着社会发展与学校教育的相互影响，甚至当代思想理论界的热点讨论、国际上的风云变幻都能使他联想到自己的教育。坚定的政治立场和敏锐的超前意识，会使他科学地把握教育的历史航向，并敏锐预见未来社会对今天教育的影响，从而主动进行一些富有创造性的工作。

对班主任而言，这里所说的思考首先指对自己的思考，即把自己当作研究对象，揣摩、琢磨、体验、品味着自己已经和教育水乳交融的日常生活；同时，思考也包括关注、研究、咀嚼、审视别人的教育实践教育思想。如果这思考带有检讨、解剖、质疑的意味，它便成了我所理解的反思，而这种反思的习惯和能力正是任何一个教师走向成功必不可少的精神素养和职业品质。

在从教（同时也担任班主任）20 多年的过程中，我的反思主要包括：

对教育实验的反思。既然是实验，就有可能成功，也有可能失败，如果能够以科学的态度进行反思，即使失败了的教育实验，也是一笔财富；而对于成功的实验，同样需要以科学的眼光进行实事求是的剖析和评价。我的未来班实验，按说是当时大家都公认的成功实验，但我从不断变化的时代要求进行严肃的反思，结果促进了我教育观念的更新。

对教育行为的反思。反思不仅仅是针对明显的教育失误，也包括对自己一切教育（含教学）行为的反思：和学生的一次谈心，上一堂课，组织一次活动，甚至和学生交往过程中的某一个蕴含教育因素的细节，都可以成为我们反思的内容。精益求精，与时俱进，缘时而新，因人而异，都可以使我们的教育更加完美，更具心灵的感染力。

对教育现象的反思。教育者的反思，不应仅仅局限于对自己教育的反思，还应该扩展为对自己所见教育现象的反思。作为一个有责任感同时胸襟开阔的教育者，他会关注与自己相关或不直接相关的其他教育现象，并同样以科学的态度——尤其是以批判的眼光进行审视和追问。在解剖自己的同时，解剖整个教育，这是我们应该追求的教育反思境界。

对教育理论的反思。我们尊重理论，但不迷信理论。我们在继承古今中外一切优秀教育理论与传统的同时，理应以追求科学、坚持真理的胆识，辨析其中可能存在的错误之处；对一些似乎已有定论的教育结论或教育命题，我们也可以根据新的实际情况、新的实践予以重新的认识与研究，或修正，或补充，或发展。没有千千万万普通教育者富有个性的反思和富有创造性的实践，就不可能推进教育理论的蓬勃发展。

在所有反思中，最重要最有价值的反思，是对自己错误的反思。

著名法国文学翻译家傅雷先生曾在其译作《约翰·克利斯朵夫》的卷首语中这样写道："真正的英雄不是没有卑贱的情操，而是永不会被卑贱的情操所征服；真正的光明不是没有黑暗的时候，而是不会被黑暗所湮没。"同样的道理，真正的教育者，也不是没有失误，只是他总会从失误中汲取新的前进力量。几乎可以这么绝对地说，任何一个教育者在其教育生涯中，都会犯这样或那样的错误。区别优秀的教育者和平庸的教育者，不在于教育者是否犯错误，而在于他如何对待已经犯了的错误。这里所说的"如何对待"，不仅仅是指想方设法弥补错误所造成的损失，而主要是指对错误的反思——对成长中的年轻教师来说，这一点非常重要。善于把教育失误变成教育财富，这是任何一个教育者从普通教师走向教育专家乃至教育家的最关键的因素之一。

把教育失误变成教育财富，前提是我们能够诚实地对待自己的事业，严肃地对待自己每一天的工作，唯有这种真诚和严肃，能够让我们坦然地面对自己的失误——为了我们心爱的事业和学生，我们勇于解剖自己和否定自己，因为这能够使我们更加成熟，使我们的教育走向成功。泰戈尔有这样一句诗："真理之川从错误之渠中流过。"也正是从这个意义上说，每一次错误，对所有具备真诚反思精神的教育者来说，都是一个进步的台阶，我们沿着错误的台阶一步一步走向事业成功的高峰。相反，那些敷衍地对待自己的工作并且被某些狭隘的功利思想束缚头脑的人，往往会拼命地掩饰错误，会给自己找许多"借口"和"理由"来原谅自己。对这样的人来说，每一次自我原谅都是新的错误，这个错误同时也是一个陷阱——他们即使可能从这次错误的陷阱中艰难地爬上来，但随时都可能掉进另一个错误的陷阱，而永远不能够走向教育的成功。

所谓反思错误，通俗地说，就是犯了错误之后不要轻易地原谅自己，而是拷问自己的心灵：我为什么会犯这样的错误呢？这样的错误是出于一时的感情冲动，还是有着必然的思想根源？这样的错误事先能不能够避免？这样的错误是否收到了我期望达到的"教育效果"？如果达到了某种"教育效果"，那么我付出的代价是什么？如果没有达到，那么这次错误所造成的表面的后果和潜在的危机有哪些？这样的错误蕴含着怎样的教育遗憾、教育缺陷乃至教育悲剧？这样的错误可能会在我的学生心灵中造成怎样的伤害？这样的错误包含着哪些可以理解的善良意图？这样的错误掩盖着哪些不可原谅的自私和可怕的个人动机？我是否真正从这次错误中汲取了教训，并从中获得了新的教育启迪？

人因思想而伟大，世界因思想之林的存在而生机勃勃。做一个不停思考进而成为一个有思想的班主任，不但能够使我们自己的精神世界更加丰富，而且能够以我们的思想点燃学生的思想，进而培养出富于思考的真正的人。

心理学家：用心灵赢得心灵

这样的班主任也许不是个别的——

每天天不见亮就来到学校来到教室，和学生一起做清洁卫生，看着学生早自习，然后备课、上课、批改作业，课间操、午休、自习课都陪着（守着）学生，下午放学后，还往往把学生留在教室里反复强调班主任认为应该强调的话，一直忙到天黑才拖着疲惫的身躯回到家里。这样的班主任，抓班级事务可谓巨细无遗，一天下来往往身心俱疲。他们每天都和学生在一起，可是他们却不知道学生在想什么；他们的工作越做越细，可是，他们离学生的心灵却越来越远。他们的好心还不一定能够得到孩子们的理解，相反他们的事必躬亲往往让学生觉得烦——这样的班主任冤不冤呀？

每天都和孩子在一起，却不关注因而不知道孩子的心灵世界；越是认真负责，孩子们越是反感。这是我们现在许多班主任的悲哀之处，甚至是悲剧所在！

注意，我这里用了“悲剧”这个词。这绝不是夸大其词或耸人听闻。对于教育者来说，没有比不了解自己教育对象的心灵世界更为悲哀的了。这种悲哀往往会导致心灵的悲剧乃至人生的悲剧——

20 年前，我所在的城市有一个叫宁小燕的高一女生自杀了。我听了这个消息，第一个反应是：她为何自杀？朋友的答复是：“没有原因。”我自然无比惊讶，因此第二个问题问出了：“这个学生的品行和学习怎样？”答复是：“品学兼优。连续两届市级三好学生，学校团委干部……”我更加惊讶。“没有原因的自杀”“品学兼优的学生”这两点引起了我研究的兴趣，于是我前往这个女生的学校进行了详尽的采访。我采访了她的老师、同学，并得到了她两年的日记和作文作业，经过半年的研究，我得出结论，宁小燕之死，就法律意义而言，只能由她本人负责，因为她的确是“没有原因”的自杀。但如果探究她思想发展的轨迹，我不得不说，是我们的教育把她推向了绝路——脱离心灵的谆谆教诲（她的日记中多次谈到老师的教育和她心灵的隔阂）、无视学生精神状态的空洞说教（这也可以在她的日记和作文中找到依据）、青春期溢满心灵的苦闷却无处诉说（她曾有很多话想对人倾吐，却始终没有也不愿意找班主任谈心）……

我因此而写下一篇 9000 字的报告文学《她给教育者留下什么“遗产”？》。这篇报告文学在《中国青年报》第一版、第二版发表后，在全国引起强烈反响。许多人（不仅仅是教育者，也有不少中学生）参与讨论：我们的教育究竟怎么了？

在热烈的讨论中，我注意到《北京青年报》上一位中学生题为《难道我们的教育真的毫无责任吗？》的文章——

我们的师长，当您千方百计地想把一个孩子教育成您心目中的好孩子时，您必须正视这样一个事实：青少年身心的成长是一个痛苦而复杂的过程。

当他们在黑暗中感到阵阵孤寂之时，当他们在日记中发出莫名的长叹之时，当他们在拥挤的人群里感到恐慌时，当来自内部外部的无形压力向他们慢慢逼来之时……您不要再拿一些硬邦邦的正确的框框去套他们，不要幻想只要让他们明辨是非就可万事大吉。

可不可以使环境宽松一些，可不可以拿您或别人有益的人生经验去疏导他们壅塞的心灵，可不可以不把学生们当作一部部受教育的机器，而是一个个正在通过他人帮助，更通过自己不断努力而逐步形成的人……

为了不让悲剧重演，请给他们自信力和直面现实的勇气和胆略，请给他们一颗健康而有强大生命力的心脏，请给他们一个清醒而有独立思辨能力的大脑，请给他们一种积极而富于弹性的生活态度……

这期待是给予我们的师长，也是给予我们自己的。

把学生当人而不是当作受教育的机器，这就是孩子对我们的呼唤。

由此我们可以理解苏霍姆林斯基的经典名言：“教育，这首先是人学！”

既然是“人学”，怎么可能不关注人的精神世界呢？

作为“人学”的实践者班主任，怎么可能不是孩子最信任的朋友因而走不进孩子的心灵呢？

还是在那场讨论中，一位女中学生来信中的几句话，至今还震荡着我的心灵：“老师讲的，不是我们想的；我们想的，恰恰没人回答！”

20年来，我常常问自己：哪些我讲的是脱离学生心灵的“正确的废话”？而哪些孩子们关注的，或需要我解答的，我却恰恰没有回答？

究竟有哪些学生最急于解答的“恰恰没人回答”？为此，我多年前曾在自己所教的高一新生中进行了一次调查。

调查题：除了学习以外，目前你还有哪些最关心的问题得不到解答？

结果，47名学生共提了106个问题，内容涉及人际关系、心理保健、性知识教育、宗教信仰、职业选择、国际政治、与父母的关系、自我评价、社会性风气、男女感情、人格塑造、哲学流派、环境保护、生与死等方面，而这些几乎全是我们当时学校德育内容的空白！

现摘录其中一些片段如下——

※　好不容易考上重点高中，我却有了一种失落感受，茫然不知所措，甚至莫名其妙地自卑，这到底为什么？

※　我很想知道自己在别人心目中是什么样子。

※　近来不断听说有学生自杀，其中好些都是高才生，他们比别人成熟得早，更早接触和认识社会。我想知道，他们成熟得早是否是好事？他们成熟了，有思想，认识了社会，却跑去自杀。而那些成绩不太好、思想不“复杂”的人，却无忧无虑，生活得平稳。究竟谁好？

※　我很想与男同学建立一种非常真诚，但又绝不是爱情的友谊，但又不知道怎样注意分寸，怎样去交往。

※　人为什么要活着？古猿为什么要变成人？人死后是否就要到阴间？人要不死该多好。

※　我常常感到孤独，真想偷偷大哭一场。不知为什么？

※　我感到生活中处处是矛盾，为什么现在我国社会生产发展了，而人与人之间的关系却淡薄了，各种歪风邪气更猖狂了。这到底是社会的进步，还是倒退？

一颗颗稚嫩而纯洁的心，竟然承受了这么多这么沉重的问题，该是多么地忧烦！如果这些忧烦憋在心里得不到排遣，那就更加苦恼了；若这些苦恼不但得不到老师的理解而且自己还受到责怪，那简直就是痛苦不堪了！

一位外地中学生在给我的信中写道：“那么多的政治课、班会课、团组织生活，可从来不愿谈我们关心的问题，我们这些问题一般也不愿问老师。有一次，我憋得受不了，就鼓起勇气找班主任，他听了我的叙述，便给我讲了一大通‘要有远大理想’‘要有革命乐观主义精神’‘你的苦闷难道还有张海迪遇到的困难大吗’‘看问题要全面嘛’之类的套话，真是烦死人！更气人的是，几天后的一次班会课上，班主任不点名地批评了‘一些同学缺乏远大理想、心理灰暗、思想不够健康’……这不是把我往绝路上逼吗？！”

面对这位并未走上绝路的中学生，我感到悲哀：莫非我们的教育真的会走上绝路或者把学生的精神世界推向绝路？

老师因自己传授的思想遭到学生反感而十分伤心，学生因自己关心的问题得不到老师的解答而万分苦闷。教育者和被教育者双方都感到离不开对方，然而现在都失去了对方！

这正是德育的危机之一，也是德育的转机所在——作为处于主导地位的教育者来说，回答学生所关心的问题，找回失去的对方，正是改革德育的一个突破口！

任何一位优秀的班主任都是一位出色的心理学家。真正有效的教育应该是针对学生个性的教育，这必然要求教师具备发现、发挥、发展学生独特个性的技巧与艺术。因此，教育者必须拥有良好的心理学修养，善于走进中学生的心灵，敏锐地感受学生的心理变化，与他们心心相印，息息相通——正如赞可夫所说："对于一个有观察力的教师来说，学生的欢乐、兴奋、惊奇、疑惑、恐惧、受窘和其他内心活动的最细微的表现，都逃不过他的眼睛。一个教师如果对这些表现熟视无睹，他就很难成为学生的良师益友。"（《和教师的谈话》）唯有这样，我们才能真正以心灵赢得学生的心灵。

班主任最该想的是什么？

应该是——此刻，我的学生在想什么？

越来越多的教育者已经认识到，一个人的成长是一个"自主"的过程——换句话说，学生的成长是教师无法替代的。因此，所谓"教育"，就是为学生的成长服务。这里的"服务"，首先是心灵的服务——孩子在成长过程中有许多困惑需要请教生活阅历比他们丰富得多的长者，并获得有效的辅导；他们有许多意想不到的苦闷，需要有人倾听；他们也有许多成长的快乐需要更多的人分享……而每天和他们朝夕相处的班主任，理应成为孩子成长的辅导者、倾听者和分享者，理应成为孩子最信任的人！

因此，每一个班主任都应该问问自己："我是孩子最信任的人吗？"如果答案是否定的，那么我们就谈不上做任何真正的教育！

2012 年，在课堂上

第二辑　科学民主的班级管理

如何给学生良好的“第一印象”？

给学生写一封热情洋溢的欢迎信，给学生一份有意义的见面礼，给学生一个做主人的机会，开一个“记者招待会”。

怎样做好班主任的“第一次”？

第一次确立班委干部，第一次给学生安排座位，第一次主题班会，第一次家长会，第一次组织活动。

第一节　给学生良好的第一印象

日常人际关系中的第一印象是至关重要的。班集体建设也是如此。学生对新班的最初印象将直接影响以后班风的形成。

这里的第一印象当然是班主任和学生第一次见面所留下的印象。但是，这第一印象如何，绝不只是取决于见面那天的情形，其实，在见面之前，老师的行为已经决定了第一印象的好坏了。因此，对班主任来说，新集体的建设早在新生入学之前就开始了——他必须苦心酝酿着使新生迅速形成集体的计划，精心地为导演集体主义"开场戏"而做各种准备，胸有成竹地迎接着新集体的诞生。

创造良好的第一印象可采用这样一些方式——

给学生写一封热情洋溢的欢迎信

刚参加工作那几年，学校还没有择校生之说，招生工作比较单纯，一般暑假里面就可以确定新班学生的名单。于是，我给学生的见面礼往往是一封信，并设法在开学前寄到每一位新生手中。我的目的在于唤起孩子们对新老师、新集体的憧憬与渴望。这是新集体诞生不可缺少的前奏和序曲。

下面是我写给初 84 级一班新生的信——

亲爱的同学：你好！

首先，我热诚祝贺你被录取到郭老母校——乐山一中学习！

虽然还没有开学，可你现在一定渴望一个新的集体吧？同学，你从《中国青年报》《北京音乐报》《乐山报》上看到过未来班的事迹吗？你听说过未来班还有自己的班歌、班旗吗？我想，你如果了解到未来班是一个温暖的大家庭后，一定也想生活在这样的一个班集体中，是吧?！告诉你，当你接到这封信时，你就已经是未来班的第二批成员了。未来班的班歌将由你继续唱下去，未来班的班旗将由你继续扛下去，新的未来班将会有了你而更加温暖！作为班主任和你的新朋友，我真诚地祝贺你！

当你第一天到学校报名时，你一定还是一个系着红领巾的孩子；等到你三年后毕业告别母校时，你也许将是一个戴着团徽的小青年了。在这初中三年里，紧张繁忙的课内学习、丰富多彩的课外活动、同学之间的纯洁友谊、师生之间的真挚情感……将伴随你告别绚丽迷人的童年，度过灿烂多彩的少年，步入辉煌壮美的青年。三年以后，不仅仅掌握了老师所传授的各门课本知识，而且还会掌握获取知识的能力和自学的方法，并初步具备创造性的才干；你将不仅仅具有中学生起码的遵守纪律、尊敬老师、团结同学等良好品德，而且对我们可爱的祖国，对我们的现代化建设事业产生一种强烈的创造欲望和高度的责任感。看，迎接你的，将是多么充实而富有魅力的生活啊！

但是，在憧憬美好未来的同时，还应该清醒地看到，现行的教育制度和教学方法还严重阻碍着你们真正成为21世纪的主人，我们必须尽快进行教育改革。在三年的学习生活中，我们将在教学内容、教学方法等方面进行一些新的探索，以让你们适应将来祖国现代化建设的需要。不过，教育改革不仅仅是老师的事，也是你们的事，需要你们和你们的爸爸妈妈的配合与支持（包括善意中肯的批评和建设性的意见）。我相信，你一定愿意在这三年的学习中和老师密切配合，取得教学改革的成功，是吗？

在新学期开学前，请允许我对你提三点要求：

1. 请想一想，你有什么特长或能力，在到新集体的第一周内为大家做一件什么好事？

2. 请准备一套运动服（男生蓝色，女生红色），便于班上搞活动服装统一。

3. 请买一支口琴，我们班将建立口琴乐团。

4. 报名时交班费一元。

亲爱的同学，我和你现在都还不认识。读到这封信，你一定在心里猜测：这位班主任老师是男的，还是女的？是年老的，还是年轻的？……就像我急于想了解你一样。别急，快开学了，以后我们会朝夕相处，结下深厚情谊的，让我们在报名那一天相见吧。

祝你学习进步！

你的好朋友　李镇西

1984 年 8 月 25 日

我们可以想象，本来就对中学生活怀着憧憬之情的孩子，读完这封信后，会在心中升起怎样急切的盼望：盼望早一天开学，好到学校认识这位真诚而有趣的大朋友和充满魅力的班集体。更重要的是，通过这封信，我不但开始与学生建立起一种感情联系，而且开始引导他思考："我"应该怎样为建设新的班集体贡献力量？

后来的事实，证明了我这封信的作用的确是明显的，在开学之初的几天里，不少同学都不把自己当作新生，而是以集体主人的身份为班级效力，使新班一开始就呈现出一种集体主义的蓬勃生机。而且，直到现在已经成家立业的当年的学生来看我时，对初中生活的美好回忆，往往是从收到那封信的惊喜开始的。

给学生一份有意义的见面礼

后来，由于招生模式的改变，要想在学生进校之前就确定班上的学生人数和姓名越来越困难（往往是开学前的一两天，我才能拿到最后的学生名单），更别说其通信地址了。于是，我便事先把信写好，然后在开学第一天和孩子们见面的时候，把这封信发给大家。这封信也就成了我送给孩子的见面礼。

下面是 2004 年 8 月 30 日，我在和高 2007 届新生第一次见面的时候给他们的信——

×× 同学：

你好！

从今天起，我们就是好朋友了！

仔细想来，我们能够相识纯属偶然——用个比较通俗的词，叫作缘分！你想想，这世上那么多的学生，我为什么就遇到了你呢？这世上那么多老师，你为什么就遇到了我呢？呵呵，这是不是缘分？

第一次见到新朋友，我把我早已准备好的礼物送给你——一句话和一本书。

“让人们因我的存在而感到幸福！”我把这句话作为礼物送给你！（请你在心里默念一遍：“让人们因我的存在而感到幸福！”）这既是一种伟大崇高的价值观念，同时也是一种平凡朴实的实践行为。用精神播撒精神，以真情赢得真情。亲爱的朋友，做一个“让人们因我的存在而感到幸福”的人，往往只需举手之劳：公共汽车上，你为一位老人让座，这位老人就会因为你而感到生活在这样一个文明的社会环境中是一种幸福；在街头，你热情耐心地回答一位外地人的问路，他就会因你而感到能够得到一位素不相识的人的真诚帮助是一种幸福；在教室楼道，你主动上前帮老师抱作业本，老师会因为有你这样的学生感到幸福；有同学病了，你哪怕是送上一句亲切的问候，他也会感到有你这样的同学是一种幸福……今后在我们班，当某个同学遇到困难时，你如果第一时间出现在他的面前并伸出温暖的手臂：“别着急，有我呢！”那样，他会因为有你而感到班集体的无比温馨！我希望在我们的集体中，大家有共同的追求、共同的荣辱、共同的精神支柱、共同的心理依托；成员之间互相友爱，互相帮助，谁也离不开谁：每一个人为集体的挫折感到难过与忧虑，集体为每一个人的成绩感到欣喜与自豪。

你手中这本《爱心与教育》，也是我送给你的礼物，这是我好几年前出版的一本著作。这本书记录了我和我学生的故事，是我和我学生真情的结晶。你打开这本书，会走进我的精神世界，进而了解李老师是怎样一个人，李老师是怎样在从事教育。当然，我之所以要送这本书给你，更重要的目的是要你按书中的李老师监督你眼前的李老师，看李老师是不是真的爱学生。爱，不等于教育；但没有爱，肯定没有真正的教育。因为我爱你们，所以我会想方设法地做好自己每一天的工作。其实，李老师也有许多缺点，比如我脾气不好，做事急躁等，但我想只要有了同学们的监督和帮助，我会随时克服缺点，不断改进自己工作的。我从来认为，老师和学生是一起不断走向成熟和成功的伙伴；我在教育你们的同时也在接受你们的教育，让我们在今后三年里共同成长！我坚信，在未来的日子里，我们会用行动共同创作出一部新的《爱心与教育》！

最后我还想说一个愿望，我希望在三年后你离开我的时候，会这样说："我幸运，因为我在高中遇到了李老师！"请相信，我会为我这个愿望而不懈努力！

要说的话很多很多，反正来日方长，更多的话留着以后慢慢说吧！就让我们在未来的日子里风雨同舟，携手而行吧！

你真诚的朋友：李镇西

2004 年 8 月 30 日

读者可能已经注意到，我在信中送给学生的一句话："让人们因我的存在而感到幸福！"这句话，其实是我给历届学生的见面礼。

1997 年 9 月 1 日，在初 2000 届学生报名的那一天，我也是把这句话作为"见面礼"送给孩子们的。

上午九点，学生们走进新教室，他们看到了黑板上的一句话："让人们因我的存在而感到幸福！"

我说："这是李老师送给你们的第一句话。同学们能不能想一想并讨论讨论这句话的含义呢？"

有的说："这句话是教育我们要多做好事。"有的说："这句话告诉我们要做一个对祖国有贡献的人。"还有的说："这句话的意思就是要多为别人着想。"

我肯定学生们的理解都是对的，但也指出他们的理解还不具体："同学们还应结合我们的班集体来理解这句话的含义。"

学生们开始静静地思考，但是，没有人发言。

因为对这些十一二岁的孩子来说，除了概念式地谈谈为人民服务，是很难把这些人生格言理解透彻的。

但作为班主任，我应该也必须让学生明白，"让人们因我的存在而感到幸福"绝非仅仅是一句格言，也不是高不可攀的人生境界，而是每一个普通人都能做到的平凡行动。

我对大家说："二十世纪的中国，因为毛泽东的存在而赢得了自己真正的独立；二十一世纪的中国，因为曾有邓小平的存在，而必将迎来自己高度繁荣、高度民主、高度文明的现代化前景；兰考人民，因为焦裕禄的存在而幸福；西藏人民，因为孔繁森的存在而幸福；雨夜回家的一位大嫂，因为遇上了雷锋而感到幸福；公共汽车上的乘客，因为有李素丽这样的售票员而感到幸福……"

我又说："幸福不仅仅是一种美好的物质生活，更是一种愉悦的精神体验。而且，这种愉悦的精神体验有时仅仅来自一声普通的问候或一个细小的行为。比如，刚才我进教室时，有几位我还叫不出名字的同学向我问好，我从这几位新同学的问候声中感到了一种温暖，也可以说感到了一种幸福。对于同学们来说做一个'让人们因我的存在而感到幸福'的人，更多的时候往往只需举手之劳：公共汽车上，你为一位老人让座，这位老人就会因为你而感到生活在这样一个文明的社会环境中是一种幸福；在街头，你热情耐心地回答一位外地人的问路，他就会因你而感到能够得到一位素不相识的人的真诚帮助是一种幸福；在教室楼道，你主动上前帮老师抱作业本，老师会因为有你这样的学生感到幸福；有同学病了，你哪怕是送上一句亲切的问候，他也会感到有你这样的同学是一种幸福；在宿舍的楼道里，你为正在吃力上楼的大妈提一提菜篮子，她会为有你这样一位好邻居而幸福；骑车过马路，你宁肯停在烈日下等候绿灯，也不愿擅自闯红灯，那警察叔叔和义务交通员会因为有你这样遵守交通规则的好市民而感到幸福……"

我把话题引向新的班集体："这个班不仅仅是一个教学单位，而且是一个大家庭，每个同学都应尽量做到使自己的同学、使整个集体因为有了自己而感到温暖。要使集体有了荣誉后都能激动地说：'这都是因为我班有 ×××'"

我的一番话，不一定让每一个学生都深刻理解了，但我从他们专注聆听的神态中，感到他们至少都在开始思考对新集体的责任。

给学生一个做主人的机会

第一天见面，显然不仅仅是让老师和学生熟悉——虽然这也是很重要的，但我要说的是，让学生尽快自然而然地进入主人的状态，这才是更重要的。注意，我这里所说的是"自然而然地进入"，就是说，不能靠说教"你们要热爱集体啊""你们要把这个班当成自己的家啊"等，这些话虽然一百个正确，但从学生来说，有效度基本为零。所以，"润物细无声"在这里显得尤为重要。

几乎每接一个班，第一天除了我给他们见面礼之外，我还要让他们给我见面礼，这份见面礼也是一封信。

我的做法是，让每一个学生拿出一张纸："现在，请每人给李老师写一封短信，写三个方面的内容：1. 你以前遇到过的最好的老师是谁？他最突出的优点是什么？你希望李老师向他学习什么？ 2. 你希望以后我们的班级是什么样的集体？为达到这个目标，你有什么好的建议吗？3.你愿意担任班干部吗？你有何特长或爱好？你可以在哪些方面为集体出力？”

要他们回答第一个问题，是因为我要提醒他们，不要忘记过去的老师，永远不要忘记！在进入高一级学校的第一天，应该回望一下过去，想想以前老师对自己的教育之恩；同时，我的确想让学生给我提供一些教育榜样，并从中得到更多的教育智慧。给学生提出的第二个问题和第三个问题，我的用意是要让每位学生明白：这个班不仅仅是李老师的，而更是我的！我有责任为它奉献力量。学生们在调查表上认真地谈看法、谈建议。给我写信的过程，就是集体责任感在学生头脑中初步形成的过程。这为我进一步管理、建设好班集体奠定了良好的思想基础。

就这样，在我的引导下，学生们已经不知不觉进入主人的状态了。

当然，让学生进入主人状态的方式不仅仅是写信。在第一天的见面过程中，我特别注意发现新生中的一些体现孩子们纯真可爱品质的萌芽——哪怕这些萌芽是那么的微不足道，班主任也应该敏锐地捕捉到。

有一年，新生听我讲完“让人们因我的存在而感到幸福”之后，便开始领新教材了。这时，我发现一本音乐书的封面破烂不堪。我当时可以把它退回图书室换一本好的，也可以动员某位学生要这本书，因为封面破了并不影响里面内容的完整，但我决定把这本书变成集体主义教育的教材。我当即举起这本书，问全班同学：“谁愿意要这本封面破了的音乐教材？”结果如我所料，一个同学举手了，两个同学举手了，三个，四个，五个……最后几乎全班同学都把手举了起来。我把书交给了最先举手的一位男生，问：“请问你叫什么名字呀？”这男生有些不好意思地小声回答：“喻建中。”我当即大声地对全班同学说：“同学们，此时此刻，我们每一个人都因喻建中同学的存在而感到了幸福！不，应该说，每个同学都举起了手，那么，每个同学之间都因彼此的存在而感到了幸福！”

下午放学了，需要打扫教室卫生，本来我也可以随便指定几个同学，我相信无论叫到谁，他们都会愿意的，但这种愿意是一种被动。所以，我换了一种方式，引导学生变被动为主动。我有意问全班同学：“谁愿意为我们新的集体做第一次清洁卫生啊？”结果，又是小手如林。我笑了：“我们班有这么多的主人，一定会非常温馨美好的！”于是，我与几位同学一起把教室打扫得干干净净。

这么两件似乎微不足道的小事，却被不少同学写进了周记。同学们纷纷写道：“开学第一天，就有这么好的同学，这个班真好！”“很遗憾，我明明举了手，李老师却没有看见。”“我以后一定也要为我的班多做好事！”……注意，“我的班”这三个字，已经表明，同学们已经不知不觉把自己置于主人的位置了。

开一个“记者招待会”

和学生第一次见面，如果可能开一个“记者招待会”也是很有必要，而且很有意思的。有必要是因为师生需要一种初步的直接沟通，有意思是因为这种问答式的方式别具一格，而且轻松自然，学生往往很欢迎。

记得 2004 年 8 月 30 日晚上，我把学生集中在教室里，我说我开个“记者招待会”，请大家就感兴趣的问题提问。可能是第一天见面，大家还有些拘束，提问的同学不是很多。但也有几个同学提了很好的问题。一个同学希望我讲讲我的求学经历，我笑了：“我的求学经历非常曲折复杂，要讲的话可以讲一千零一夜呢！这样吧，我简单讲讲我初中毕业的遭遇吧！”我开始给同学们讲我那一段不堪回首但也很有意义的经历——

从读小学开始，我的学习成绩在班上从来都是名列前茅。虽然“文革”中也没学到什么东西，但相比起班上大多数同学，我还算是“学习尖子”。我的作文一直很好，写的大批判稿子或忆苦思甜的文章，常常是年级的范文。初一时，岷江大桥建成通车。老师要我们写《我站在岷江桥头》，我的这篇作文被语文老师四处宣传，在学校轰动一时。我的语文学习几乎是无师自通，毫无什么方法可言，无非就是多读书而已。数理化等其他学科，我学得很认真但不吃力，成绩依然很好。只有外语，刚开始学的时候老入不了门，但后来我一开窍便高歌猛进，很快成了英语老师自豪的学生。但是，就是我这么一个各科老师都公认的学习优秀的学生，初中毕业居然没有能够“考上”高中！

其实，那时并没有严格的升学考试，主要是靠推荐。但那是林彪事件之后，周恩来为纠正极“左”路线在教育方面进行了一些纠偏，部分地恢复了一些比较正规的做法，这些做法后来被“四人帮”批判为“修正主义教育路线回潮”。比如，我初中毕业的一九七三年，就进行了高中升学考试。当然，考试前就明确说了，考试成绩只供参考，主要还看表现。那一年的高中招生率是百分之十四点四，也就是说每个班只有七八个学生能够读高中。这难不倒我。无论怎样，我的考试成绩也在班上前五名。

那年八月底，一个同学来家里叫我：“走，去学校拿录取通知书去！有你。”我说真的吗，他说是真的，因为他听我的班主任说过有我。这当然不会让我感到意外，能读高中我绝对是有信心的。但到了学校才得知，录取名单上并没有我。我的班主任非常惋惜而又含蓄地告诉我，本来是有我的，但我的名额被人顶替了。如果说顶替我的人成绩比我好，那我也认命了。让我感到不平的，顶替我的这个人从小学到初中都是我的同班同学，我对他太了解了。小学五年级，他和我同桌，一次写作文，一节课结束，他居然只抄了一段毛主席语录：“我们的教育方针是……”气得语文老师把他的书包扔出了教室！到了初中，一次上数学课，因为非常简单的题做不出，而且他还不认真听课，数学老师气得把他的书包扔出了教室！两次扔书包的老师没有事先约定过，却在不同的时期采用了同样的方式向他表达了绝望的愤怒。可就是这么一个学生，居然顶替了我而能够读高中。原因只有一个：他父亲是工宣队队长！

去学校那天下着雨，我打着伞回家。在路上，我把伞撑得很低很低，遮住了我的脸，因为我的脸上汹涌着泪水……

回家哭着告诉了妈妈，妈妈在叹息了几天之后，开始了一系列的行动，这些行动在当时仅仅是为了让我能够继续读书，但妈妈这些行动的意义，在今天看来，是影响我后来成了所谓的“知识分子”。

我的爸爸在我九岁时便去世了，爸爸生前在教育局工作的，当然也当过教师，我妈妈则一直是小学教师。可作为他们的儿子并且学习成绩一向优秀的我，初中毕业却不能继续读书了。我家就在妈妈任教的小学里，开学了，小学生们高高兴兴地来到学校报名、上课，他们的欢快更加衬托出我的悲戚：所有校园的一切，与我永远没有关系了。不只是我感到悲伤，妈妈也咽不下这口气。她开始了行动。她动用了几乎所有的社会关系：她的学生、爸爸生前的学生和同事……她还专门请假回过一趟仁寿老家，每一个可以让我读书的可能，她都不放过。

我无法想象她去到处求人的具体细节，但她所有的艰辛终于有了结果：在五通桥金粟镇的吉祥煤矿，有一个她过去的学生任武装部长，听说我不能读高中，便让我去那里的煤矿子弟校再读一年初三，然后再读高中。我当然愿意。可是有一个问题，那就是子弟校收我必须要有转学证，我哪里去开转学证呢？妈妈又到峨眉找到一个叔叔，这叔叔是当年爸爸的学生，现在是一公社初中的校长，他给我开了一个转学证。这样我便顺利地进入了吉祥煤矿子弟校读初三。这是我第一次远离母亲求学。在吉祥煤矿子弟校读书的日子很是辛苦。我住在妈妈学生的家里，早晨天不见亮就起床，然后在黑暗中步行一个小时到离镇还有十来里地的学校去上课，下午放学后又步行回来。一学期以后，我不但成绩令老师同学赞叹，而且人品和能力也得到了承认。期末改选班干部，我居然被选为班长。

但我这个班长并未就任便转学了。因为妈妈为了让我读高中的机会更有把握些，又在老家仁寿县禾加区中学为我联系好了读书的事。在这里读书，升高中有绝对的把握。第一，校长就是爸爸的老朋友，当年还是爸爸的入党介绍人；第二，我的一个姨妈（妈妈的堂妹）就在这所学校教化学。于是，我只在吉祥煤矿子弟校读了一学期，便转学到了老家的农村中学。后来，在那里果然顺利地升入高中。那是我相对比较愉快的时光。农村的同学十分纯朴，我在那里没有受到一丝歧视，相反还赢得了从未有过的尊重。因为在他们眼里，我是城里人，对我很是尊敬。星期天，同学们把我请到他们家里去玩儿。但是，我还是想家，想一百多公里以外的妈妈。所以，高一学年结束后，妈妈又把我转到了离家只有 20 多公里的五通桥中学。

成年之后我多次想过，如果我没有读高中，后来恢复高考的时候，我不可能有勇气去报考大学，也就没有我的今天。因此，且不说养育之恩重于泰山，就凭妈妈为我读书而四处奔波这一点，就足以让我感谢她一辈子！

我讲得很动情，同学们听得很认真。我之所以有意把这段经历讲得很细很细，我的用意不仅仅是让他们知道我求学的艰难，更重要的是，要让他们了解在我们国家的当代史上曾经有过那么一段不堪回首的岁月，同时明白他们今天是多么幸运，只要想读书就有机会，全在自己努力！

有一个同学又问："李老师，在你的人生中，对你影响最大的是谁呢？"

我说："很难说谁对我影响'最大'。因为在我成长过程中，很多人都对我有过很大的影响。不过，这里我可以说说两位通过书籍认识的人，这两个人对我的教育影响特别大，他们是陶行知和苏霍姆林斯基。"于是，我给学生们讲陶行知和苏霍姆林斯基的生平事迹，讲陶行知师从杜威和办晓庄师范的事，讲苏霍姆林斯基给女儿的信和《爱情的教育》，讲他们和学生的故事，用通俗简要的语言介绍两位教育家的教育思想："你越忘记了你是先生，你变成了学生心目中最好的学生！""把整个心灵献给孩子！"……讲我是如何追随两位教育家的。

我又说："还有一类人对我影响特别大，是我首先要感谢的。这就是我的历届学生！真的，我从心里感谢我的每一届学生，他们帮助我改进语文教学，帮助我改进班主任工作。是我的学生告诉我哪篇课文上得不好，哪篇课文上得很好。是我的学生帮助我克服急躁的毛病，改善了我的性格。是我的学生对我的爱，让我感受到了教育的幸福！是我的学生以他们的童心告诉我，什么叫纯真，什么叫善良！如果没有我的理解学生，我到现在可能还不会教书不会做班主任。我以前的学生给我留下了帮我改进工作的一封封书信，如果说我现在在教育上有了一些成绩，首先要感谢我的学生！我坚信，在未来的三年中，我也会在同学们的帮助下，取得更多的进步！我提前感谢大家！”

我想，这样的“记者招待会”给学生留下的印象一定是难忘的，不但迅速拉近了师生的心灵距离，而且必将对未来的班集体建设产生积极的影响。

应特别指出的是，创造良好的第一印象，是不露痕迹地对学生进行集体主义的启蒙教育。新生们被编到某个班是毫无思想准备的，但在新生进校前教师对班集体的建设却应有相当充分的思想准备。要使学生尽快对新集体产生感情和责任感，教师就必须在开学之前对未来的班集体产生感情和责任感。

第二节　班主任的“第一次”

经常有一些年轻的班主任问我：“第一天跟学生见面该说些什么？”“如何组建班委干部？”“怎么给新生编座位？”“第一次家长会说些什么？”等。

我非常理解这些班主任的困惑，因为他们大多是第一次当班主任。班主任的确有许多琐事，在许许多多的“第一次”中，不但蕴含着班主任的责任心，而且还体现出作为一个教师的智慧。

每次面对年轻班主任这样的提问，我总是心潮起伏。因为我想到在我二十多年班主任生涯中所同样遇到的许多“第一次”，因而想到了那一个个“第一次”给我带来的幸福和智慧，我甚至会联想到当时第一次见到那些孩子的时候，他们那纯真的笑脸以及笑脸上那明澈的眼睛……

我还是回到这一个个问题上来，谈谈我是如何做好或尽量做好这一个个“第一次”的。

第一次确立班委干部

班干部的作用当然不仅仅是老师的帮手，但刚刚当上班主任的青年老师，难免在开学第一天手忙脚乱，这时候如果有几位学生干部帮忙，自然会相对轻松些。因此开学之初甚至报名第一天，就应该尽量确定班干部。

但是，如何确定班干部呢？由老师自己指定吗？且不说由老师指定班干部这种方式不太民主，就算临时指定，可对这几十个学生根本谈不上了解，又如何“指定”？让学生选举吗？刚刚组成的班集体，同学之间也缺乏互相了解，又怎么能够选举呢？当然，还有一个办法，那就是通过调查，摸清哪些学生有过当班干部的经历，进而临时确定几个学生干部。但是，老师的调查毕竟也不会太全面，指定的班干部未必能够服众。

我的办法是：让学生自荐出任临时班干部。

要相信绝大多数学生是有着为集体服务的欲望的，只要老师引导得当，许多学生都会跃跃欲试。但学生自荐的临时班干部，也就是说他们的任期是短暂的，是在正式班委没有建立起来之前的“临时政府”，这个“临时政府”原则上是不需要全班选举的，谁愿意当就当。

在高 2004 级新生入学第一天，我便和学生商量如何组建班委。我先说了我的想法让大家讨论：第一，当班干部首先是义务而不是权利，更不是权力！人人都应该当班干部。第二，今后我们的班委干部不搞终身制，轮流“执政”。第三，班干部绝对让同学们选举，选了谁就是谁。

经过讨论，大家都说好。我便问临时班委如何产生。同学说现在大家都不太了解，还是自荐比较好。我说这样，凡是愿意担任临时班干部的同学，明天给李老师写一封信吧！在信中表明你的意愿。

第二天，有六位同学交上了愿意当班委干部的自荐信。于是，这六位同学便组成了临时班委。我对全班同学说：“这只是个‘临时政府’，相当于伊拉克的临管会。呵呵！”学生也笑了。“但是，我希望这几位同学也能非常认真地为同学服务，争取在一个月后的‘民选’中获胜！当然，其他同学在一个月后的选举中也可以参与竞争。”

课间，我召集临时班委的同学开了一个会，我强调了工作原则：“第一，感染意识。也就是以自己各方面的良好行为去感染带动同学们。第二，服务意识。要随时想到，班委就是服务，而不是管人。第三，独立意识，也可以叫主动意识。不要依赖老师的指令，而要积极地动脑筋开展各种工作，同时体现出工作的创造性，要想方设法使我们班的工作与其他班不一样，要在工作中体现出我们的智慧。”

当然，如果自荐的同学太多，超过了临时班委需要的人数，那还是得经过发表演说、全班选举这个程序。但即使如此，同学们选出来的班委依然是临时班委。

一个月后的10月8日，班上如约进行正式班委的选举。经过一个月的观察和了解，学生之间应该比较了解了。

我先向学生们讲了我打算遵循的原则："我们今天将要选举正式的班委。我先表个态，今后三年，所有选举——无论是选班委还是选三好生，我一律不干涉，也不参与投票。完全由同学们选，选着谁就是谁！另外，我还要说明，当班干部不是少数人的特权，而是所有人的义务，这个义务任何同学都不应该逃避。因此，我们的班委决不搞终身制，这样让每一位同学——注意，我说的是'每一位同学'——都有机会担任班委干部！"

谈到候选人的产生方式，同学们说最好是自愿争取当候选人。我提醒，我们必须搞差额选举，不搞等额选举；也就是说，选出七个班委事先必须确定九位候选人。同学们都同意。于是，经过几分钟的举手评议，九位候选人产生了。

九位同学分别上台发表简短的演讲，他们的话都不多，但每一个同学的话都很真诚朴实，因此，他们的发言都赢得了同学们热烈的掌声。

在正式投票之前，我还说了几句："即将到来的时刻，对这九位同学来说，既是一次机遇，也是一次考验。说是机遇，是因为你们每一个人都有可能被同学们选为正式班委，那你们不是就实现了你们为同学服务的愿望了吗？说是考验，是因为你们每一个人都有可能落选，九个人中总有两个人会落选！但同学们要习惯这种真正的民主方式，差额选举就肯定会有落选者，而等额选举就不会有人落选，但我认为应该搞差额选举。同学们都应该习惯于落选，这没有什么不光彩的，因为你的参与就表明你的责任。光荣的落选，胜过虚假的'当选'！"

学生们开始了庄严认真的投票。最后，按获得票数的多少顺序，获得选票数占前七位的同学自然当选为第一届班委。

面对最后的结果，同学们正要鼓掌，我说："我们应该首先把掌声献给落选的两位同学！这真不是为了安慰他们，而是我觉得正是他们的热情参与和庄严落选，使我们的民主程序更加规范，也使我们这次选举更加公正！我们应该向他们表示敬意！而且，我们期待着他们下一次的竞选冲刺！”

掌声响了起来。第一届班委就这样成立了。

看，只要尊重学生，确立班干部的事儿就这么简单。

第一次给学生安排座位

几乎每次新接手一个班，都会有新生家长给我打电话，说希望能够在安排座位的时候予以“照顾”，而家长们所说的“照顾”的原因，无非是“孩子个儿小”“孩子眼睛不好”等。当然不可能每一个人都照顾到，但照顾谁不照顾谁，这真让班主任犯难。所以我曾经略为夸张地说过，安排座位这件小事，对班主任来说，有时候其难度完全可以当成科研课题来攻克。

好多年前，我所主持的 K12 班主任论坛上，有网友曾提出“如何给学生排座位”的问题。我把这个提问的帖子当作微型科研课题抛给众多网友讨论。许多老师纷纷跟帖，谈自己是如何给学生排座位的，一时间论坛十分热闹。

多年的班主任实践，使我对给学生编排座位有一套比较成熟的做法。我排座位的原则是：尊重学生，有利学习，小组固定，每周轮换。所谓“尊重学生”，就是尽可能满足学生的愿望，甚至让学生在一定条件下自己确定座位，当然也不是任意想坐哪里就坐哪里。所谓“利于学习”，就是排座位要考虑成绩搭配，让不同基础的学生坐在一起。所谓“小组固定”，意思是前后四人或六人就是一个整体，小组内部可以互相调整。所谓“每周轮换”，是说每个星期全班都要以小组为单位变化一次座位，让每一个同学在一学期之内几乎都能把教室的每个方位坐遍。

具体操作分两个步骤，开学第一天排一次，一个月以后排一次。开学第一天排座位，主要是让学生自己安排，老师只和他们讨论安排座位的原则。以高 2007 级三班为例——

学生集中于教室后，我谈了谈其他的事情，然后开始说编座位的事儿。我说：“现在同学们是随意坐的，但我每次接手新班都是和同学们商量着编座位。绝对尊重同学们！我们只确定一个原则：不影响他人，不影响自己；有利于学习，有利于团结。只要这个原则大家同意，那么，你们想怎么坐就怎么坐，以后我们每周都轮换一次座位，让每一个同学都能在教室里的每一个地方坐一周。好不好？”

大家都说：“好！”

因为是随意坐的，因此，教室里面男生女生坐的比例不太合理，阵线分明。于是，我和大家商量着略做了调整，使男女同学能够混合地坐在一起。最后，我问了问那些需要照顾的同学，并把一位视力特别不好的女生安排在了最前排，然后对她说："我和同学们也只能照顾你一周，请理解！因为我们每周都要轮换座位。"

我知道，编座位对许多班主任来说是一件很棘手的事，但我就这么简单地完成了——只要尊重学生，什么事儿都好办！

有的老师质疑道：第一次编座位就这么简单？太随意了吧？太迁就学生了吧？如果接下来的事实证明，有不适合坐在一起的学生却坐在了一起，岂不是误了学生？

且慢质疑，因为这只是第一个步骤，一个月后还有第二步骤呢！

第二个月后，师生之间、学生之间比较熟悉了，同时，第一次安排的座位是否合适，大家也比较清楚了，于是这时便进行调整。这次的调整，不但是根据任课老师的意见和同学们的反映，将不合适的同桌分开，而且还要确立学习小组。我班的学习小组是四至六人，刚好前后左右相邻。学习小组一旦编定，原则上便三年不变，这样便于组与组之间竞赛。

我还要详细说说教室里的课桌布局（不知我能否说清楚）。教师站在讲台上，一般来说，下面是八列小纵队，其中每两列靠得比较紧密，于是形成四列大纵队；同时，又是七横排（刚好五十六个学生）或八横排（刚好六十四个学生）。从每个大纵队中间截开，便是前后两个小组。这样，全班就有八个小组，每个小组四至六人。每周轮换座位的时候，是小组整体搬迁移动，而且是一轮朝右斜上方（从站在讲台的视角看），教室最右上角那个小组则移动到最左前方的角落，教室最右边最靠前那个小组则朝左边后方移动。在小组整体搬迁移动的同时，小组内部也进行前后左右的循环调整。

因为不便于图示，所以我仅仅用文字可能不一定表述得很清楚。但有一点可以明确地说，这样每周循环的好处是：第一，保持了小组的整体性，有利于课堂学习的交流讨论和小组之间的学习竞赛；第二，任何一个学生都有机会坐教室里任何一个位置，对每个学生来说都显得十分公平。这样一来，所有照顾都不存在了——我对凡是需要照顾的同学说："不要紧，你只是暂时坐这里，下周就会交换座位的！"学生能够接受，家长也无话可说。当班主任二十多年来，我基本上都是这样安排座位的，班上从来都相安无事。

当然，每个班的情况不同，每个老师的管理理念也不尽相同，我并不是要所有班主任都像我这样编排座位，我只是提供我的做法而已。我相信，只要班主任肯动脑筋，多琢磨多研究，一定还会有更好的排座位的方法。

第一次主题班会

主题班会的重要意义是不言而喻的。什么是“主题班会”？我手中一本关于班主任工作的词典上是这样界定的：“围绕一定主题而举行的班集体成员全体会议。”这样解释似乎不错，因为班会班会当然应该是全“班”之“会”。但是，如果把主题班会仅仅理解成“全体会议”绝对不全面——若是班主任把主题班会真的开成了“会议”，那么教育者所期待的效果肯定会大打折扣。其实，在我看来，主题班会应该是班级“活动”而不是“会议”。这种活动不但主题鲜明，内容丰富，而且形式活泼，全员参与。特别还要说明的是，主题班会的“主题”应该来自学生，或者至少应该是学生关心的问题。这里顺便说一下“主题班会以学生为主体”的话题。针对过去主题班会课由教师一言堂的状况，我们现在提出“以学生为主体”，这当然是对的；但是我理解的“以学生为主体”绝不是表面上的只由学生主持和参与而班主任不在场，其实是否“以学生为主体”，关键是看主题班会的主题是否真正来自学生，或者班会课是否真正满足了学生心灵的需要。正是在这个意义上，我强调班会的主题应该来自学生。

对班主任来说，第一次组织主题班会至少要注意这样几点：第一，通过多种形式了解学生的兴奋点，确定班会主题。第二，班会的内容尽可能紧扣学生实际，避免空对空。第三，形式上尽可能活泼，尽量不要教师一个人说，而让大家都参与。第四，尽量争取能将主题班会与学科教学相统一。我的意思不是说用单纯的课堂教学取代主题班会，而是说要让主题班会与学科教学自然结合，这样效果会更好。

下面举一个主题班会案例——

1999 年 9 月刚进校的学生，即将迎来国庆 50 周年。在和学生接触中，我发现学生对新中国的变化特别是改革开放以来的变化并没有特别深刻的感受，而实际上他们正是享受着改革开放的成果成长起来的。怎样让现在的孩子能够真切地感受到祖国的巨变？ 9 月 14 日，我结合语文教学，在班上搞了一个主题班会：“从身边的变化看祖国的变化”。

我先向学生谈了我从自己身边所感受到的变化。比如：我读初中时是步行上学，而现在我读初中的女儿是骑自行车上学；我第一次坐火车是 23 岁去重庆的时候，而我女儿 11 岁就乘坐过飞机了，等等。

然后，我对学生们说："其实，你们每一个人的家里，几十年来也发生了翻天覆地的变化。就从你们记事时算起吧——请问：进入 90 年代以来，我们班上有哪些同学家里搬过新房子？请这些同学举手。"

结果，全班 61 名学生中，在不到 10 年的短短时间里，有 57 位学生的家里搬过新房子。其中搬过两次家的有 28 位，搬过 3 次家的有 15 位，搬过 4 次家的有 8 位，甚至还有搬过 5 次家的！

就这么一次小小的举手调查，学生们就真切地感受到了国家的变化。我接着又对大家说："其实，同学们身边的变化岂止是搬新房子这一件事呢？现在，同学们讨论一下，看你们的身边还有哪些变化？"

顿时，教室里的气氛活跃起来。学生们讨论得极为热烈，大家纷纷争着发言。有的从家里餐桌上食品的变化谈祖国的变化；有的从电视、电冰箱、空调等家用电器的购置乃至更新换代谈祖国的变化；有的从家庭电脑、电话的拥有量谈祖国的变化；有的从家庭交通工具的变化谈祖国的变化；有的从周末休闲方式的变化谈祖国的变化；有的从人们见面时问候语的变化（原来多半是"吃了吗"，而现在往往是问看足球赛没有或者读什么书看什么电视剧没有）谈祖国的变化……

这是一组课堂即兴调查统计的数字：全班 61 位学生，有 50 位学生家里电视机换过 1 次，有 40 位学生家里的电视机换过 2 次；有 58 位学生家里安装有电话；有 32 位学生家里拥有电脑；有 60 位学生参加过旅游，其中有 7 位学生还曾出国旅游。

我总结道："不用从电视报纸上去找祖国 50 年的辉煌成就，刚才同学们所说的，不就是看得见摸得着的祖国巨变吗？而且我们完全可以预言，可爱的祖国还将有更惊人也更辉煌的变化！"我趁势把话题一转："现在，请同学张开思想的翅膀，让心灵飞翔，畅想一下未来的祖国还会有哪些变化？"

教室里又热闹起来，学生们七嘴八舌，滔滔不绝："以后我们上学连自行车都不用骑了，可以乘坐地铁或磁悬浮列车上学。""以后我们上学不用背书包了，只需提一个笔记本电脑就行了。""再以后的中学生将不必到学校上课了，他们在家里就可以通过网络读世界上最好的学校。""以后如果再搬新房子，什么家具电器都不用买了，新房子里一切都是现成的。""以后我们将到外星球去旅行！"

……

短短 40 分钟的班会课，学生们实实在在地听到了祖国前进的足音，他们也因此而更加充满信心地憧憬着祖国灿烂的未来。

新生进校的一周之内，其实是有很多班会内容的：比如刚认识的同学之间互相介绍，比如利用教师节进行师生沟通，比如让学生展望“我心目中的班集体”，等等。

第一次家长会

有的新班主任认为，对学生还不熟悉之前，开家长会没什么话可说；因此，家长会最好是半期考试之后再召开，那时对学生已经比较熟悉，而且正好结合半期考试进行成绩分析。但我建议年轻的班主任在开学之初就召开一次学生家长会。原因很简单，应该尽早把自己的教育思想和设想告诉家长们，因为每一个家长都是你的教育同盟者。

多年以前，一位刚当上班主任的老师对我说，她对开家长会有一种恐惧，因为不知道说什么，而且家长们都比自己年长，总觉得他们都比自己有学问。我告诉她：“千万别自卑！你要这样想，无论家长们是做什么的，也不管他是什么什么‘长’，你是教师，在教育方面，你就是内行就是专家！至于讲什么，我说至少有两个内容你可以讲，一是对家长做个自我介绍，另外，可以就你的治班思想和家长们进行沟通。”

下面是 2004 年 9 月份我的一次家长会，也是学生进学校不久我和这个班的家长第一次见面。

正式给家长们讲话之前，我给他们读了我几年前写的一篇文章《家长也是教育者》。这篇文章中有这样一些思想——

> 作为教育者的家长，他会随时注意自己的一言一行，尽可能人格上成为孩子的榜样，以无声的形象去感染孩子的心灵；作为教育者的家长，他将不会把孩子视为自己的“私产”，而将孩子看成是祖国的未来，这样，他对孩子的期待就不仅仅是“出人头地”“光宗耀祖”，而是用社会发展与时代进步的要求来设计孩子的成长和孩子的明天；作为教育者的家长，他一定会全力支持学校教育改革和老师的工作，或者说，他将把学校教育工作也当作自己的应该关心甚至有时还可以直接参与的分内事；作为教育者的家长，他会以教育者的眼光（而不仅仅是父母的眼光）去打量关注孩子，细心研究孩子每一天的细小变化，并和孩子一道成长；作为教育者的

家长，不会把《哈佛女孩》之类的书奉为家教“圣经”，他会尊重孩子的精神世界，按照孩子的个性引导其成长使之最终成长为最好的而又独一无二的“我”……

我一边读一边就文中的一些话做解释，以此向家长们介绍我的家庭教育思想。

接下来，我开始给家长们正式讲话。我的发言提纲——

请把手机设置为振动状态。

自我介绍：从教经历，爱学生，爱语文，特别珍视和学生的感情，同时希望自己不但能够把学生送进高一级学校，更教给学生一生有用的东西，让他们离开我以后拥有终身幸福的精神生活。

一、本班情况介绍

良好班风开始形成，表现在三个方面：第一，思想纯正，有上进心；第二，有凝聚力和集体荣誉感；第三，学习风气浓厚，自觉性比较强。

存在的问题：第一，学生之间学习基础差别很大；第二，个别学生学习不够自觉，部分学生学习参与性差；第三，男生宿舍问题比较严重。

二、我的教育思想

爱心，民主，为共和国培养现代公民。

好学生的标准：善良，正直，机智，有文化。

做人第一，文化素养是人格的有机组成部分。

“让人们因我的存在而感到幸福！”（随时为他人着想，比如迟到就给别人带来了不便）“我们和他们不一样！”（随时想到自己的使命）

语文教育：多读多写多背。语文生活化，生活语文化。课堂与学生互动。作文面批，少写评语。

三、下一步我要做的工作

第一，促进学生学习方式的转变。

第二，营造特色班级：书香班级、自治班级、爱心班级。

第三，青春期专题讲座。

第四，男生宿舍的管理。

四、给家长的建议

1. 应该意识到，家长也是教育者。

2. 别只看孩子的成绩，更要看孩子的为人。在人格上成为孩子的榜样，同时又和孩子一道成长。

3. 周末回家让孩子做家务事。

4. 不要给孩子太多的钱。（每位学生订一份报刊，把教室变成阅览室。每周回家拿一次零花钱）

5. 多与学校沟通：周记本应该签署意见。

五、征求家长同志对我和学校的意见或建议

我这人时间观念非常强，发言之前我说的第一句话便是："我今天发言时间不超过一个小时！"我在讲话的过程中，不时看看放在桌上的手表，一个小时到了，我便准时结束了我的发言。

然后我请家长同志们对我的工作提出意见或建议，家长们在发言中，表示理解并接受我的教育思想，愿意全力支持我的工作。他们特别支持我的三个想法：发动学生资助贫困地区的孩子就学；让每个学生都订一份报或刊，营造书香班级；周末或节假日让不回家的同学到城里同学的家里做客。同时，他们建议我把科任老师的联系电话印发给学生带回家；还有家长提出让学生们之间互相帮助，等等。

我解释说："我以后开家长会，不只是给你们通报孩子最近的考试成绩和名次，而是我和你们的教育学术研讨会，我们共同来探讨教育，当然我也可以给大家开教育理论专题讲座，同时，你们也可以谈谈你们对教育的理解。大家互相沟通，因为我们都是教育者！"

我感到这次家长会非常成功，因为我的教育思想得到了家长们的普遍认可。

第一次组织活动

生动有趣的活动，是让新班迅速形成凝聚力的途径之一。所以，班主任要善于组织班级活动，让学生们不但尽快彼此熟悉，而且也尽快爱上新的集体。第一次组织活动至少应该注意这样几点：

第一，活动内容一定要符合学生的实际，特别是要淡化教育痕迹，凸显趣味性。我不是反对教育性，只是说要淡化"教育痕迹"。第二，活动要全员参与，不要搞成少数几个学生的表演。第三，活动最好能够有利于展示每个学生的个性。第四，活动最好让学生来设计，可以在开展活动之前，在班上进行一次"我设计的活动方案"征文。第五，第一次活动的时间最好放在开学第一周的周末。

我特别要提示的是，刚开学不久有许多日子可以作为活动的契机，比如教师节，可以通过活动增进互相的了解和情感；又比如中秋节，这是一个营造班级家庭般温暖的极好时机。当然，即使没有这些节日，聪明的班主任也能找到组织活动的理由和时机。比如，我曾在学生刚进校的时候，搞了一个“露一手”活动，就是让所有学生都上台展示他们的特长或某方面的技能，这既让学生之间迅速互相认识了解，也让学生们在新的集体里面赢得一份自豪。

十多年前，我担任成都玉林中学高95届一班班主任的时候，开学第一周，我搞了一个活动。下面是当时我班一个叫刘汀的学生写的作文《周末之夜》——

八点的天空已是暮霭沉沉，万物都失去了生机，给人一种昏然欲睡的感觉。然而，此时在玉林中学的多功能活动室中却有这样一个充满活力的集体，他们的欢声笑语为这黑夜增添着一丝丝活意。

那该是唐浩吧，只见他双眼紧张地看着李老师，耳朵都快贴到李老师的嘴了。对面的李老师却不慌不忙，满脸挂着神秘的笑，而那双诡谲的眼睛却躲在镜片后寻找时机。突然，李老师飞快地吐出了问题：“孙悟空是《水浒》还是《三国演义》里的形象？”唐浩似乎很快明白了意思，毫不犹豫地说：“《水浒》。”活动室里开始也鸦雀无声，但李老师却胜利地笑了，看到李老师的笑，唐浩恍然大悟地笑了，全班如梦初醒地爆笑了……

“苏三离了洪洞县，将身来在大街前……”这一句小旦的唱段，把我们的眼光引向了谢宇，他可是个多才多艺的人才。他会写一手好文章，他懂得欣赏各种音乐，可没想到，今天也客串了一回“梅兰芳”！只见他双手做兰花指，双腿交错下弯，抬头仰观明月，好一副娇态！

下一个节目便是游戏，八个小组，八个游戏，真有八仙过海，各显神通的气势。活跃的气氛一浪高过一浪，快乐的心情一潮高过一潮。

沐浴着清新的晚风，我们骑着自行车开始了环游一环路的行动。我们像一股青春的洪流席卷成都市一环路，从南站到西站，再从西站到北站，然后又到东站……今晚的成都也似乎因我们而充满朝气，处处华灯锦绣，处处兴趣盎然。

一种无比骄傲的感情充满了我的全身，我在心中欢呼：这就是我们团结的高95届一班！这五十六位青年将在一起像战士一般挑战今后的一千多个日日夜夜；他们将在战斗中成长，最终成为支撑共和国的五十六根擎天巨柱！

不用我多说了，这样的活动对于刚刚走到一块的学生们是多么的重要，他们对班集体的爱，也许正是从这样的活动开始的。

第三节　在民主生活中学民主

用“法治”取代“人治”

1999年3月26日至4月10日，我到华东出差。整整半个月，班风良好，秩序井然。学生在我不在的情况下自己管理自己，班级各项工作和活动照常开展——其间，我班还参加了学校的广播操比赛，获初中部第一名，学校二等奖。

其实，这样的情况，在我和我班学生看来是太平常不过了。我每次外出讲学或开会，哪一次不是这样的？因此，一些老师夸我班的学生“乖”，我说：“这一切都是制度决定的。”

所谓“制度”，就是我班的班规。

本来，由于种种或偶然或必然的原因，当初分班时，我班的调皮学生的人数是全年级之冠；但是现在，无论是自习还是午休，无论是做卫生还是做课间操，无论升旗仪式还是校外活动，这些调皮学生基本上也能遵规守纪，与集体意志保持协调。所以现在这个班的日常工作基本上不需我操心，一切都交给“制度”。

我朋友常常说我这个班主任当得“很潇洒”。应该说，如果仅就管理而言，我的班主任工作目前是比较轻松的。甚至可以这样说，有了“制度”，我这个班主任似乎都是多余的了。

不然，我现在除了备课、上课，还要找学生谈心，而社会工作又这么多，常常出差、开会，还有不少阅读和写作任务，如果不是“制度”，我纵有三头六臂，也是无法承受这些“重负”的。

很多同行说我有办法，其实我的办法就是四个字——民主治班。

但是，十几年前，我却不是如此“潇洒”。同现在相当一部分班主任一样，从早到晚，我几乎将班级所有大小事务全部包揽：从抓早读迟到者到观察是否每一个学生都戴了校徽，从与学生一起搞大扫除到陪着学生上每一节自习课，从收电影票费到拎着缺一条腿的课桌四处找木工师傅……什么事情都“亲自抓”，自己当然很累，但内心深处也不无自豪：苦虽苦，但我班的班风总算是一流的，我也总算对得起自己的学生啊！——的确，无论是“未来班”还是后来的班级，都获得了包括“市级优秀班集体”称号在内的各种荣誉。

但有时学生却不“理解”我。我记得 1985 年，我班上一个叫彭艳阳的女生曾对我说：“我们班好是好，可这一切都是您一个人在支撑着啊！”

正是来自学生的批评，使不堪重负的我开始反思我的班级管理模式。通过学习和思考，我逐渐认识到，我过去的班级管理模式实际上是“人治”。而且不只是我，长期以来，中学的班级管理模式也基本上都是这种靠班主任“一元化领导”的“人治”。这种管理方式不仅落后低效，而且往往产生一些教育负效应——

因为“人治”，教师很累：上至贯彻落实各级领导的教育意图，下到布置督促检查每天的清洁扫除，班主任日理万机，巨细无遗，可谓“事必躬亲”“呕心沥血”！

因为“人治”，学生很苦：一切听命于班主任，创造精神受到束缚，主人翁意识受到制约，自觉性越来越弱，而依赖性却越来越强。

因为“人治”，教育不可避免地表现出较大的随意性：对学生的批评、表扬往往因教师当时的情绪或对学生潜在的主观印象而表现出程度的差异或方式的不同，这也使教育的威信在学生心目中降低。

因为“人治”，班级成了班主任的影子：班风的好坏主要取决于班主任个人素质的高低，而教育者所期望的学生的参与精神、主体意识、民主观念等渐渐淡化以至泯灭。

因为“人治”，师生关系成了“君臣关系”：教师和学生之间只是绝对的教育与被教育、管理与被管理，教育出现了失误也难以及时纠正，这样，我们多年来提倡的师生平等互助的新型关系则成为一句空话。

于是，从 1987 年 9 月开始，我尝试着一种崭新的班级民主管理模式：

"法治"管理。

必须声明的是，这里的"人治""法治"只是为了便于说明两种不同的班级管理思想而采取的一种类比说法，而非真正意义上的"人治""法治"，因为对于一个班级来说无所谓"立法"，而且班级与国家毕竟也是不可同日而语的。

我之所以提出班级"法治"，最初是受陶行知"学生自治"思想的启发。

在读《陶行知教育文集》时，我对他的写于1919年"五四"时期的《学生自治问题之研究》一文特别感兴趣。他写道："这篇所讨论的学生自治，有三个要点：第一，学生指全校的同学，有团体的意思；第二，自治指自己管理自己，有自己立法执法习法的意思；第三，学生自治与别的自治稍有不同，因为学生还在求学时代，就有一种练习自治的意思。把这三点结合起来，我们就可以下一个定义：'学生自治是学生团结起来，大家学习自己管理自己的手续。'"

陶行知还具体谈到学生自治的四点好处："第一，学生自治可以为修身伦理的实验。……在自治上，他们可以养成几种主要习惯：对于公共幸福，可以养成主动的兴味；对于公共事业，可以养成担负的能力；对于公共是非，可以养成明了的判断。……第二，学生自治能适应学生之需要。我们办学的人所定的规则，所办的事体，不免有与学生隔膜的。有的时候，我们为学生做的事体越多，越是害学生。因为为人，随便怎样精细周密总不如人之自为。……这就是说，有的时候学生自己共同所立的法，比学校所立的更加近情，更加易行，而这种法律的力量，也更加深入人心。大凡专制国家的人民，平日不晓得法律是什么，只到了犯法之后，才明白有所谓法律。那么，法律的力量，大都发现于犯法之后，这是很有限的。至于自己共同所立之法就不然，从始到终，心目中都有他在，平日一举一动，都为大家自立的法律所影响。所以自己所立之法，大于他人所立之法；大家共同所立之法的力量，大于一人独断的法。第三，学生自治能辅助风纪之进步。……按照旧的方法，学生有过失，都责成少数教职员监察纠正，其弊端有两种：第一种是少数教职员在的时候，就规规矩矩，不在的时候就肆行无忌；第二种是学生们以为既有教职员负责，我们何必多事，纵然看见同学为非，也只好严守中立。……我们要想大家守法，就须使各人的行为，对于大家负责。换句话说，就是要共同自治。第四，学生自治能促进学生经验之发展。……我们德育上的发展，全靠遇了困难问题的时候，有自己解决的机会。所以遇了一个问题，自己能够想法解决他，就长进了一层判断的经验。

问题解决得越多，则经验越丰富。若是别人代我解决问题，纵然暂时结束，经验却也被旁人拿去了。所以在保育主义之下，只能产生缺乏经验的学生；若想经验丰富，必须自负解决问题的责任。”

我这里所以大段大段地引用陶行知的原话，一方面固然是因为他对“学生自治”的论述实在是太精辟太精彩，同时也因为他的这些观点至今有着强烈的现实意义。班级民主管理，并不是我的发明，其思想源泉是陶行知先生的“学生自治”理论。

当然，我们不能脱离时代简单地套用陶行知先生的观点，而应结合我们今天的教育实际予以创造性的运用。正是在这样的思考下，我提出了以“法”治班的思想。我是这样想的——

传统教育学在班级管理中更多地强调班主任的个人权威，其合理性至今不可否认，任何一个集体都离不开一定的权威，而教师在班集体中的主导作用更是必不可少的；近年来，越来越多的教育者呼唤培养学生的自我教育能力，这也颇有见地，因为从某种意义上说，管理只是手段，教育才是目的，而“真正的教育是自我教育”（苏霍姆林斯基），离开了学生的自我教育，真正的班集体是很难形成的。由此可见，对于一个优秀的班集体来说，教师的个人权威与学生的自我教育都是不可缺少的。二者不应该互相分离，而必须有机融合于一个统一体，这个统一体便是班规。班规——教师的个人权威，通过班规便不再仅仅是教师的气质、才华等个性对学生的吸引，而已转化成集体的意志；学生的自我教育，通过班规也不再仅仅是学生要求上进的自觉性，而已转化成参与班级管理的义务和权利。这样通过一定的“制度”（班规），班集体所有成员都成了管理者，又都同时是被管理者，班级管理便由“人治”走向了“法治”。

而且，班级“法治”管理的意义绝不仅仅是治理班级本身，从我们长远的教育目的来看，它是让学生通过这种形式受到真正的民主启蒙教育。正如陶行知在《创造的儿童教育》中所说：“在民主生活中学民主。专制生活中可以培养奴才和奴隶，但不能培养人民做主人。民主生活并非杂乱得没有纪律，人民只可以在民主的自觉纪律中学习做主人翁。”

我的“法治”管理，正是让学生“在民主生活中学民主”。

一堂班级民主管理的班会课

2004 年 9 月 18 日上午最后一节课。

昨天我就给学生们说过，这堂班会课的内容是制订班规，于是有的学生以为今天要制订出班规。说实话，如果要弄个班规是很容易的，但如果这个班规不是来自学生而仅仅是来自教师，这样的班规是不会真正起到应有的作用的；而且我还认为，制订班规的过程应该成为民主启蒙的过程。

因此，一上课我便说："昨天我说了，我们班一直缺个东西，就是班规。今天我们就来讨论一下这个问题。我有三个问题要问大家，请大家一定要实话实说！第一个问题：同学们是不是真的想我们班以后成为一个优秀的班集体？"

我话音未落，同学们已经纷纷点头并说："当然想！"

这在我意料之中，谁不愿意生活在一个美好的班集体中呢？

但这个问题一定要问，因为这是让学生们明确我们共同的目标：建设优秀的班集体！

这个问题潜藏着一个答案：制订班规正是达到这一理想的必经之路。

但我没有一步到位地说出来，而是一步一步地引导着学生："好！我也和你们一样，希望我们班成为优秀的班集体！但是，我们在建设班集体的过程中，肯定会遇到许多困难，包括我们会犯各种各样的错误，这些都妨碍着我们实现自己的目标，怎么办呢？所以李老师想问的第二个问题是：你们是不是真的觉得应该制订班规？——这个问题不要急于回答，一定要想想再回答，不要揣摩李老师的意愿为了让李老师高兴而说违心的话。"

同学们真的还想了想，然后纷纷说："应该制订！"

我说："究竟有多少人同意呢？这样吧，凡是觉得有制订班规的必要性的同学，请把手举起来！"

一只只手臂举了起来，我一看，显然是绝大多数。

我又说："有没有不同意的，也请把手举起来！——反对的同学不要有什么顾虑，我最愿意看到同学们能够勇敢地真实地表达自己的意愿！"

张颢君同学和刘陵同学把手举起来了。

"好！不同意就不违心地同意。我非常赞赏你们的独立精神！"我表扬了张颢君和刘陵，"不过，你们能够说说你们为什么不同意制订班规吗？"

张颢君说："制订班规让我们受到束缚，不自由，这会影响我们班的和谐气氛。"

刘陵说："我觉得没有必要制订班规，同学们犯了错误，老师教育就可以了。而且班规是对大家的不信任。我以前看到过一个故事，说一个校长坚持在学校不安装铁门而安装玻璃门，因为他信任学生们不会把门撞破，结果几年后玻璃门一点都没有破。所以我觉得应该相信我们同学！”

我问：“刚才举手同意制订班规的同学中，有没有听了这两位同学的观点认为他们说得有道理而改变了主意的，觉得还是不制订班规的好？”

有四个同学举起了手。

我又问：“同意制订班规的同学，你们怎么看待张颢君和刘陵的意见的呢？”

这时许多同学纷纷发言——

唐朵：“肯定应该有班规，不然一个班没有规矩怎么行？刘陵说的那个玻璃门的故事不能说明问题，如果玻璃门被撞坏了，还是得赔偿，这不就是一种规矩一种惩罚吗？”

王龙：“不能说制订班规就不自由，班规是对不守纪律的同学的制约。”

何思婷：“当然应该制订班规。一个集体必须要有统一的行为规范，不然会乱套。”

文海：“班规不是束缚我们，而是引导我们怎样做才最好！国有国法，家有家规嘛！”

当文海说到“家有家规”时，我插了一句：“你把我们班比作家，非常好。但我要问：这个家谁是家长？”

学生齐声说：“李老师！”也有学生补充：“还有王老师！”

我笑了，但斩钉截铁地说：“大错特错！”

学生一愣，我接着说：“我们班集体的每一个成员都是平等的，包括李老师和王老师都是这个集体中平等的一员！我和你们不是父子关系，而是朋友关系。我们一起建设班集体，共同追求我们的理想。在中国传统的观念里，家长是一家之主，他的话是至高无上的，如果我是家长，那这个班的一切都由我说了算，我岂不成了皇帝！对了，在封建社会里，皇帝把整个天下都当成他的家，所谓‘家天下’嘛！他成了这个家的家长，因此专制便是很自然的了。而在我们班，不允许有‘皇帝’存在！”

稍停顿了一下，我接着说：“你们说我是家长，这里面隐藏着一个观念，认为这个班都靠李老师了。不，我要说，总统是靠不住的，李老师也靠不住。同学们千万不要把这个班的兴衰都寄托于一个人的身上，无论这个人是李老师还是王老师。我们要把希望寄托于制度，也就是我们即将制订的班规。如果一定要说这个班有家长的话，那么这个家长应该是体现我们集体意志的制度，就是班规。我们不服从于任何人，只服从班规；班规制约着每一个人，包括李老师！”

学生们显然很惊讶于我的观点，没有一个人说话，教室里很安静。但从他们认真聆听的神态中，我知道至少绝大多数学生理解了我的观点。

我又对张颢君和刘陵说："制订班规就是不信任同学们吗？我认为不是。尊重和信任同学们，和严格要求同学们是不矛盾的。这里的严格要求，就包括合理的规章制度。要知道，人的天性里有懒惰的因子，有自我放纵的潜意识，因此，需要外在的约束，这个约束就包括制度的约束。我多次给同学们说过'战胜自己'，还说过'真正的教育是自我教育'，这和我们今天所说的外在的约束是不矛盾的。既有自我教育，又有外在约束，他律和自律的统一，这才是完整的教育。或者说，通过'他律'最后达到'自律'——也就是自我教育自我约束的最高境界。其实，我们的班规也是同学们自我教育和自我约束的一种形式，因为班规是大家制订的呀！教育，还包括行为的养成，而这'养成'就包含了行为的训练，该做什么不该做什么，都要有规矩。其实，好的制度应该是让遵守制度的人感觉不到制度的存在，而同时又使不守规矩的人又处处感到制度的约束。比如，李老师就感觉不到刑法的存在，我一点不觉得受到了约束：怎么连人都不可杀呢？太不自由了！（学生大笑）但是我却处处感到交通法规的制约，因为我现在开车上班，早晨很早的时候，最初几天，为了赶在你们出操之前到学校和大家一起跑步，我偶尔还闯红灯（学生再次大笑，同时说'好呀，李老师敢闯红灯'）。每当这时，我就老担心警察，老想着如果闯了红灯我要被扣分还要罚款。所以我现在就不敢闯红灯了。无论我们多么信任人，要知道，从理论上说，人人都会犯错误的，那么，根据这一点，我们制订出规章制度就是为了防止大家犯错误或少犯错误。中国13亿人，犯罪分子只占极少数极少数，但为了这极少数人，我们不得不制订出面对全体中国人的法律。这能说是对所有中国人的不信任吗？因此，我认为，制度是必需的，班规也是必需的。"

说了这些，我问张颢君："听了刚才同学们的发言和李老师的话，你对制订班规想通了吗？你原来的想法有没有改变？"

张颢君说："快了！"

同学们善意地笑了。

我又问刘陵："你呢？同学们和李老师把你说服没有？"

刘陵说："没有，我还是不同意制订班规。"

我说："不要紧，没有被说服就保留你的看法。但是，"我转身问大家，"这个班规还制订不制订呢？"

同学们都说："要制订，要制订！"

我说："我们只能少数服从多数，制订！"但我同时补充了一句："我们也尊重刘陵同学的意见。"我特别大声强调："民主有两个原则：行动上，少数服从多数；精神上，多数尊重少数。"我又说："其实民主制度也不是万能的，民主也有不足，最大的不足之一便是效率不如专制高——皇帝一个人说了算，一分钟就可以做出一项关系国家命运的决定，这效率多高，民主就办不到。呵呵！另外，民主也会犯错误，比如希特勒就是民选上去的。但是，民主同样可以纠正错误。当然，一个班不是一个国家，但有些精神是相同的。"

我看绝大多数同学都同意制订班规了，便提出了第三个问题："李老师的第三个问题是，这个班规由谁制订？"

这次学生们的回答让我满意："由我们自己制订！"

"非常好！"我赞叹道，"班规是应该由同学们制订，而且是每一个人参与制订，注意是'每一个人'，而不仅仅是班干部！李老师当然也要参与制订，但我主要是和大家讨论班规制订的原则。"

我继续引导大家："我们的班规制订应该遵循怎样的原则呢？"

学生们面面相觑，显然没有想过这个问题。我只好说："我先谈谈我的想法，供同学们参考。我想，班规制订是不是应该遵循这样三个原则，第一，广泛性。"

学生们对我的说法好像不太理解，眼睛里充满了迷惑。我展开解释说："就是说，这个班规应该尽可能穷尽我们同学们和李老师今后可能发生的任何违纪现象。打个比方，如果刑法里没有规定不能盗窃，那我盗窃就不算犯法；如果没有规定不能杀人，那我天天杀人都是可以的！"

学生们笑了，同时说："不可能！"

我说："是呀，之所以我不可能，是因为法律规定，杀人要偿命呀！同样的道理，如果我们的班规没有对迟到做出限制，那么，同学们天天迟到，李老师也不能批评你，因为你并没有违反班规呀！我们是'依法治班'嘛！当然，这里的'法'并不是真正意义上的'法'，一个班是没有立法权的。我这里只是从精神实质上打个比方。我要说的是，今后我们的班规就相当于我们班的法律！而法律应该在制订的时候尽量不要有漏洞。"

学生们点头表示同意。

我接着说："第二个原则是，可行性。就是说我们的班规制订出来后，要能够落实而不能是一纸空文。要做到可行性，我想是不是有这些要求，首先是班规的条文应该是对行为的约束，而不是思想道德的提倡。也就是说，班规只管行为，也只有行为我们才能约束。比如，过去我看过一些班规是这样制订的：‘爱祖国爱人民’……请问，你怎样知道别人爱不爱祖国爱不爱人民？你敢说谁不爱祖国不爱人民？像这样的条文毫无可行性！又如我们不能这样制订：‘勤奋学习’，这也不可监督，如果写成‘课堂认真听讲，按时完成作业’之类，就具备可行性了。另外，班规的可行性还体现在所做出的规定要有弹性，不能太绝对，如果没有一点弹性最后是很难实行的。举个例子，我们可以规定按时交作业，但总有一些时候因为特殊原因——生病呀，或者忘记带作业本呀，有同学可能不能按时交，那么，我们可以这样制订：‘每期缺作业或不按时交作业不得超过一次’，也可以规定‘两次’，但同时要写明，‘缺作业必须要向老师做出说明’，这样富有弹性并不是降低要求或迁就不交作业的同学，而是让班规更加符合实际，从而真正能够实施。”

同学们纷纷点头，觉得我说得有道理。

我继续说：“但这样还不能算有可行性，因为有一点没有做出规定：违反班规了怎么办，也就是说需不需要惩罚？”

同学们齐声说：“需要！”

我紧接着问：“怎样惩罚？”

有同学说：“罚做清洁！”有同学说：“罚抄作业！”有同学说：“罚款！”

我说：“劳动是光荣的，怎么成了惩罚呢？罚抄作业我也不同意，学习应该是愉快的。至于罚款我更反对，又不是你们的钱，是家长的钱，怎么你犯了错误居然要罚家长的款呢？”

学生们没辙了，他们望着我，似乎在问：“那您说怎么办？”

我说：“和同学们一样，我也主张应该有惩罚，没有惩罚的教育是不完整的教育。但我要说的是，惩罚不等于体罚！我想，我们的惩罚措施能不能既有精神的，也有行动的。前者比如如果谁犯了错误，就让他给大家表演一个节目，给大家带来一些愉快，以表达他的歉意；后者比如如果谁做清洁卫生不认真，可以规定他必须重新做！你没有做好，让你重做一遍，这是理所应当的呀！前几天我看有的小组做卫生就不太认真，但没有叫他们重做，因为还没有班规嘛！现在我们就要做出这样的规定。这就是我理解的惩罚。”

学生们纷纷说：“可以。”“应该这样。”

我继续引导：“但是这样还不具备彻底的可行性，因为由谁来监督执行没有明确。我们国家的法律专门由司法部门执行。但班规的每一条由谁执行？”

同学们说：“班干部！”这次大家没有说“由李老师执行”我觉得是他们观念上的一个进步，但我对他们说“班干部”也不满意，我说：“班干部当然应该起到执行班规的作用，但请问，比如一个同学做清洁不认真，按班规应该重做，这一条由生活委员杨海峰——呵呵，我随便假设的一个例子呀——执行，但完全有可能，这个不认真做清洁的同学在当天晚上便请杨海峰吃了一顿火锅！（学生们爆笑）你们别笑，制度必须把一切可能出现的情况考虑到。于是，杨海峰便不再要求那个同学重做清洁了！怎么办？”

学生们不笑了，他们一下子被我这个问题难住了。

我说：“因此，班规上除了规定哪一条由哪一个执行之外，还得写上由谁监督！”

同学们马上便问我：“那个监督同学不负责任怎么办？”

我说：“我们定期——比如一周或一个月或半学期举行民主评议，评议每一条班规的执行情况，特别是评议执行者和监督者的表现。我们的制度要把每一个人——包括李老师——都置于监督之中！

“这就是我说的可行性。这一条非常重要！其实，你们原来小学或初中一定也有过班规的，但不少班规都只不过是贴在墙上的装饰，为什么？因为缺乏可行性。我们还有校规，国家还有中学生日常行为规范，但恕我直言，这些都还不具备彻底的、严格意义上的可行性，因此我们必须考虑班规的可行性。当然，特别要说明的是，具有可行性的班规也是对中学生日常行为规范和校规的补充，或者具体化！”

我开始给学生说最后一条原则：“我们制订班规，除了尽量做到广泛性和可行性，还有第三条原则：制约性，即同学之间和师生之间的互相制约。也就是说，这个班规不只是班干部和老师拿来管同学的，而且应该约束每一个人！我特别要强调的是，这个班规必须有对班主任的制约。”

同学们又一次没有想到我会这样说。我耐心地解释道：“对于一个国家来说，任何公民——包括总统都必须守法，这是常识。对于一个班集体来说，任何一个成员包括老师都必须遵守共同制订的班规，这也应该是常识。因为李老师也会犯错误，如果你们不通过班规制约我，我会肆无忌惮地犯许多错误呢！比如，过去李老师做班主任是从不拖堂的，从来都按时下课。但开学以来，我已经拖堂好几次了，为什么？我们还没有班规嘛！同学们还没有从制度上对我提出规定嘛！因此我拖堂也不算违规。但如果以后班规做出了不许拖堂的规定，我就不会，不！是‘不敢’拖堂！再说了，班规对老师的制约并不是为难老师，而是帮老师改进工作。我问你们：你们觉得李老师脾气好不好？”

大家都说：“好！”

“可是，你们知道吗？李老师以前的脾气可暴躁啦！”我说，“但现在为什么变得越来越温柔，越来越有耐心了呢？这就是我以前的学生对我的帮助。怎么帮助的？通过班规对李老师做出规定，如果对同学们发了火必须接受惩罚！这样一来，我的脾气便慢慢变好了，我的教育也慢慢走向成功了！你们看，班规对老师的制约多么重要！”

最后我说：“关于制订班规的原则，我就说这么多，同学们不同意也不要紧，你们也可以谈谈你们的想法。”

同学们说：“我们同意李老师说的几条原则！”

我说：“那好！那我今天的最后一个问题是：这个班规谁来制订？”

“我们制订！”同学们大声说。

“对的，是你们！但是，”我说，“所谓‘你们’应该是指你们每一个人！而不仅仅是班干部。这几天同学们可以根据三个原则思考思考班规内容，下周四开始军训，你们军训期间可以继续思考或者打草稿，军训结束紧接着是国庆七天大假，你们就开始制订班规。国庆后回到学校，请每一个同学交一份班规！”

同学们很惊讶，认为制订班规怎么会花这么长的时间。

我说：“制订班规是一件非常严肃的事。如果老师匆匆抛出一份班规让大家照着做，效率是很高，但这样的班规多半不能兑现。我们还是多花一些时间好。过了国庆，我们请班干部将每一个同学制订的班规进行整理综合，提出一份草案，大家再来修改。最后，我们将以无记名投票的方式对班规进行表决。如果通过了，就执行；如果没有通过，我们重新制订！总之，这是大家的事，一定要严肃认真。”

同学们都表示同意。

下课的音乐声响了，我简单总结道：“这份班规将是我们班的‘法律’，而法律面前，人人是平等的。李老师多次说过，总统是靠不住的，班主任也是靠不住的，唯有集体的智慧和意志，以及体现这智慧和意志的制度，也就是班规，才能保证我们班逐步成为一个优秀的班集体！这是我们共同的理想！而在这过程中，同学们在成长，李老师也将和你们一起成长！”

下课后，不少同学都对我说，原以为班规就是一开学老师给大家提几条，然后叫大家照着做——以前初中就是这样的；没有想到，制订班规还有这么多讲究。他们觉得这班规真正是同学们自己制订的。

不仅仅出台一纸班规，而更着眼于学生自我教育和自我管理意识的唤醒与能力的培养；不仅仅让学生遵规守纪，更着眼于我和学生的共同成长；不仅仅达到民主管理的结果，而更着眼于民主教育——把班规制订的过程同时变成对学生进行民主精神启蒙和民主实践训练的过程……

——这就是我的追求。

为 21 世纪培养现代公民

引导学生制订出某种科学民主严明可行的班规并以此管理班级，便是我变班级“人治”为“法治”的有效尝试。其意义，并非只是“被动管束”学生，而是使我们的班级管理更加科学、更加民主——

1. 班级“法治”管理，使我由“学生保姆”还原为“学生精神家园的关怀者”。

在“人治”管理的模式下，班主任成天被琐事缠身，很难获得“解放”。自从我对班级采取“法治”管理后，我把所有班级事务（日常的学习纪律、清洁扫除、课间操纪律、运动会以及大型文娱活动等）交给了学生，我只“宏观调控”或在特殊情况下亲自出面解决有关问题。事实证明，学生自我管理的能力是足以让教师放心的。平时，我很少守着学生上自习、搞卫生，甚至平时考试我也不用监考，在大多数情况下，学生的表现是非常不错的。我外出开会、讲学等社会活动较多，每当外出，班长就成了代理班主任，全权负责班级事务，从未出现过任何大的纪律问题。1995 年 9 月，我同时担任两个班的语文教师和班主任（两个班学生共 131 人），但我靠“法治”管理，两个班仍然情况良好。1996 年 10 月，我去长沙出席中国教育学会第十次年会，两个班各方面都井然有序，而且在此期间学校举行田径运动会，这两个班在班主任不在的情况下分别获得年级第一名和第三名的好成绩。了解我班主任工作特点的人都说：“李镇西的班主任当得真潇洒！”

但是，我从繁重的班级事务中获得解放后并不是无事可做，而是将自己的精力投向更有价值的教育领域：研究学生，真正走进学生心灵。我结合自己的教育实际和学生的具体情况，搞了大量有关学生教育的调查、分析、研究，并尽可能深入学生心灵。多年来，我坚持每天至少找一位学生谈心；常常在星期天约学生出去游玩，自然而然地把握学生的思想情感脉搏；我根据学生心灵发展特点，先后给学生写了十多万字的心理咨询通信，帮助学生正确把握自己的人生航向。另外，我还先后承担了学校和市里的多项教育科研课题，发表了近百万字的教育教学文章和专著……我想，如果我不改革班级管理模式，继续沿用传统的“人治”方式，那么我不可能取得这些成绩。

2. 班级“法治”管理，有利于培养每一位学生的能力。

在原来的班级管理模式中，学生干部永远是少数人，而班干部工作质量的高低，主要取决于班委们的道德素质和工作能力。而班级“法治”管理，让每一位学生都有了大显身手的机会，而且他一旦当上班干部，“制度”（即班规）就会迫使他非当好不可。多年来，我班的班干部都是由全班学生无记名投票选举，并当场唱票产生。我如果要表示意见，也只能投一票。但是，可以这样说，每次学生们选出的班委干部无不是我所中意的，因为在平时我通过良好班风的营造，就已经为民主选举创设了健康的舆论基础。另外，班规规定，每一届班委只能任期一学期，班长任期也不超过一学年，因而使尽可能多的学生有机会当学生干部。除班委外，班上还设立了许多班级事务分工的职位，使每一位学生都不会空闲。这样，便保证了所有学生都能够参与班级管理。

在“法治”管理中，班干部们绝不仅仅是班主任的助手，班规赋予他们具体的责任和权力。他们必须独立地有创造性地开展工作，每期全班学生都要对班委投信任票并进行民主评议，声誉较差者必须调整。同时，班委干部还代表学生集体监督我这个班主任的工作，如果我的工作有所失误甚至失职，他们会依照班规中有关规定对我进行惩罚。学生干部的日常工作也不仅仅是靠其自觉性，而是随时置于全班学生的监督之下，如有“玩忽职守”或“徇私舞弊”，便会立即受到专门负责监督班委的同学依据班规代表全班对其进行惩罚。在我班，班委干部的工作态度，已不仅仅取决于他们的个人品德，而首先是“制度”使然。这就是“法治”。

3. 班级“法治”管理，是对学生进行民主精神启蒙的实践教育。

党的基本路线提出，要把我国最终建成高度富强、高度民主、高度文明的社会主义现代化强国。作为面向 21 世纪的一代新人，平等意识、法治观念、独立人格等民主精神是必不可少的。学生的民主精神怎样培养？我认为，必须在民主的环境中培养民主精神，必须在民主的机制中培养民主精神，必须在民主的实践中培养民主精神。当然，我这里所说的“环境”“机制”和“实践”，仅仅是指我们教育者所能提供的班级民主管理。在我的班上，平等意识深入人心，学生们的确很尊敬我，但决不会对我顶礼膜拜，更不会把我的每一句话当作“绝对真理”；相反，他们常常同我争论，而且不少时候是他们的正确意见说服了我。我班的班委干部绝没有高人一等的“官念”，相反，由于他们是同学投票选举而不是我“委任”的，因此他们深知自己的权力是同学赋予的，也只能用于为同学服务；而且定期投信任票，也使他们实实在在地感到自己的一言一行无不接受着同学们的监督，自己的“位置”是否“稳当”也完全由同学们决定，因而唯有真诚勤恳当好同学的“公仆”方能受到同学们的拥戴。在这样的民主机制中，班主任和学生具有同等的义务，学生和班主任拥有同等的权利。在我们的集体中，谁都有义不容辞的一份责任，但谁都没有班规以外的特权！

“今日的学生，就是将来的公民。将来所需要的公民，即今天所应当养成的学生。专制国所需要的公民，是要他们有被治的习惯，共和国所需的公民，是要他们有共同自治的能力。中国既号称共和国，当然要有能够共同自治的公民。想有能够共同自治的公民，必须有能够共同自治的学生。所以从我们的政体上来看，我们学校一定要养成学生共同自治的能力，否则不应该算为共和国的学校。”（陶行知：《学生自治问题之研究》）这是 80 年前陶行知的声音。这声音穿越了将近一个世纪；今天，我听到了它的回声。我坚信，这呼唤教育民主的声音，还将继续响彻下去，成为 21 世纪中国教育的最强音！

把教师的权威融入集体的权威

班规正式实施不久的 1987 年 11 月 29 日，学生为参加学校一二·九歌咏比赛在礼堂排练。

大家正兴致勃勃地练着，可担任领唱的罗晓宇同学不知何故不愿领唱了。我先是反复耐心给她做工作，同学们帮着也劝说，可她仍然不愿领唱。这可把我急死了，想到离比赛只有几天了，现在换人肯定是来不及的。最后我实在控制不住自己，勃然大怒，猛拍钢琴，呵斥道：“你不唱就给我滚出去！”

话一出口，我就意识到自己过分了：万一罗晓宇真的“滚出去”了，这歌还怎么练呢？

还好，我这一吼还真管用：罗晓宇虽然满脸不高兴，但总算唱了起来……

排练结束后，我把罗晓宇留下来谈心，她说她刚才不想唱是因为排练前与一位同学闹了别扭，情绪不好。我一方面教育她要以集体利益为重，同时，又真诚地向她道歉："刚才我实在是太急了，冲着你发那么大的火。真对不起，请原谅李老师！"

她也真诚地说："不，还是怪我当时使性子……"

我想，这件事也就算解决了。

谁料到，我第二天早自习走进教室，见黑板上赫然一行大字："李老师昨日发火，罚扫教室一天！"我心里一惊：这些学生还真够认真也真够大胆的！转而又是一喜：学生们勇于向老师挑战的精神难能可贵，实在不应挫伤。再说，班规刚刚实施，对班主任从严从重要求必将提高班规的权威性——这实际上也是班主任真正的权威之所在！

不过，我得再"考验考验"学生们依照班规惩罚老师的勇气究竟有多大。于是我半开玩笑、半认真地同他们"谈判"："李某人当然不敢不依'法'办事。但请问，李老师这个月发了几次火呀？"

学生们想了想说："一次……"

"对嘛，班规上的规定是'发火超过一次'，可我并未'超过一次'呀！"然后我有些得意地说，"今天是 11 月 30 日，我只要今天不对同学们发火，嘿嘿，我这个月就不会'超标'！"

学生们一下哑了，可能是觉得我言之有理吧，他们不再与我争辩。

可是，李崇洪同学站了起来，他左手拿着班规，右手指着上面的条文大声说："李老师说得不对！您发火是没超过一次，但您昨天用不文明的语言侮辱了罗晓宇——您叫她'滚出去'，这可应该受罚啊！"

他这一说，学生们便嚷了起来："就是嘛！该罚！该罚！"

于是，我做出一副无可奈何的样子，笑着对大家说："好，好！我认罚。看来，面对班规，我想赖账也不行！今天放学后，由我扫教室，而且保证教室清洁分数达到 10 分，否则重扫！"

当天下午放学时，我正在市里开会，但我仍然提前匆匆赶回学校。当我走进教室时，看见宁玮、赵琼等几个住校女生正准备打扫教室。我赶紧冲过去夺下她们手中的扫把："你们不能扫！今天该我一个人扫！"

她们却死死地捂住扫把不放。赵琼说："李老师，您真的要一个人扫？"

我说："不是我要一个人，因为这是班规的规定啊！"

"哎呀，您太认真了！"宁玮说，"那这样吧，李老师，我们和您一起扫，好不好？"

“不可能！”我强行把她们赶出教室，把门关死，一个人在教室里干得满头大汗。

第二天一早，我又早早走进教室，做早扫除。

当时的情景真是别有趣味：教室里灯火辉煌，学生们书声琅琅；教室外，大雾弥漫，我在窗台上一丝不苟地擦拭着玻璃窗。学生们不时抬起头，向我射来敬佩的目光。

那天早晨第一节课下课后，学生们纷纷到学校清洁卫生评比栏看我班的教室卫生评分，结果当天的分数是满分 10 分！

这下在全班引起了强烈反响：“李老师太好了！”“我读小学到现在，从来没见过老师一个人扫教室！”“李老师真高尚！”

我却感到深深的遗憾：学生们对我的行动赞不绝口，这说明在大多数学生的头脑里，我并不是依“法”受惩，反而是“放下架子”平易近人因而令人崇敬的英雄。如果学生真是这样的认识，那么，我的教育只能说是失败的！

在下午的班会课上，我真诚而严肃地对全班同学说：“纪律面前，人人平等。既然同学们违纪都应该受罚，为什么老师可以例外？这与‘高尚’丝毫不沾边！前不久报上登了江西省前副省长倪献策因触犯刑律而被捕入狱的消息，我们怎么没有说‘倪献策真高尚啊，犯了罪竟亲自坐牢’呢？如果你们认为同学违纪受罚是理所当然，而老师违纪受罚就是‘高尚’，那么，你们就仍然没有树立起‘面对纪律师生平等’的民主观念！”

在这个班以后的两年多中，我又因各种“犯规”而五次被罚，我很少再听到有人说我“高尚”，大家都觉得很正常、很自然。

有了集体权威，我似乎放弃了班主任的“个人权威”。我追求着一个目标，把教师个人的权威融入学生集体的权威，其意义已不仅仅是体现出教师个人的教育艺术与管理水平，而更重要的是，要使我们的教育真正充满社会主义的平等意识与民主精神。

课堂辩论：该不该要惩罚

从 1987 年我第一次在班级实行民主管理以来，每接一个新班，我都要“从零开始”地引导新生制订班规。每一个班的学生情况不完全一样，所以，制订的班规中某些具体的条文也不完全一样，但是班规的“可行性”“广泛性”“互制性”的基本原则和民主平等的基本精神却是完全一致的。

1997 年 9 月，我调到成都石室中学，接手初 2000 届三班班主任，又开始在班上引导小同学们制订班规。这次，在要不要“惩罚”的问题上，学生中产生了不同的看法。

本来，这个问题在我实行民主管理之初就犹豫过，“惩罚”在教育中的确是个敏感的问题；但无数教育者的实践都证明，教育不能动辄惩罚，但离开了一定的惩罚，教育将是苍白无力的！

但我这个观点决不能强加给学生，关于班规中要不要惩罚，还是应通过讨论甚至辩论，由班上学生投票决定。而且，多年来我已养成了一个习惯：凡是自己在工作中遇到什么难题，我就将难题交给学生。因为我坚信，五六十颗大脑无论如何也比我这一颗大脑聪明！

于是，我利用一节班会课搞了一次讨论。在讨论中，赞成惩罚的学生（简称“赞成派”）与反对惩罚的学生（简称“反对派”）几乎势均力敌，谁也说服不了谁。这时，学生们都把目光投向我，想让李老师来做最后裁决。

我毫不怀疑我在这些十一二岁的孩子心中的权威地位，只要我说出我的意见，至少大多数人都会赞同。但是，我不能把自己的看法强加给孩子们，而还是应该在尊重他们的前提下引导他们。

恰好这时，崔涛同学发言了：“我有一个建议，我们的班规暂时不要惩罚，试行一段时间看看。如果需要惩罚，我们再加进去。”

崔涛的建议，不但说出了我本来想说的话，而且赢得了多数人的同意，于是我说：“还是那句老话，班集体是大家的，班上无论什么事都应大家商量着办。既然多数人都同意崔涛的建议，那这个问题就暂时这样定了吧！”

孩子毕竟是孩子，相当一部分学生的自觉性不可能很强，这就使班上有些时候的纪律不能得到保证。凡遇上违纪情况，我们都是按班规批评教育，但对一些学生显然力度不够。有一天上自习课，纪律很不好，班委招呼几次都不起作用。放学以后，班长向启找到我：“李老师，看来不要惩罚是不行的，还是应该在班规里加上惩罚的内容。这样，纪律才有强制性。”

我说：“好，我们再开一次班会课，就这个问题搞个辩论，怎么样？”

班会开始了，我让向启向全班总结了一下近期班上的纪律情况，然后在班上就“是否在班规中加上惩罚内容”举手表决。结果，“赞成派”显然人数大大增加，“反对派”的人数则要少得多。按理说，就凭这个表决结果此事便可定下来，但是我想通过辩论让每个人都来深入思考一下这个问题。

于是，我叫“赞成派”和“反对派”各坐一边，准备辩论。

先是邹冰代表“赞成派”发言：“我认为，班规里应该有惩罚，因为最近一段时间班里的情况已经证明，没有惩罚是绝对不行的！”

“反对派”的林媛却站起来反驳：“惩罚只能让违纪同学行动上受约束，而不能让他们真正心服。”

向启立刻站了起来：“如果要让每一位违纪的同学都心服，是很难做到的，但是，我们的纪律决不能迁就这些同学！”

张杨从另一个角度谈了她的看法：“李老师最近为我们读了《爱的教育》，书中的老师对学生从来不惩罚，因为他爱孩子，信任孩子。我想，我们班也不应该要惩罚，而且也应该有‘爱的教育’！”

她的话音刚落，就有“赞成派”的同学反驳她：“对违纪同学进行惩罚与爱的教育并不矛盾，惩罚也是一种教育。《爱的教育》中，那位一贯不守纪律的弗兰提最后不也被开除了吗？请问，这不就是一种非常严厉的惩罚吗？”

但“反对派”仍然据理力争：“违纪的同学毕竟是少数，但如果班规里规定惩罚就是对多数同学而言，这公平吗？”

“赞成派”：“对于多数遵守纪律的同学来说，根本不必担心惩罚。国家法律规定抢劫杀人就要劳改或枪毙，可杀人放火的毕竟也是极少数，请问这又公平不公平呢？”

“反对派”：“我们不否认惩罚会让一些违纪同学有所收敛，但这同时也让人产生逆反心理。我们为什么不用说服和感化来让他们口服心服呢？”

“赞成派”：“开学以来的班风已经证明，对少数同学来说，仅仅靠感化和说服是不起作用的。而且，我们在采用惩罚的同时，也可以继续对他们进行说服教育嘛！”

……

同学们希望听听我的意见，我说：“同学们的辩论很有意义。不管赞成惩罚的，还是反对惩罚的，都是在真诚关心我们班集体的建设。因此这场辩论的意义已不仅仅是决定是否‘惩罚’，它更重要的意义在于同学们通过辩论已经不知不觉地在进行自我教育，在尝试着以班级主人的身份思考民主治班的问题了。至于对是否在班规中加进惩罚内容的问题，我个人的意见是，咱们再尝试一段时间的‘无惩罚’班规。我相信通过今天的辩论，少数经常违纪的同学一定也受到了教育；我更相信他们已经在心里暗暗下决心改正自己的缺点了。咱们再试试不要惩罚吧！当然，如果多数同学都认为现在就非加进惩罚不可，我服从班上大多数人的意见。”

说实话，理智告诉我，对于没有良好行为习惯的学生来说，应该通过纪律惩罚强制性地让他们养成良好习惯；但感情告诉我，如果不要惩罚就能让每一个人具有良好的纪律风貌，那多好啊！

最后，同学们举手表决，多数同学赞成暂时维持现状，过一段时间，再根据情况修改班规。

但下课以后，班上特别调皮的学生却找到我："李老师，我们要求班规有惩罚，不然，我们老是控制不住自己。如果我们想到违反了纪律将受到惩罚，可能会随时提醒自己遵守纪律的。"

这些一贯违纪的学生居然要求惩罚，实在令我高兴。但我仍然对他们说："刚才班上已通过的事，我怎么能随便改变呢？不过，你们愿意接受惩罚，这说明你们有着强烈的改正缺点的愿望。希望你们随时提醒自己做一个守纪律的同学。"

我对教育中的惩罚是这样看的：第一，教育不能没有惩罚，或者说惩罚也是教育的一种方式；第二，惩罚不一定是体罚，对学生任何形式的体罚都是应该反对并禁止的；第三，教育中的惩罚最好是学生自己对自己的惩罚，这样带有自我约束色彩的惩罚实际上是学生自我教育的一种形式，我认为应该提倡。

这场辩论刚刚过去不久，现在我班的班规仍然是没有惩罚的。不过，我想，如果过一段时间绝大多数学生感到非要惩罚不可了，那么，被惩罚的同学就不会感到自己的受罚是老师、同学和自己过不去，而是自己和班集体过不去，甚至是自己和自己过不去。

我和学生们都等待着下一次班会的集体裁决……

面对"制度"的监督

1999 年 4 月 12 日，我回到了离开半个月之久的学校。

星期一照例要举行升旗仪式，我一到操场，远远地就看到了我班整齐的队列。走近了，学生们以热烈的掌声欢迎我。看到了学生们可爱的面容，我感到非常亲切；学生们的脸上露出兴奋的笑容，他们也为我的回来而高兴。

升旗仪式结束后，班长胡夏融递给我一个纸包："李老师，您走了以后，我按有关规定在班上搞了一次对您的评议，请同学们对您投了一次信任票。这是结果。"

胡夏融所说的"有关规定"，是指班规第 44 条："每月全班以无记名形式对班主任工作进行一次信任投票，信任票未获半数，罚独自扫教室一次；连续两次未获半数，由班委向校长写投诉信。”

我打开纸包看了看，里面的 59 张纸条上写满了学生们对我的评议。因为是“无记名”，所以当然都没有署名。

学生们是根据胡夏融提的四个问题对我进行评议的：1. 你是否给李老师投信任票？ 2. 你认为本期以来，李老师的工作有什么值得肯定的地方？ 3. 你认为李老师最应该保持的优点有哪些？ 4. 你认为现在李老师还存在哪些需要改正的缺点？

结果，全班 59 个学生中，有 57 个学生投了信任票。

学生们认为我本期工作中值得肯定的改进有：“在多媒体教室上语文课”“进一步减轻了语文学习的负担”“让同学上台讲语文课”“进一步放手让班委管理班级”等。

学生们认为我最应该保持的优点有：“很民主”，“十分幽默”“对同学平等，一视同仁”“不轻易批评同学”“语文课很有吸引力”“不歧视差生”“对同学很亲切和蔼，很少对同学发火”等。

学生们给我提的意见和希望有：“不要让我们和家长一起开家长会”“不要经常出差”“有时上课站姿不正”“有时错批评同学”“有一次下课拖堂没有受罚”“不要点名批评同学”“和我们一起玩的时间比以前少了”等。

第一节正好是我的语文课，在学课文之前，我用了几分钟的时间谈同学们对我的评议。我首先感谢同学们对我的信任，特别感谢那两位没有给我投信任票的同学，因为他们提醒了我，我的工作还没有让所有同学满意。然后，我就同学给我提的意见诚恳表态：“我无条件接受同学们的批评，努力改正缺点，进一步改进工作！”

由于这堂课我就学生对我的评议多讲了几分钟，所以教学时间就特别紧，以致下课铃响起时，我都还没讲完，于是我不得不拖了几分钟的堂。

刚一下课，刘星岑同学就走过来说：“李老师，你拖堂了！”

我一愣，正想表示歉意，但脑子里突然转了个弯，说道：“是的，我拖堂了。但是郭晓君同学没有追究我。”

我这里所说的“郭晓君”，是按班规分工专门负责监督我的一个女同学。当时，我是这样想的：不错，按班规上的规定，我拖堂是应该受罚；但是，追究我的应该是郭晓君而不是刘星岑。刘星岑的认真和勇敢无疑是值得赞赏的，如果我听从了她的批评并接受惩罚，虽然也会让同学们感动，但这只能助长郭晓君的“玩忽职守”——以后，她很可能会更加掉以轻心：我对李老师的监督严格不严格关系不大，反正有同学帮我监督李老师。而其他学生对我的监督往往是偶然的（比如今天的刘星岑）。这样一来，造成了执“法”过程中的漏洞，而班规上所确定的对班主任的民主监督便极容易成为一纸空文！所以，我现在不想对刘星岑认错并受罚，因为我想给以后的教育埋下伏笔。

刘星岑听了我的话，好像马上就去找郭晓君了，不知当时郭晓君的态度如何，反正我一直没有受罚。

两周以后的一次班会上，我和学生们定期对班规上的班务分工进行评议。学生们对工作负责、执“法”严明的同学提出了表扬，对不太负责的同学也提出了批评。但在被批评的人中没有郭晓君。

于是，我发言了："我认为，有一个玩忽职守的同学应该受到批评，她就是郭晓君！"

我谈到了前次我拖堂的事："我当时的确拖堂了，但郭晓君同学为什么没有按班规罚我呢？可能是因为她胆小，不敢惩罚我；可能是因为她粗心，没有发现我犯这个错误；可能是因为她对李老师很信任，认为李老师严于律己因而不会犯错误；也可能是因为她工作不负责任，即使知道了我拖堂也懒得管；还可能是因为她想维护我的'威信'而袒护我……不管是哪一种原因，我们都不应该原谅！所以，我正是想以我的'不认错'给她一个教训，也给全班学生一个提醒：班主任是靠不住的；唯有民主监督，才是最可靠的！"

……

没过多久，我上课又未按时下课。这次，郭晓君同学毫不客气地走上来对我说："李老师，你拖堂 3 分零 16 秒！对不起，我将按班规罚你。"

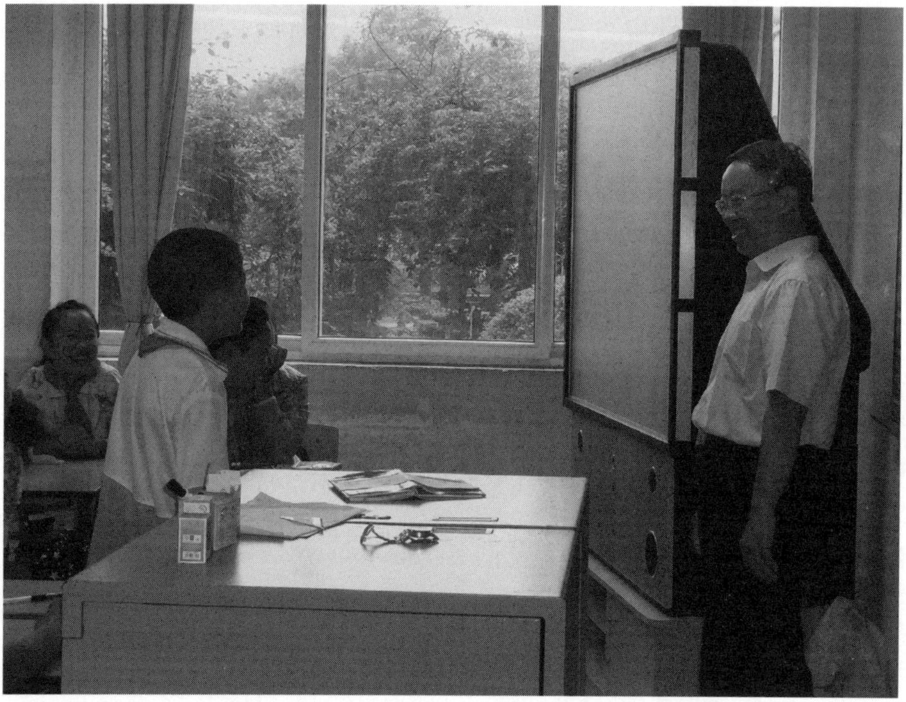

2013 年 9 月，为武侯实验中学初一学生上课

第三辑 如何赢得学生的心灵

如何赢得学生的心灵？

善待孩子的求助，做一个善于倾听的朋友，化批评为表扬，多一些“非功利谈心”，把教师的教育意愿转化为集体舆论，指导学生上网，艺术地处理学生的“早恋”问题。

第一节　走进心灵的艺术

善待孩子的第一次求助

二十多年前，我第一次乘火车去北京。邻座是一位刚刚中师毕业的女孩子。她听说我是教师后，便和我聊起教育。她说得最多的是她的班主任。记得当时她给我说了这样一件事——

我刚进学校时，因为是第一次远离父母住校，很不适应；再加上进入青春期，我感到自己心中有许多苦闷得不到排遣，我实在憋不住了，便找到班主任老师，这是我第一次找她谈心，我想给她倾诉我的种种困惑，期待老师给我帮助。

但是，我的话刚刚开了个头，老师便打断了我的话："你是不是太娇气了点儿？人生的意义在于不断地战胜各种困难。何况你说的这些还谈不上什么困难。当然，对你来说，第一次住校也许是一个很大的困难，但是你应该想想，你的这点儿困难难道比张海迪姐姐还要大吗？"

我至今记得当时这个女孩子对我说了这件事之后激烈的评论："老师说得对，我的困难的确不如张海迪大，但老师的话根本不能解决我的任何问题！我并不是张海迪呀！从那以后，我再也不找班主任谈心了！"

很难说这位老师不负责任，相反，说不定她是一个很有责任心的老师呢！但这样和学生谈心显然是失败的。她的失败之处在于：第一，她没有珍惜学生对她的信任。学生找老师谈心，不管老师是否能够圆满解决学生的困难，这份信任应该珍惜，这是日后和学生保持心灵交流的基础。第二，她对信任她的学生缺乏尊重，学生的话都还没说完她便自以为是地打断了学生的话，这样的谈心很难说是真正平等的心灵交流。第三，她缺乏对学生的理解。有些在成人看来算不了什么的事，但学生看来却是天大的困难，如果不从学生的角度思考问题，很难真正走进学生的心。第四，她用“原则”取代了对具体问题的分析，用抽象的“人生的意义”取代学生这个具体的困难，用远在天边的“榜样”取代了近在眼前的学生，用看似毋庸置疑的说教取代了富有针对性的开导，于是，学生向她永远地关上了心灵的大门。

应该说，这位班主任还是很想帮助学生的，但因为语言的隔膜造成了心灵的隔膜。不，准确地说，首先是因为心灵的隔膜才造成了语言的隔膜。

班主任工作中的许多“怎么办”，其实都是通过语言来解决的。正是在和孩子的一次次谈心中，我们的心和孩子的心贴在了一起。当然，也有相反的情况，也许正是因为语言不当，结果班主任不但没有走进孩子的心灵，反而离孩子的心灵更远。

走进孩子的心灵，仅仅靠“真诚”是远远不够的，还得讲究语言技巧。特别是第一次和孩子谈心，更是要特别讲究。因为从某种意义上说，这第一次谈心将决定孩子的心灵大门是否随时愿意为你打开。

高一新生进校一周后，我收看孩子交来的随笔本。黄微微同学在她随笔的后面加了一句话：“李老师，我想和你聊聊。”

这是我最喜欢听的学生对我说的一句话。还有什么比得到孩子的信任更幸福的呢。

我在批语中写道：“吃了晚饭到我办公室来吧！”

晚饭后，她来到了我的办公室。

本来是她主动提出要找我聊，但进了办公室，她却没有说话。毕竟是第一次和我谈心，也许她有点紧张。

我知道她找我决不会只是随便“聊聊”，肯定有什么在她看来是要紧的事需要对我说。但是，第一次和她谈心，我不能够单刀直入，只能慢慢引导她说出心里话。

我先问她新学期感觉怎样，她说还好。我又问班上的情况，她也说挺好，她挺满意的。我问开学几天来有没有不满意的，她说住宿条件还不太满意，主要是新床还有点味儿，另外感到睡眠时间不够。

我很心疼我的学生，看到他们就像看到我的女儿。我对我女儿的睡眠要求很严，必须保证睡眠时间。因此，我便对她说，我争取给学校领导研究一下，调整一下作息时间。

也许是我的关切让她感动进而觉得我值得信任，她终于开始对我诉说。

她对我说她特别恋家，希望我同意她每周星期三回家一次。她说了很多很多，向我说了她的家庭，她的性格，她的生活习惯等，特别给我强调她特别特别想家。

在她的倾诉过程中，我一直静静地倾听，没有打断她的话，直到她说着说着眼泪流下来了，我才赶紧给她找了张纸，叫她把眼泪擦一擦。

看着她擦泪，我想，她这么想家，连一个星期都不能坚持，那以后读大学怎么办？

看来这是一个比较娇气的女孩子。但我显然不能直接批评她娇气，那样她可能就不会和我继续聊下去了。于是我给她开玩笑："那以后你考大学最好考西南交大，西南交大离你家最近（她家住在成都万福桥），这样你回家就最方便，呵呵！"她也破涕为笑了。

一个玩笑，不但委婉地表达了我的批评，同时也轻松了气氛，缓解了她的悲戚的情绪。

我看她笑了，感到可以把话说得直一些了，便说："你希望每周三能够回家一次，我完全可以同意你的这个要求。但是，这对你成长不利呀！你早晚得离开爸爸妈妈的呀！因此，你还是不要周三回去，而是和大家一样周末回家，好吗？战胜自己！"

她点点头："好吧！"但眼泪又流下来了。

嘴上同意我的话，但依然流泪，说明她并没有完全想通。这时，我完全可以搬出"学校纪律"来要求她。但是，如果那样，我很可能就堵死了和她交流的心灵通道。既要坚持必要的原则，又不能过于死板。比起坚持学校的纪律，我感到保持和孩子的沟通更为重要。再说，同样是平时不回家，她是迫于外在的纪律呢，还是出自内心的自律？表面结果相同，但背后却是完全不同的教育境界。

于是我说："这样吧，我同意你每周三可以回去一次，但你自己控制好自己，如果能够不回去最好。如果到了星期三你坚持不回家，第二天早晨起来你会非常自豪，因为你战胜了自己。当然，如果你忍不住想周三回去，也没有什么，你就回去吧！然后第二个星期又开始考验自己。我觉得，如果是因为我不准你回去而你没有回去，这并不能算你自己战胜了自己；只有当你可以回去却不回去，这才是了不起的。你尽量试试看能否战胜自己，好吗？"

她又点了点头，说："其实，这个星期我就没有回去，已经六天了，我从来没有这么久不回家。"说着她有些自豪地笑了。

“就是嘛！”我鼓励道，“你完全可以战胜自己的！祝你成功！”

三周后，黄微微对我说：“李老师，我已经连续两周都是只在周末回家。我现在终于可以坚持一周都不回家了！”

对她来说，通过这次谈心，收获的是“战胜自己”的忠告；对我来说，和她谈心，收获的是她对我的信任。在以后的日子里，黄微微一直对我很信任，愿意在随笔中给我谈心，每次看她的随笔，我都能得到一种源于信任的幸福。

假设一下，如果她来找我的时候，我不是先给她聊其他的而是急躁地追问：“有什么要对我说的，怎么不说话呢？快说呀！”在我的追问下，她吞吞吐吐地说出了自己的困难和要求，然后我语重心长而又严肃地和她谈“学校的规定”，谈“坚强”谈“毅力”，那么，我不但不能解决她的困惑，反而会让她从此不再主动向我谈心倾诉。

孩子不愿意找老师谈心，这是我的教育中一直努力避免的结果。

还是继续分析和黄微微的那次谈心。那是一次非常普通的谈心，但正因普通所以蕴含着一些走进孩子心灵的普遍原则——

发自内心地尊重孩子。这是成功谈心的前提。可以想象，孩子第一次主动找老师谈心，一定有过犹豫甚至有过思想斗争，如果不是遇到了困难，孩子一般不会主动找老师的。因此，在这里，“尊重”首先应该体现于对孩子善解人意的体贴与关切。当孩子叩开老师的办公室的时候，作为班主任，我们应该意识到，这是一颗心对另一颗心的求助，我们应该以真诚的眼光给孩子以心灵的安全感，进而自然而然向我们敞开心扉。

要善于倾听孩子的诉说。在一些班主任的眼里，所谓“谈心”就是“老师谈，孩子听”。其实，优秀的班主任首先应该善于倾听。必须摆正师生关系，不能仅仅把师生关系看成是教育与被教育的关系；还应该认识到，师生同时也是平等的朋友。虽然就学科知识、专业能力、认识水平而言，教师一般来说远在孩子之上；但就人格而言，师生之间是天然平等的；教师和孩子不但是在人格上、感情上平等的朋友，而且也是在求知道路上共同探索前进的平等的志同道合者。既然是平等的朋友，那么当朋友向我们诉说的时候，我们当然应该耐心地倾听，并用温和的眼神鼓励孩子畅所欲言，一吐为快；通过“倾听”走进孩子的心灵。没等孩子说完便自以为是地打断孩子的诉说，这样的老师不可能赢得孩子的信任。

要站在孩子的角度理解孩子。成长中的烦恼，也许在成年人看来微不足道；但在孩子看来，却是天大的事。面对孩子的倾吐，班主任任何不屑或不以为然都是对童心的亵渎。对孩子的理解，不是从成人的角度去理解，而是以一颗孩子的心去理解。陶行知多次告诫教育者：“我们必须会变小孩子，才配做小孩子的先生。”所谓“会变小孩子”，我的理解就是教师要尽量使自己具备“孩子的心灵”——用“孩子的大脑”去思考，用“孩子的眼光”去看待，用“孩子的情感”去体验，用“孩子的兴趣”去爱好！

多提建议，避免训斥。既然是孩子，他们的观点就不可能都是正确的，他们的想法也不可能都是成熟的，这需要老师的引导，否则便是老师的失职。但是这里的“引导”，不应该是不着边际的空洞说教，更不应该是居高临下的训斥，而应该是切实可行的建议。如果我们承认教育的对象是活生生的人，那么教育过程便绝不仅仅是一种技巧的施展，而应该充满人情味；教育的每一个环节都应该充满着对人的关切，应该体现出民主与平等的现代意识。在谈心过程中，如果我们能够和孩子一起分析并商量解决问题的办法，孩子会不知不觉把我们当作朋友进而更加信任我们。

教育是心灵的艺术。苏霍姆林斯基曾这样谆谆告诫教育者：“请记住，教育——首先是关怀备至地、深思熟虑地、小心翼翼地去触及年轻的心灵。”按我的理解，这里所说的“触及年轻的心灵”自然包括教师和孩子的谈心——“关怀备至”说的是“细心”，“深思熟虑”说的是“慧心”，“小心翼翼”说的是“耐心”。如果面对孩子的第一次求助，我们能够表现出“关怀备至”“深思熟虑”和“小心翼翼”，我们就能真正成为孩子精神成长的帮助者和引领者，并继续赢得孩子第二次、第三次乃至永远的信任！

做一个善于倾听的朋友

前面我谈到要善于倾听孩子的诉说，提出要通过倾听走进孩子的心灵。所谓“通过倾听走进孩子的心灵”，意思是说，只有耐心地倾听才能赢得孩子的信任，并通过倾听了解孩子的想法，进而给他提供有效的帮助。在这里，倾听是一种手段，目的是赢得信任，了解情况，提供帮助。

但是，倾听并不仅仅是手段，有时候也是目的。往往有这种情况，孩子来找老师，并不一定非要老师给他以具体的帮助不可，他只是想把老师当作一个倾听对象，而排遣一下心中的苦闷而已。

课间，办公室门推开了，进来了一个小姑娘。她有些羞涩但也不失大方地问我：“李老师，您是初一（13）班的副班主任吗？”

我说：“是呀！”现在我虽然身为校长，但在两个班担任了副班主任，主要任务是和同学们谈心。

她说："我现在面临一个困难，想找您谈谈。"她一本正经，俨然一个小大人。

我说："好呀，您有什么困难。"我放下手中正在备的课文，专注地看着她。

可是她却犹豫了，停了好一会儿不说话。

我问："怎么不说了？有什么顾虑吗？"

她说："我怕，我怕人家说我打小报告。"

我笑了："别怕。你找校长谈心怎么是打小报告呢？这是'大报告'！呵呵！没事儿，有什么尽管说。我会为你保密的。"

听了我的话，她终于说了："刚才上体育课，几个同学说我坏话，很难听的坏话。我很难受……"说到这里，她说不下去了，眼眶含满泪水。

我说："别着急，慢慢说。"

她于是给我详细说了那个同学怎样骂她。我问她，那个同学为什么要这样呢？她说前段时间她和一个同学闹矛盾，这个同学便四处说她的坏话，挑拨离间，所以好多同学也都跟着那个同学说她的坏话。她滔滔不绝地给我说了很长时间，很激动的样子，脸都涨红了。

她说完以后，我说："我去找那个同学谈谈，好吗？"

"不！"她摇摇头。

我问："为什么？"

"如果你去找她，她会说我找校长告状，更加会骂我的。"

我又问："那你找我干什么呢？你需要我帮什么忙呢？"

她说："不需要你帮忙，我就想和你谈谈，我觉得你是一个好老师，我说出来心里好受些。现在我心里已经不那么难受了。"

那一刻，我很感动。

我说："这样好不好？我抽时间去你们班上给同学讲讲尊重别人的道理。"

她说："好的。但你不要点名批评那几个同学。"

我答应了她："好的。我不点名，只说不尊重同学的现象。"

"好的。谢谢李老师！"说完，她走了。

这次谈话，我主要是在倾听孩子诉说。这种谈话决不能只是教师一人的"苦口婆心"或"语重心长"，而应该是尽量让学生诉说、倾吐，教师则当听众。心理学认为，一个人将悲伤、委屈、苦闷等抑郁之情通过向自己信任的人诉说而合理地发泄出来，可求得心理平衡，保持心理卫生。因此，以倾听为主要目的的个别谈话应诱导、鼓励学生滔滔不绝、一吐为快。学生通过倾诉，把内心深处的困惑、焦虑、积郁、愤懑、悲伤等表达出来，老师则以诚恳的态度仔细聆听，并通过眼神和点头、蹙眉等体态语言告诉学生：“我是理解你的，你也完全可以信任我，我愿意分担你的一切苦闷！”从而使学生无所顾忌地讲下去。

“倾听”往往被当作“听见”，这是一种误解。“倾听”的“倾”不仅仅包含有“真诚”的含义，还有“细心”“专注”的意思，这就绝不仅仅是用耳朵听其音，还包括用脑子辨其义。常常说班主任要“学会倾听”，那么怎样才算“学会倾听”呢？一般来说，“学会倾听”至少有两层意思，一是出于一种礼貌或者说对诉说者的尊重，在听别人说话的时候，要用心，细心，耐心，就是我上篇文章中所说的不要武断地打断孩子的诉说。这是教育者应有的起码的修养。二是要“会听”，所谓“会”就是要善于边听边想，思考别人说的话的意思，能记住别人讲话的重点和要点，或者一边听一边分析，通过“前言”推出“后语”，通过谈吐洞察内心。这是一种技巧，更是一种教育的智慧。

曾有一位高一女生在作业本后面写了一句话：“李老师，最近我很郁闷，想找你聊聊。”得到这样的请求，对我来说是一种幸福——作为教师，能够得到孩子的真诚信任当然是一种幸福。于是，下午放学后，我请她到我办公室：“有什么需要我帮助的？”

她说最近上课心不在焉，总不能集中精力，莫名其妙地心烦意乱，也不知是什么原因。我问是不是最近遇到什么困难了，她说没有明显的困难。我又问是不是和同学或者家长闹别扭了，她说也不是。我问：“那究竟是为什么呢？”

她苦笑了：“我也不知道。所以我才找您聊，想请您帮我分析一下原因。”这把我难住了，一时说不出话。

她接着说：“总觉得心里有事儿，但说不出来，上课常常发呆，下课又后悔，晚上有时候还失眠。”

那一刻，我真感到有些无奈，因为我不知道究竟是什么原因造成了她的烦恼。但有一点我很明确，她的确有着自己也说不出原因的烦恼，她找我倒未必是要我一定给她分析出原因，更多的是想找个信任的人倾诉而已。于是，我决定放弃追问她的原因，就和她随意聊聊，说不定在她放松聊天的过程中，我能够有所发现。

可是，从哪儿开始引导她畅所欲言呢？她刚才说到“失眠”，我打算就从这切入，把话题拓展开去。我说：“哦，我的睡眠也不好，也是从高中开始就失眠了。我当时失眠是因为我在外地读书，很不适应环境，而且想家。”这是一个远离家乡长期住校的女生，我不动声色地想引起她的共鸣。

但她却并未产生我期待的“共鸣”，而是说：“我倒不十分想家，因为我初中就开始住校了。再说，进了高中我感觉这个班也挺好的。”

我顺势抛出一个很大的话题：“好在什么地方呀？进高中已经快一学期了，都有哪些感觉呀？”

她终于“上当”了，开始滔滔不绝地和我谈了一学期以来的高中生活，我基本上没有插话，但一直非常专注地捕捉她话语中的信息。她谈到高中后学习难度的陡然增加，谈到寝室里的同学的互相帮助，谈到高中各位老师和初中老师的不同，谈到运动会和歌咏比赛时所感到的集体荣誉感，谈到我们班那次秋游去峨眉山给她留下的难忘印象……在她忘情地谈论这一切的过程中，我发现这些似乎不相关的生活片段中，有一个男生几乎始终贯穿其中，就是她的同桌，我班的学习委员。每次谈到他，她都特别兴奋，我突然想到，听科任老师说，最近她和他走得特别近。这里面会不会有什么别样的东西？我想。

但我依然不动声色，目不转睛地看着她，听她继续滔滔不绝。也许她并没有意识到自己的“失言”，不知不觉同时也是自然而然地暴露了自己可能都没有清醒意识到的“秘密”。

凭着我多年的经验和对她的了解，现在我基本上可以确定，她正被自己也说不清的某种情感所困扰，当然，这种情感也许是朦胧的“两厢情愿”，也许是清晰的“单相思”。青春期的少女，陷入了这样的情感，上课怎不心不在焉？夜晚怎不辗转反侧？

要不要给她挑明，然后予以引导？我在心里盘算着，犹豫着。

这种情况可能是许多班主任常常遇到的难题。解决这个难题的条件是，要看班主任和具体学生的信任度究竟达到了怎样的程度？如果学生对班主任没有足够的信任，而只是一般的关系，我的观点是班主任最好不要挑明，否则可能达不到应有的效果，相反会让学生很尴尬。但如果班主任和该生已经有了高度的信任感，那就不妨像朋友一般坦诚相见。

当时我选择了后者。因为我感觉，这个学生从开学以来，对我都很信任，常常找我聊天，还曾给我写信倾诉她的苦恼；而且这次也是主动约我谈心。我应该用自己的真诚回报她对我的真诚。

所以，等她说完了之后，我微笑着说："我估计你心里有'人'了，这是你烦恼的原因。"

她愣了一下，当然明白了我的意思，红着脸低下了头，小声说："其实也没有明说过，但心里老是……"

果真如此。心里装着一个暗恋的人，但还没有"明说"——还不知道那男生是怎样想的呢！如此一来，这女生能不烦恼吗？而且这烦恼是潜滋暗长的，她自己都感觉不到，只是觉得"说不清"。

接下来我的引导便有针对性了，我和她谈了很久。应该说我引导比较顺利，再后来这个女生发展得很好。这是一个关于"早恋"情感的引导，这里不再赘述。我举这个例子，重点不是说如何引导"早恋"，而主要是想展示一下，怎样才是"倾听"。

当然，并不是每一位学生都能尽快地信任老师并倾诉内心的苦闷，有时由于某种原因，他们不一定愿意直接袒露内心世界，这时，班主任应善于从学生欲言又止的神态或吞吞吐吐的只言片语中，猜测、推测出学生的真正想法。

有一个男生经常和别人打架，有时候是他主动去打别人。一次，他被德育主任领到我办公室，据德育主任说他又在操场欺负人。德育主任走了之后，我让他坐下，问："你有什么要说的？"

凭我的感觉，这个男生对我没有多大的信任感，相反，常常对我很抵触。因此，听了我的话，他看了我一眼，气冲冲地说了一句："我有什么好说的！"然后不屑地把头偏向一边。从他的话和表情中，我感到他可能误解了我的意思。我问"你有什么要说的"，他理解为质问，认为我在批评他："欺负同学，被现场抓获，你还有什么好说的！"

于是，我平静而略带温和地追问了一句："也许你打人是有原因的，说不定你还有道理，不妨说出来，让我了解一下。"

听了我这话，他把头转过来，似乎有些吃惊地看着我。

我继续说："是的，我真心想听听你的解释。"

火山爆发一般，他开始发泄了。我说他是"发泄"，一点不夸张。当时他的语速很快，情绪激动，说了很多很多。有对事件经过的陈述，有对自己的辩解（当然有合理的因素），更有对老师（包括我）的抱怨……他明显的是站在他的角度上看问题，很偏激，很片面，但是很真诚，而且有的话说得很对，包括对我的抱怨，比如："我欺负过一次同学，结果以后凡是我和别人打架都是我不对，都是我在欺负别人。你们老师就是这样对我有偏见！”

我一直很冷静，他在说，我在想——这里的“想”包括我的反思与自责。那次和他的谈心相当成功。他心悦诚服地接受了我的教育，我也真诚坦荡地接受了他的批评。后来我和他深厚的情感和高度的信任，就是从那次谈心——严格地说，是我的“倾听”——开始的。

刚才我说，善于倾听，是一种教育智慧，这里我还要说，这更是一种教育艺术。从某种意义上讲，让学生倾诉而教师耐心聆听（包括听学生对自己的抱怨），这本身就是有效的心灵引导。“此时无声胜有声”，一切尽在不言中。

怎样消除学生的抵触情绪

面对学生，我们往往总是急于“走进心灵”，可是现在并不是所有的学生对老师都有着天然的信任感，相反不少学生往往对老师有一种莫名其妙的防范，他随时警惕老师的圈套。老师越是平易近人地走近学生，学生很可能并不买账。如果遇到一个和自己有严重对立情绪的学生，老师偏要去语重心长一番，换来的很可能只是学生的无言与冷漠。在这种情况下，老师该怎么办？

我的办法是：等待，耐心地等待。

接手高二（1）班之前，我从前任班主任口中了解到，该班一个叫黄雅韵的女生对我很反感，充满了种种误解甚至不信任，要我特别小心谨慎地对待她。我很吃惊，因为这个女生从来没有和我打过交道，“反感”“误解”和“不信任”从何谈起呢？

我想，也许是对更换班主任不满意因而迁怒于我这个新班主任吧？而且我估计，作为中途接手的班，对我不信任的学生可能不止一个黄雅韵。不过，这样对我来说，更有一种挑战的刺激，我不敢保证一定能赢得他们的信任，但我愿意尽最大的诚意和努力。

与学生相处，有一个原则应该遵守，那就是永远不以学生为敌！即使学生对自己充满敌意，作为教师，我们也应该“浑然不觉”，以平常心待之。无论学生以怎样复杂而疑虑的眼神看我，我都以纯净的目光去打量他们。

我们常说，要赢得学生的信任，需要先和学生建立感情。作为一般原则，的确如此。但教育的复杂性在于，许多时候一般的原则并不能适用于特殊的学生。比如，对于黄雅韵这样的学生，这个原则就不适用。开学不久，我感到黄雅韵果然如我事先所料是一个对周围比较冷漠的人，而且她有着比较严重的抑郁症，有很强的自闭心理，这样的学生要想走进其心灵，的确不那么容易。而且，对于一个已经对我有排斥心理的学生，在没有获得她好感（姑且不说信任）之前，决不主动找她谈心。对于不信任我的学生，我如果主动和他们“套近乎”，矫揉造作地“建立感情”，只会让他（或她）更加警惕，相反我应该“漫不经心”地和他们相处，在一种放松的状态中渐渐消除其戒备心理。在这过程中，我再伺机“出击”。

有一次，我收学生的随笔，看到黄雅韵给我写的信，上面有这样的话——

> 对于这个班，怎么说才好呢？说实话，我对这个 newclass 的感觉是，不喜，不恶；说白了，就是没感觉。
>
> 您也许会说我没有什么集体意识，嗯，我承认。因为我不太积极去关心，这样会有太多麻烦。我是个喜欢简单的人，麻烦的事我承受不来。您可以说我个人主义意识太强，嗯，我承认。因为我只想做我认为我想做并且应该去做的事。换句话说，我只对我感兴趣的事物、人感兴趣，没有兴趣的事，对我，没有任何做的欲望。即便我是待在一个大集体里面，可我也想保持自我物质与精神上的独立，所以，人再多，当我不想与外界沟通时，我也只是一个人。

在信中，她还对我开学以来在班上对大家进行的一些教育表示了反感。

尽管是奉命写作——我要求学生每周交一篇随笔，可她毕竟给我说了一些真话，从她的直言中，我感到了她的某种单纯，直爽，还有一般学生没有的尖锐甚至刻薄（有关内容我这里隐去了）。因此，在我给她回信之前，我就告诫自己，这封信不宜过于热情，要有一种不卑不亢的冷静，对她说话用不着委婉含蓄，否则她“看穿一切”之后，会更加看不起老师的，所以单刀直入最好——

> 其实我很清楚，你这封信不过是为了完成任务，但我仍然很高兴，因为你表现了对我的尊重。
>
> 而且，我真的很喜欢这种直言不讳。现在，人与人交往戴上了太多的面具，这造成人们说话很多，却有许多虚假的话。因此，

无论我对别人，还是别人对我，我都希望单刀直入。这实际上不仅仅是语言表达方式，更体现出一种人的品质。

无论老师还是家长都希望自己的学生或孩子能够顺利成长，其实，一个人的成长哪有那么简单。师长们的所谓教育真的那么管用？至少我是不相信的。如果一个人没有对另一个人的信任，那么，无论多么真诚，都不过是一种一厢情愿，如同一个歇后语所说："剃头挑子——一头热！"我很清醒，至少面对你，我现在不过是一个剃头挑子而已。作为一个还算尽责的教师，我当然意识到自己的责任，但我从来没有奢望过要把我的主观愿望强行灌给大家。不错，我必须在班上给大家讲许多道理，读许多文章，但这只是为成长中的你们提供一种选择，至于同学们是否选择，这是每一个人的自由。而自由是不能剥夺的。至于我要求大家必须听，这不仅仅是要求同学们对我个人怎样，而是以此提醒同学们养成尊重的习惯。

……

其实，你以为你很成熟，但这些恰恰说明了你的幼稚和单纯。和你接触不多，但我感到在你似乎"冷漠"的外表下，有一颗很单纯的心，这颗心与任何世俗的东西不相容。

……

了解需要时间（当然不愿了解也无所谓）。但既然学校安排我当了这个令我尴尬的"班主任"，我还是愿意尽我所能为班上每一个同学提供帮助。我把我的手机号告诉你……你如果遇到什么需要我帮助的事情，欢迎随时拨打或发短信。

……

尽管我能明显地感到你一双怀疑的眼睛，但我还是愿意对你说：我的话不一定句句都对，但请相信我的真诚！不管你我有多少"偏见"，我都会把你当作需要我帮助的人，随时等待着你的求助！

我说她单纯没错，她的确没有心机，怎么想就怎么说，没有想过是否会得罪老师，更没有想过要讨好老师；但是，她单纯中有着同龄人没有的复杂和深刻，她总是以一种怀疑和挑剔的眼光看待周围的一切。与这样的学生打交道，我感到用不着那么煞费苦心，最便捷的办法是以简单对复杂，尽可能把一切都“挑明”，否则我一味拐弯抹角地“甜言蜜语”，只会让她反感。

我的信显然让她感到意外——教育中有时很需要学生的这种“意外”，一切都在学生的意料之中，教育很难收到效果。后来她曾对我说，她根本没有想到我会如此坦诚地回她的信，这封信是她对我产生好感的开始。

如果说她给我的第一篇文字是奉命而写的话，那么这次她给我的回信则是出自其真心——

……

您说能够明显地感觉到我怀疑的双眼，是的，您说得没错。在之前你也说了，人与人交往戴上了太多的面具，而且我们彼此并不了解对方。再者，我是一个缺乏安全感的人，所以对于任何人我都十分戒备。

对于陌生的人，我不愿去了解得太多，对于陌生的人，我总是显得麻木不仁，因为预热很慢。没有人可以逼我做什么，除非我自己愿意。我是个比较孤僻的人，对于一个不愿在人群里出没的我来说，就好像是潜伏在海底的鱼。有时在几百米，有时在几千米，冷暖自知，如此而已。我有时过分敏感，所以显得和很多人格格不入，但对身边的人和事没有太多的计较。

我个人认为，信任这东西，并不是与生俱来的，它是需要以人与人的了解和沟通为基础而建立起来的。但从宏观的角度来说，我相信每一个人，因为我用自己最真的感情去对待每一个人，我不喜欢用感情来讨价还价。我不用在意别人怎样对我看我，只要我自己做到了诚心待人，我就是问心无愧。由另一个角度来讲，我也不是每个人都相信的，因为人心叵测，在这个歌舞升平的乱世，任何不可能都会成为可能。所以我们提心吊胆地生活着，并且持续。

您说得对，我不了解您，毕竟接触不多……同样的您也不了解我，并且很难了解我。我是说真的，在现在这个世界上已经没有了解我的人了……

在这封信中，她同样直爽地告诉我，别勉强她说出什么“心里话”，那只会“以失败而告终”；她还谈到她遭遇了太多的生活磨难，很难再相信别人，包括自己的父母。她对自己的父母表示了强烈的不满，并予以了激烈的抨击。

虽然语言同样比较“冷”，但我已经明显感到她对我的戒备正在渐渐融化。我“乘胜追击”，当即回信——

读了你的来信，有些话引起了我的共鸣，因而我有一些感动。引起我共鸣的话有这些：“我相信每一个人，因为我用自己最真的感情去对待每一个人，我不喜欢用感情来讨价还价。我不用在意别人怎样对我看我，只要我自己做到了诚心待人，我就是问心无愧。”“我们觉得生活像是一场流亡，一路上都是跌跌撞撞。压抑、痛苦、对现实的失望……”“在如今的社会里，人们总是虚情假意。虚伪是形容这个落寞的世界最好的词语。人们总是把自己装在罐头里，把自己包装起来。从不知满足，那么现在的世界里有多少人有良知？”

我没有必要与你套近乎，但这些话真的是我常常想说而且有的也说过。我比你长一辈，但在某些方面很相似，包括个性。只是因为我毕竟是成人，而且生活阅历让我变得有些世故了，所以不是很愿意太多地公开说这些话。

请放心，我不会逼迫或想方设法地套你说出什么你不想说的，不完全是因为正如你所说，这样做往往会“以失败而告终”，更重要的原因是，我们应该尊重任何人的隐私，所以我说我不会刻意去了解你。但是我要说的是，如果要说生活的磨难，被人欺骗与愚弄，如果要说“跌跌撞撞”，这些经历我比你丰富得多，但是，和你不同的是，我不会因此而怀疑所有人，我当然不会对每个人都相信，但也不会对任何人都抱以“居心叵测”的揣摩，更不会因此而“提心吊胆地生活着”。我自己认为，生活阅历已经让我的心长了厚厚的茧，但我还是愿意活得单纯些，宁愿被人欺骗（当然是有一定限度），也不愿与人过不去。有时候，我明明被人耍弄了，我也善待他，因为我想，我也没有损失什么，计较这些干啥？

你尽管继续保持对包括我在内的人的戒心，对此我很理解。但是，既然你也愿意和我以这种方式沟通，我当然也很愿意。

我们就这样自然而然地书信来往，在信中，她几乎没有附和我的话，更不说表示感激的语言了，更多的是她对周围世界的批判和对我的质疑，但正是在这种批判和质疑中，她不知不觉地向我敞开了心扉。我同样也直言不讳地亮出我的观点，对于我不敢苟同的观点我决不迎合，而是认真地与她争论。结果，我们的交流越来越深入。

在和学生交往的过程中，真诚有时候比感情更重要。感情和真诚当然是有联系的，有时候甚至是一个东西，但二者还是有区别的。感情需要时间的积累，而真诚只需要当即把心掏给学生；感情更多的时候通过温馨的话来表达，而真诚需要坦率，包括很尖锐但很真实的语言。

事实证明，正是通过真诚，我铺设了一条通往她心灵的道路。我曾想过是不是该找她谈心了，但我最终没有找，我不希望我和她的谈心有一丝不自然和勉强。我还在等待，等待她的主动。

要解开她的心结，仅仅让她和我保持交流还不够，这不是我唯一的目的。我应该达到的目的是，让她慢慢融入集体，让她乐意并且很自然地向周围的人敞开心扉。但这也需要一个非常自然的机会。

学校举行英语节，要求各班出节目，我想到了黄雅韵，因为她很喜欢英语，而且英语成绩也不错。我班的节目是英语合唱，在整个排练过程中，黄雅韵担负起了组织协调和指挥的工作，她第一次在全班处于这么“显赫”的位置，她因此赢得了同学们的尊敬。同时，我看到她和周围人的交往也明显增多了。

正在我感到宽慰的时候，有一天，她又来信了——

> 李老师，我真的很需要您的帮助，但却是很抱歉又写信来打搅。Sorry！
>
> 我不懂，我是真的不懂。我到底做错了什么？为什么会这样？
>
> ……
>
> 为什么我要承担这些压力，家庭的，社会的，为什么我要承受这些？我好累，背上的包袱愈加沉重，一次又一次，我已经精疲力竭了，我已经精疲力竭了！我已经没有任何能力再去承受再一次的伤痛。
>
> 我说过的，我是个不善于抱怨的人，但我不愿意让人误解。这会使我难过。我包容所有人，只是因为这是我体谅的爱，请别

当作应该！但是，在现在，很多人认为我所付出的不过是我本应该做的，那么我想说，他们将永远得不到快乐，因为他们不知道什么叫作满足。

我不是一个快乐的人，快乐的细胞在我体内并不多，它们不会繁殖，也不会分裂，只会死亡，一点一点，一团一团，让快乐慢慢地就消失在了我的生活中，只留下痛苦。快乐无法超越时间，时间无法去穿越空间，只有痛苦才是永恒的，于是它在我体内一直延续，一直。于是我拖着一个满是伤痕满是痛苦的身体穿梭在这个看似温暖的世间。

于是，我开始了自己的又一次旅程，让自己沉沦，一直下去，不要救赎，不要期待，只要等待。等待一个必要的结果，带我去一个没有痛苦，没有伤害的地方，我便可以找到我那丧失的爱及安全。

一句“我真的很需要您的帮助”，让我无比欣慰，我终于等来了她真正的信任。说实话，这封信我读不太懂，因为有一些背景她没有给我说，但我感到了她的孤独和哀伤，她的确需要我帮助。

我给她回信道——

你的信我没有读得太懂，因为你隐去了许多背景。不过我还是读到了你的忧伤和孤独。你说你需要帮助，但说实话，我真的不能为你提供什么有效的帮助。不过，我可以谈谈我的一些想法。

你大概是受到了误解，因此特别怀念你的一个非常好的朋友，而他又不在了。所以，你感到格外的孤独。这点我很理解。人总是在与他人打交道的过程中感到自己的存在的，在我看来，对一个人的惩罚，最严酷的莫过于让他承受误解并遭遇孤独！对于感情特别细腻，心地特别善良的你，面对别人的误解，心灵的孤独则可能是加倍的。

不过，凭我本期对你有限的了解，我感到你人缘其实还不错（但愿不是我的错觉）。我感到绝大多数同学挺喜欢你的，真的。你看，英语节的时候你多有威信，同学们在你的指挥下成功地演出，这难道不同时又是你个人魅力的展现吗？也许个别人对你心怀不满，因而在语言上伤害你，但你同时应该看到，更多的人对你都很友好的。你说只有“死去的他”才了解你，这我相信，毕竟真正了解一个人不容易，但多数人虽然不一定非常了解你，可也不至于都恨你呀！我刚才说了，我感到绝大多数同学都挺喜欢你。你应该有这个自信并感到自豪。

读你的信，觉得你好像受了一次严重的伤害，我无法知道具体的细节，但事情已经发生，恐怕还得善于自己排遣自己，自己调节自己的心理。也许你因为这次伤害，就把周围看得太阴暗，其实不是，如果换一个角度看，这种伤害又何尝不是对你的一种磨砺呢？从这个意义上说，你要感谢伤害你的人，是他让你更加坚韧。你的确是“会先为别人考虑的人”，这一点错都没有，而且是你的立身之本，千万不要因为这次受到伤害便丢掉了这份属于你的善良。无论怎样，我始终坚信，善良的心总会散发出芬芳，并让周围的人也沉醉于这芬芳，于是你的生活也变得芬芳起来。

我隐隐感到你好像是一个特别特别容易伤感的人。我真希望你能够多给自己找乐。学习很重要，但是，比学习更重要的是心灵的幸福。真诚祝愿你每天的心灵都阳光明媚！

又过了一个星期，我在看学生们的周记本的时候，黄雅韵写的几段话让我十分吃惊——

本周不知为什么，突然对现在这个社会感到很绝望。

觉得每一个人都是朦胧的，并且这种朦胧在一直持续。于是我开始自残，用刀在手臂上一遍又一遍地割，直到血从伤口渗出，直到感觉到痛。

我用刀，是因为痛可以让我更加清醒。我希望自己能睁大双眼，看着这落寞的世界，看清人们的丑恶。血，一滴滴下落，从高空下落，一碎碎尽。

现在，看着手上的伤疤，依然会觉得疼痛！因为人们总是这样，让人绝望，所以也有好多的时候，想到过死。

死亡，是一个让人生畏的话题。一方面，人们害怕它，而另一方面，人们又急于去尝试这一种疯狂。而我，怕尝试后的忏悔。

为什么，总是这样自私，又这样丑陋？

机会到了！我想应该找黄雅韵聊聊了。

为了这个机会，我等待了几乎一个学期。

我得知昨天课间的时候，邻班的陈书祥到教室里对黄雅韵发火，把杯子摔在地上砸得粉碎，然后黄雅韵也气得用拳头砸小镜子，手都受了伤。

我早就知道黄雅韵和陈书祥在谈恋爱，我一直没有干涉。因为第一，我觉得黄雅韵这样性格孤僻有严重自闭症的女孩子，需要有人在精神上陪伴她；第二，黄雅韵并没有因为感情问题而明显影响学习，她把学习和感情之间的关系处理得比较好。既然如此，我当然应该尊重她的精神世界。

我把黄雅韵请到我办公室。虽然我从来没有找过黄雅韵谈心，但我的直觉告诉我，她会向我畅所欲言的。

我说："我这是第一次找你谈心，我现在不完全是出于一个班主任的责任，更多的还是出于一个人对另一个人毫无功利色彩的纯粹的关心，或者说是一个大朋友对一个小朋友的关心。你能够理解吗？"

她点点头。

我又说："我知道，我并不能给你什么实质性的帮助，也谈不上出什么主意，但是我想和你沟通沟通，听听你的想法，你有什么苦闷都可以给我说，或许我能谈谈我的想法，帮你分析分析。哪怕我说的一句话都不管用，至少我可以做一个真诚的倾听者。"

她先说了昨晚发生的事："我和陈书祥一直很好，但昨天我心情不好，说了些气话，他可能误解了，便很生我的气，把杯子砸了，我当时也很恨我自己，一气之下便把手砸伤了。"

她又说："我的性格一直不好，有自闭症。我觉得这和我家庭有关。我的父母关系一直不好，经常吵架。"

她开始给我聊起了她的家庭，说了很多很多。通过她的诉说，我感到她长期以来一直生活在令她窒息的家庭里。由此，我更加理解她和陈书祥的恋爱。

一个多小时过去了，她还在滔滔不绝地诉说着，她甚至向我谈了她的恋爱经过，以及由此受到伤害后的绝望。

说着话的时候，她很难过，但一直没有流泪。

"我真的觉得很悲观，很绝望，但又不知道该怎么办。我有时真想死。"她说。

沉默。我和她都不知道说什么了。

我终于开口说："我仍然不知道该如何对你说。但我的确要感谢你对我的信任！我的话可能帮不了你什么忙，但我真的想帮你。你现在生活得不幸福，我很同情你。你现在的学习很自觉，成绩也比较好，但你不幸福。不幸福的原因，在于你与人相处出现了障碍。我们来一一分析一下。”

我先分析她和陈书祥的关系，分析了她和父母的关系，分析了她和周围同学的关系，分析了她对这个社会的看法……她听得很认真，不时点点头。我说：“你现在是无法改变周围人的世界的。怎么办？那就改变自己。同样一个世界，换一种眼光，我们的感受就大不一样。我刚才说了，你要改善自己的性格，学会正确地处理和陈书祥、和父母、和其他同学的关系。这样，你会慢慢多一些快乐的。”

最后，我郑重地告诫她：“要热爱并珍惜生命！关于这个问题，我要说的话很多很多。我现在只能简单地说说。上学期，你学过史铁生的《我与地坛》，上面说人为什么要活，这是一个不需要讨论的问题，要思考的只是如何生活。这观点非常正确。每一个人的生命既是属于自己的，又不完全属于自己，同时也属于父母、朋友和一切关心自己的人。我们常说，一个人不能为别人而活，这是对的，但这里是强调一个人的独立性和主体性。但从另外一个角度看，一个人也应该为别人而活，因为我们要报答无数关心我们的人。从这个意义上说，随便放弃自己的生命实在是一种非常自私的举动。我认为，生比死更需要勇气。因为活着就必须面对各种困难挫折和考验，而死则一了百了。自杀的人倒是得到了解脱，但留给亲友的则是无尽的悲伤。这是不是一种残忍和自私呢？所以，一定要善待生命。”

她向我表示感谢，我则说：“我才应该感谢你呢！你这么信任我，给我说了这么多的心里话。”

再后来，她的性格开朗了许多，教室里“居然”还时不时响起她的笑声。当然，她也有反复，后来还曾出走过一次，但出走在外还和我在网上交流。其实，很难说我对她有多大改变（当然，也不能说一点影响都没有），但我依然有一种成功感。回想开学之初，她对我的排斥与不信任，再到后来我和她第一次书信“交锋”，再到后来她慢慢信任我，主动向我写信求助，直到现在能够向我倾诉心中的苦闷，我感到自己走进学生心灵的成功。

我们已经习惯于这样评价教育：一个学生被教师“改造”“转化”了，才能算是教育的成功，否则就是失败。不对。不管读者是否相信，从一开始接触黄雅韵这样的学生开始，我就没有打算要“教育”她、“引导”她、“感化”她的企图，不只是因为对这样的学生这样的企图和做法注定是徒劳的，而是因为这违背我的一个信念：任何一个人的灵魂都是自由而独立的，只要在行为上不妨碍他人的生活，都应该得到尊重，而不是人为地去“塑造”别人的“灵魂”。重要的是沟通，“沟通”本身就是目的。彼此做一个倾诉者，同时又是倾听者。师生双方都不要想着把自己的观点强加给对方，同时又不知不觉地走进对方的心灵，并且不知不觉地受着对方的影响。教育的成功，也许正在这“不知不觉”之中。对一个教师来说，这更是一种幸福。

化批评为表扬

教育效果的最高境界当然是走进学生心灵。所谓“走进心灵”，就是让孩子的心灵有所感动，有所醒悟；在孩子犯了错误时，能够心悦诚服地接受老师的教育。为了达到这个目的，方法至关重要。

比如“批评”。毫无疑问，批评是教育的重要方法，说“重要”是因为我认为教育中的批评是不可缺少的；或者说，没有批评的教育是不完整的因而是有缺陷的教育。但是，有时候表扬比批评更加有效。富有智慧的教师，哪怕是在学生犯了错误的时候也能够找到学生可以鼓励和表扬的地方，巧妙地将批评转化为表扬，从而达到触动学生心灵教育学生的目的。

作为校长，我担任初一（13）班的副班主任。有一天，一个叫王君的女孩子被人欺负了，流着眼泪来向我诉说她被人欺负的经过。原来，她是英语课代表，因为同桌张霖经常不交作业而被老师批评，于是张霖便总认为是王君从中作梗，自然对王君怀恨在心，在其他同学面前不停地说王君的坏话，还煽动他们不和王君玩儿。

我听了以后对王君说：“我找张霖来谈谈，好吗？”

“不，”王君不同意，“那样的话张霖会更加恨我，其他同学也不会和我玩儿。”

我很奇怪：“那你为什么要对我这说些呢？”

王君说：“我心里不好受，就想找个人说说，这样心里好受些。”

我很感动，对王君说：“好，我不直接去批评张霖，但过几天我到班上去对全班同学说说关于尊重人的道理，好吗？”

她点头：“嗯，但你不要点名批评张霖。”

我说：“好的。我也不提这件事，只是正面给同学们讲尊重人的道理。”

她走后我在想，的确，如果我现在直接把张霖找来批评一顿，不但张霖会更加恨王君，激化她们之间的矛盾，而且她也不会从心里接受我的教育的。我还是采用集体谈话的方式对全班同学进行正面教育比较好。

过了几天，我准备去教室对学生们进行集体谈话。本来我是想去讲讲道理的，后来又想，其实所谓尊重人的道理，学生早就知道了，如果我再去喋喋不休重复一番，学生会觉得老生常谈，我的话很难真正让他们的心受到触动。我决定换一种方式，给学生读一篇小说《一碗清汤荞麦面》，这是一部赞美人性的作品。进教室之前，我特别问了问班主任最近班上有没有什么值得表扬的，班主任老师对我说了最近班里一些优秀学生帮助同学的事。于是，我走进了教室。

学生见我进来很惊喜，却不知道我这个校长为什么要来给他们上课，我说，听你们班主任说最近你们进步很大，我很高兴，特地来表扬你们。我举了一些从班主任那里听来的例子，说："我们班上有这么多给别人带去爱的同学，我非常感动。我曾送过全校同学一句话……"

同学们打断我的话，齐声说："让人们因我的存在而感到幸福！"

"是的，就是这句话。而刚才我表扬的那些同学，正给我们带来了幸福，他们是我们班的骄傲！"我说，"为了表扬这些同学，也为了鼓励我们班有越来越多这样的同学，今天我给大家带了一碗'面'来请大家吃。这碗面叫作《一碗清汤荞麦面》。"

我开始朗读这篇小说，一边读一边评论，同时引导学生们讨论作品中的情节和人物。教室里一片宁静，孩子们专心致志地听我的朗读。小说中对美好人性的赞颂——团结抗争，自强不息，善良真诚，慈爱孝敬，尊重感恩，尤其是人与人之间的互相同情、鼓励、尊重……深深地打动了每一个同学的心。我特别注意张霖的表情，我看到她也听得非常专注，一双眼睛一直注视着我。

我自始至终没有提王君被欺负的事，自然也没有具体地批评任何一个同学，但我知道，我想要表达的意思已经通过我的表扬和对这篇小说的朗读评论，全都表达出来了。而且，包括张霖在内的每个同学都被感动了。

反思这件事的处理，我本来有三个办法可以选择：第一，直接找张霖来批评教育；第二，到班上去教育全班学生，在教育过程中，不点名地批评张霖；第三，通过表扬尊重别人的好现象，再带着学生读《一碗清汤荞麦面》，让每个同学都受到感动，当然也让张霖自然而然地想到自己。

我采用的是第三种方法，后来的事实证明，我是成功的。后来我听班主任说，张霖再也没有欺负王君同学了。

但过了一段时间，我听班主任说，张霖虽然没有欺负王君了，可英语学习很糟糕，不认真学，而且最近和英语老师关系不太好。我对班主任说："我找张霖谈谈吧。"

我并不是她的班主任，从来没有和她单独谈过，如果我单刀直入地批评她英语学习不认真，显然不能让她心服口服。于是我还是决定从表扬开始。所以在找她之前，我专门问了问班主任张霖最近哪些地方进步突出。班主任告诉我，她团结同学了，不挑拨离间了，关心集体了，数学成绩也有进步……

下午，我把张霖找出教室，我一点都没有批评她，而是首先表扬她。

但当我把她叫来的时候，我看她有些紧张。我问："李校长找你谈话，是不是有点紧张？"

她不说话，但表情有点紧张。

是呀，突然被校长叫出教室，作为学生自然有些紧张。我笑了，说："不用紧张，我是专门表扬你。"

她有些吃惊，抬头看着我。

我说："上学期，我听任老师说你有不少缺点，是不是呀？"

她点点头，小声说："我原来学习不努力，和同学不团结。"

我说："但现在听说你改正了许多，是不是呀？"

她说："是的。"

我说："所以，我很高兴，我要表扬你的进步。这就是我今天找你的原因。"

我注意到，她的脸上完全没有了紧张的神情，有的是有些自豪的微笑。

我准备转变话题，谈她现在存在的缺点。本来我想说："有了进步很好，但你还可以做得更好，你现在还有一些缺点，比如……"可是，话到嘴边，我脑子里又闪了一下，所以说出来的话是这样的："你的进步让老师很高兴，其实你还可以做得更好，是不是？"

她点点头。

我追问："哪些方面还可以做得更好呢？"

她说："我的英语成绩还不太好……"

我问她想没想过是什么原因造成英语成绩不好，她进行了一些分析。这个分析的过程，就是她自我教育的过程，而这种"自我教育"显然比我直截了当批评她要好得多。但是，我注意到，在分析英语学习的过程中，她一直没有谈到和英语老师的关系。

我开始给她谈我初中时学英语的故事，我说我原来的英语也不好。她听得非常认真。我说了当时我学习的一些方法，我强调："英语只要努力，没有学不好的。当然，要好好和英语老师配合。"我故意似乎是不经意地问："你现在和老师配合得怎样？"

她再次有些不好意思，说："不好，有时候我还顶撞老师。"

我说："这正是你英语成绩不好的重要原因。以后可不要和老师抵触，要多和老师接触，多请教英语老师，这样你一定能够把英语学好！"

她点点头。

我说："听说你有了很大的进步，所以我给你准备了礼物。但是现在不忙送你，我想等你有了更大的进步再送你，特别是英语学习有了进步，我再把这礼物送你，好吗？祝你取得更大进步！"

又过了一学期，最近我特别向班主任打听张霖的表现怎样，特别是英语学习有没有进步。班主任说她进步相当大，英语学习成绩也有提高。于是，我再次找张霖，表扬她新的进步，并把礼物送给了她。她特别开心。

张霖的进步当然不是我一个人的功劳，她的班主任和其他老师都为她的进步付出了许多。但是我从这个角度看，化表扬为批评，或者说，巧妙地寓批评于表扬之中，应该是我转化张霖的"诀窍"。

人们常说，榜样的力量是无穷的。其实，每一个人都是独特的，不可复制的，因此榜样的力量未必无穷。但表扬的力量的确是无穷的！喜欢听表扬是人的天性，只要这表扬是真诚而符合实际的。从表扬中，我们可以感到一种尊严和尊重。这种尊严感和尊重感，会激励我们朝着人们所期待的方向不断进步。因此，如果能够达到教育目的，我宁愿选择表扬。

但是，对有缺点学生的这种表扬如果是班集体的表扬而不仅仅是教师个人的表扬，效果会更理想。我多次问卷调查的结果表明，在老师表扬和集体褒奖之间，学生更看重后者。

我班上曾经有三个"后进生"特别让我头疼。在采用多种方法都收效甚微之后，我想我的教育是不是存在问题。经过反思，我找到了问题所在：第一，我把教育这几个"后进生"仅仅看成是我和他们之间的"较量"，而忘记了发挥班集体的作用；第二，我对他们批评多而表扬少，找他们谈心多是他们犯了错误之后，自然批评就多一些。

我决定改变策略，运用集体表扬方式激励他们改正错误，不断进步。新学期第一天，我把这几个"后进生"找来和他们商量："这学期你们几个同学展开比赛，怎么样？"

孩子都有着争强好胜的天性，"后进生"也不例外。听说要"比赛"，孩子们来了兴趣，直问我“比赛什么”“怎么比赛”，我说：“你们三个比一下，看谁各方面的进步最大？裁判不是我，而是全班同学。半期考试的时候，我请全班同学投票，看你们谁的进步大。选票就是半期考试作文。”

接着我在全班宣布，提前公布半期语文考试作文题“××× 同学进步大”。虽然这个并未明确是指谁，但大家的目光自然会盯着平时最调皮的同学。由于学生们的作文只能写一位同学，这就使参加比赛的三个“后进生”之间具有竞争性，而且这种竞争随时置于学生集体的监督之中；由于学生的“选票”是考试作文，他们自然会认真对待，而这种“认真”必须体现为平时对那几个“后进学生”的细心关注。

半期考试时，我果真出“××× 同学进步大”的作文让学生们写。收上试卷一看，三个“后进生”得到的选票几乎势均力敌。我把每个学生得到的“选票”——就是写他进步的作文都发给他，给他提三个要求：第一，回家后把这些作文读给爸爸妈妈听听，让爸爸妈妈享受你成功的喜悦；第二，把每篇作文中最能打动你的语言勾出来；第三，选一篇你认为写得最好的作文，在评讲作文时为全班同学朗读。

这三个要求都蕴含着我的教育意图：让他们读作文给家长听，是想让这些“后进生”的家长也享受表扬并受到鼓励；勾最能打动心灵的语句，是想让“后进生”读得更加仔细，这样才能真正让他们感动；在班上读作文，是想营造一种令“后进生”自豪的氛围，让他们在这氛围中坦然地自己表扬自己！

这种教育技巧，我在对历届学生的“后进生”教育中都运用过，可以说是屡试不爽。走进学生的心灵不容易，走进“后进生”的心灵更难。但只要富于智慧，我们是可以走进“后进生”心灵的。批评是不可取代的，但批评有时候为什么不可以穿上表扬的外衣呢？

近在咫尺的师生通信

几乎每个班主任都遇到过这样的学生：性格内向，不善言谈，虽然对老师并不一定有什么抵触情绪，但面对老师，要么一言不发，要么问什么答什么。常常有老师很苦恼地问我：“遇到这种性格内向的学生怎么办？”

是的，作为班主任，无法与学生沟通的确很苦恼。老师满腔热情地想和学生沟通，但学生却“不领情”。其实，我刚才说了，不领情的学生不一定是对老师有什么抵触情绪，而更多的是由青春期特有的心理所致。随着年龄的增长，不少学生对老师、家长逐渐关闭了自己的心灵，小学时开朗健谈的孩子进入中学在大人面前变得沉默寡言了。因此，对于处在青春期的中学生，有时候交谈并不是心灵沟通的最好方式；在这种情况下，书信便成了师生对话的合适途径。对学生来讲（尤其是对一些性格内向的学生），这样做既避免了面谈的局促不安，又能与自己信任的老师进行有趣（与每天见面的老师通信，的确是有趣的）有效的心灵交流。对班主任来说，与学生建立并保持书信联系，意味着赢得了学生的信任，这本身就是一种教育的成功；更重要的是，通过师生书信往来，班主任可以比当面谈话更全面、更真实、更细腻地感受到学生的内心世界及其变化，从而更主动、更准确、更有效地对学生进行心灵的引导。

我第一次和班上的学生通信始于 20 多年前。洪菁是一个天资聪明，思想早熟，性格内向的学生。她把周围的一切都看得较灰暗，学习懒散，缺乏上进心。我多次找她谈心，都往往只是我的自言自语，而她却一言不发，最多点点头。像这样的学生，要了解她的真实思想是很难的。考虑到她擅长写作，我便决定在她身上尝试一种新的工作方法——师生通信。

在给她的第一封信中，我谈了与她通信的目的：“进行朋友式的思想交流，以互相理解、互相启迪，同时也进一步提高写作水平。”我有意识地隐蔽了我的教育意图。我还与她商量“约法三章”：“第一，我们既是师生，又是朋友，各自的看法、观点决不强加于对方；第二，通信是自由的，什么都可以谈，是否继续通信也完全由自己决定；第三，我们的通信是保密的，内容决不让第三者知道。”信中，我还就她的性格特征、精神面貌、举止爱好等谈了我的看法。

一周后，她回信了：“惊讶地收到您的来信，觉得挺好玩的。我当然愿意与您进行这种有趣的通信。读了您的信，我觉得您似乎像小学生一样幼稚而纯真——原谅我的不敬……我想向您申明：我不是个纯洁的女孩子，哪方面都不是！上次您来家访，说我与班上同学一样，是‘心清如水’的孩子。我要向您坦白：我一点儿也不纯洁，我过早地明白了许多不该我明白的事……我想搞好学习，但不知怎样才能获得上进的动力，您能告诉我吗？”

她向我敞开了心扉，我在欣喜中给她回了信：“虽然你自认为过早地知道了一些不该知道的事，但我认为你的确是纯洁的。因为不纯洁的人不会如此坦率；另外，过早地知道一些事未必是坏事，只要自己思想意识健康，便是‘心清如水’……”

时间一天天流逝，我和她的通信却一直没有中断。谈思想、学习、趣事、苦恼……我并不奢望仅靠通信就使她成为“后进变先进”的典型，但这种真诚的思想交流所产生的潜移默化的教育感染作用是客观存在的。洪菁的精神面貌的确发生了一些可喜的变化：在收到我第一封信的次日早晨竟破天荒地主动为全教室里的保温桶打开水，让大家很吃了一惊；期末语文考试她名列全班之首，可却主动找到我："李老师，这道题你少扣了我一分……"

与洪菁通信的成功使我的班主任日常工作多了一项内容，但也因此让我进入了一个鲜活的心灵世界。事实证明，"迫不及待"地想了解学生，或"好为人师"地处处教训学生，学生往往不买我们的账；而俯下身子和学生平等地交流，学生或许会情不自禁地有所思索，有所省悟，有所感奋——这正是当年我和洪菁通信得到的教育启示。正是从和洪菁通信开始，20多年来，和班上学生通信成了我班主任工作的重要内容之一。

怎样与学生保持书信交流呢？

第一，巧妙联系。以了解思想和汇报思想为目的的师生通信，学生是不会欢迎的，因此，班主任发出的第一封信，应避开容易引起学生反感或误会的内容，从学生最关心、最感兴趣的话题谈起。另外，为了不使学生感到突兀，教师的第一封信还应该选择一个恰当的日子发出：或是这位学生生病在家的时候，或是他正为考试失利难过的时候，或是他的生日那天……总之，只要班主任对学生有充分的了解，他就一定能找到发出第一封信的"借口"，并可以充满信心地等待学生的回信。

第二，内容不限。师生书信联系应建立在双方自愿的基础上，特别是对学生来说，他给老师写信，应完全是出于自身的需要，而不是碍于老师的情面。而要让学生保持与老师通信的兴趣与热情，班主任要特别注意，不应对书信内容有所限制，相反，要尽量让学生有充分的思想自由，不断丰富书信的内容。学生在书信中话题越宽，越说明他对老师很信赖，这样，师生的书信联系便越稳定、越持久。

第三，平等对话。师生在书信往来中双方应该是绝对平等的——在书信中，学生可以向老师咨询，老师也可以向学生请教；老师可以向学生表达期望，学生也可以向老师提出建议。双方可以展开坦率的讨论甚至可以激烈地争论，但都不应把自己的观点强加给对方。即使教师的回信是目的性很强的教育引导，但字里行间仍然没有任何强迫接受的色彩，仍然只是一种来自朋友的诚恳劝勉。

最初我选择的对象，主要是性格内向甚至孤僻的学生。但随着教育效果的日渐明显，我扩大了学生通信的范围。有一些不便面谈的话题，我便往往通过写信和学生交流。我班筱盈同学和外班一个男生的交往明显超出了正常的同学关系的界限，我觉得必须和她谈谈。于是，我把她请到了办公室里。我打算先和她聊聊别的话题：学习、生活，还有她的父母，等等。可绕了半天我都不忍心直截了当地和她谈那个男生，因为我怕让她难堪。直到她最后离开办公室，我都没有挑破那个话题。因为我已经决定给她写信。

面对信笺，没有了面对面的尴尬，我就很坦率了——

筱盈同学：

我想把你当朋友谈谈我的一些想法。这些想法，本来那天晚上和你聊天时我就想说的，但几次话到嘴边都没有能够说出口，因为我怕让你难为情。但这些话不说我又觉得对你不负责任，毕竟我是你的班主任，该说的还得说。于是我选择了写信这种方式。

既然是朋友，我就单刀直入吧！听说你和外班的一个男生有超越一般男女同学界限的交往，是吗？如果是这样，我就想谈谈我的想法。当然，也可能是有的人过于敏感，误解你了。但尽管如此，我还是可以聊聊这个话题。

我和她的书面交流就这样坦然而坦率地展开了。我从各个方面给她做了详尽的分析，整整写了两千字。从此，围绕“早恋”与“战胜自我”这个主题，我们保持了长期的通信，双方都真诚而直率。最后，她终于战胜了自己。同样是言语交流，但对她而言，尤其是对这种话题来说，书面显然胜于口头。

还有一种情况，就是师生发生冲突的时候，双方都处于激动之中，情绪往往失控，而语言往往失当。这时候，我多半终止和学生的“交锋”，强迫自己冷静下来，思考思考。然后，我会给学生去一封信，冷静理智而有条有理地说明我的观点。

我班周宏宇同学特别顽皮，且不爱学习，特别是不爱上英语课。有一天英语课因为不守纪律，被老师罚站了一节课，课后我找他谈心，批评了他，他表示要改正；可第二天又因课堂捣蛋被任课老师请到我面前。当时，我真是怒火万丈，但我知道此刻我的批评很可能火药味太浓，而适得其反。因此，当时我没有多说什么，只叫他好好想想。

当晚，我给他写了一封长信——

宏宇同学：

……

实话实说，当今天 ×× 老师说你又犯错误了的时候，我真想揍你一顿！你应该理解我的心情。你上学期犯了不少错误，我没有少批评你，好像在班上也做过检查。但你并没有多大改变。今天我再次仔细分析了一下你的情况，说起来，你也没有什么大的品质问题，无非就是一个“懒”字——学习上懒，生活上懒。另外，你还缺乏毅力。我相信你多次想过要改正懒惰的缺点，但就是坚持不下去。是不是？

在这封信中，我给他讲了四个字：“战胜自己！”并用我国第一个音乐指挥博士陈佐湟的故事激励他。

最后我写道——

我想，陈佐湟的故事肯定会打动你的。你也许没有他那么高的音乐天赋，但是，你也有属于你自己的独特天赋，你以后完全可以成为杰出的人才，关键在于你现在要成为自己意志的主人，这种意志要体现在每一天的细节中：在教室里，在寝室里，每时每刻你都应该有意识地磨炼自己的毅力，真正战胜自己。什么时候你战胜了自己，那你就开始走向成熟了。

我的意思不是说你以后就不能再犯错误了，不，犯错误是正常的，但是，第一，不要老犯同样的错误；第二，犯错误的周期能够越来越长。建议你养成反思的习惯，通过写随笔写周记，反思自己的学习，这样，你一定能够有惊人的进步的。

几天后他回信，真诚地向我表示感谢，并说会尽最大努力战胜自己：“我会时刻地提醒自己。希望我能在李老师的帮助下发生微妙的进步，在微妙的进步中完善自我。”

从此以后，我和他开始了书信交往。我的信当然没有立竿见影，但的确触动了他的心灵。后来他也多次犯错误，但我依然充满韧性和耐心地和他保持着通信，一点一滴地对他进行引导、提醒、鼓励。最后，他终于成了一个优秀的学生。

我当然不能夸大师生通信的教育作用，实际上，教育是复杂的，有时候需要多种方法综合运用。但是，对某些学生来说，书信的确是一种最容易走进心灵并影响学生的方式。请各位老师不妨一试。

多一些"非功利谈心"如何

我曾在一次讲学的时候，对班主任们做过一个调查："通常你在什么情况下找学生谈心？"

老师们交上写着答案的纸条，大多是："在学生犯了错误的时候。""在学生成绩下降的时候。""在发现学生思想情绪出现异常的时候。""在学生遇到困难的时候。""在学生有早恋倾向的时候。"应该说，这些答案都是正确的，因为面对这些情况班主任都应该找学生谈心。

"但是，如果学生没有犯错误，成绩也稳定，思想情绪没有异常，也没有遇到什么困难，没有'早恋'……我们做班主任的还找不找学生谈心呢？"这是当时我看了答案后给老师们提出的一个问题。

老师们很茫然地看着我，似乎我提了个怪问题。记得当时一个青年老师站起来说："学生一切正常，如果老是找他谈心，他会紧张。再说，我们平时也很忙，没事也就不会去找学生谈心。有什么可谈的呢？"

我说："学生在某些方面出现了异常，老师找他们谈心是完全正确的。当学生需要老师帮助的时候，我们不作为，这是一种教育失职。但是，我们的谈心，并不一定都应该充满'教育性'，有时候，不，应该说更多的时候，我们应该很随意地和学生谈心，当然，这种随意性的谈心，叫作'聊天'更恰当一些。这种没有教育目的的谈心或者说聊天，是我们班主任走进学生心灵的一种有效途径。"

是的，不要只是等到出了问题才找学生谈心，不要让每一次谈心都带有明确的"解决问题""教育学生"的目的。我们还应该习惯于没有教育目的的谈心。我把这种谈心称作"非功利谈心"。

既然是教育，当然就有目的，体现于每一次的教育行为，就必然是这个或那个亟待解决的问题。这些教育行为，可以是活动，可以是班会，更多的时候是教师和学生的谈心。这种为解决具体问题的"功利性谈心"无可指责。

但是，这种谈心却不是效果最好的方式。学生遇到困难或犯了错误，就把学生叫到办公室，不管教师如何耐心而亲切，学生都知道是在教育自己，他内心的防范心理是必然的，这种自觉不自觉的防范心理甚至抵触心理会影响或消解老师的满腔真诚的教育，这也是必然的。

最好的教育是看不出教育目的的教育。在苏霍姆林斯基的不朽名著《给教师的一百条建议》结尾，教育家给我们提的最后一条建议是“保密”，他认为，对于最好的教育来说，教育目的应该尽可能隐蔽起来。苏霍姆林斯基这样写道：“学生了解教育、懂得教育，一般说来是有害而无益的。这是因为，在自然而然的气氛中对学生施加影响，是使这种影响产生高度效果的条件之一。换句话说，学生不必在每一个具体情况下知道教师是在教育他，教育日的要隐蔽在友好的、无拘无束的相互关系气氛中……我坚信，把自己的教育意图隐蔽起来，是教育艺术十分重要的因素之一。”

在教师的内心深处，教育目的应该明确；但体现于外在的行为，教师的教育痕迹则应该尽可能淡化，所谓“春风化雨”所谓“润物无声”。没有具体教育指向的非功利谈心，就是隐蔽了目的淡化了痕迹的教育。

我当然不是反对教育目的明确的谈心，包括教育痕迹很明显的教育行为。有时候，对于一些迫在眉睫刻不容缓的教育难题，我们需要把学生叫到办公室进行单刀直入、斩钉截铁、“三下五除二”式的谈话：“你不能这样……”“你应该……”这也是一种教育，这种谈心未必无效。但这不是唯一形式的教育谈心，甚至我建议，如果不是万不得已，尽量不要采用这种谈心。

即使是目的明确的教育——比如转化某一个“后进生”，我们最好也应该尽可能多一些教育的铺垫。我这里所谓的教育的铺垫，指的是为了达到最后有效的教育效果，而在接触教育对象的时候所做的一些似乎（注意，仅仅是“似乎”）与教育无关或者说至少学生看不出与教育有直接关系的“前期准备工作”，比如建立感情，达成信任，等等。这种教育的铺垫，就包括了非功利谈心。因为这种谈心，正是建立感情，达成信任的必要而有效的方式。

我有过多次和“后进生”打交道的经历。面对顽劣的学生，除非是需要我当机立断制止的突发性违纪事件，我一般不会找这些学生来进行带有明显告诫或帮助色彩的谈心。道理很简单，对这样的孩子来说，从读小学起，他们所承受的这种“苦口婆心”或“语重心长”已经太多太多，他们的心灵已经形成自觉不自觉反抗这种“教育”的逆反的厚障壁——虽然表面上他们也许沉默或者温顺地频频点头。最近看宋丹丹的《幸福深处》一书，她在书中谈到自己儿子的时候，说过这样的话——其实，在小学的时候，老师家长就已经把做人的道理讲完了，中学之后老师和家长的反复唠叨，无非就是一些常识的重复（大意，不是原话）。是呀，如果我们做老师的动辄把学生叫来重复这些常识，学生心里能不烦吗？

面对这样的学生，我们不要老是在他犯了错误的时候才进行严厉的批评，也不要在他没有犯错误的时候找来说教一番。我们应该在平时日常生活中，自然而然地和他们一起玩儿一起聊天。在更多的时候，我们要善于以朋友甚至是“哥们儿”的身份而不是以教师的身份与他们交往，至少要让孩子在某些时候忘记了我们是老师。非功利谈心的意义之一，正在于此。

仔细推敲，既然是教育的铺垫，这种非功利谈心其实也是有功利的，因为你是在为下一步的教育搭桥呀。但是，相对于立竿见影的教育追求，这种谈心的功利不那么急切不那么明显。教育目的在这里被隐蔽了——用苏霍姆林斯基的话来说，“教育目的”已经“隐蔽在友好的、无拘无束的相互关系气氛中”。我有许多成功转化“后进生”的案例（限于篇幅，无法详述），在这些案例中，和学生之间进行的自然而然的、“不为什么”的谈心，使我和学生建立了一种真诚的关系，这种关系是成功转化他们的必备条件。

我们再把问题引向深入：假如我们没有必须解决的问题、必须转化的“后进生”——换句话说，如果我们没有必要进行教育的铺垫，那么，我们还有没有必要和学生谈心呢？

其实，从宏观上看，从来就没有所谓“非功利”的教育，只要有教育就会有教育目的。只是，“教育的目的”不一定都是“亟待解决”的具体问题，而是对人的潜移默化的长远影响。教育，就是影响，就是感染，就是对人格灵魂的熏陶与引领。

这些“影响”“感染”“熏陶”“引领”，可以通过震撼人心的活动来实现，但更多的时候，恰恰是通过日常生活中的聊天（即我所说的“非功利谈心”）来实现。因为我们和学生存在着一种特定的教育关系，于是，无论我们是否意识到，这些随意性的聊天都包含着丰富的教育因素。对学生和教师来说，都是一种生活的体验。

写到这里，我想到当代世界著名教育学专家、加拿大著名的教育学者马克斯·范梅南在《教学机智——教育智慧的意蕴》一书中的几句论述：“对年幼的孩子来说，与教育者的教育关系远不止是达到某种目的（受到教育或成长）的手段；这种关系是一种生活的体验，具有其本身和内在的意义。在我们的母亲、父亲、老师或其他的成人面前我们体验到了真正的成长和个性的发展。我们与他们的关系可能比友谊和罗曼蒂克的爱的体验具有更加深刻的影响。我们可能会终身感激一位父亲、母亲或老师，即我们从这个人那里学到的物质性的只是会逐渐丧失了其适切性。这部分的原因可能是由于这样的事实：我们从一位伟大的老师那所‘获得’的与其说是一个具体的知识体系或一组技巧，还不如说是这位体现和代表知识的老师的行为方式——他或她的生活热情、严于律己、献身精神、人格力量、强烈的责任感等。”

这段话非常深刻地揭示了师生之间、亲子之间的“教育关系”对孩子的影响。是的，重要的是“关系”——这是一种特定的关系，是教育性的，但又不是处处暴露教育性。师生（如果就家庭教育而言，则是父母和孩子）在日常生活交往的每一个细节都蕴含着深刻的教育性但又不知不觉。这种教育潜藏在关系之中，同时这种关系本身就是一种教育，而更重要的——这种教育就是生活本身！

如果站在这样的高度来看待我们和学生之间的谈心，“功利性”也好，“非功利性”也好，重要的已经不是谈什么了，而是“谈话”本身所呈现的师生关系。但是我还是要强调，非功利性的谈心更能让我们自然而然走进学生的心灵，并产生积极的影响。这样的谈心，几乎什么都可以涉及：阅读热点、人文话题、科技视野、体育新闻、社会现象、旅游趣闻等，漫无边际，海阔天空，纵横天下，驰骋古今。这种“不为什么”的聊天最容易展示出教育者的善良、真诚、热情、平等、民主、幽默、博学等人格魅力，进而影响学生的心灵。

当然，这种谈心是需要合适的时机的，不然，你冷不丁叫一个学生：“来，到我办公室谈谈心！”他不但会感到很突然，而且会觉得很别扭，谈话很可能会很尴尬。因此，捕捉谈心的时机就显得尤为重要。只要班主任老师真正和学生有一种亲密关系，这种时机是不难找到的，关键是要自然：也许是学生生日那天的放学途中，也许是在学生养病的床前，也许是和学生一起观看球赛的操场边，也许是饭后和学生一起散步的时候……

在这里，我特别要推荐在野外活动中的聊天。没有活动就没有教育。我这里的“活动”主要不是指教室内的班会活动，而是指置身于大自然的各种活动。在蓝天白云之下，在无边的田野之上，或者在茫茫的森林中，教师和学生的心最容易贴在一起。回想我和学生聊天最自然最投入也最惬意的时候，往往都是在旅途中。每次放假，我都安排一次与学生的旅游：我曾与学生站在黄果树瀑布下面，让飞花溅玉的瀑布把我们浑身浇透；我曾与学生穿着铁钉鞋，冒着风雪手挽手登上冰雪世界峨眉之巅；我曾与学生在风雨中经过八个小时的攀登，饥寒交迫地进入瓦屋山原始森林……每一次，我和学生都油然而生风雨同舟、相依为命之情，旅途中的一次次深入彼此心灵的闲聊，则是我和学生最难忘的记忆，同时又感到无限幸福。这种幸福不只是我赐予学生的，也不单是学生奉献给我的，它是我们共同创造、平等分享的“心灵盛宴”。

把教师的教育意愿转化为集体舆论

对于班主任来说，运用“集体舆论”对全班学生进行教育，是一种艺术。集体舆论健康与否，关键在于教师是否善于引导。而这里的引导绝非说教而是转化——巧妙地将教师本人对某一学生、某一事件的褒贬转化为集体舆论对之的褒贬。学生生活在班集体中，我们就应尽量使他们感受到集体对自己的关注与监督，有的教师一方面在语言上对学生强调“个人离不开集体”，另一方面在行动上却很少把自己的教育意识同学生集体舆论融合在一起，这样，学生无论受到了表扬还是批评，似乎都只是老师个人对他的评价，他感受不到集体舆论的存在，产生不了“同学们这样表扬我，我一定争取更大进步”或“我又犯错误了，真对不起集体”的思想感情，这样的学生是很难获得集体主义道德体验的。相反，如果班主任善于创造出集体舆论，把自己对某一学生的关心、表扬、批评，转化为班集体对某一学生的关心、表扬、批评，那么，学生会真切地感到集体的存在，感到自己与集体融为一体、不可分割的联系，因为自己的一言一行都影响着集体，同时也受着集体的注视：有了进步，他会赢得全班同学鼓励的掌声；犯了错误，他会感到全班同学谴责的目光。因此，高明的教育者总是把自己的教育意愿以集体舆论的形式表达出来，通过集体去影响每一位学生。

一次我上公开课，按平时惯例，我应该依学号顺序抽一名学生起来进行课前“一分钟讲演”。直到上课铃响起时，我还在犹豫：今天的公开课是否取消这个“节目”？因为这天的讲演正轮到魏霞，而她是一个说话结结巴巴的胆小的女同学。如果她没说好，岂不是煞了我这堂公开课的“风景”？

但是，不容我多想，当师生互相问好以后我正准备直接讲课时，魏霞同学竟然举起手并用哆嗦的声音说：“李……老师，今天……该我……讲演……”我只好让她走上讲台发表演说，内容是报告当天的新闻。她的声音照样结结巴巴，但比平时要稍微大声一些，而且看得出来，她事前是做了相当认真的准备的。仅凭这一点，我就应该鼓励她，而且我相信她会受到鼓舞的。

正当我准备热情洋溢地表扬她一番时，我脑子里突然转了一个弯：何不把我个人对她的表扬变成全班同学对她的赞赏呢？于是，我有意问全班同学："比起过去，魏霞同学的进步大不大啊？"

"大！"同学们一致说。

"好！那就让我们以热烈的掌声对魏霞的进步表示祝贺！"教室里响起了一片掌声。

来自同学的鼓励无疑让魏霞振奋，因为这以后她课堂主动发言的次数越来越多了。

又一次，生病两个月的李冲回到了我们的班集体。

本来，这不过是一件很普通的事，但由于李冲并不是一个普通同学，至少在我看来，他的痊愈返班就有了不那么普通的意义了。李冲是个留级生，一向很自卑。所以，这次他病了以后，我利用这一集体主义教育的"良机"，发动全班同学对他进行慰问，让他切实感受到了班级（而不仅仅是我一个人）对他的关心。

现在，他又回到班上来了，我连忙对大家说："同学们一直惦记的李冲同学终于又回到了我们的集体，这真是一件值得庆祝的事！"大家听了我的暗示，立即对李冲报以热烈的掌声。

就这么几秒钟的时间，李冲却获得了巨大的精神享受。回到班上的当天，他主动承担了教室扫除的劳动。

后来在一次家访中，他的母亲对我说："那天李冲回来特别兴奋，说他刚走进教室，同学们就用掌声欢迎他。他说他一定要用行动报答同学们！"

还有一次班务课，我正在给学生们读小说，刚参加完入团宣誓的喻建中、黄勇戴着团徽从教室后门悄悄地进来了，这次我没做任何启发和暗示，全班同学都不约而同地冲着他俩报以长时间的鼓掌，以示真诚的祝贺。

这么几次看起来很简单的鼓掌，却使魏霞、李冲、喻建中、黄勇实实在在地感受到了集体的温暖：这不只是老师一个人的鼓励，而是全班同学的鼓励！班集体真好！

集体舆论对每一个学生的影响，当然不仅仅是鼓掌。有时候也包括集体对某种不良现象的谴责。这也需要教师巧妙地引导。

初一时，我班学生自愿捐款买了一个开水保温桶。学生捐钱与否、捐多捐少均出于自愿（结果有的捐了五角，有的捐了五元，全班每人都捐了）。教室里多了一个保温桶，表面上看是解决了学生喝水的困难，但在我看来，它将时时刻刻发挥出对学生的集体主义教育效益。每天灌开水、擦保温桶、当水不多时先让别人喝……这些微不足道的小事无一不反映出学生对集体对他人的爱。

保温桶刚买回来的时候，考虑到学生年龄太小，我便每天为他们挑开水往保温桶里灌。我整整挑了一年，到了初二，我决定把这个任务交给学生自己做。本来我可以按学号排序让学生轮流服务，也可以安排班委干部或者小组长来做这件事情，但我认为，班级中应该有一些事情由学生自愿去做，这有利于培养学生自觉为他人奉献为集体尽责的精神。于是，我在班上强调，每天往保温桶里灌开水的事完全由学生们自愿去做。

我一点不担心没有学生挑水而使保温桶空空如也，因为我相信，肯定有不少学生会心甘情愿把提开水灌保温桶当作为集体出力的机会。事实也证明了这一点：每天总有一些同学早早来到学校，到开水房去提水来把保温桶灌满。有时为了争着去提水，学生之间还吵架抢桶呢！

于是，我常常借保温桶里的水教育大家："我们因为有了默默无闻为集体服务的同学而感到了幸福。"学生们也从一杯杯的热开水中体会到了班级的温暖。

由保温桶提水而产生的"保温桶效应"，时时刻刻在无声地感染着班里的每一位学生。

那么，是不是每一个学生都曾为集体提过水呢？凭着对学生的了解，我估计不是，肯定也会有学生"不劳而获""坐享其成"。这样，一部分人无私客观上便纵容了另一部分人的自私。但是，怎么解决这个问题呢？

我仍然不动声色地发挥"保温桶效应"，我觉得，少数人"不劳而获"正是我教育的契机——

在一次班会课上，我对学生们说："请喝过保温桶里水的人举手！"自然是全班同学都举起了手。

然后我又接着说："请曾经为保温桶灌过水的人举手！"这次便只有大部分同学举手了。

"那么，这就说明还有一些同学从来没有为保温桶提过水，却享受着别人提供的服务喽？"我就这么淡淡地问了一声，却让少数学生低下了头。

"请同学们记住卢梭的一句话——'任何一个不做事的公民都是贼。'"我没有更多地批评，但这两次举手和我引用的卢梭名言，都自然地使那一部分没有提过水的同学惭愧，并受到教育。

以后，为班上提水的人越来越多了。有时学校伙房没开水了，学生们还争着自己掏钱到街上茶馆去提回开水；更有意思的是，还有一些同学常常从家里带来菊花晶、果珍之类的饮料冲在保温桶里让大伙儿喝。

初一实验班的王云华同学因被发现耳朵有些聋，而由学校决定转至初一（5）班。对我来说，王云华无论在5班还是6班（实验班），都是我的学生；但我最担心的是，王云华到了5班会受到一些同学的嘲笑、歧视甚至辱骂。

我的担心不是没有根据的。

刚开学不久的一天，颜莺便向我诉说，刘牧骂她"妓女"。我气愤地去批评刘牧，他却说是张雷霆叫他骂的；我又去问张雷霆为何要如此恶毒地骂自己的同学而且还是一女同学，张雷霆说，他和刘牧打赌，如果刘牧不敢骂女同学是"妓女"就不是男子汉。正巧颜莺走过来了，刘牧便大声地骂了颜莺。我问刘牧和张雷霆，知不知道什么是"妓女"。他俩想了许久说："是骂人的话。""是坏人的意思。"后来我叫他俩给颜莺写了一封道歉信，了结了此事。

洪海鹰同学长得很胖，又刚从外地转到成都，各方面都很不习惯。可他最大的苦恼，是班上的男同学喜欢叫他"猪"！李冲同学不仅胖，而且高大，于是便遭到一些同学的嘲笑："笨熊！"吴霞同学家住在农村，生活较困难，成绩也不好，性格较孤僻，于是有一些同学便骂她"弱智"。

现在，有耳疾的王云华来到5班，他会面临怎样的"待遇"呢？我准备以此为契机，对全班同学进行一次"学会尊重"的教育。

在王云华到5班的前一天，我在班上念了一则胡英杰同学写的日记。

胡英杰同学在日记中对班上有同学骂洪海鹰为"猪"提出了批评。他写道："今年是抗日战争胜利五十周年，回想在日本帝国主义侵略中国的时候，日本鬼子骂中国人是'猪'。现在，居然有人骂自己的同班同学是'猪'，他们岂不是和日本鬼子一样了吗？"

读了胡英杰的日记，我借题发挥道："己所不欲，勿施于人。每个同学将心比心想一想，如果你被别人辱骂又做何感想？尊重别人，就是尊重自己。谁不愿生活在一个充满真诚友爱的集体中呢？而这集体是需要每一个人来创造啊！当然，辱骂、嘲笑别人的同学也许并不一定是真心辱骂和嘲笑，不过是闹着玩罢了，但在你们的'闹着玩'之中，别人是多么痛苦啊！"

我停了一下，对静静沉思的全班同学说："承认错误是改正错误的开始。请开学以来说过不尊重别人的话的同学举手！"

似乎犹豫了片刻，一只手举起来了，接着有两只手，很快相当多的同学举起了手。

“我很高兴这些同学有承认错误的勇气。请把手放下！”我又开始把话题往王云华身上引，“实验班有位同学叫王云华，因小时候患病吃药过量，造成耳朵有点聋。学校决定让他转到咱们 5 班来，可是我迟迟不敢让王云华过来，因为我担心……”

学生们一下把我的话题截断：“不会的！不会的！李老师不用担心我们欺负他！李老师相信我们吧！”

刘牧说：“王云华耳朵不好，让他一直坐前排吧！”张雷霆说：“我们给他开个欢迎会！”孙典说：“我把我的桌套送给他。”

我请大家安静，接着说：“王云华虽然有轻微的残疾，但我们的确不应歧视他，而应给他更多的爱。据我所知，王云华本人是很乐观的，他的学习成绩也不错，大家还应向他学习。实际上，古今中外许多残疾人都成了杰出的人物，如苏联的奥斯特洛夫斯基、美国的海伦·凯勒，对了，我想起来了，我们敬爱的周总理，也是位残疾人呢！可他们却受到人类的尊敬！我希望，咱们 5 班的每一位同学，从尊重王云华同学做起，让我们班级充满爱心！”

第二天，王云华同学来了，他走进教室，迎面是一片热烈的掌声……

人性总是具有善恶两重性，十二三岁的学生更是如此。所谓“教育艺术”，往往正是体现在对学生“抑其恶，扬其善”的引导之中。

“化险为夷”的艺术

所谓“走进心灵”，有时候并不只是教师对个别学生的谈心；作为班主任，“走进心灵”更多的时候是通过富于智慧的教育，去感染、触动、影响全体学生的心灵。这当然需要技巧。

通过偶发事件挖掘教育因素就是一种技巧。应该说，有效的教育当然离不开班主任一系列超前预想和事先准备——悉心地拟定教育计划，精心地构思教育方法，耐心地组织各种教育活动，等等，但这绝不意味着这一教育过程只是教师的“道德输出”与学生的“道德输入”。苏霍姆林斯基认为，我们的教育对象的心灵绝不是一块不毛之地，而是一片已经生长着美好思想道德萌芽的肥沃的田地，因此，教师的责任首先在于发现并扶正学生心灵土壤中的每一株幼苗，让它们不断壮大，最后排挤掉自己缺点的杂草。

因此，面对这样的心灵，教师首先要做的是发现而不是灌输——教育者在系统地实施自己预定的教育步骤的同时，还应敏锐地发现并细心扶持学生生活中一些平凡小事里所蕴含的善良萌芽，我们还要善于从学生的失误中、从班集体的挫折中挖掘其潜在的积极的教育因素。

十年前的一天下午放学时分，罗兰同学找到我："李老师，我的《恰同学少年》不见了！"

《恰同学少年》是我为上届高三毕业生编的一本精美的风采录，现在初一不少学生也买了这本书。今天罗兰领到书后放进书桌里，便去上体育课了；可当她从操场回到教室，却发现《恰同学少年》不翼而飞了！

听到罗兰的"报案"，气愤中的我首先想到的是来个全班大清查。可是，从何清起呢？清不出来怎么办？而清出来了又怎么样呢？"窃书者"毕竟是学生，难道从此让他在班上无地自容吗？……然而，此事不了了之又怎么行呢？至少也应该让学生们受到教育，让"窃书者"受到心灵的谴责啊！

正巧我第二天要讲《皇帝的新装》，我略一思考，决定向安徒生"求援"请安徒生帮我"破案"。于是，我开始重新设计教案。

课堂上，朗读、作者介绍、结构分析……学生熟悉课文后，我引导学生讨论："大家想想，这篇童话中，谁最可爱？"

学生们不假思索地齐声说："那位小男孩！"

"为什么？"

学生们纷纷回答："因为他说真话。"

"同学们说得很好。可是，为什么只有小男孩能说真话呢？"

"因为他诚实。""因为他纯真。"学生们七嘴八舌。

"对！因为小男孩诚实、纯真！因为他有一颗——"我一边说一边在黑板上板书着两个大字，全班学生不由自主地随之大声说道——

"童心。"

"是的，童心！小男孩有一颗童心，所以他说真话；大人们失去了童心，所以自欺欺人。"我引申开去，谈到"大跃进"和彭德怀，谈到"文革"和张志新，谈到人生道德乃至民族良知……

面对学生们凝神专注的目光，我把话题拉回他们的身上："一个人最可贵的是永远保持自己的童心。你们这个年龄正是童心容易失落的年龄。小学时，你可能为没能第一批入队而哭鼻子，而现在你可能连红领巾也不愿戴了；以前，你也许常主动争取打扫卫生，而现在你可能却嘲笑别人做好事；原来，你损坏了公物会向老师主动认错，而现在如果你打碎了玻璃窗也许会庆幸没人发现……这些，都是童心的失落！"

我终于提到那本丢失的《恰同学少年》:“这本书是谁拿的，我无法查清，但我可以断定这位同学正在听我讲关于童心的道理。是的，这位同学的童心已经失落了，但我仍然衷心希望，他能用自己的行动把童心找回。我期待着，全班同学也盼望着！”

第二天早晨，我走进办公室，眼前豁然一亮，办公桌上正端放着那本精美的《恰同学少年》！

语文课又开始了，我站在讲台上手举那本《恰同学少年》对全班同学说:“我不知道是谁还回了这本书，这已不重要了，但我提议，请大家以热烈的掌声祝贺我们中的一位同学找回了自己的童心！”

在震耳欲聋的掌声中，我把《恰同学少年》送还给罗兰同学。她接过书，对我说:“谢谢李老师！”我说:“不，我们都应该感谢安徒生！”

仅仅是丢失了一本书，可通过我的引导，心灵受到震撼的却不仅仅是一个学生，而是全体学生。但我没有想到，故事还没有结束，讲《皇帝的新装》时我说的一番关于“童心”的话和那本《恰同学少年》失而复得的事在我所教的两个班中引起了强烈的连锁反响。

还有几天就是新年了，学生们的贺年卡翩然而至。那天中午，我走进办公室，一眼便看到了桌上放着一张精美的贺年卡。拿起细看，里面还夹有一封信——

敬爱的李老师：您好！

在我刚进入初一（5）班的时候，遇见了您，李老师。我为自己能够成为您的学生感到荣幸。您费心地教育我们，把我们引上正确的轨道。那天语文课上你讲《皇帝的新装》说的“保持童心”，让我很受震撼。而我以前却做了一件对不起您的事！在期中考试的时候作了弊。我恨我自己，作为李老师的学生，不应该做这种耻辱的事。我希望李老师不要把我当成坏学生，原谅我。我一定改正，争取做一名合格的中学生！

……

快到元旦了，又要跨入新年了，在这里向李老师说一声：

祝李老师新年快乐，事事如意！

学生：伍希

这封信使我万分感动，同时我敏锐地意识到，又一个教育机会到了。

我立即把伍希请到办公室："伍希，李老师很高兴你的进步，你自己找回了童心。我想征求一下你的意见，我打算把你这封信在全班公开，怎么样？同意吗？"

她吃惊地看了我一眼，又垂下头想了一会儿，终于点点头表示同意。不过，她小声地说了一句："最好……别念作弊的事。"我笑了，用手拍了拍她的肩膀："我正是要向同学们念这一段，我要用你承认错误的勇气唤起更多同学承认错误的勇气。放心，同学们不会嘲笑你的，因为公开承认错误是无比诚实的事，同学们会敬佩你的！"

伍希抬头看着我，庄重地点了点头。

果然，当我在班上读伍希同学这封信时，全班一片肃静，伍希解剖自己的勇气震撼了同学们的心灵，伍希一颗晶莹的童心所放射的光辉照亮了同学们的灵魂。

我读完信，评论道："谁都难免会犯错误，但伍希犯了错误能够承认而且公开承认，这不但是诚实的还是勇敢的。"

下面某男同学大声地接过我的话茬说："更是高尚的！"

没有人提议，仿佛是某种默契，教室里突然爆发出一阵雷鸣般的掌声！

掌声平息后，我对同学们说："掌声表达了同学们对伍希同学的崇高敬意。但我更希望每一位鼓掌的同学能向伍希同学学习，永远保持一颗童心！"

第二天，我到 6 班上课，把伍希的信给 6 班的同学念了一遍，同样激起了 6 班同学内心的波澜。同学们陷入了沉思，仿佛正用伍希的信拷问着自己的心灵。

我说："新年快到了，让我们向伍希学习，给灵魂洗个澡，擦亮童心迎接新年。每个同学现在静默一分钟，想一想：自己有哪些童心失落的事，然后以'找回童心'为题把它写在纸上。你写的事使你感到羞愧，而且这件事李老师和同学们都不知道，那么，你就越高尚。因为萧伯纳曾说：一个人感到羞愧的事越多，他就越高尚！"

又过了一天，同学们纷纷把《找回童心》交给了我。我一一细看，心情十分激动。因为孩子们无情地解剖自己，向我承认了他们做过的只有他们自己才知道的错事。

当时我忽然想到今天是周末，也是岁末，学校安排下午各班搞迎新联欢会。手捧学生们纯净的童心，我一下有了新的设想。

我把吴镝同学叫到办公室:“你中午布置联欢会场时，请在黑板上用大字写明联欢会的主题：用童心叩开新年的大门！”

中午，我又特意上街买了十本新书。

联欢会开始了。我抱着十本新书走上了讲台，对大家说:“今天联欢会的主题是‘用童心叩开新年的大门’。在同学们表演文艺节目前，先让我向有关同学颁发‘童心奖’！”

在同学们惊异的目光中，我拿起一沓纸向同学说:“这里是同学们写的《找回童心》，我随机抽了十份，准备在这里当众读，不过我不会念是谁写的，因为事先我并未征得这十位同学的同意，我还得为他们保密。但是，如果在我读了某位同学的纸条后，这位同学有勇气举手承认是他写的，那么，他将获得一份‘童心奖’。”

我开始念第一张纸条:“李老师，我向你承认一件很久以前我做的错事。三个月前，我在教室里拾到了一个钱包，里面有 120 元钱，当时我谁也没告诉便把钱包拿回家了……现在想起来，我的良心很不好受，请李老师原谅我！”

我刚念完，下面的同学便东张西望，猜测着这位同学是谁。我看见一位同学脸色通红，但勇敢地举起了手！

“好！让我们用热烈的掌声祝贺黄可同学找回了童心！”

在掌声中，黄可同学第一个走上讲台从我手中接过奖品:《中外少年智慧故事》。

我继续念着:“李老师，第一次考语文，我的成绩并不真实，因为我事先到外班找了语文试题做（他们先考），所以我也作了弊。”

张丹丹举起了手……

“李老师，那次生物实验室的仪器是我不小心损坏的，可当时没人看见，我也就没承认。”

涂娅玲举起了手……

“李老师，运动会我没参加，你问我原因时，我说我脚疼，其实真正的原因是我自私，不想为班级出力。放心吧！明年运动会我一定报个长跑比赛项目。”

李挺举起了手……

十张纸条念完了，十位同学在同学们的掌声中走上讲台领取了“童心奖”！

最后我说:“在新年前夕，同学们把童心擦拭了一遍，这是极有意义的。现在，同学们可以带着一颗纯洁的童心跨入新年的大门了。愿一切缺点和错误随过去的一年一去不返，让所有进步和成绩伴随新的一年扑面而来！”

张丹丹和张峻同学手持话筒走上讲台：“现在，迎新年文艺表演开始！”

这些平凡小事的发生是偶然的，甚至并不引人注目，但细心的教育者应该不放过每一次机会。即使是面对班里明显的违纪现象或重大问题，教师也不应只是一味地批评、斥责（虽然适当的批评与斥责也是必要的），而还应充满信心地分析思考一下：这些问题中有没有正面的教育因素呢？如果善于挖掘消极事件中的积极因素，说不定会使班集体获得一次“化腐朽为神奇”的转机。需要特别指出的是，善于发现并最大限度地发挥平凡小事或重大挫折中的教育效应，善于变偶然现象为必然教育，仅仅靠教育者的责任心是不够的，更重要的是教育者应具备明察秋毫的教育敏感、情不自禁的教育本能和化险为夷的教育机智。做到了这些，教育者所期待的“最佳教育时机”随处可见，并且常常不期而至。

比机智更重要的是民主

前不久，我校杨艳老师在博客上记叙了她和学生之间差点发生但最终没有发生的一次“冲突”——

课堂上，杨老师布置学生做练习，但女生小赵和她的同桌正和前面的一个男生聊天，桌上的卷子一题未做，而此时已经上课 10 分钟了。该男生是本班的一个“困难户”，平时的表现就不太好，另外两位女生应该还不错，怎么也讲起了话？

杨老师这样想着，便决定先批评两位女生：“刚开始上课的时候我就讲了，希望大家在今天这节课上要提高效率，你们看已经 10 分钟了，才写了几个字？”

听到杨老师的口气很严厉，其中一个女生马上开始写了起来，而另外一位女生小赵却说：“又不是我一个人在讲，为什么不批评他们？”

杨老师一听，更生气了：“其他同学我会批评的，只要你在讲话我就有权力批评你。请你马上开始做练习。”

杨老师的话音刚落，小赵却突然从嘴里冒出了三个字：“神经病！”

杨老师不禁火冒三丈：“你说什么？这是对老师的态度吗？”杨老师还想继续发作，但想到这是课堂上，如果继续批评学生，不但会加重学生的对立情绪，激化矛盾，而且还会影响全班学生的上课。于是，杨老师冷静地说：“请你下课后到办公室来。”

在接下来的时间里，杨老师看到小赵一直没有讲话，也在做练习，但书却没有翻一下。看来心里还是有疙瘩。

下课后杨老师在办公室等小赵，可是小赵直到上第二节课时都还没有来，杨老师的火气又上来了。再次下课后当杨老师回到办公室时，看到小赵已站在了办公桌前，态度还比较好。于是杨老师也就放缓了语气："为什么上节课下课后没来？"

小赵解释说："上节课数学老师找我，我到她那里去了。"

原来如此，看来并不是有意违抗。杨老师的火气消了一点，但还是严肃地问小赵："为什么上课不听从老师的安排？在老师干涉的时候还辱骂老师？"

"我不是有意的，当时没有经过思考就冲口而出了，我平时这样讲习惯了。"小赵说。

"但你知不知道当时在上课，知不知道你是在对老师讲话？我们常讲要三思而后行，同样的话在不同的时间、不同的场所、不同的对象会产生不同的效果。在平时对同学你说这样的话可能没问题，但对老师，你的长辈能这样讲吗？"杨老师说着说着声调不觉就提高了。

"对不起，老师，我错了，我当时真的不是故意的，我向你道歉。"小赵诚心地说。

看到她认错的态度，杨老师的心彻底地软了下来，本来想好好地批评她，但现在想，既然小赵能认识到错误，也就没有必要多批评了，于是她便对小赵说："今天这件事我就接受你的道歉，希望你能吸取教训，不要犯相同的错误。"

应该说，杨老师所经历的是非常普通的一件事，正因为普通所以典型。被学生不礼貌地对待甚至辱骂，并不鲜见。面对和杨老师相同或相似的情况，有的老师的选择可能就是"决不退让""我就不信收拾不了你""一定要把你的嚣张气焰打下去"等。而杨老师却不是这样。总的来说，杨老师对这件事处理得比较好，避免了与学生正面冲突。有时候教师的"忍让"并不丢面子，这样做的目的是缓冲，是更深入地寻找对策。有时候以柔克刚、以退为进是更有效的选择。教师宽容学生谅解学生，这首先不是一种技巧，甚至首先也不是一种智慧，而是一种胸襟，一种气度，一种境界。

我把杨老师这个案例在我校大会上进行分析。会后有老师对我说，杨老师富于教育机智，因为眼看就要火山爆发的师生冲突，却被杨老师以柔克刚。我说，杨老师当然富于教育机智，但具体到这件事，恐怕不是个教育机智的问题，而是杨老师对学生的理解和尊重。学生小赵骂杨老师“神经病”，杨老师首先是克制自己没有在课堂上大发雷霆，避免事件扩大；然后在课后能及时地与之沟通，了解原因，进行教育。杨老师认为，有时候，在不懂事的学生看来一句简单的话，对老师却是一句侮辱的话，这是学生没有意识到的。教育者没有必要因此而上纲上线，站在道德高度对学生大加讨伐。没有对学生的理解与尊重，是做不到这一点的。所以我说，比机智更重要的，是对学生的理解和尊重，这是教育机智的前提。

人们常常爱谈论教育机智。的确，对班主任来说，教育机智无疑是非常重要的。人们常常引述陶行知那个“四块糖果”的著名故事，说明陶行知的教育机智——

一次，陶行知看到学生王友用泥块砸同学，当即制止，让他放学后到校长室。陶行知来到校长室，王友已等在门口准备挨训了。没想到陶行知却给了他一颗糖，并说：“这是奖给你的，因为你很准时，我却迟到了。”王友惊疑地瞪大了眼睛。陶行知又掏出第二颗糖对王友说：“这第二颗糖也是奖给你的，因为我不让你再打人时，你立即就停止了。”接着，陶行知又掏出了第三颗糖：“我调查过了，你砸那些男生，是因为他们不遵守游戏规则，欺负女生；你砸他们，说明你很正直善良，且有跟坏人做斗争的勇气，应该奖励你啊！”王友再也控制不住自己的情绪，泪水夺眶而出，内心的愧疚在呐喊，不由脱口而出：“陶校长，你打我两下吧，我错了，我砸的不是坏人，是自己的同学……”陶行知这时笑了，马上掏出第四颗糖：“为你正确地认识错误，我再奖给你一颗糖……”

在这个感人的故事中，陶行知先生当然表现出了相当高明的教育机智，但我从中读到的首先不是机智而是对孩子的爱、信任和尊重。换句话说，我认为陶行知这“四块糖果”所蕴含的首先是他发自肺腑的民主情怀。读者千万不要误解，以为我反对教育机智。我只是认为，这种机智应该是自然而然地“体现”出来而不能是人为地“运用”。按我的理解，机智更多的是属于一种技巧，而这种技巧必须注入一种教育人文精神才会富有生命。离开了师生之间心心相印的感情交融，任何“技巧”都不过是教师的“小聪明”罢了。人们常说教育是一门艺术，但一些教育者往往把这艺术仅仅理解成一种纯技巧的东西。其实，教育艺术就是心灵的艺术，它对教育者的要求首先不是技艺，而是对每一位学生的由衷的热爱和尊重。所以我说，比教育机智更重要的应该是教育民主。

这里，也讲一个我的教育故事吧——

一天早晨，我来到班上向一位女学生借改正液用，我发现她好像是在抄同学的作业。虽然我知道这个学生有抄作业的习惯，但我还是怕冤枉了她，所以当她把改正液给我拿来时，我小心翼翼地问她："你刚才没抄同学的作业吧？"她说："没有啊！绝对没有抄同学的作业。您看，这都是我的本子。"她当即把手中的本子给我看。我一看果然是她自己的本子。"哦，那是我看错了，真对不起你。"我说这话的时候，的确是感到对不起她，因为我差点冤枉她了。

过了一会儿，在还改正液时，为了表达我的歉意，我亲自走到她的桌前把改正液递给她。就在我说"谢谢"的时候，我突然发现她的确是在抄同学的数学作业！当时，我极为愤怒，不仅仅因为她抄作业，更因为她欺骗了我——应该说，是愚弄了我！面对我严峻的眼神，她无言以对，低下了头。

我马上回到讲台上，当着全班学生狠狠地批评了这位学生的欺骗行为。"她这样做，既是自欺，也是欺人！"想到刚才我心里对她的"歉意"，我真是恼怒到了极点，于是我越说越气，"大家都知道，她抄作业是一贯的！她如此弄虚作假，我就有理由怀疑她过去的作业是否都是她自己做的，而她每一次的考试成绩是否都是真实的！"

第二天，班上的另外一位女生尹萍给我写了一封长信。在信中，尹萍首先向我做自我批评："昨天的事，也有我的错，因为是我把自己的作业给她抄的。现在，我知道自己错了，我以后一定会改正的。请李老师原谅我。"接着她又对那位女生提出了批评。但是，这封信主要还是对我提意见——

"李老师，我觉得您昨天批评同学有些过火。当然，我理解您当时的心情，对您撒谎，欺骗了您，您心里当然不好受。但是，您批评时，为什么要说她以前所做的作业都可能是抄袭的呢？您还说您怀疑她过去的成绩是否真实。当着全班同学这样批评一个女同学，多伤她的自尊心啊！您知道吗，昨天整整一天，那个同学都很自卑。吃午饭时，也不好意思和同学们在一起，而是一个人孤独地吃。李老师，我和同学们都很尊敬您，把您当成朋友，因为我们都能感到您是真心爱我们的。但既然是朋友，我就跟您说心里话，相信您能接受。我知道您当时也是冲动，但这可能会影响同学以后的上进心啊！"

读完这封信，我的愧疚是难以形容的。是啊，一个崇尚爱心的教育者竟然如此失去理智地伤害了一个学生的自尊心，这是多么富有讽刺意味啊！我当然有权力也有理由批评她的欺骗行为，但是，我有什么权力和理由因她犯这一次错误就怀疑她所有真诚的努力呢？我有什么权力和理由要因这件事而摧毁她向上的勇气和信心呢？

怎么挽回这难以挽回的教育失误？当时我想，没有别的办法，自尊心只有靠自尊心换回——我决定用自己的尊严换回学生的尊严。我当即在班上把尹萍同学的信读了一遍，并叫班长把这封信张贴在教室里。我真诚地对学生们说："昨天，抄作业是该批评，但我对她的批评显然过分了，我武断地说以前的作业都是抄袭的，更是极端错误的。我向同学诚恳道歉。我还要感谢尹萍同学，是她帮助我意识到了我的错误，是她提醒我改正错误。希望同学们向尹萍学习，随时监督我！"

当天，我又找那个女生个别谈心，再次向她表示歉意。她非常感动，并且也向我承认了她的错误。我说："我们来个比赛吧，看谁先改正自己的错误。"

从那以后到现在，据同学们和我的观察，她的确再也没有抄袭过别人的作业了，学习成绩也有了明显的进步。特别令我高兴的是，她对我比过去更亲近了，愿意向我敞开心扉了。

现在分析这件事，似乎也可以说我有教育机智——我的确抓住了某些教育机会，巧妙地把坏事变成了好事。但我得实话实说，这种"机智"决非我事前的设计、策划，我当时想的只是如何尊重学生，如何抚慰已经被我伤害了的学生的心灵。我之所以要在全班认错，也不是为了施展一种教育策略，以此来换取学生对我的"敬意"从而达到我的教育目的。绝不是这样的！我当时只是这样想：既然我是当着全班同学的面伤害她的自尊心，我就同样应该在全班同学面前向她认错；既然学生错了，老师可以批评，那么老师错了，学生当然也可以批评。在尊严上、感情上、思想上、人格上，师生应该是天然平等的。如果硬要说我有教育机智的话，我宁肯自豪地承认我具备了真诚的教育民主胸襟和教育人道主义情怀。

第二节　如何指导学生上网

和学生一起上网

至少最近十年来，学生上网沉迷网络已经成为最令班主任头疼的一件事。首先声明，对于网络成瘾的学生，我也束手无策。尽管国内著名“戒网瘾专家”陶宏开教授至今反对将网瘾看作一种疾病，而只认为是一种不良习惯，但国内外越来越多的科学家的研究表明，网络成瘾的确是一种病，而且不只是一种心理疾病，准确地说是一种内分泌紊乱的精神类疾病。互联网成瘾综合征患者，与酒瘾、毒瘾、洁癖等患者一样，其心理都是病态的，不同程度地存在着心理障碍。既然是一种精神类疾病，靠纯粹的教育谈心，是不会起作用的。

然而，我能够做到让尽可能少的学生上网成瘾所采用的方式，就是和学生一起上网。

当然，允许学生上网，并不是放任不管，而是应该进行正确的指导。我还说过一句话：“在没有任何指导的情况下，让孩子自由上网，有百害而无一利！”这样的例子我见得太多了：我的不少学生正是因为迷恋网络而影响了学习成绩，有的甚至还走上歧途。因此，我主张积极干预正确指导孩子的上网。

如何指导学生正确上网呢？

第一，严格控制上网时间。中小学生自控力较差，往往容易沉溺于网络而不能自拔。因此，我们要告诉学生，你一旦决定上网，就应该努力增强自控能力，控制上网时间。这除了需要顽强的自制力之外，关键是你每天的学习生活要有严格的计划，什么时候该做什么不该做什么，包括什么时候上网，都应该纳入计划。拥有毅力，严格计划，养成习惯，你就可以成为网络的主人——实际上是自己精神的主人。

第二，带着任务上网。许多中学生之所以被网络占去大量时间，是因为他们上网没有明确而积极的目的，一切都是盲目的，当然会被网络吞噬。要引导学生首先把上网当作学习方式，既是课内学习的补充，又是课外学习的扩展。每次上网之前都应该有明确的学习目标：或制作网页，或查找资料，或收发信件……现在学校都在搞研究性学习，网络为研究性学习提供了非常好的研究平台。这些都可以成为上网的学习任务。有了明确的任务，上网就会专注于自己的目的而不会迷失自我。

第三，警惕网络危险。根据已有的教训，网络可能对意志薄弱的中小学生产生的主要危险有：色情信息、暴力和赌博性的网络游戏、各种网上行骗诱拐、网上侵犯性行为，以及由于沉迷网络而形成的焦虑、失眠、强迫症和社交恐惧等病态。要让学生在上网前对网络的这些潜在危险有个清醒的认识，这样有助于学生增强防范意识，在上网过程中随时提醒自己，自觉远离网上有害信息。

第四，掌握网络安全规则。最好不要在网上显示能确定身份的信息（包括家庭地址、学校名称、家庭电话、密码、父母职业等），最好不向网上发送自己的照片，最好不要自己单独会见网友，如遇到带有脏话、攻击性、淫秽、威胁、暴力等使你感到不舒服的信件或信息，请不要回答或反驳，而应该不予理睬。

网上论坛：谁应该为祥林嫂之死负第一责任

我和学生一起上网，首先是建立班级网上论坛，让学生们在班级网站上讨论各种问题。让学生把网络当作一种学习方式，同时，老师也有意识地把一些任务放到网上去，让学生完成。

在给学生讲《祝福》的时候，我出了一道思考题："祥林嫂之死谁应该负第一责任？"课堂上学生们讨论得很激烈，课后我又让学生在班级网上论坛发表看法，一时间网上也很热闹——

赵瑞雪：杀死祥林嫂的真正凶手，正是她前任丈夫之母。之所以这样说，我是有自己的理由的。首先，我们从鲁迅《祝福》一文中的第三十五段的"这才陆续的知道她家里还有严厉的婆婆"可以知道她的婆婆对祥林嫂不好。想想，祥林嫂起初才来做女佣时，作者用了一句"人们都说鲁四家里雇着了女工，实在比勤快的男人还勤快"来说明她做工有多厉害，但这不正说明了祥林嫂待在她婆婆家时受到的是怎样的待遇吗？这我们就不多说了，但就当祥林嫂已经在鲁四老爷家受到赏识，且"口角边渐渐的有了笑影，脸上也白胖了"时，她的婆婆却出现在鲁四老爷家了，"那妇人山里模样，然而应酬很从容，说话也能干……"这是一个多么虚伪的女人，明明是想把祥林嫂嫁到别处去，却非要用"因为开春事务忙，而家中只有老的和小的，人手不够了"来召祥林嫂回去。（仅凭这一点，她就涉嫌贩卖妇女之罪！）当祥林嫂非常不情愿地跟着她回去后，她就强行将祥林嫂卖到了山里去，目的只是为了那八十千的彩礼。而她却将祥林嫂的一生都毁了：先是丧夫，再是丧子，最后再逼迫祥林嫂走上绝路……所以，我认为真相只有一个：是祥林嫂的婆婆害死了她！

王楠楠：我认为真正的凶手是小说中的“我”。祥林嫂已经够不幸的了，死了前夫逃出来又被婆婆劫了回去，卖嫁给后来的丈夫，有了孩子以后，本以为可以就这样平平静静地过完下半辈子，谁知天有不测风云，后来的丈夫因了风寒去世，孩子又被狼吃了，在面临绝境的时候她回到四叔家，想找一个可以诉说自己痛苦的人，可所有人都把她的痛苦经历当作电影故事来嘲笑，讽刺，挖苦，就连从不杀生的柳妈也用迷信来吓唬她。就在她捐了一条门槛以为解脱的时候，四嫂的歧视无疑是一颗重磅炸弹，炸得她体无完肤，她开始麻木地徘徊在生与死的边缘。而就在这时，她遇到了“我”。在她看来，“我”是识字的，又是出门人，见识得多，可想而知，“我”的话在她心里的分量有多重，她问“我”：“一个人死了以后有没有魂灵？”由于“我”也是不能确定的，但是我有读书人的虚伪，于是支吾地回答：“也许有吧。”让她更加坚信：死了，或许还能看到自己想的人，丈夫，儿子，至少他们是不带讽刺的。“我”的这句话无疑把她推进了死亡的深渊，所以逼死祥林嫂的罪魁祸首是“我”！

汪洋：我认为是四婶逼死祥林嫂的。因为祥林嫂好不容易支来工钱到土地庙捐了门槛，她本以为自己赎清了罪，魂灵得以解脱，所以神气舒畅，眼光有神，但就在她燃起希望，坦然准备祭祀时，四婶慌忙地大叫：“你放着罢，祥林嫂。”这无疑是一晴天霹雳，如一盆冷水浇灭了祥林嫂所有的希望。否则祥林嫂不会“像是受了炮烙似的缩手，脸色也同时变作灰黑，失神的站着”。由此我们不难看出四婶的话对祥林嫂的打击是如此的大。祥林嫂的精神不济、胆怯、怕黑、怕人、变老、记忆力衰退这一切的一切都源于四婶的话，源于她的冷漠。再加上四婶的当面警告：“祥林嫂怎么这样了，倒不如那时不留她。”这更使得祥林嫂的精神面临崩溃。到了最后，四婶将祥林嫂赶了出来，此时的祥林嫂已完全崩溃，对于生活没有了任何希望，万念俱灰，麻木得如同行尸走肉般，试问这样一个人还有什么活下去的勇气呢？

严忠孝：杀死祥林嫂的是封建礼教！正是人与人之间的冷漠无情造成了这一切，而这些人都是受封建礼教的毒害。祥林嫂受了苦难以后反倒被众人嘲弄。

类似的讨论我经常在网上和学生讨论。除了学习方面，班级建设也有许多值得讨论的话题，我也尽量放到网上去：如何给老师提意见，当班干部是否吃亏，该不该禁止学校统一发式，崇拜明星好不好，如何与异性同学相处，还有“给新年晚会提建议”“主题班会方案征集”等。当这些讨论吸引了学生，使他们投入讨论的时候，就很少再有精力利用网络去做其他的了，他们已经成为网络的主人了。

QQ 寻找：厌世的抑郁女孩回来了

每次我在外地讲学，不少老师都要向我索要 QQ 号，我总是说，我太忙，一般不上 QQ 的。这是实话。我每天要做的事情太多，的确没有时间在网上和全国各地的老师们聊 QQ。但是，我并不是绝对不上 QQ，如果学生需要我在 QQ 上交流，我会毫不犹豫地打开 QQ 的。非常感谢这种便捷的聊天方式，互不见面，却又能敞开心扉，无形的网络拉近了师生之间的心。

这里也有一个案例。女生小闽（网名“孤独的心”）品格善良，学习勤奋，但有比较严重的心理疾病，主要是抑郁症。我经常开导她，同时请专业的医生给她做心理辅导并辅之以药物治疗。最初她对我是比较对立的，但后来逐步建立了互相信任，而我们交往的主要方式就是周末在网上聊 QQ。但有一年元旦，她因为和家里人闹翻便出走了。一直到元旦后应该返校的那一天都没有踪影。万分焦急之中，我想到小闽经常在外面上网，我也常常和她在网上聊天。她会不会也在网上呢？于是我去网上找她，结果看到小闽果然在 QQ 上。

当时，我完全可以通过公安部门锁定查清她所在网吧的地址，然后将她“捕获”，但我没有那样做，因为我认为那样的话，好不容易建立起来的信任便被破坏了，而且凭着我对她的了解，我有信心通过聊天稳住她，甚至说服她回学校。于是我便和她聊了起来，我感到她情绪非常低落，悲观厌世，她明确说不想读书了，想离开成都，甚至想死，问她什么原因她也不说，她说她不相信任何人。我知道她的抑郁症又犯了，于是，我耐心地和她聊了起来。下面是我和她聊天的记录——

李镇西：你好！我是李老师！

孤独的心：李老师好！

李镇西：你现在是外面网吧吗？

孤独的心：是的，李老师。

李镇西：收到你的信了，很不好受。同情你！但你还是应该主动跟家里人沟通。这样也不是办法呀！

孤独的心：但我不知道该怎么做。

李镇西：你也可以通过书面沟通嘛！先跟妈妈说说你的想法。

孤独的心：真的怕沟通。

李镇西：有什么怕的？天下的母亲都爱女儿。

孤独的心：……

李镇西：你这几天都是在哪里度过的？

孤独的心：在外面。

李镇西：啊？什么地方？同学家里？

孤独的心：是。

李镇西：这不麻烦人家吗？你最近是不是又跟母亲闹了别扭？

孤独的心：不是，主要还是觉得太绝望了。

李镇西：绝望不绝望还是在于你的心态。

孤独的心：太多的时候，用左手握右手，还只是觉得寒冷，我也只留得自己了。我一直觉得自己不太正常……

李镇西：我不觉得呢！我只是觉得你太多愁善感，太敏感。其他都很正常。

孤独的心：因为有太多的刻骨铭心的痛！

李镇西：唉，我帮不上你什么忙。每个人的痛只有自己感觉。

孤独的心：知道，因为这些事也只有自己才能妥协。

李镇西：对，你就应该善于和自己妥协。不要老和自己过不去。要学会排遣。有时候的确是思维方式的转换。

孤独的心：唉！

李镇西：你不回去，妈妈会担心你的。

孤独的心：但是我也只能用这种方式来支配这种颠沛流离的生活，她走了我就会回去了。

李镇西：你给爸爸妈妈打电话没有呢？

孤独的心：没有，我希望他们不要找到我。

李镇西：你是不是想以此来惩罚他们？

孤独的心：不是惩罚。我从来不想去让任何人痛的，我不想的。

李镇西：你不是说妈妈还是爱你的吗？

孤独的心：她是爱我，但是我希望她离开。

李镇西：你这次能否自己调节自己的心情，让自己走出这郁闷的低谷？

孤独的心：不知道，真的，我觉得自己真的已经死了好久好久了。

李镇西：不要这样说。我一再强调，关键是自己如何看待这个世界，看待周围的人。

孤独的心：我从来不相信世界上有坏人，但是危险依然存在。

李镇西：坏人还是有的，危险处处在。我们不能改变别人，只能改变自己。这里的改变不是放弃原则，而是学会生存。

孤独的心：这是一种意愿。或者这是一种企图？

李镇西：一学期的相处，我感觉你特别单纯，又特别复杂。性格有弱点。

孤独的心：弱点是肯定有的，只要是有生命的就一定有弱点、意愿。

李镇西：生活就是一种关系，与他人，与自然，与社会，与自己的关系。换一种眼光看世界，色彩大不一样。

孤独的心：但是确实完全不同的方式我害怕自己再也看不见别人的好了。

李镇西：不会的，你那么善良。这种天性你改不了。

孤独的心：可是它让我痛苦！

李镇西：你没有说具体的事，我无法明白善良为什么让你那么痛苦。

孤独的心：我从一开始就知道了结局，过程不再重要，我注定了孤独，大家都会离开我的。很多时候没有说话的欲望。

李镇西：你上来多久了？

孤独的心：1 小时。

李镇西：晚饭在哪儿吃？

孤独的心：不知道，我想离开这个地方。

李镇西：离开网吧？

孤独的心：成都。

李镇西：什么时候？到哪儿去呢？

孤独的心：不知道，只是想离开了，到别的地方。

李镇西：不读书了？今天晚上不返校了？

孤独的心：不知道，我不知道，我该怎样去面对外面的世界，精彩？无奈？

李镇西：同学中没有好朋友了吗？是不是又和好朋友闹翻了？

孤独的心：没有。我不会和任何一个人深交，但我绝对不会付出假的感情。

李镇西：你还是先回学校吧！我让你一个人待一会儿，自己想想。也许你会好一些。

孤独的心：我想我不会喜欢太多的人，太强的不安全感。

李镇西：但你要知道，不少人在真的关心你呢！

孤独的心：我知道，但是真的对不起，好多时候都在想，也许我不在了，就不会有人再担心了，不是吗？

李镇西：担心的人更多，而且不仅仅是担心。

孤独的心：那么死亡呢？很快就会被遗忘了吧？

李镇西：我理解的"不在了"就是死亡。

孤独的心：死了，就不会有计较惊惧了，大家都不在了。

李镇西：你一个人再想想吧！那天我说了，冷静一下，过几天说不定回过头来想，事情并不是原先想的那么严重。今晚你还是先回学校。

孤独的心：我真的想离开。

李镇西：不行呀！不要凭一时的冲动。

孤独的心：去一个没有人认识我的地方，我说过，就是所有人都不在了，我也可以活得下去的。我想了很久了，没有冲动。

李镇西：你是不是已经决定了不回学校？你不想读书了？那天你还对我说你想考川外。

孤独的心：是想，但是，我都觉得我活不了多久了，真的，我不骗您。

李镇西：没那么严重。我知道你没骗我，你很真诚的。但是先回学校再说，好吗？你是班上最有希望考上大学的少数同学之一。

孤独的心：但是我更需要自己一个人平静地生活，现实，总是让我痛。

李镇西：这样，你现在冷静想想，我不打搅你了，让你一个人安静一会儿。

孤独的心：好的，谢谢您。

李镇西：我还是建议你先回学校，有什么事可以给我打电话。我先下。你保重！多多调节自己！把握好自己！

孤独的心：好的，谢谢。

当时我之所以退出，一方面是想让她独自清静地思考一下，平息一下情绪，同时另一方面，我想让她感到我对她的信任，看到我并没有对她采取什么极端措施。其实，当时我非常紧张，如果我下了之后，她真的离开了成都，线索一断就很难再找到了。但在她和我聊天的过程中，虽然她的情绪低落，但她一直愿意和我聊向我倾诉，让我感到她不会轻易离去的，而且她依然很信任我。果然，我非常欣慰的是，小闽当天晚上果然回学校了！

试想一下，如果没有网络 QQ，如果我没有和小闽聊天的习惯，遇到这种事，我将如何是好？

第三节　如何面对学生的“早恋”

我处理“早恋”问题的几个原则

回想一年多来我对“早恋”的疏导，颇有些心得。善待学生，这是基本的前提。此外，面对学生的“朦胧感情”（我觉得这个说法比“早恋”更恰当些），我注意这样几个原则——

第一，尊重学生的心灵。就是说，要尽可能站在学生的角度去理解他们。一个优秀的教师一刻也不会忘记自己曾经是个孩子。要知道，生命到了一定的季节，就会发芽，就会开花。明白了这一点，就会多一分理解。无论如何，不要把“朦胧情感”与“道德败坏”画等号。在我教过的学生中，有品学兼优照样“早恋”而且还考上大学的，也有品学兼劣却不“早恋”的。所以，一定要从人道和人性的角度尊重学生青春的心灵。

第二，走在学生情感发展的前面。优秀的教师，不应该仅仅在问题出现后才不得不充当消防队员，而应该主动引导学生成长的航向。因此，我们要在学生还没有出现“朦胧情感”之前，就主动对他们进行爱情教育。苏霍姆林斯基有一段话说得非常好：“我坚信不疑的是，高尚的爱情种子需要在年轻人产生性欲之前好久的时候，即在他们的童年、少年时期播在他们的心田里。……我们所说的爱情种子，当然不是指关于爱情的说教，而是指培养道德尊严和人格的过程，指在每一行动中树立起真正的人道主义观点；指培养对人道美的理解能力和创造（这一点尤其重要）人道美的能力。”这也是我主动给历届学生开设青春期讲座的原因。

第三，把爱情教育视为人格教育不可分割的组成部分。假如我们的学生在高中三年都不会出现“早恋”，我们还应不应该对学生进行爱情教育呢？当然应该！因为我们的学生是未来的妻子、丈夫，未来的母亲、父亲，我们的教育要给他们一生健康的精神世界，进而给他们一生的幸福。通过爱情教育，我们引导学生感悟一种精神的美。还是苏霍姆林斯基，在谈到给学生讲爱情时曾这样精辟地指出：“这种讲解将会在年轻人的心灵中培养出高尚的思想和情感，首先是培养出能够给人以巨大幸福的对美的责任感。但是这种美对善于爱美的人才是幸福的。”

第四，帮助学生树立高远的志向。爱情虽然是美好的，少男少女之间的相爱更是纯洁的，但我们要让学生明白，在这个年龄阶段，自己最该做的事是什么，进而做出明智的选择。我常常跟学生们说：“我们和他们不一样！”这里的“我们”，就是指有理想有志向的学生；而“他们”则是指那些胸无大志甘于平庸甚至堕落的同龄人。在同样的时间里，怎样度过每一分每一秒，就把“我们”和“他们”区别开来了。我反复跟同学们说，不要用明天可能的“爱情幸福”来赌一去不复返的今天。生命在这个季节的确会开花，但开花的最佳时光并不是现在。而只有把握好现在，做现在最该做的，才能拥有未来真正的幸福！

第五，引导学生做自己感情的主人。我们不可能随时守着学生，更无法干涉他们的内心活动。所以，关键是要让学生随时自己提醒自己，随时用高远的志向战胜自己。所谓“战胜自己”，就是不断同自己的弱点做斗争，不断克服自己心灵深处可能有的自卑与懈怠，进而不断创造出新的成绩或取得新的进步。我常对学生说，谁不希望自己更辉煌？谁甘愿一生平庸？但是“平庸”还是“辉煌”，在很大程度上取决于我们是否能真正战胜自己。实际上，任何人的心灵深处都有两个“自我”：一个是高尚的“我”，一个是卑下的“我”。而且，心灵深处这两个“自我”随时随地都在进行着较量：

如果高尚的“我”占了上风，那么我们就会做出高尚的行为；反之，如果卑下的“我”占了上风，那么我们就会表现出卑下的举动。让高远的志向、坚强的信念和顽强的毅力赢得“灵魂搏斗”的胜利，我们才能赢得人生的辉煌。

第六，不同情况区别对待。每一个学生都有一个独一无二的精神世界，同样处于“朦胧情感”中的少男少女也有着不同的具体情况，在这里，没有统一的处理标准，需要的还是因人而异。对张长春，我只是给他指引，然后让他自己解决，我决不介入；对于郭丽雯，只需淡淡地点到为止，纯真而有上进心的她，自然会做出正确的选择；对于夏江楠，我真诚而直言不讳地指出可能出现的后果，然后给他以信任，期待着他理智的回归；对于黄雅韵，她对外班学生的爱恋一来没有公开张扬，二来也没有明显影响学习，而且她的特殊性格很可能需要爱情的滋润，因此，我绝不过问，装作不知道；对于付锐，我则“武断”地要他冻结那份情感，以未来的大出息大事业将他引到对优异学业的追求中；而对甘露、曹邢懿这种不严肃地对待感情，而且很轻浮地公开张扬他们的特殊交往甚至妨碍学习影响纪律，则在尊重他们感情的同时，毫不客气地批评他们的行为。

我永远铭记苏霍姆林斯基的话：“爱情，是对人道主义的最严峻考试。我们应当从一个人的童年和少年时期起就培养他去迎接这场考试。”

我会为你的一生祝福
——一个青春情感案例

一位男生在班上的网站论坛写了一篇帖子——

我的感情经历

前段时间很困惑，因为我喜欢上了一个女生，在放手去追求与把这份感觉保留在心中之间徘徊。摸着良心问自己，我确实动了真情，确实喜欢她，很自然的，脑袋开始胡思乱想。真正让我困惑的是放手去追求的结果和要担起的责任，所以畏缩不敢前进，但我又确实喜欢她，内心的矛盾和痛苦混在一起，苦不堪言。

我很清楚现在自己的使命与任务，我不是来简单学习的，而是来完成高中学业的，中途真的不能被干扰。人都是有一定毅力的，在这种看似美好又不美好的东西面前就该体现最大的价值了，我承认爱情是很好的，可我更清楚地知道目前自己还没有办法驾驭，没有能力去很好地处理，那我还能怎样？人都是有欲望的，尤其是前段时间的我的那种狠心，想起都让人害怕。她，的确让我动心，也让我有点想肆无忌惮，可一点点的理性让我选择了给她的爱一直都很安静。在这样杂乱不堪的情况下，人需要理性，需要用理性来压制住自己的有些冲动、感动。我尚且这样不成熟，爱也会是肤浅的，不会有深度，与其这样不如把那份纯真的感情埋藏在心底。相爱不如相知，我不需要她知道我，只需要我能认清自己就行了。真正的爱情是我现在可望而不可即的，我现在所了解的爱情必是肤浅的。

经过我痛苦而又深沉的思考，我终于做出了自己的抉择。我决定暂时把她忘掉，暂时忘掉我对她的感觉，就把她当作我的妹妹好了。我觉得这个决定是对的。因为我现在还只是一名高一学生，还没有独立的经济来源，也还没有能够选择自己人生道路的能力，在这个时候就开始思考这些问题，是不合适的，也是很草率的。毕竟我的人生才刚刚起步，前面还有许多学习上的任务在等着我，现在是分不得心的。所以，我做出了放弃的选择。如果以后还有机会，我说是以后，那再说吧。至少现在，我不能这样做。我不能让这块小小的石头把将要奔向希望之路的我绊倒。我要勇敢地踢开它，继续前进。

我不得不在学习和恋情两者之间选择其一。我是家中独子，家庭未来的重担还要我去担负，我还要出去寻找我的未来和希望，我怎能把自己的明天就埋葬在这条荒芜的小道上！终于，我选择了学习。看来古语说“鱼和熊掌不可兼得”的确是真的，我的确只能在两者之间选一样。但是我选择学习并不等于忘了她，我还是可以和她成为朋友。只是现在我得把对她的这份真挚的感情藏在心底，不能向她吐露罢了。我必须抓住时间，把我以前没学好的科目好好补一下，不管效果如何。不管我内心多么痛苦，我必须压制住这份情感。否则，那是既害了我也害了她，既然我现在要把她当作我的妹妹，我就必须关心她。我不能因为一时冲动而使她分心。现在大家的学习任务都很重，我更要把握住这个关键的时机。等到以后我们都长大了，再说这些事也不迟。我始终相信，我要向世界呐喊：“我的未来不是梦！”

尽管用的是网名，但凭着对学生的了解，我一看就知道是谁写的。当时我非常感动，情不自禁在后面跟帖。我这个帖子其实不只是写给他的，因为我班的学生经常到我们的网站上来，所以我这个帖子是写给全班学生的。我这样写道——

读了这篇文字，我非常感动。

你的心湖曾掀起过一片青春的美丽涟漪，这是生命最美的风景，美在纯洁，美在朦胧。

但这不是唯一的风景。

你终于走过了这片风景，向着前面更美的风景进发。

就凭这一点，我就把你视为我最骄傲的学生之一！

说是“之一”，是因为和你一样的同学不止你一个。五一前我也曾找同学谈心，很高兴所找的同学都能理解我。他或她都能理解我真诚的朋友般的忠告，最后自己战胜了自己。我向这几个同学致以真诚的谢意和敬意！

我想到了我的高中时代，进入青春期的心同样为异性同学的一个微笑、一个眼神、一个不经意的动作而颤动。记得我转学的时候，一个我心仪的女同学鼓起勇气向我含蓄而明朗地表示了那个“意思”，我在紧张恐慌的同时，感到一种微妙的幸福。虽然后来因为胆小我并没有接受这份情感，但现在想起来我仍然感到温馨。生命到了这个季节必然会萌动着一种纯洁的憧憬或企盼。爱和被爱都不是错，因为这是青春的阳光抚摸心灵所感到的温柔。

错在时间和地点。

同学们还记得我说的这句话吗？“我们和他们不一样！”我们既然选择了读大学，就把自己同其他同龄人区别开来了，就意味着我们自动放弃了一种其他同龄人可以“享受”的“生活”。所谓“不一样”，不在于我们班的同学不会产生某种感情，而在于面对这种感情，我们能够以高远的志向和坚强的意志，表现出我们的与众不同，因为我们追求更长远的幸福，追求更有质量的生命，追求更持久芬芳的感情花朵！因为——我们的确和他们不一样！

放弃，是为了更美好的追求。

祝贺你把握好了自己青春的航向！

这次你战胜了自己，也许未来两年你又会不经意地坠入“朦胧的情感”，不要紧，随时提醒自己，随时战胜自己，你就成了一个对自己负责也对别人负责的真正的人！

握手！

我会为你一生祝福的！

两年多后，我收到已经毕业的他从大学发来的手机短信：“李老师，您好！我永远都不会忘记，在我高中阶段最艰难的时候，您给我精神上的支持和引导！永远感谢您！”

爱，你准备好了吗

——我对学生的讲座实录

2004 年 10 月，我连续用四个晚上的自习课，为我的高一学生开了一个小小的讲座“爱，你准备好了吗”。下面是听我这次讲座的魏志渊老师为我做的记录。

一、青春期的男生女生会有些什么心理

李老师当班主任许多年了，应该说对中学生的心理非常熟悉了，何况我家里也有一个中学生，就是我女儿，今天我讲这个话题，绝对不是说咱们班有什么“早恋”现象，李老师才急忙对大家进行“教育”，不是的。我认为，爱情是人道主义的考验，每个人在少年时期都必须经历这个考验。

虽然我们班现在没有“早恋”，但我也感觉到有一些现象，主要是男女同学相处的问题，应该引起我们的注意。当然，绝对不是说有同学怎么怎么样了。但我感到在同学们这个年龄，的确有一些很微妙的东西。比如，有的男女同学之间相处的时候打打闹闹，大家好像觉得没有什么；又比如，一个同学说了一句无心的什么话，有同学会很敏感地联想到什么，于是他们之间便挤眉弄眼；（同学们大笑）又比如，那天我们分组讨论，有一个男同学和两个女同学一组，有同学就起哄；（同学们大笑）又比如……算了，不比如了！（学生喊：“继续‘比如’吧！”）

好吧，呵呵，又比如，中秋之夜，我们在军营里联欢，我们敬爱的王老师给大家演唱了一首歌曲，杨楠希上前跟王老师拥抱了，结果发现有男同学也蠢蠢欲动，跃跃欲试。（同学大笑）

首先，我要说明的是，我这话里没有批评，大家开个玩笑没有什么的，

同学们也很纯真，他们能把王老师怎么样嘛！（同学大笑）应该说我们同学是非常纯真的。我举这些例子要说明什么，在我们这个年龄，有许多东西，说不清，道不明，但是我们应该正视。

我曾经说过，我羡慕你们，为什么呢，因为现在的中学生，男女生之间居然要说话。居然啊，“居然”！（李应生插嘴：“竟然！”）是的，是“竟然”。现在男女中学生互相说话，在李老师的中学时代是不可思议的（有同学表示不可理解），哦，我说的是过去不可思议。

我今天给你们讲一个话题：我们这样的年龄，会有些什么心理？任何一个人在青春期都会有一些微妙的心理变化，对异性都会有一些微妙的心理。李老师也曾经是这样。我们知道在小学低年级男女生两小无猜，但小学高年级的时候，男女生就不说话了。男生甚至以与女同学说话为耻。我读六年级的时候，不知道怎么把一个女生得罪了。这事情要追到三年级的时候，有一次做语录牌，同桌的女同学说她中午可以做一个下午带来送我，结果下午她没带来，我就不理她了。到了五、六年级，我就报复她。有一次她在桌子上画三八线，我就不高兴了，最后的结果是我把她的熊猫钢笔尖重重地在桌上戳，最后插在了桌上！（大家笑）别笑，李老师小时候是很调皮的，我手上的伤是小时候打群架留下的，你们可别惹我啊。（同学们又大笑）当时一下子就把全班女生都惹怒了。她们采取了一个行动，所有女同学把我围在中心起哄。这在当时是奇耻大辱。这说明什么问题？为什么我会感觉到耻辱？假如我是在幼儿园或者小学一年级，不会感到耻辱的。在小学高年级，男女生之间有敌意。至少男生对女生有一种排斥。

但到了中学，很希望和异性说话。还是以我为例吧！我中学时特别想和女同学说话。但不敢。那时候我学习成绩比较好，是学习委员；我们班上有一个文娱委员，是个女同学，我当时就很想和她说话的。那时候我就盼着开班干部会，这样就可以以谈工作为名跟她说话。（同学们大笑）那时同学们都说我的钢笔字写得好，于是每次新学期发本子，她就拿本子让我写字，比如“科目：语文；班级：高一（1）班；姓名：某某某”，（同学们大声说：“把她的姓名也说出来吧！”）好的，我说，姓名：翠花！（大家爆笑）但每次我都装作很不想写的样子，其实我心里面巴不得天天发本子：为什么一学期只发一次本子呀！（大家爆笑）

这说明什么问题？到了这个年龄，男同学都希望和女同学说话。异性相吸嘛！但是不是就意味着男女同学就一定可以谈恋爱呢？最近一位记者采访了我过去的一个学生，问她李老师教你的时候，你印象最深的是什么。

她说是青春期教育。她说李老师曾经跟我们说过，就生理而言，你们现在，还虽然只是中学生，但并非不可以成家乃至生儿育女。你看《红楼梦》里的林黛玉，不是典型的“早恋”吗？这个同学又说，但李老师打了个比方，比如农民种果树，第一年结的果实，农民就把它摘掉了，第二年第三年还摘，农民说，你如果不摘，它照样会结果但却又酸又涩，李老师说，我们在生理上成熟，不等于我们在心理上成熟。我对我女儿也是这样教育的，她读初一时我给她读苏霍姆林斯基给女儿的信。我对女儿说，以后如果有男同学给你递条子怎么办，她说我不理。我说男生一般没恶意，你也可以找他谈谈或者给他回信。我在苏州大学读书的时候，她写信给我，说班上两个男生给她写条子。她问我要不要交给班主任。我说千万不要。后来我问她是怎么处理的，她说她是这样对那两个男生说的，我是要考重点高中的，我希望你也考重点高中，如果你尊重我，我们还可以做同学，如果不，连同学都做不成。后来这两个男生一个与她相处得很好，另一个则见了她很不好意思。

每次开家长会，我经常说，我从来不会担心我女儿会做这种事情，她看到有的女生与男生成双成对，俨然是一对恋人，晚上不上晚自习，到校外去吃烧烤。我女儿是很看不起的，认为他们没有高远追求。

爱情，不仅仅是关系到今天，而且关系到明天，包括我们的后代。苏霍姆林斯基非常注重对学生的青春期教育，包括男女相处的教育。他说现在许多家长，自己都还不具备做家长的资格，就成了家长，于是他提出一个观点，培养家长，要从孩子的少年时代开始。为此，我专门写过文章《培养孩子做家长的义务感》。因为我感到现在许多家长根本就不合格！你指望这样的家长教育孩子吗？我现在拿到驾照，而且考过两次。你们想一想，驾驶要拿驾照要通过考试；培养孩子远比这难得多，但父母却不需要拿驾照。所以苏霍姆林斯基说，怎么做父母，怎么教育孩子，要从小开始培养。因此，如何在少年时代理智地对待我们的情感，这关系着我们一生的幸福！

关键在于，我们每个人是不是严肃地对待我们的今天，明天和后天。

别以为，李老师反对男女同学交往。不，以前在我们班上男女生之间非常开放的。当时有家长不理解。比如，初三时上晚自习，我要求每天晚上，男生一定要护送女生回家。还有每次我组织小型活动，如果有男同学那就一定要有女同学。

那么，男女同学究竟应该怎样相处呢？我提了四个字：亲密有间。怎样做到“亲密有间”？呵呵，时间到了，我明天再继续讲！

二、男女同学相处要亲密有间

今天晚上，我继续给大家讲“爱，你准备好了吗”。同学们回忆一下，昨天李老师讲到什么地方了？

（学生说：“讲到‘且听下回分解’。”）

分解什么？我昨天讲到男女同学之间怎么相处？

（学生答：“亲密有间。”）

答得非常好，“亲密有间”。（板书）如果是“亲密无间”，无非这么几种情况，要么是幼儿园的小朋友或者爸爸妈妈，如果亲密无间会造成同学的误解，也不符合自己的角色身份。“有间”，就是要有一定的距离、分寸。如果不是这样的话，有时候你可能没有任何意思，但是由于你说话动作不注意，可能给对方造成误解，甚至让他失眠了。（学生笑）怎么做到“亲密有间”？我有三点建议：

第一，等距交往。在一个班当中，我作为一个男同学，我对所有女同学一视同仁，女同学也一样，而不是过分与某一个异性同学接触。有同学说了，是不是说，我们要按学号轮流，今天和这一个异性同学说话，明天和那一个异性同学说话？（学生笑）其实这只是一个原则，我是说，平时尽可能跟某一个异性同学平等交往。我女儿读初二的时候给班上数学不好的同学补课。我跟她讲，你给同学补课当然好，但是要“博爱”，要给尽可能多的同学补，假如你只给某一个同学补，其他同学难免有误解。当然，由于工作或者其他原因，与某个同学接触得相对多一些，也是正常的。

第二，坦然交往。本来你心中无鬼，但就是因为某种原因，与别人说话扭扭捏捏，就会给别人想象的空间。落落大方最好。我以前教过的一个女学生，她性格非常大方，当时有一个组的同学非常调皮，但对她非常服。我有一次跟男同学聊天，为什么你对她就服气？他们说，她对我们很好。后来过去许多年了，都毕业了。这些男生来见我，聊天时，我问，你们当时有没有哪个男同学有什么非分之想。他们说，李老师，不可能，她平时跟我们谈话很坦然很大方，跟大人似的，你不可能这么去想。男同学也要注意这个问题，有些男同学说话不注意，容易引起误解。

第三，公开交往。如果有一天，你对某一个女同学很神秘地说，今晚锦江大桥下河边第三棵柳树下见。（学生大笑）可能你去了以后也没有说什么，无非就是问这道数学题怎么做。（学生又笑）我是说本来没有什么，但你偏要做出很神秘的样子，还发暗号：“地瓜地瓜，我是土豆！”“土豆土豆，我是地瓜！”（学生爆笑）这像话吗？当然我这只是开个玩笑。我是说大家必须公开交往，可能你没有这么去想，但是客观上会造成一些不必要的后果。因此，我主张男女同学公开交往。

我认为，做到这三点，完全可以正常交往。原来在我带的班里，暑假除了郊游外，鼓励相互串门。我认为，有了男女同学的正常交往，在我们这个阶段我们不愿意发生的事情，发生的可能性就越小。男女之间有和对方交往的欲望，这是非常正常的。过去有一句话：“男女搭配，干活不累！”中央台《新闻联播》的主持人还男女搭配呢！如果两位都是男的，那不是主持人，是在说相声。（学生笑）咱们分班为什么有男有女，这也是符合心理学的。开学的时候大家坐得随意，我做了点调整，让男女混合坐，也是这个原因。

我们每一个同学，在和异性交往的时候，你可能没有什么想法，但要有分寸。为什么那次中秋晚会上，有的男同学也想和王老师拥抱？这些男同学没恶意，但这和我们的身份不相符。另外，这里还有一个民族习惯的问题。说起这个问题，我还可以讲一个故事。一九九八年我去北京开一个关于苏霍姆林斯基教育思想的国际学术研讨会，第一次见到了苏霍姆林斯基的女儿。当时我做了一个发言，我谈了我十几年如何追随苏霍姆林斯基，当时很多与会者都很感动，有一位山西的校长含泪说，太感动了。这是中国式的表达。但也是在当时，苏霍姆林斯基中学的女校长，一位乌克兰女士激动地一下子抱住了我，并且吻了我一下，我还没有反应过来。结果让我很是难堪。（学生爆笑）其实别人是很自然的，欧洲人表达感情的方式就是这样奔放。这里面就涉及表达感情时不同民族习惯的差异。我不习惯于这种方式，也就忽略了这种细节。因此尤其在对待异性上，中西不同。

下面又有一个问题，有人向我们表示好感怎么办？昨天我举了我女儿的例子。实际上，如果我们同学处理得比较好，别人不会对你这样表示。我昨天说了，我女儿绝对不会这样，平时你的谈吐已经告诉别人你是怎么的人。面对这种情况，我一般还是主张，如果别人递条子，一定要尊重，但态度要明确，我刚才说了，我女儿写了一封信，找他谈，公开表明态度。我在《爱心与教育》里谈到我教育一个学生的故事，当时我教初中，那时候我对学生们说，当别人对我们表示我们怎么办，还有我们有这种想法怎么办，我说只能战胜自己。这个学生很信任我，她在一次作文中写道，一次看电影，碰巧和他挨在了一起，她特别兴奋，又特别难为情。她心里爱恋这个男同学，于是她盼望着灯光马上熄灭。她以第三人称写的，写完后写了个后记，说这个女生就是我，你说怎么办。我给她写了一封信，问她爸爸妈妈知道不知道，她说不知道，我说不要对爸爸妈妈说。我告诉她男女不同，当时我送她一本书:《磨亮女性智慧的利剑》。我希望她定一个目标，然后看自己现在的行为是妨碍还是有助于这个目标的实现。后来我给她做了许多工作，过了一段时间，问她还想他吗，她说没意思，不想了！这个话绝对不是她的虚言。我这次暑假回到乐山，碰到了她。孩子已经七岁了。我感慨万千，许多年以后再看初中的经历，只是人生长河中的几朵浪花。后来高中他们考到另一所学校了，她发现这个同学作弊了，就非常气愤，还写了一封信谴责他。

不是说男同学就一定不会有这方面的想法，但我要说，不管男同学女同学，你有这个想法并不可耻，这很正常，不要有负罪感，李老师当年也一样，但关键是战胜自己，你人生的航线怎么把握的问题。我再说说一个男生的故事吧！他比较典型，高一特别调皮，进校第一天就甩飞刀。有一段时间他特别喜欢一个女同学，我找他谈，我从意志谈起，我更强调男子汉志在高远。比如登峨眉山，我的目标在金顶，不能走到中途就不走了，比如到了万年寺就觉得风景好，便停下脚步。泰戈尔有一句诗:“只管走过去，不必逗留着采了花朵来保存，因为一路上花朵自会继续开放的。”的确如此，继续一路走过去吧，不必留恋路旁的鲜花，前面鲜花多的是。如果在少年时代被风景迷住了，停住了脚步，会很遗憾的。后来我写《爱心与教育》，准备写他，他帮我列关于他高中成长的提纲。提起当时对那位女生的迷恋，他说，我当年真是昏了头。他后来给自己定了目标，高中三年一定要做一千道高难度课外物理题。如果他在高一阶段就被自己所谓的浪漫感束缚住，就不可能有成就。后来毕业时，他考到中科大了。

我讲这些，如果按有些人的观念，会说李老师是不是太保守，思想不解放。我在大学时代看过一本书，这本小说我最近还在看。书中有一篇中篇小说叫《晚霞消失的时候》，写“文革”中一对青年男女，后来两个人参加了不同的派别。男青年的父亲是共产党高级将领，女青年的父亲是国民党高级将领，两个人经历了很多感情波折；多年后他们偶然遇到了。女主人公叫南珊，她说了一段话非常好:“人在自己一生的各个阶段中，是有各种各样的内容的。它们能形成完全不同的幸福，价值都是同样的珍贵和巨大。幼年时父母的慈爱，童年时好奇心的满足，少年时荣誉心的树立，青年时爱情的热恋，壮年时奋斗的激情，中年时成功的喜悦，老年时受到晚辈敬重的尊严，以及暮年时回顾全部人生毫无悔恨与羞愧的那种安详而满意的心情，这一切，构成了人生全部可能的幸福。它们都能给我们带来巨大的欢乐，都能在我们的生活中留下珍贵的回忆。”是呀，人生不同阶段有不同的主题，因而有不同的幸福。这些阶段应有的主题或者缺失或者错位，我们的人生都将是悲剧！比如幼年失去父母的呵护，这不是悲剧吗？李老师九岁就失去了父亲，对此很有体会。又如，少年时失去了学习的机会，也是悲剧。我过几天要给同学们放一个片子，写一个十三岁的小孩子，父母生病，不得不挑起生活的重担，每天挣两三块钱，他父亲医药费很大。还有，在你青年时代不能享受爱情也是悲剧，中年事业无成也是悲剧，晚年孤苦更是悲剧。你二三十岁还在读小学，也是悲剧。我觉得，我们什么时代该做什么事，既是自然的，也是社会的。

明天我想给大家谈一谈怎样的女同学或者男同学算是优秀的。今天就谈到这里。

三、友情乎　爱情乎

下面我继续还没有讲完的青春期讲座。今天我首先要问大家，其实是让每个同学问自己：我到这个学校来做什么？（学生说“学习”，“考大学”。）

我曾经在讲《勾践灭吴》时说过，许多同学中考都经历过失败，不甘心，觉得我本来能够到四中七中去的，结果怎么怎么样，大有怀才不遇的感慨。我们希望在三年以后能够有一个比较满意的结果。我那天在四班曾这样说，假如你们不读高中，初中毕业就去打工，或者说不读书了，十七八岁谈恋爱是再正常不过了，可是我们现在选择了读书，就意味着我们对自己的人生是另一种设计。这是我们讨论问题的一个前提。去年国庆我在一个中学讲公开课。学生也非常亲近我，我和他们聊，从他们的谈吐当中，我感到他们和我见到的一些学生完全不在一个档次上。他们真的是视野非常开阔的。也聊到了所谓的“早恋”。他们很同情那些谈情说爱的同学，觉得他们很可怜。一个人站在什么地方，这很重要；高度不同，你的视野就不相同。我要每一个同学想一想，我们到这个班上来是做什么的？

现在我们假设青春期如果遇到所谓“早恋”应该怎么办。有同学可能会说，李老师，你说这话是什么意思，是不是怀疑某某同学？在一个班上，如果充斥着你说我我说你的东西，如果大家都热衷于议论别人或者说悄悄话传谁谁爱上谁了，这个班的风气会非常糟糕！比如老关心某某同学与某某同学交谈的频率或者说他又看了她多少眼，笑过多少次等，这是非常糟糕的。当然，你要说这些同学有恶意吗？我看没有。但是我多次说过，每一个同学都是环境的一部分，你怎么给别人一个环境？如果一个班你议论我我议论你，那不可能有学风的。我这是说周围的同学。

再说被议论的同学，有两种情况，一是根本就是很正常的交往，却被别人误会，或者说是被开玩笑。在我看来，有些玩笑是不能开的。我举个例子，幼儿园的同学递一个纸巾给另一个同学，他揩了就走，绝不可能浮想联翩的。但在我们这个环境中，在我们这个年龄，有的同学可能就因为某某与某某说了一句话眨眨眼睛之类的，结果让人产生了误解。这不好。有些玩笑，幼儿园的小朋友和大人都可以开，无所谓，但这个年龄少开。另外一方面，如果真有这事，真以为自己就爱上谁了，这可要谨慎。我们如何给周围同学留下一个好的印象？我昨天讲了，男同学应该给女同学留下一个豁达的印象。女同学也应该矜持，自尊。我在十多年前写过一篇文章，有一个甘肃的同学问我，我可不可以交一个没有丝毫爱情色彩的异性朋友，我给他回信专门谈了爱情与友情各自的特点。后来我把这回信收入了我写的《青春期悄悄话——致中学生的100封信》。今天我把这书带来了，请大家听我读读这封回信的片段——

友谊不等于是爱情，但友谊可以成为爱情的桥梁。爱情是一种特殊的友情，其特殊性表现在：

1. 友情无须顾及性别，而爱情的对象却只能是异性。男同学或女同学都会有自己所编织的友情之网，都能从同学身上获得友情。但是，如果某两位异性同学交往过分亲密，其友谊可能成为萌发爱情的种子。

2. 友情以理解为前提，以互相帮助为特征；而爱情却以性爱为基础，以互相结合为目的。这就是说，爱情是与性欲联系在一起的。从生理上说，爱情追求的目标之一正是性欲的满足。而纯粹的友情则没有一丝性欲的因素。

3. 友人之间彼此尊重，互相切磋，长短优劣，一目了然；恋人之间却彼此掩饰，互相美化，“美好”形象未必真实。友谊的最高境界是真诚，因此，它不需要任何装饰与隐瞒。而热恋中的青年往往情不自禁地把自己美好的一面展示给对方，同时不由自主地把对方理想化。

4. 友人之间保持相对独立，恋人之间却追求彼此依附。只要真诚相待，哪怕是性格不同，年龄不同，也可以结下深厚情谊，而不必各方面都强求一致。但是，两人一旦建立恋爱关系，便有可能培养共同的志趣、爱好，而且必然如胶似漆，形影不离。

5. 友谊是开放的系统，具有广泛的包容性；而爱情却是封闭的系统，具有强烈的排他性。友谊是广泛的交往，可以在集体中，公开场合进行；而爱情具有专一性，排他性，游离于集体，往往是单独在一起进行。因此，友谊贵在博爱，而爱情贵在钟爱。

6. 友情立足于现实，以信赖为基础，总是具有充实感；而爱情却着眼于未来，以期待作支撑，始终呈现梦幻感。一个人在不同时期会有不同的朋友，但真正理想的爱情却是“白头到老”，因此，恋人们往往怕失去对方，并喜欢憧憬未来。

以上六点特殊性也可以说是友谊与爱情的区别之所在。

我觉得同学们现在知道这些有好处。现在初二有一个同学很糊涂的，她班主任跟我讲，她说什么也不听，她觉得自己的感情很“纯真”很“可贵”。这个女同学还不到 14 岁，在网上认识一个唐山的大学生，这个大学生 20 多岁。这个女生有一段时间晚上一看生活老师没有管，就溜出去打电话，一打就是一个小时，后来老师知道了，就劝她，但她不听。成绩一塌糊涂。这个女生对老师说，这个大学生是很爱她的。我说你跟这个同学说，她觉得自己是很伟大的，很爱对方，觉得很可贵。你们看，一个人一旦陷入迷幻状态，是很可怕的。我说这个大学生是不道德的，这个大学生明知对方 14 岁，还要如此，即使爱，也应该为对方着想。问题在于我们这个女生居然为之陶醉。

有同学问，这种情况是不是要影响学习？你们说说会影响学习吗？（学生议论，有的说要影响，有的说不会影响）有记者曾经搞过一个调查，在一百对所谓中学生恋爱的人当中，真正成绩好的只有几个人。当然，任何事情确实有例外。任何一个规律都可以找出例外，我们还可以找出促进学习的例子。可是这毕竟只有百分之几的概率。你有把握吗？中学生谈恋爱也是如此，何必去冒这个险呢？

接下来说我吧。我中学时代没什么可谈的。无非是帮别人写写作业本封面什么的。（学生笑）这是我最值得回忆的。更不用说有人送纸巾给我，没有的。（学生笑）但是我在下乡的时候做知青，按道理那时候完全成人了，应该是到了谈婚论嫁的年龄。当时我们知青有三十多个人，谈恋爱的很多，现在回想起来，我十分理解他们。我当时没有谈恋爱，不是没机会，而是因为，第一，如果我在农村里谈了恋爱，成了家，很可能就调不出去了。

第二，那时已经粉碎了“四人帮”，我觉得国家可能要大变。我觉得很可能以后还会有变化的一天，当然我没有想到某年某日会恢复高考，但我很刻苦地读书。那时候农场里办的板报，从撰稿到排版都是我。知青们都知道我性格爱好就是这样。我那时候真觉得他们书读得太少。后来恢复高考的时候由于家庭的关系我不想去考。知青朋友都来劝我，他们有一句话：李镇西啊，如果你不去，我们都不敢去。后来有一个农民也说，你去，一定要拼一拼呀。1977 年 11 月 7 日，那天开始我准备高考。一个月以后的 12 月 9 日我跨进考场。那时候我们公社许多人去考试了，结果我们农场只有我一个考上了，那时轰动全乡。后来我走了以后有知青给我写信，说你很早就看得很远了。其实不是我看得很远，而是我觉得人首先应该有源于知识的尊严，才谈得上其他。

我们现在到底应该做什么？这是我今天反复问同学或者说要同学们思考的问题。李老师会尊重每一个同学的，但是，我越是喜欢你们，就越觉得对你们有一种责任。你们这一批学生是我所教的学生中第一次和我女儿一般大的，因此我第一次下意识地把你们当作我的孩子。比如我叫余鑫同学出去，用手搂着他的肩膀，这是我对女儿的下意识动作，又比如那天我找杨扬谈心也是这个动作，我还说杨扬你这么瘦怎么不多长些肉啊，这完全是对我女儿的口吻。

四、怎样的男生女生算是优秀的

我们最近的讲座，题目都是“爱，你准备好了吗”，我今天来的时候在想，今天的题目应该是：（板书）被爱，你准备好了吗？——男女有别，各具风采。（有同学议论，大家都笑了）有的同学准备都没有准备好，就想别人爱他，这样的人，千万别去爱他，哪有这么便宜的事？（同学大笑）

我今天的主题是说，女同学和男同学——我希望男同学满 18 岁以后不要说“男孩子”——男同学女同学应该怎样提升自己，使自己的一言一行符合自己的身份，符合自己的社会角色。我先说女同学——做一个美丽的女人。注意，我说的是“女人”，你们可能觉得这个词好像不适合，其实很合适。苏霍姆林斯基在他女儿满十四岁时写信给他女儿说：“今天你进入女人的年龄了！”我是着眼于你们的一生来说的，所以我用了“女人”这个词。美丽不仅仅是漂亮，不漂亮也可以美丽。作为一个女性，我们今天是女同学、女孩子、少女，以后就是青年女子，中年是妇女，老年是老太太。无论什么时候，有一个角色无法改变——女人。那么，一个女人怎样才美丽？是不是应该具备四点：（板书）

第一，温柔。第二，坚韧。第三，自尊。第四，优雅。

同学们听我读一段文章。这是我十年前写的一本书，叫《青春期悄悄话——致中学生 100 封信》，从初一学生到高三学生的各种心理问题，各方面都涉及了。我念一段文章，这一段是这样写的：有人问马克思，你认为女人最可贵的品质是什么？——当时马克思与女儿做游戏，那时候似乎很流行这样的文字游戏，但马克思回答得特别认真，比如最喜欢的颜色，马克思说“红色”；座右铭，马克思说“怀疑一切”。有人问，女人最好的品质是什么，马克思说“温柔”。

是的，我认为温柔是一种诚挚待人的态度，温柔是心灵散发出的芬芳。一个人只有心地宽宏，性格善良，才能使人感到春风扑面。我发现重庆人比较火暴，成都人比较温柔，可最近我发现许多成都女人却特别火暴。你到商店去，许多冷面孔的营业员，我可以举相反的例子。原来我在另一所中学教书时，附近有一个邮电所，每次我去寄书寄信，都感到那几个女营业员对顾客总是很亲切热情，每次走进去感到春风扑面。所以有一年元旦我给她们写了贺卡，说在新年来临之际祝你们新年好。后来，她们接触我的信件多了，发现字很熟悉。有一次一个营业员问我，你是不是每年都给我们写贺卡。我犹豫了一下，考虑要不要说，后来我想这又不是什么见不得人的事情，我便说你们应该受到尊敬。她们很感动。后来，那一年元旦前夕，我收到她们的贺卡。爱的传递有时候是很简单的。后来她们调离了那个邮电所。结果有一次我在骑自行车的时候，遇到了其中一位，特别亲切，说了几句话，一晃就过去了，但勾起我心中非常美好的回忆。我觉得人生有时候幸福美好，未必是大的方面，经常正是这些细小的事情散发着花朵的芬芳，这是第一点。这几位我连名字都叫不出的女营业员，让我感到了温柔的美好！当然，据我观察，咱们班上的女同学都具有这种品格。呵呵！请不温柔的同学举手！呵呵，没有。（女生项柳依举手。大家笑）哦，项柳依同学举手了，哦，她不但温柔，还很谦虚。（大家笑，杨扬也在举手）杨扬同学不但温柔而且很大方。（同学们又笑了）

第二点是坚韧，女性的温柔不只是柔，还有坚韧。以后你们男生选女朋友就这四条。女性的温柔是柔而不弱。由于种种原因，大自然把温柔的一面留给了女性，把刚强的一面留给男性。但女性的坚韧有时候男人赶不上。比如，宁玮，外表柔弱，其实很坚强，她如果没有一般的毅力与坚韧，那么多磨难她是不可能坚持下来的。所以我说这次考试需要坚韧。马克思夫人燕妮有一句话，她也参与了那次游戏，有人问她的座右铭，她说：“永不绝望！”这句话我经常对我女儿说，这种坚韧要管你一生。这个社会进步多了，但有些时候真的对女性很歧视，比如找工作等，有时还会遭遇歧视，某种程度女性是弱势，但我们自己如果坚韧，就会挺过去。

第三点是自尊。这个大家知道，从古至今，女性最忌的是轻佻、轻浮。我昨天举过一个例子，我说我们女同学一定要自尊，这方面我们女同学能够更“中国”一些。我写了一个帖子在网上——《让女儿更中国一些》。自尊自爱，凛然不可侵犯。什么时候该说什么话，什么时候该开玩笑，体现了一个人的修养，我相信咱们班的女同学都做得到。有些女同学不是说不自尊，但不注意与男同学的相处方式，还有一点很重要，我对女儿说，绝不许任何男同学碰你的身体，比如在你的脸上头上摸一下等。如果你自尊，这本身就是一道防线。任何人如果对你有什么非分之想，都不敢轻举妄动。

第四点是优雅。优雅靠什么？靠学识，有人说，学识能够让女人优雅起来，这种贵族气息是很难得的。社会上低俗的女人太多了，她不一定愿意这么低俗，但文化水平太低，书读得太少必然低俗。我们有一个词叫“才女”。才女不一定是美女，反过来，有些人看起来很美，说不了几句话就露出浅薄，或者稍微近距离接触就露出没文化。比如有些女明星的签名，一看就知道是没有文化的人！

对于男同学，我要说的是：做一个堂堂的男子汉！也有四个建议。

第一是刚强。当然，就自然而言，男生比较刚强，所以我们一般不喜欢很柔弱的男生。比如我们说到演员。有几个男演员我非常不喜欢，有一个歌唱演员叫 ×××，还有 ×××，言谈举止简直太女性化了！男演员中，我比较喜欢陈宝国，非常有阳刚之气的，（同学们议论纷纷）但是我们刚才说的只是外在的刚强，男同学如果一遇到事情就哭鼻子，这不太好。如果是女性，可能楚楚可怜，但男儿有泪不轻弹，不是不弹，而是不轻弹。有的男同学的眼泪却像自来水一样。

第二是宽宏。这是胸襟的问题。其实女同学也有这个问题，有些词，“小气”“长舌妇”等，往往是说那些鸡肠狗肚的女人。我希望我们女同学要警惕。男同学更应该宽宏。我的导师朱老师，许多人在网上攻击他，他从来淡淡一笑。如果他老要计较，不仅计较不完，而且会把自己降低到别人的档次。恩格斯《在马克思墓前的讲话》中说：无论保守派或极端民主派，都竞相诽谤他，诅咒他。他对这一切毫不在意，把它们当作蛛丝一样轻拂去。他可能有过许多敌人，但未必有一个私敌。我们四川有句方言：“吃得亏，打得堆。”这种品格，如果放在了参加工作以后，会给自己带来许多朋友。

第三是进取。这其实是事业心的问题。可能有的人要说，难道女同学没有？当然有，但男同学更应该有进取心。我们古代一想到男子汉大丈夫就是建功立业。马克思幼小时就要为人类而努力，邓小平 16 岁就去法国留学。但我们在思想上要为自己树立一个目标，我们要干一番事业。我以前经常与一些男同学谈心，我说你现在都没有事业心，以后怎么可能做出贡献。所以有些同学老是一副“多情”的样子，真是没出息。

最后一点，我觉得男同学有些幽默感才对。幽默实际上是一种智慧的体现。幽默不一定是搞笑。我举个例子。关于周恩来的，重庆谈判期间，周恩来发表演说，反对内战，要求和平。有一些特务捣乱，说跟你们说是对牛弹琴，他说：“对，牛弹琴！”我要说的是，所谓“幽默”，不是几个笑话就会做到，好多时候是即兴的，是乐观的表示，是豁达，自嘲，这正是一个男子汉应该表达的。女性也可以幽默。我最近看到有些女性开始说相声，不过不多。

如果做到了这些，未来的爱和被爱你就准备好了。说到底，无论男生还是女生，最重要的还是你的修养，我们怎样与人相处：男女有别，但各具风采。

我这儿还要补充说一个女性，你们看看居里夫人传记。居里夫人是很美的，可以说是内在美和外在美的统一。她在读大学的时候，很多人追求她，她说，我的志向是搞科学发明。每次到教室坐前排，以免被人看到，只留后脑勺给别人，而且还剪了头发。我对女儿说，要学居里夫人。我们女同学也要学居里夫人。

我对历届学生都说过，今天我也把这话对大家说——

李老师希望，我教出来的所有女同学是最优秀的女性，我教出来的所有男同学是天下最优秀的男性！

叩问爱情

——一堂主题班会课

说明：下面是 2004 年 10 月 27 日我班举行的一次关于爱情的主题班会。这次班会是我对我的高一学生进行爱情教育的一种形式。班会是我和副班主任王晓丹老师以及全班同学共同策划准备的，由副班主任王晓丹老师主持。

王老师：今天虽然有一点小小的遗憾，我们准备了小小的课件，但是因为没电不能用了，我们会不会气馁？

学生：不会！

王老师：本来要准备放一首歌《奔跑》，但是不能放了，大家能不能唱？

学生：能！（学生和老师一起唱）

王老师：这首歌整体感觉怎么样？是不是有动感，而且洋溢着青春的活力？没有音乐，现在让我们闭上眼睛，耳边同样洋溢着青春的旋律，然后静静地思考。（几分钟后）告诉我，你们想到了什么？

任沐之：其实我的心中一直都有这样一种想法，我一直希望自己能够过得幸福快乐，不一定轰轰烈烈，平平淡淡也是一种美。希望在将来，除了我事业的成功，我还有爱我的丈夫，耳边依然有父母的唠叨，身边还有孩子顽皮的笑声。

王老师：好，任沐之描写了一幅非常温馨的画面。还有没有其他同学也有想法？

魏雨萱：我想到了爱情。在我的心目中，爱情是甜美的，而且不虚假，以后，我想在闲暇的时间里，和我的另一半参加各种各样的活动，过着幸福的生活。

王老师：我们今天能不能讨论爱情这个话题？

学生：能。

王老师：其实这个问题是很长时间以来许多家长和同学一直回避的问题。但是我要问，在你们的心目中有没有对爱情的憧憬？

学生：有。

王老师：那么，爱情作为人最伟大的情感，它真正的含义是什么？到底什么是爱情呢？爱情的故事你们听得太多了，能告诉我们你们都听过哪些？

学生：（议论纷纷）罗密欧与朱丽叶，梁山伯与祝英台……

王老师：对，还包括许多童话故事里都有许多非常美的关于爱情的故事。我请一位同学来给我们读一读《海的女儿》。何思婷同学来读。

何思婷：（开始朗诵，付锐吹奏萨克斯配乐）蔚蓝色的大海里，生活着一条美丽善良的小人鱼，在一次风暴中，她搭救了一位遇难的王子，并深深地爱上了他，为了她所爱的王子，她用自己美丽的歌喉，换得了人的形体，而且要每天忍受着难以忍受的痛苦——那鱼尾变成的两条腿在行走时的椎心的疼痛。失去了声音，她无法向王子表达自己心里的爱慕，王子不仅不知道是她在风暴中救了自己，而且也不知道她为爱所做出的牺牲，但她仍然执着地爱着王子，在最后的生与死的选择中，为了所爱的人，她放弃了生的机会，选择了死，纵身跳入海中，融化成大海的泡沫……

（结束，掌声响起）

王老师：好，优美的乐曲，优美的童话故事又把我们带进了想象的童年，那么，童话中的爱情是什么样的爱情？

学生：优美的。

王老师：那么同学们你们对爱情的憧憬是什么样的呢？现在我给你们每人一张白纸，你们可以在上面画一幅画，画出你们对爱情的理解。

（发纸）

王老师：好，发挥你们大胆的想象，爱情在你们的想象中是什么样的，有哪些具体的形象可以表达你此时此刻的感受呢？

（学生绘画，过了一会儿）

王老师：有很多同学很快就画出来了，（看一个同学的画）我也看不出你画的到底是什么意思。是不是今天我们的音乐声没有了，大家没有灵感了？

（唐西龙举手）

王老师：好，唐西龙，你画的是什么？

唐西龙：我什么也没有画。

王老师：为什么？

唐西龙：我觉得爱情应该是纯洁的，是心与心的沟通，就像这张白纸一样。

任沐之：我画的是天平。我觉得在恋爱的时候，上帝会把两个人拿来称量。如果你是一个高尚的人，那么你的另一半也会是高尚的人。天平的一边我挂的是酒坛，我想爱情就像酒一样，酿得越久越香。

魏雨萱：我画的是海洋和海浪，我觉得两个人的关系就应该像海洋和海浪一样，是包容与被包容的关系，恋爱的双方应该是相互包容，相互理解。

林柔倩：我画的是两个太阳。我觉得彼此应该是彼此的太阳。我想起了一个故事，一对夫妇，丈夫受到了迫害，他的妻子，为了不让丈夫受到伤害，宁死也不说出丈夫的情况，她死了以后人们在她的身上找到了一张她丈夫的照片，照片背后写了四个字："我的太阳"。

唐朵：我画的是两只小鸟。

王老师：让我看看像不像，还是比较像。你为什么要画小鸟？

唐朵：因为我觉得鸟是自由自在的象征，我觉得小鸟在飞翔的时候任何力量也不能阻止，爱情也应该是自由的，没有任何力量可以阻挡。

张颢君：我没有画，我叠了一只船，就像泰坦尼克号。（大家哄笑）

王老师：但它沉没了呀！

张颢君：船虽然沉没了，但是爱情没有沉没，无论遇到多大的困难，只要有爱情的存在，就拥有一切。

王老师：哦，电影《泰坦尼克号》中有一对老夫妻在沉下去的那一刻，非常感人，大家还有没有印象？

学生：有。

陈霜蝉：我画了小船在大海中搏击，我觉得爱情也是这样的。

杨扬：我画的是蓝天下的几朵白云，因为我觉得爱情就是两颗心的碰撞，你不能自信永远爱一个人，也不能说有人永远爱你。他不爱你的时候你不能强迫他爱你。有句话叫人定胜天，我觉得用在此处不合适。如果我喜欢一个人，我不能勉强他爱我。所以我觉得爱情应该是飘移不定的。

（大家笑，热烈鼓掌）

项柳依：我画的是一个天使。

王老师：我看看你的天使画得怎么样。（看她的画）不错。

项柳依：我认为爱情是上天注定的，因为丘比特射出的箭，射到哪里算哪里。反正我如果被箭射中了，就会一发不可收拾。

（大家大笑，鼓掌）

黄尼莫：我画的是一座山，山上有流水，山底下是草和花朵，我觉得爱情来的时候也许很平淡，它在平淡中有一种温馨，一种幸福。

王老师：你们闭上眼睛想一想，什么感觉？

学生：好美呀。

刘陵：我画的是一只萤火虫，但是由于技术不好，没有达到最佳效果。（大家笑）我之所以认为爱情是萤火虫，是因为萤火虫那微弱的光能够照亮道路，让我们勇敢地前行。

周杰：我画的是千纸鹤，我觉得爱情不仅是两个人相爱，还包含着理解，宽容，信任。我相信它也是浪漫的，“问世间情为何物，直教人生死相许”。（大家笑）

杨海峰：我画了一朵玫瑰，带刺的玫瑰，我觉得它有芳香，让人想去亲近它，触摸它。但是它也有刺，如果我们拿捏不准，就可能被刺伤。但如果爱上谁，即使受伤也不怕！

王老师：关于爱情，同学们都有许多朦胧的憧憬，有许多自己的认识。在过去的时候有一个 14 岁的女孩，她也问父亲，什么是爱情。如果你们也去问父母，他们会有怎样的反应？（同学议论纷纷）可能说，你还小，什么也不懂。还可能说，去问你妈妈！或者告诫你们，现在最重要的是学习，不是打听这些事的时候。但这个父亲非常认真地给她讲什么是爱情，并为此写了一封信给女儿。他就是苏联著名的教育家苏霍姆林斯基。苏霍姆林斯基小时候曾经也问过他外祖母什么是爱情，外祖母给他讲过一对夫妇的故事。那么现在，我们来看一下，那到底是一个什么样的故事。通过我们同学的表演来体会一下。有请参加表演的同学！（大家鼓掌，同学上台参加表演。夫妇由路遥和魏乐庭扮演，上帝由杨晓龙扮演，大天使由项柳依扮演。）

（有一天一大早，一对男女正高兴地谈论着）

旁白（王嫣然）：上帝正在教给一个男人和一个女人怎样搭窝棚，给男人一把铲子，给女人一捧种子。上帝说：“你们在一起过日子吧！延续后代，我要办事去了，一年之后，我再来，看看你们的情况怎么样。”夫妇俩开始播种，搭窝棚。

（一男生与一女生扮演的一对男女走来）

旁白：整整一年后，有一天一大早，上帝和大天使来到夫妇住处，夫妇俩坐在棚子旁边，互相靠着，旁边放了一个小小的摇篮，里面睡着一个婴儿，两夫妇一会儿看天，一会儿看彼此，上帝用惊奇的眼神望着他们，皱一皱眉头。上帝在他们身上看见了一种不可思议的美和一种从未见过的力量。这种美远远超过蓝天和太阳，土地和长满小麦的田野。总之，比上帝所制作和创造的一切都美，这种美使上帝颤抖，惊异，以致惊呆了。

上帝:（问天使）这是什么?

大天使:（微笑）这是爱情。

上帝:什么是爱情?

大天使:（耸肩，无奈地）我不知道。

上帝:（走向夫妇）你们知道什么是爱情吗?

（夫妇相视三秒，摇头，很慢地摇）

上帝:（恼火地）那么，好吧，我要惩罚你们，从现在开始，你们要变老，你们的生命的每一小时都要消耗掉你们的青春和精力！五十年后，我再看看你们的眼神里能出现什么?

王老师:大家想象一下，五十年以后他们会变成什么样子?

任沐之:我觉得我的脑海里是这样的一幅画面，老爷爷和老奶奶一起相偎着看夕阳。

旁白:五十年后，上帝和大天使看见一座十分精致的小木屋代替了原来的小棚，草原上修起了花园，地里的庄稼熟了，上帝和大天使向远处看了看，他们又看见了小木屋前坐着一个老头和老婆婆，他们时而看红色的朝霞，时而相互望对方，上帝从他们的眼神中看到了更加美丽强大的力量，而且好像又增加了新的东西。

上帝:（指着夫妇）这是什么?

大天使:（严肃地）忠诚，可是我还是不能解释什么是忠诚。

上帝:（更加恼火，生气地）哼！人，你们为什么没有老很多呢？那好吧，你们的日子不长了，以后我再来，看看你们的爱情到底变成什么样!

王老师:他们的爱情会变成什么样？大家猜猜。

欧阳震宇:随着时光的流逝，生活会更幸福，会更珍惜以后的

时间，一定会使他们的爱情永恒。

王老师：但是，不仅仅是爱情与忠诚，而且是一种新的东西。

旁白：三年后，上帝与大天使再次来到这里，上帝看见男人坐在山坡上，驼着背，一双眼睛呈现了非常忧虑的神色，但是却仍表现出那种不可思议的美和力量，已经不仅是爱情和忠诚，而且蕴藏着一种新的东西。

上帝：（伸开双手）这又是什么？

大天使：（微笑着）心头的记忆。

旁白：上帝离开了这里，他面向麦田和红色朝霞的时候，他看见金色的麦穗旁站着一些青年男女……上帝站了很久，看着他们，然后深深地沉思着走了。从此以后，人就成了地球上的上帝了。

旁白：这就是爱情，爱情比上帝权威大，这是人类的永恒的美与力量，一代一代地相传，我们每一个人最终都要变成一把骨灰，但是，爱情将成为赋予生命的，永不衰退的，使人类世代相传的纽带。这就是爱情，世界上各种有生命的东西生活，繁殖，成千上万地延续自己的有生命的后代。但是，只有人才懂得爱。而且说实在的，只有在他善于像人那样去爱的时候，他才是一个真正的人，如果他不懂得爱，不能提到人性美的高度，那就只能说他是一个能够成为人的人，但是还没有成为真正的人。

王老师：一个人要懂得怎么样真正地爱，刚才我们把爱情比喻成船比喻成花朵，我们通过苏霍姆林斯基的信，通过刚才的表演，是不是有了更深层次的认识呢？最后，老婆婆走了，只留下老大爷一个人思念。你们想一下，此刻爱情更深层次的理解又是什么呢？

杨楠希：我觉得，每个人的爱情观都不一样，不一定轰轰烈烈，我想用八个字来概括：执子之手，与子偕老！（大家热烈鼓掌）

杨心：在我看来，爱情就像水晶一样，一样的晶莹剔透，但是又易碎，是美好的，对我们这个年龄来说又可望而不可即。

魏雨萱：我觉得它不能用金钱来衡量，比如我们说I love you，这句话每一个字母都有它的含义——I表示“投入”，L表示“忠诚”，O表示“用心”，V表示“勇敢”，Z表示“喜悦”，Y表示“愿意”，

O 表示“责任”，U 表示“和谐”。（大家鼓掌）

杨扬：缘分是注定的，“百年修得同船渡”，两个人可以结成有情人是上千年的缘分。

舒霈：我觉得真正的爱情是相恋到终老，怀念到哭泣。

何晓蕊：真正的爱情是永恒的。最美不过夕阳红。最美的时刻是两个人到了晚年，静静相依，回忆他们的爱情。

王老师：其实从刚才大家的话中我已经体会出来了，爱情是人世间最美好的一种情感，真正的爱情是永恒的。下面，我们请李老师谈谈他的看法。

（大家鼓掌，李老师走上前）

李老师：今天我很激动，因为我听到了同学们真诚的声音。前段时间我给你们开了一个青春期系列讲座，在这个背景之下来开这个班会，有着特殊的意义。在李老师的年龄，谈到爱情许多人就觉得下流，但爱情不以人的意志为转移，因为生命在不可抑制地拔节，青春会肆无忌惮地开花！今天早晨有的同学说，今天是某个同学的生日，李老师没有忘记。现在请文海同学上来，我送他一本《花开的声音》。我把生日礼物送给他，祝贺你！文海同学！（文海上台领取礼物）我把礼物送给文海的时候，不禁想到，他又长大了一岁，这意味着什么？意味着他正在一步步走向成熟，走向青年，逼近事业，也逼近你们现在憧憬而将来一定会到来的爱情！现在有些家长包括教育者，一提到爱情就想到“早恋”，好像没有“早恋”就没有必要与中学生谈爱情一样。但我认为，即使同学们没有“早恋”我们仍然应该谈！同学们看我手中这本苏霍姆林斯基的书《爱情的教育》，我可以毫不夸张地说，这本书是我进行爱情教育的《圣经》！苏霍姆林斯基说过，要在我们的少年产生性喜好之前，就把爱情的种子撒到他们的心田里去。这不是说要教学生谈情说爱的技巧，而是和你们谈人性美，教给你们对妇女的尊重，以及对人生对他人的责任感，这是培养人性美的过程。我看你们刚才的发言觉得很激动，我觉得你们在写诗，在写爱情诗篇。刚才第二节课，我批了一部分作文，其中有几篇写的内容我认为刚好与今天的主题相关，下面我读一篇。（翻开一篇作文）这个同学是谁啊？李应生同学！（同学们笑）我们这次的作文题目是“源于细节的感动”，他写自己有一次在等公共汽车的时候，看到车快开动了，一位老奶奶急匆匆地往车门口跑，边跑边招呼后面跑得慢的一位老大爷，到了以后让老大爷先上，老大爷可能是身体不好，看着要往下掉，这时候老奶奶用力地把他往车上推，看到这个地方，李应生有一番感慨：

人的一生又有何意义呢？吃喝拉撒睡，并终结以死，生前的知识、财富都带不走，说起也真够单调，但我认为，人一生的最后，是要有一个人，知心的、相伴着走过的人，否则，他的人生是有缺陷的。从那对老夫妇身上，我感受到了这一点的可贵。其实，人所需要的不多，只要在死去之前回顾这一生时，认为没有虚度，充实，幸福……

我希望有一天，我躺在床上，手握住陪我走完这一生的人的手，我的手也被紧紧握住，我露出笑容，然后，热泪盈眶……

（片刻的沉静之后，是同学们热烈的鼓掌声）

李应生同学所写的不正是对爱情的憧憬吗？上次魏乐庭同学的作文大家还有印象吗？（学生：有）每次去商场，爸爸都把妈妈的手牵着，这是多温馨的时刻！其实在我们这个年龄也有许多怦然心动或者说情不自禁脸红的时刻。李老师当年读中学时，也想和女同学说话但不敢，其实，这没什么可耻的，标志着你们成熟了。这儿还有一位同学的作文，他要我为他保密，但我征得了他同意，把姓名隐去后在这里读。不行，我得到上面去读，（往桌后面走）我怕有些同学看到作文本封面，不能让你们看到是谁写的。（同学们笑了）

爱的感觉——源于感动

爱是什么？我想一千个人会有一千种不同的答案，因为他们感觉不同。爱的感觉我曾经也略有体会，它是苦涩的，也是甜蜜的。它使人感到幸福，也使人感到失落，但那时的我却已经尝遍了爱的酸甜苦辣。

记得那是在初二的时候，很多男同学已经有了自己所谓的女朋友，可我却为他们的行为而感到担心。我当时想问一句：“爱，你准备好了吗？”我想他们并没有准备，毕竟我们都还太小了。我们并没有为自己所爱的人负责的能力，但这一想法却在一次偶然的事情后改变。

那是极普通的一天，上美术课时大家精神都很不集中（因为当时我们班没有人想要当毕加索），当然我也不例外，当时我十三四岁，正处于青春发育期。脸上的青春痘总是争先恐后地冒出头来，想要看看这美丽的世界，我也就养成去挤它们的习惯。特别是在像美术课这种“无聊”的课时，我更容易想起它们。我的手也不由自主地开始了挤压工作。

就在这时，我一不小心用力过猛，把一粒豆大的青春痘挤爆了，顿时鲜血直冒。心想：“运气真不佳，连挤青春痘都要受伤。”真是无巧不成书，我的餐巾纸早就被我用完了，正当我不知该怎么把已经冒出的一小摊血处理掉时，坐在我前面的她转过身来传美术作品时，看见我脸上那一条细细的血迹，忙问：“怎么啦，怎么会流这么多血，快擦一擦。”随即给了我一张苹果香型的餐巾纸。顿时我愣住了，没想到在我“危急”时刻前来救助的不是当时那些号称我兄弟的人，而是一个女孩。我下意识地接过纸，想说声谢谢，可话到嘴边了，就是说不出来。一种从未有过的温暖的感觉在我心里扩散。正当我鼓足勇气要说谢谢时，她却比我先开口：“怎么样，还痛吗？你怎么这么不小心。”我的全身顿时僵住了，仿佛一道电流通过全身。我努力从齿缝间挤出了一句话：“嗯，好，好多了。”她向我微微一笑，然后转过身去。我发着呆，脑子里一片空白，心里感到很愉快，我想这就是幸福的感觉吧。

从那以后，我便对她产生了好感，但我知道我还太小，我和许多人一样都没有准备好去迎接爱的到来。

后来我从好朋友口中知道，她知道我喜欢她。但我不知道她是怎么想的，一张纸巾给我带来的东西使我感到迷惑。最后因为学校用半年时间进行分班教学以备冲刺中考，我与很多同学的关系都因时间流逝而淡忘。

毕业后，有人说她喜欢上了别人，刚开始我心里很难过，但后来我认识到这并不完全是坏事，因为这件事让我放下了一个沉重的精神包袱，从此我便淡忘了她。

经过这件事，我深深地感觉到，感觉在于细节，细节出于感觉。

（本文乃作者对老师一片信任所创，而且此文中事件皆已是遥远的回忆，且作者现在已看破红尘。）

李老师：呵呵，“看破红尘”？太悲观了吧，泰戈尔有一句诗：只顾走过去，不必留恋眼前的花，只要走过去，鲜花到处都有！刚才听同学们谈论爱情，我感到同学们忽略了一个问题，爱情不仅是两个人的事情，爱情必然导致家庭，导致下一代。也许有同学说，李老师的意思是不是我们现在就应该付诸实践了。（大家笑）不是的。我说过，人生的不同时代，都有着不同的主题：幼年时代享受父母的呵护，少年时代经历求学的充实，青年时代沉醉爱情的浪漫，中年时代体验事业的辉煌，还有晚年时儿孙绕膝的快乐以及回首往事时问心无愧的骄傲与宁静。这不同的阶段都有不同的幸福，任何一个阶段幸福主题的缺失都是人生的悲剧。同样，如果不同时代的主题错位了，也可能是人生的悲剧。李老师九岁就失去了父亲，这就是一个悲剧。你们在青年时代不能享受爱情也是悲剧，中年事业无成也是悲剧，晚年孤苦更是悲剧。不同的主题都是幸福，每一个主题的缺失都是不对的，如果主题错位依然是悲剧。我们今天虽然还不能谈情说爱，但是可以谈论爱情，可以有生活的准备，智慧的准备。苏霍姆林斯基说过，培养父母要从孩子开始！所以我希望同学们要有勇气做明天最温柔的妻子，最善良的母亲，最豁达的丈夫，最高尚的父亲！还是李老师说过的那句话，我希望在座的每一位同学，希望盐外的每一位同学，将来都成为最优秀的丈夫，最优秀的妻子，最优秀的男子汉与最优秀的女性！谢谢大家！（热烈鼓掌）

王老师：今天的班会并不是告诉大家怎么做，而是让大家坦然地思考爱情。在以后的日子里，每当我们给予爱，接受爱的时候，是不是应该有一些思考。好，今天的班会到此结束。

心与心的交流

——一封写给学生的信

丽雯同学：

接到这封信，你可能感到有点突然吧？别紧张，我不过是把你当朋友而谈谈我的一些想法而已。

这些想法，本来那天晚上和你聊天时我就想说的，但几次话到嘴边都没能说出口，因为我怕让你难为情。但这些话不说我又觉得对你不负责任，毕竟我是你的班主任，该说的还得说。于是我选择了写信这种方式。

既然是朋友，我就单刀直入吧！听说——注意，的确是“听说”，你和外班的一个男生有超越一般男女同学界限的交往，是吗？如果是这样，我就想谈谈我的想法。当然，也可能是有的人过于敏感，误解你了。但尽管如此，我还是可以聊聊这个话题。

我开始不相信，因为我觉得丽雯那么单纯的一个女孩怎么会那样呢？后来一想，即使——又要提醒你注意，我说的是“即使”——你真的有“那种感情”，其实也很正常呀！“朦胧的情感”和品德是没有关系的。我多次说过，少男少女互相产生好感，是正常的，这种感情甚至是很纯真的。只是在这关键的时期——我指的是冲刺高考的高二高三阶段，需要的是高度集中的精力，如果不是天才，恐怕很难两全其美。

上学期我曾给三班的同学开设过一个关于爱情的讲座。提到我大学时读过的一篇中篇小说叫《晚霞消失的时候》，写“文革”中一对青年男女，后来两个人参加了不同的派别。男青年的父亲是共产党高级将领，女青年的父亲是国民党高级将领，两个人经历很多感情波折；多年后他们偶然遇到了。女主人公叫南珊，她说了一段话非常好：“人在自己一生的各个阶段中，是有各种各样的内容的。它们能形成完全不同的幸福，价值都是同样的珍贵和巨大。幼年时父母的慈爱，童年时好奇心的满足，少年时荣誉心的树立，青年时爱情的热恋，壮年时奋斗的激情，中年时成功的喜悦，老年时受到晚辈敬重的尊严，以及暮年时回顾全部人生毫无悔恨与羞愧的那种安详而满意的心情，这一切，构成了人生全部可能的幸福。它们都能给我们带来巨大的欢乐，都能在我们的生活中留下珍贵的回忆。”是呀，人生不同的阶段有不同的主题，因而有不同的幸福。这些阶段应有的主题或者缺失或者错位，我们的人生都将是悲剧，至少会造成遗憾！上周星期四我女儿来跟你们交流，面对有同学提到“早恋”的问题，她当时的回答是：“我们要考虑现在这个年龄段最应该做什么。每一个年龄段都有最应该做的事，如果把下个年龄段的事提前到现在来做，就意味着在两个年龄段都做了不该做的事，而且两件事都做不好！”你觉得呢？

上学期，在我所任教的高一（3）班建立了一个班级网站，“五一”期间我在网上读到我班一位同学的帖子《我的感情经历》，这位同学谈到自己的苦恼，就是陷入了一种朦胧的情感，经过思想斗争，这位同学决定放弃，而把精力用于这个年龄段自己最应该追求的东西。文章写得非常真实感人。我读了之后，在后面写了一个跟帖。我的跟帖全文如下——

读了这篇文字，我非常感动。

你的心湖曾掀起过一片青春的美丽涟漪，这是生命最美的风景，美在纯洁，美在朦胧。

但这不是唯一的风景。

你终于走过了这片风景，向着前面更美的风景进发。

就凭这一点，我就把你视为我最骄傲的学生之一！

我向你致以真诚的谢意和敬意！

我想到了我的高中时代，进入青春期的心同样为异性同学的一个微笑、一个眼神、一个不经意的动作……而颤动。记得我转学的时候，一个我心仪的女同学鼓起勇气向我含蓄而明朗地表示了那个“意思”，我在紧张恐慌的同时，感到一种微妙的幸福。虽然后来因为胆小我并没有接受这份情感，但现在想起来我仍然感到温馨。生命到了这个季节必然会萌动着一种纯洁的憧憬或企盼。爱和被爱都不是错，因为这是青春的阳光抚摸心灵所感到的温柔。

错在时间和地点。

你还记得我说的这句话吗：“我们和他们不一样！”我们既然选择了读大学，就把自己同其他同龄人区别开来了，就意味着我们自动放弃了一种其他同龄人可以“享受”的“生活”。所谓“不一样”，不在于我们班的同学不会产生某种感情，而在于面对这种感情，我们能够以高远的志向和坚强的意志，表现出我们的与众不同，因为我们追求更长远的幸福，追求更有质量的生命，追求更持久芬芳的感情花朵！因为——我们的确和他们不一样！

放弃，是为了更美好的追求。

祝贺你把握好了自己青春的航向！

这次你战胜了自己，也许未来两年你又会不经意地堕入“朦胧的情感”，不要紧，随时提醒自己，随时战胜自己，你就成了一个对自己负责也对别人负责的真正的人！

握手！

我会为你一生祝福的！

现在这位同学还在我们班，每次我看到这位同学总是感到欣慰和骄傲。

丽雯，李老师刚才说了，也许你并没有像我认为的那样。不管如何，李老师都希望你能够把握好自己青春的航向。

写这封信我有过犹豫，但一想到教师节你发给我的短信，我就有了自信——不管怎样，丽雯一定会理解老师的！

希望能够听到你的看法，可以写到我的信箱里。

（为了不影响你的学习，这封信我请王老师星期六转交给你。另外，我是用拼音输入，肯定有不少错字，请原谅！）

祝你每天都有来自学习的快乐！

你的朋友：李镇西

2005 年 10 月 28 日

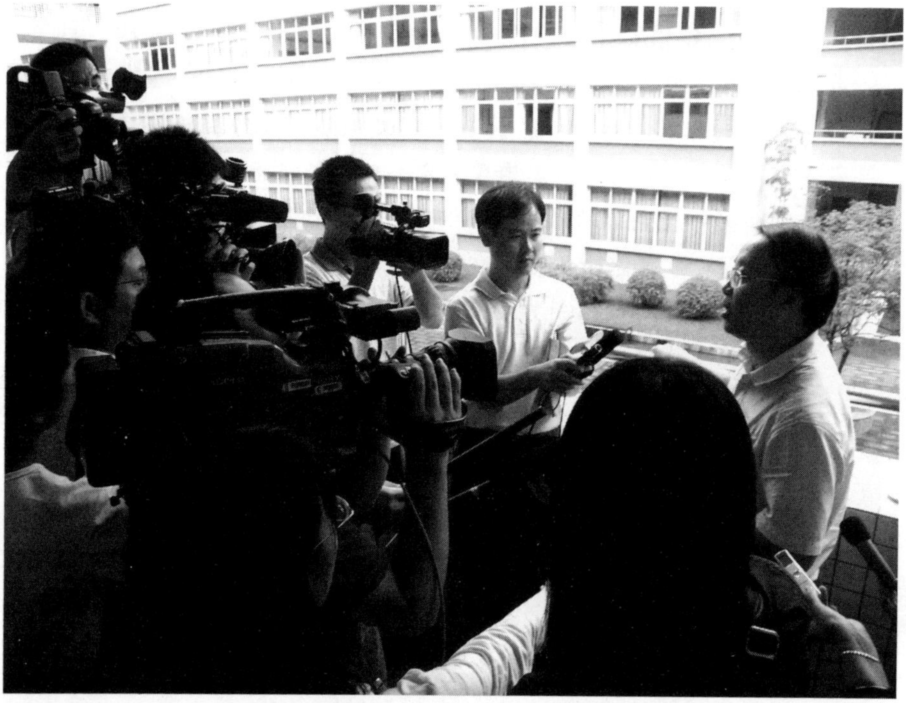

2007 年 8 月，接受媒体采访

第四辑 培养优等生，转化『后进生』

教育者应该容忍“后进学生”的一次次“旧病复发”，与此同时，又继续充满热情和信心地鼓励学生一次次战胜自己，并引导学生从自己“犯错周期”的逐步延长或者错误程度的逐渐减轻的过程中，看到自己点点滴滴的进步，体验进步的快乐，进而增强继续进步的信心。

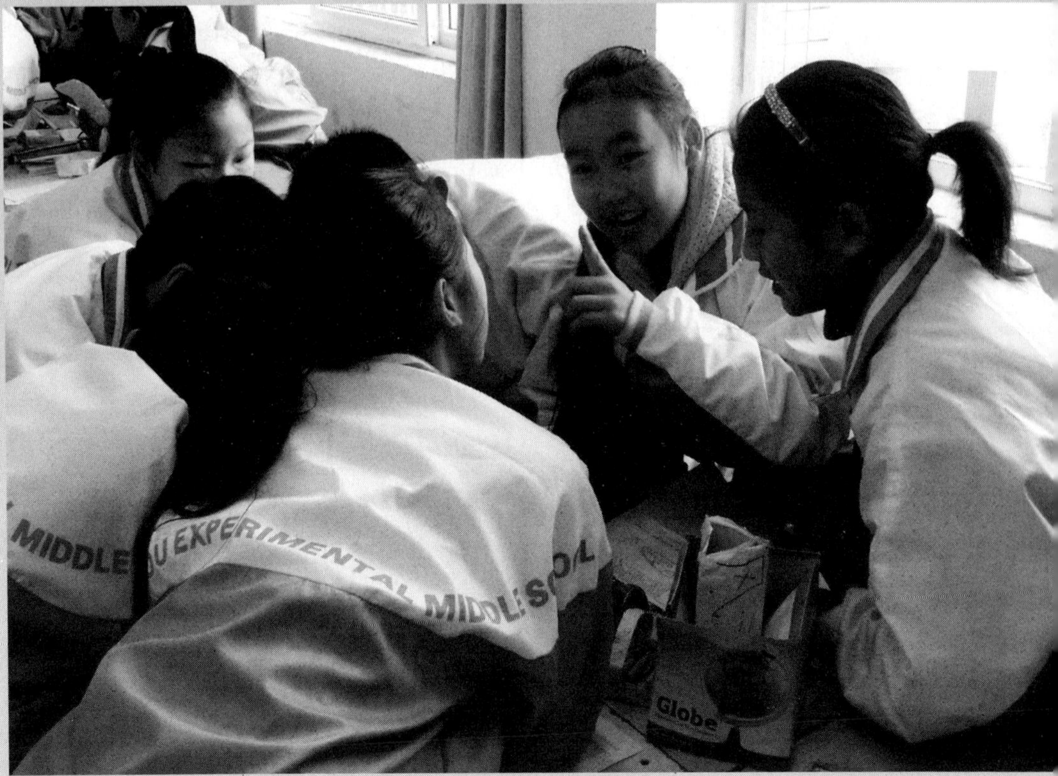

第一节 锻造卓越人格
——“优秀学生”的培养

“优生”需要怎样培养

“优生”当然应该是指品学兼优的学生，但是现在在不少教师、家长的眼中，所谓“优生”更多的是指学习成绩拔尖的学生（也被称为“尖子生”）。因此，这里有必要对我所说的“优生”做个大致的定义——我这里所说的“优生”，是指品德、学习和各方面能力都优于同龄人的学生。

培养“优生”的意义显然是不言而喻的。“素质教育”并非“一刀切”的教育，而是既面向全体学生，又针对每一个学生的个性特点的教育。尽可能挖掘并发展每一个学生的潜力，让尽可能多的学生在各方面都获得理想的发展，成为教育者所期望的“优生”，最终成为对民族对国家有用的高素质人才，应该说这也是“素质教育”的题中应有之义。

对“优生”的感情几乎是不需要培养的，因为教师对“优生”的爱几乎是天生的——比如，在学校进行组建新班时，几乎每个教师都希望自己班上的“优生”多一些。但我们对“优生”的认识却未必正确而且全面。

当我们第一次从新生报名册上认识“优生”时，我们应该清醒地认识到，他们并不是自己教育的成果，而是学生家长和小学老师共同教育的成果。说明这一点很重要，因为这意味着我们对他们同样需要从零开始的教育。而且，这种“从零开始的教育”的主要依据是这些“优生”的两重性：一方面，他们的行为习惯、学习习惯、学习成绩以及各种能力比一般学生相对（注意：只是相对）要好一些；另一方面，他们除了仍然存在着一般学生在这个年龄容易出现的毛病外，也存在着他们作为老师的“好学生”、家长的“好孩子”所特有的一些毛病。

具体说来，“优生”一般具有以下特点：

1. 思想比较纯正，行为举止较文明，自我控制的能力比较强，一般没有重大的违纪现象。

2. 求知欲较旺盛，知识接受能力也较强，学习态度较端正，学习方法较科学，因而成绩较好。

3. 长期担任学生干部，因此演说能力、组织能力以及其他工作能力都较强，在班上同学中容易形成威信。

4. 课外涉猎比较广泛，爱好全面，因而知识面较广。

5. 由于智力状况比较好，课内学习较为轻松，因而容易自满，不求上进。

6. 长期处于学生尖子的位置，比较自傲自负，容易产生虚荣心。

7. 在畸形的“升学率”压力下，有的“优生”之间容易产生互相嫉妒、钩心斗角的狭隘情绪和学习上的不正当竞争。

8. 从小就处在受表扬、获荣誉、被羡慕的顺境之中，因而对挫折的心理承受能力远不及一般普通学生。

以上几点，只是就一般“优生”的共性而言，当然不一定每一个“优生”都是如此，但根据我的教育实践，至少多数“优生”基本如此，只是也许有的学生侧重于其中的某些部分，而有些学生又偏重于另外的特点而已。

还需特别指出的是，在“应试教育”的大背景下，一些教育者不但只注重“优生”的学习分数，而且“一好遮百丑”，把他们其他方面的优点也有意无意地夸大了；相反，他们所独有的思想偏差、人格缺陷，却在很大程度上被教育者忽视了。

我仅举一个关于三好生的事例，可能会让读者的心灵受到震动。

许多年前，某直辖市有关部门对该市16名市级三好学生、优秀学生干部进行了一次特殊考试——“特殊”之处在于这次考试有些设计是隐性的。在考室门口放有一把倒置的扫帚，结果，进教室的16名学生无一人弯腰把扫帚扶起来；考试前，需要削铅笔，结果，削完铅笔后主动把铅笔屑打扫干净的仅有三人！考试完毕后，主持人对所有学生说：“今天的考试结束了，但我很遗憾地告诉大家，你们都未通过今天的考试，因为你们在考试过程中的言行已经给自己的文明习惯打了个不及格的分数！”

是的，上面这个例子涉及的都是微不足道的事，但正因为是小事，才说明其普遍性；更何况，这些应试的当事人都是中小学生中的佼佼者啊！

至于近几年来，不少因承受不了各种“打击”而自杀的中学生，其中绝大多数是我们教育者眼中的“优生”，应该说，这也早就不是“新闻”了。

——问题的严重性正在于此！

因此，如果我们第一次走进教室，面对“优生”时，在深感“幸运”

的同时，切不可认为“优生”教育只是“维持”教育，而应该意识到：“优生”教育的艰巨性、复杂性，绝不亚于对其他学生的教育。

根据我的体会，在培养“优生”的问题上，应注意以下几点：

第一，引导“优生”树立志向。

“优生”一般来说，智商较高，即使不那么刻苦，他们的学习也会在班上名列前茅，高中毕业也能考上大学。这就往往使一些“优生”不求上进。当然，从“应试教育”的角度看，这类学生固然是“上线生”；但如果他们仅以考上大学为目标，那么我们国家不过是又多了一名大学生而已，而决不会又多了一名钱学森、华罗庚。因此，要让这些学生真正发挥出自己的潜力，成为祖国的栋梁之材，班主任就应该引导他们树立理想，明确志向，真正做到“志存高远”。我常常通过谈心，让“优生”意识到，成绩比别人好，就意味着将来比别人多一份责任，而现在起就应该比别人多一分努力。引导学生立志，最有效的方法之一，是给他们推荐有关伟人、名人的传记读物，使“优生”把自己放在一个更广阔的历史空间和时代背景中认识自己的使命。

第二，帮助“优生”认识自己。

一般来说，“优生”有较强的自信心，这是一件很好的事，我们应该予以保护和发展。但同时，有些“优生”对自己的不足往往认识不够，也有的“优生”对自己的人格修养、知识框架、能力结构等综合素质也缺乏科学的分析与评价，还有些“优生”对自己某些方面的发展潜力认识不足，如此等等，都妨碍着他们进一步充实自己的综合素质，妨碍着他们发展自己应有的才华，最终也阻碍着他们成长为教育者所期待的高素质人才。所以，我们应该帮助“优生”超越某些具体的考试分数和名次，通过与其他杰出的少年英才的比较，通过对自己求学过程中成功的经验与失败的教训的冷静分析，通过各种具体的课内外实践活动……正确全面地认识自己，进而有针对性地发展自己。

第三，教育“优生”保持童心。

少年儿童，就其天性来讲，是具有纯朴善良的本质的；何况我们面对的“优生”是经过其家庭教养和小学老师的精心教育的，他们的思想品德一般还是比较好的。因此，我们对“优生”的所谓“思想品德教育”，固然包括随着他们年龄增长而注入一些新的思想品德养料，但我个人认为，更重要的还是教育他们应保持自己的一颗纯洁童心。这种情况应该说不是个别现象：一些“优生”随着荣誉的增多和头脑的“成熟”，虚荣、自私、骄傲自大、心胸狭隘等心灵的毒瘤也开始滋长，而且由于他们在班上往往有较高的威信，因而他们的这些毛病在班上产生的消极影响也较大。教育“优生”保持童心，单靠说教是不行的，更多的时候是要让他们通过与班上的同学平等相处感受其他同学身上值得自己学习的优良品德，让他们在为同学服务的过程中体验一种奉献的幸福，让“优生”之间面对分数和荣誉学会淡然处之和互相谦让，以培养自己豁达而淡泊的心境。适当淡化这类学生的“优生”意识，帮助“优生”去掉他们头上自我陶醉的“光环”以恢复他们普通同学的感觉，是使他们保持一颗纯朴童心的有效方式之一。

第四，激励“优生”超越自我。

我常常对“优生”说：“本来可以得 100 分，却只得了 99 分；本来可以考上名牌大学，却只考上了普通院校；本来可以成功一番辉煌的事业，却只是找到了一个谋生的饭碗……造成这种种遗憾的原因当然很多，但其中重要的原因则是本人不具有战胜自我、超越自我的勇气、毅力和能力。在未来人生的道路上，千万不要自己埋没了自己！”如果我们对所有学生都这样说，显然不妥，因为我们的社会既需要像陈章良那样的杰出科学家，也需要像李素丽那样的普通劳动者；但是，对少数具有出类拔萃潜质的“优生”，我们则应理直气壮地向他们提出“追求卓越”的希望。激励“优生”超越自我的要点有二：一是尽可能多地让他们在各个方面实践，以发现并发展自己以前没有意识到的潜质；二是鼓励他们在日常一点一滴的小事中战胜自我；甚至教育者可以有意识设置一些难题去“折磨”他们，让他们在一次次与自己“过不去”的过程中体验到“人生的乐趣与辉煌正是从战胜自我到超越自我”。

第五，训练“优生”受挫心理。

长期处在“金字塔尖”的“优生”们，很少品尝失败和被冷落的滋味，这就使他们对受挫的心理承受力相对较弱，一旦遇到各种“打击”就情绪低落、悲观失望，个别学生甚至对前途失去信心。因此，优化“优生”的心理素质特别是受挫的心理承受力，是“优生”培养的一个极为重要的内容。训练并强化“优生”的受挫心理，首先不可将“优生”的身份和地位在班上特殊化，而应与其他学生一视同仁，这样，“优生”平时本来就是和一般同学一样，也就避免了因某些因素可能出现的失落感；其次，“优生”担任学生干部不宜搞“终身制”，而应合理轮换，使“优生”适应“能上能下”的学生干部机制；另外，对“优生”犯错误切不可迁就，而应该严肃批评，让他们习惯于挨批评包括严厉的批评甚至必要的处分；最后，也是很重要的一点，要多给“优生”创设一些品尝失败的机会——这当然不是说要有意让“优生”不断失败，而是引导“优生”尽可能多地在不同领域不同方面摸索、尝试，在此过程中必然会有失利，而当“优生”对此习以为常的时候，他们就学会了坦然面对人生路上的失败、挫折和各种意想不到的打击。

第六，培养“优生”创造能力。

培养学生创造能力的重要性是不言而喻的。一般来说，“优生”的学习成绩是很拔尖的，但在“应试教育”的束缚下，“高分低能”的现象却不是个别的。而未来社会对人才的能力特别是创造能力的要求越来越高，因此，我们决不能满足于“优生”名列前茅的考试分数，而应有意识地培养其创造能力。创造能力的培养首先是创造性思维的培养。要教育“优生”敢于“让思想冲破牢笼”——在坚持正确的政治方向和辩证唯物主义思想方法的大前提下，培养学生追求科学、崇尚真理的理性精神，让学生大胆地冲破迷信权威的思想牢笼，冲破盲从书本的思想牢笼，冲破膜拜师长的思想牢笼，冲破固执己见的思想牢笼！总之，让他们养成善于质疑、勇于否定、独立思考、积极创新的治学方法和人生态度。从解题时的独特方法到作文时的新颖构思，从独当一面地开展班干部工作到积极参与各类课余科技小制作、小发明活动……只要学生具备了创造性思维的习惯，其创造能力锻炼的机会是无处不在无时不有的。

凌飞：从颓唐走向优秀

下面，我想以一个案例，展示我培养优秀学生的具体做法。凌飞是我前几年教过的一个学生，这个学生刚进高一时谈不上多么优秀，相反还有些消极颓废，但他具备成为优秀学生的素质。我在他身上花了大量精力，效果明显。下面仅仅是高一上学期我日记中有关他的记载。现在凌飞已经考上大学，我们时有联系。

2004 年 9 月 24 日　星期六　阴

今天，去军营看望正在军训的学生。听副班主任王老师说，同学们表现都很不错，但有一个叫“凌飞”的男生例外。这个男生吃不了苦，闹着要回家。

后来我看到，队列里的凌飞的确神情忧郁，甚至有些颓唐。

在我初步的印象中，凌飞学习成绩比较好，特别喜欢物理。但平时不怎么说话，有点洁身自好的味道。

2004 年 10 月 8 日　星期五　阴

今天是我班的“大选日”——一个月前我就说过，我们的临时班委只服务一个月，国庆之后就正式选举。

我多少有些吃惊的是，在自荐的候选人中，居然有凌飞！

九位同学分别上台发表简短的演讲。轮到凌飞时，他说：“说实话，我不是那种爱说话的人，刚到这个班也没有想到过我在一个月之后会竞选班干部，但是，一个月来，我真切地感到我们班的同学太好了！我们班太好了！这个班的团结让我特别感动，感到自己生活在这个班很幸福！我真心想为这个班做点事情！”

经过全班同学无记名投票，选举结果出来了，凌飞获得 32 票。按班委分工，擅长吹黑管的凌飞任宣传文娱委员。

2004 年 10 月 21 日　星期四　阴

晚上开了一个班委会，大家交流近期的工作。我要大家着重谈现在班上的不足，大家谈到两点：第一，清洁卫生还不是很理想，有两次没有能得满分；第二，晚自习有时还有说话现象。

凌飞的一番话让大家很感动：“要搞好一个班，首先我们班干部就要起好带头作用。可我们现在并没有做好！因此，应该从我们自己做起！”

大家决定改变现在一个小组搞一天清洁卫生的方式，从下周起每一个小组搞一周。这样便于落实责任。对于自习课，大家决定每一位班委都参与严格管理。

2004 年 11 月 17 日　星期三　晴

在上周历史和地理考试中，黄泳作弊了，她看了同桌凌飞的试卷。经了解，凌飞是有意给她看的。

语文课前，我找到凌飞：“你这次把试卷给黄泳看，所犯错误的性质和作弊一样的，都是弄虚作假。因此，你的历史和地理成绩只能以零分计。”

他有些吃惊，脸色很不好看。

“既然犯了错误，就要勇于正视，并承担相应的责任，这才是男子汉！”我说，“不过，请相信李老师，我决不会因此而把你当作坏学生。你现在在我的眼中，是一位犯了错误的好同学！”

他看了看我，然后很诚恳地说：“我接受李老师的处罚。”

2004 年 11 月 19 日　星期五　小雨

早晨，我搭德育处徐主任的车上班。

在路上，我和他聊起最近我班的情况，给他讲了这几天处理作弊事件的经过。他问我凌飞怎么样，我说在这次作弊事件中他也犯了错误，让黄泳看他的试卷，不过他认错的态度还不错。我问他怎么想起问凌飞。

他迟疑了一下，说：“前不久我逮着他吸烟了。”

这倒有点让我感到意外，但他马上又说：“你别去问他了。因为当时他认错的态度特别诚恳，所以我答应过他不跟班主任讲的。”

我说：“但我还是想知道具体经过。你放心，我不会去找他的，我装作不知道。”

他说：“这事有一段时间了，发生在半期考试期间。我上厕所偶然发现他在里面吸烟，便批评他，他当时非常后悔，态度很诚恳，说自己给班上丢脸了。看得出来，他非常有集体荣誉感。后来他主动给我写了一封信，希望我原谅他。”

我请徐主任把那封信给我看看，并再次强调我不会找凌飞的，一定保密。

到了学校，徐主任把凌飞写给他的信给我看。信的全文如下——

徐主任：

今天考完数学，我做了一件非常不好的事，我感到了深深的自责。

我明白，不管有什么原因，身为一名学生，我是怎么也不应该违反学校的规定、学校的纪律的。不过我还是想向你倾诉我心中的愁绪。最近一直在生病，鼻子就是不通，声音也有点哑。考数学本来就有点难，再加上鼻子也不通，弄得自己心情极其不好，就想起书包里有几支烟，就到厕所抽了一支。

事后徐主任你温和地教育我，让我感到了无比的感动。我以为你会不分青红皂白地骂我，立刻处分我，但你没有。我认为很对不起你，我实在是做得太不对了。即使现在徐主任你处分我，贴校告，我也会心甘情愿地接受，没有一句怨言。只是我觉得太对不起高一（3）班，因为它是一个那么优秀的班集体。我真的不希望因为自己而给整个班集体抹上了污点。到那时，我真是我们班的公耻了！所以，我恳请徐主任能给我一次机会，不，应该说给我一个或两个星期来表现，来戴罪立功。我也恳请徐主任将这件事暂时保密，不要跟班主任说，因为他已经够辛苦的了，我不想再让他操心了。

对于抽烟，我知道是有百害而无一利，对身体是一种极大的损害，更何况我还是中学生。我一定会尽我的努力，克制自己。也不知道徐主任你抽不抽烟，但也希望你能注意身体！

（附上剩下的香烟）

高一（3）班　凌飞

看了这封信，我一方面为徐主任细致的工作而感动，另一方面也为凌飞的真诚自责而欣慰。我不想再找他了，而且不想让他知道我知道这件事。不仅仅是为了不“出卖”徐主任，而是我觉得凌飞这封信让我感到，我没有必要再去找他了。

有时候，班主任也需要装一点糊涂的。

尽管当着学生我一直说他们是最优秀的，但我心里也明白他们有这样或那样的缺点或坏习惯。未来三年的教育任务是很艰巨的，我有足够的思想准备迎接任何意想不到的挑战。

无论怎样，都决不与学生为敌。这是我的原则。

2004 年 11 月 22 日　星期一　阴雨

虽然我不会再去追究凌飞吸烟的事，但这几天我一直把他挂在心上。

今天看随笔，我读到他上周写的一则——

进入高中以来，我的所有思想，都在进行着翻天覆地的变化。首先是为人，都感觉到以前的我还不算个人。其实现在我也不是一个完整的人。我还处在学着、尝试着做人的阶段。而对于怎样做人，我还没有资格发表言论。因为现在我接受的新思想太多，但还没有一个明确的中心，就像盘古开天地之前那样的混沌，一切可能会的、即将有的事物，能量正在孕育。

凌飞说他过去不是人，这话当然说重了，但他过去有许多坏习惯，这是事实。看得出来，凌飞现在处于心灵受到冲撞、思想正在变化的过程中，有些迷惑和混沌是正常的。

我把他的随笔本往前翻，读到他以前写的几则文字——

> 我感到进这个学校以来，我接受了很多新的思想。它们有的来自同学，但多数都来自老师。老师在无形中，就给我带来巨大的思想上的冲击。
>
> 不过我还是想接受更多的纯正的观念，我感到这是我现在最缺乏的东西，因为如果一个人不去不断地接受纯正的思想，他只会越来越沉沦、颓废。我还不想颓废，我也有宏伟的志向，我也想为自己竖立一块丰碑。

上面这段话是他十月份写的。在十一月初，他又写下这样的话——

> 来到这所学校，我的思想、我的精神主流每天都在发生着改变。围着纯正的思想而上下波动，李老师宽宏而博大的爱心，已经渗透到了我的内心……

但在成长的路上，孩子肯定会有反复，会有一些心灵的“折磨”。所以，他前段时间吸烟，也就是可以理解的了。

我打算找凌飞谈谈。

2004 年 12 月 3 日　星期五　晴

凌飞再次吸烟了。这次我没有留情，晚自习之前，我把他叫出了教室，给他一张处分登记表，说：“这次肯定要给处分的，因为你不止一次吸烟了。”我还与他谈了很多很多。

他表示接受处分，而且表示以后绝对不会再吸烟了。我说只要你改正了，处分是可以撤销的。我相信，你肯定能够以自己的行动撤销处分的。

处分当然不是目的，但有时候处分是必不可少的，包括对于比较优秀的学生。

2004 年 12 月 7 日　星期二　晴

早读课到教室，看到副班主任王老师正在找凌飞谈心。我估计他又犯错误了，但我没有走过去问什么事，我想还是让王老师独自处理吧！

过了一会儿，我在教室里通过窗口往操场看去，看见凌飞在跑操场。

凌飞回来时，我问怎么回事，他说他今天早晨没有起来跑操，王老师要求他补跑。我问为什么不起来跑操呢？他说怕冷，我说如果是病了就应该请假；如果是怕冷就不好。

过了一会儿，我在班上问：“女同学有没有怕冷而不起来跑操的？”

女同学们自豪地大声说：“没有！”

我说：“可男同学为什么居然有怕冷不起来跑操的呢？”

凌飞的脸一下红了。

2004 年 12 月 10 日　星期五　晴

凌飞最近情绪不好，估计是他感到近来老是犯错误，很沮丧。我想再找他谈，但想到经常找他谈也许他已经很烦了，干脆给他写封信吧。

于是我给他写了一封信——

凌飞：

你好！

很早就想给你写信，因为我考虑到找你谈的次数太多，可能你都烦了。还是通过写信与你交流，可能你容易接受些。

第一次接触你的名字，是上学期你的一个亲戚（一位老人，不知是否是你爷爷）到学校来，说想把你放在我班上，还说“拜托你了”。这学期开学见了你，应该说第一印象也不错。但是，坦率地说，大半学期过去了，你的表现总体上说，让我有些失望。当然，这不能怪你，因为学生嘛，当然是有缺点，尤其是成长中的少年，正因为有这样或那样的缺点，才需要教育，需要引导。

我经常对同学们说：“你们以后考上重点大学或名牌大学，与我关系不大。因为你们的家庭教育，你们的学习基础，你们的勤奋以及你们的天资，使你们即使不遇上我，也可能考上理想的大学。李老师的作用，是和你们一起学做人！”的确如此。我把你们的人格成长看得比学习重要。你可能最近有些郁闷，觉得自己很倒霉，什么事都不顺心，接二连三挨批评。其实，我也不想批评你。哪怕看到你一点进步我都无比高兴。最近你犯了不少错误，但最让我生气的错误，是你明明吸过一次烟挨了批评，你也保证了要改正，可你偏偏不守信用！你这是自己欺骗自己呀！这次教训确实深刻！如果你因此而吸取教训，那么这次处分你就没有白挨。就在你屡犯错误的这几天，我也没有把你看成很坏的同学。我至今感动于你在随笔中写的你要求进步的话，我觉得那是你的真心话。只是要把心里想的变成行动，确实需要毅力，对于你来说，有时很难很难。这也许就是成长的烦恼吧！

但你决心追求纯真的东西，这绝对没有错。我们这个时代，很容易让人迷失自己，让人们在喧嚣浮华的物欲中失去对精神的追求。读书为什么？现在很少有人想这个问题。有人说是为了考大学，考大学是为了找工作。真的这么简单吗？其实你想想，如果你不读书，就没有工作吗？我看不一定吧。如果靠父母，靠父母积攒的钱，未必就不能过上比较好的生活。但人不是动物，显然不能仅仅满足于吃好的穿好的，仅仅满足于感官的欲求，作为真正的人，还有着纯粹精神的东西。正是因为这个原因，你们才决定考大学，因为考上了大学就可以读更多的书，而读书可以使自己的精神更加充实，视野更加开阔，让自己在更高层次上在更深刻的意义上使自己成为“人”！一个人的成长，不是靠别人，而是靠自己。老师也好，家长也好，只能给你建议给你忠告，如果你不能把握自己，不能战胜自己，再高明的老师也没有用！我要做的，不是代替你进步，而是在你需要提醒的时候提醒你，在你需要鼓励的时候鼓励你，在你迷惑的时候给你一点建议，在你取得进步的时候分享你的喜悦。

现在你处于彷徨的阶段，我估计你正在进步的痛苦之中。后退一步，就堕落，那是很容易的，也是很“愉快”的，但你十几年的成长就前功尽弃了；咬着牙战胜自己，每走一步都很吃力，但很坚实，而且是在进步，你会获得真正的成长的幸福！再过十几年或者更长的时间，当你长大了，在事业上取得了成功，回头看今天，你会为今天的烦恼而感到可笑，同时也为自己终于能够在人生最关键的时候战胜了自己而骄傲的！

我曾对你寄予希望，把你看作优秀学生，今天我依然把你看作优秀学生，同样对你寄予希望。你还会犯错误的，但我们都不要灰心，犯了错误就改正，在一次次改正中走向成熟。我会时时刻刻注视着你！

祝你快乐！

你的老师朋友：李镇西

2004 年 12 月 10 日

2004 年 12 月 13 日 星期一 阴

早晨来到学校，便收到凌飞同学的回信——

李老师：

你好！刚一进校，你就给我留下了深刻的印象。外表看来似乎有些显老，但你的话，风趣幽默深刻，你的思想如灯塔，都显示出了你的活力。我很敬佩你！

在你的教育下，我许多落后的思想已经被你刷新，我的人生观、世界观也在起着翻天覆地的变化。可以这样说，我对人的审美，被你彻彻底底地颠覆了一次！

更重要的是，你无时无刻无处不在地教我怎样做人，什么样的人才算得上一个有道德的公民，这些是我永远都不会忘记的。我想你给我带来的影响我将受益终身。

经过了吸烟的事之后，我想我有了更大的进步，我明白了诚信两字的含义。我吸烟也有些模仿性在里面，因为我总觉得手上拿支烟，是成熟的标志。但我现在又不这样去想了，因为成熟是一个人思想上、行为习惯上的规律化，不是体现在抽烟上的。

李老师，你放心！我明白你已经给了我最大的宽容，我也是有血性的，我也懂得知恩图报。我一定会尽最大努力的。（向你诚实地道歉，因为回到家又抽过两支。）

现在我开始热爱物理了。一做物理题就感到这不是题，这是生活中的现象。我想这也是我物理学得好的原因吧！每次考物理时，我总会忘记自己是在考试，那时我真正忘记了周围的一切。那种感觉真好！我有很多的时候都感到好迷茫，心里很不舒服。以前每一次的随笔也都是我的最真实的感觉，而李老师是不是当我是“写”出来的啊？

连王老师也说我太老气，很没有精神。其实精神活力我都有，没有表现出来而已。我在球场上就是最活跃的了。

呵呵……

凌飞

2004 年 12 月 12 日

2004 年 12 月 20 日　星期一　阴

上周，我请同学们对班干部投了一次信任票。结果统计出来了，凌飞赢得的信任票最多：29 票。

2004 年 12 月 21 日　星期二　阴

总体上看，班委不太令同学们满意。今天，我召集班委干部们开了会，总结上任以来的工作。一些班委说工作不好开展，埋怨同学们不理解。轮到凌飞发言时，他说了几句非常有分量的话："我觉得，我们现在不应该抱怨同学们怎么样，而应该问我们自己做得怎样，我们能做到哪些而哪些没有做到！应该尽快在同学们中间树立威信！这才是最重要的。"

我充分肯定了凌飞的话："凌飞说的，正是我想说的！其实，我们的同学很好。第一，这个班目前在年级是最优秀的班之一；第二，这次同学们对你们的意见恰恰是你们没有作为，这说明我们班风气很正。否则，如果不是这样，你们不工作，可能还会受到大家的赞扬呢！我同意凌飞的话，我们必须从自己做起，尽快在同学中间树立起威信。昨天我说了，要赢得同学们信任，无非两点：第一，严于律己；第二，大胆工作。我建议，大家努力做几件事给同学们看看，让同学们知道，你们不但有责任心而且也能够做好工作！"

他们都同意，便开始商量做什么事。最后大家同意在三个方面做出成绩：第一，学校元旦晚会，我班出一台优质的节目，凌飞建议排练一个男女声英文小合唱《明天更美好》，由文海伴奏。第二，狠抓自习课和其他课（主要是同学们不重视的历史、地理等课）的课堂纪律。第三，齐心协力把教室卫生搞好。

元旦晚会的节目，自然落到了文娱宣传委员凌飞的身上。

2004 年 12 月 29 日　星期三　阴

凌飞今天在语文课上的讲演题目是"跨栏"。他说："体育比赛中的跨栏与人生有许多相似的地方，但也有许多区别，体育比赛的跨栏是固定的，而人生的跨栏的可变性很大。从刚出生到学会走路，随着年龄的增长，我们会经历大大小小的考试，这是不可避免的，而且考试的难度是由低到高，这也是我们不可避免的。以后随着年龄的增长，我们会上大学，毕业然后找工作。现在就业形势是非常严峻的，当然，人会遇到不同的工作，会取得不同的成绩。成年以后我们还会遇上婚姻家庭，而且有的人在这个栏架上会跨得轻松自如，有的人则会跌倒。总之这个阶段变化有些多。人生就像跨栏一样会经历许多挑战，当你用力跨过以后，你的人生就会非常精彩。有的人从栏的侧面钻过的时候，他会遇到更大的栏，那就非常悲惨了。我们应该勇敢地跨好每一次栏！”

我充分肯定了凌飞演讲的观点，然后接着他的话题说：“人生的确如同跨栏，但最大的一个跨栏，不是考试、婚姻，是自己的弱点。我在网上写文章时说过一句话，只有自己能够打败自己，否则没有谁能够战胜自己。”

2004 年 12 月 30 日　星期四　晴

几天前听说凌飞最近心绪不太好，我便对他说：“近期抽个时间我们好好聊聊，如何？”他很爽快地答应了。

今天中午，我把他请到办公室和他聊了起来。我先请他谈他有什么苦恼。他说：“我对自己总是不满意，心里有时候很烦。刚刚来这里的时候，我很不适应，所以比较心烦。最近对自己更不满意了，常常在日记中反思自己，也做了些调整。还有就是对同学特别是对我班男同学很不满意，整天只知道狂打，实在是太幼稚了。我不认为我们这个班的同学有多么优秀，比起我心目中的优秀还差得远！”

我给他分析起来：“你的烦恼，是成长的烦恼。我为你有这种烦恼而高兴，这说明你正在走向成熟。和你一样，我也感到我班许多男生很不懂事，显得比较幼稚。但是，这也是多数男孩子正常的表现，毕竟处于青春期，精力旺盛。作为你来说，应该宽容同学，不能苛求他人。你要调整好自己的心态，不然，你以后长大了，老以自己作为标杆去衡量别人，就很容易失望。”

他说：“我最近也意识到这个问题，也在开始调整自己。但我对我班的班干部太失望，比如对文海，军训的时候我对他真是充满希望，但他正式当上班长后的表现实在让我失望。还有其他班委表现也不令人满意，当然我也没有做得很好。”

“最近怎么样呢？”我问。

“最近有些进步，但仍然不令我满意。”他说，“我觉得班委组成有个问题，就是男生太多，这样一来，几个男生班委不负责就没有人管得了。这是当初选班委时的一个失误。”

我问他觉得自己的行为习惯如何，他说自我感觉还好。我笑了：“那你还吸烟呢！”然后我又问他最近吸了没有，他说在学校绝对没有吸烟，我很奇怪：“在学校没有吸，那你在哪里吸了呢？”他笑了，有些不好意思地说：“在家里有时候偶尔还要吸烟。”

我更奇怪了：“你爸爸妈妈不管你？”

他说：“他们这方面对我放得比较松。”

我心里叹了口气，但脸上没有表现出特别的生气，只是说：“这里，我不想从违反中学生守则的角度说这个问题，我只想说，吸烟既对身体有害，又浪费钱，实在不合算！你不应该吸烟，哪怕是在家里。”

我谈到对他的期望：“凌飞呀，李老师现在不把你当学生而把你当朋友对你说几句话，我觉得你的确是可以造就的优秀苗子。我确实想把你像我过去教过的杨嵩、程桦等学生一样来造就。”我给他谈了谈我以前教过的杨嵩、程桦、陈峥等优秀学生的成长，然后继续说：“李老师教过成千的学生，以后还会教许多学生，不可能要求每一个学生都出类拔萃，但你应该出类拔萃！不可能要求每一个学生以后都干大事业，但你应该立志以后干一番大事业！李老师教学生有两个层次，绝大多数人我希望他们成为合格的中学生，另有一小部分学生，我希望他们成为真正的栋梁之材。在一个老师的教育生涯中，发现一个或几个优秀的可以着力培养的好苗子，然后用心培养成才，这是老师最骄傲的事。甚至可以说，一个老师一辈子如果能培养哪怕一个杰出的人才，就足以欣慰了。就像马俊仁，他发现了一个王军霞就不得了了！李老师现在对你也是这种心情。这不是对你的偏心，而是因材施教，是富有个性的教育。因此，你要理解李老师的心情，理解李老师对你的严格要求。”

在说这些的过程中，我不断给他讲杨嵩的成长过程。他听着，并不时很郑重地点头，那一刻，我觉得凌飞实在是很懂事。

在聊的过程中，凌飞表现出了对现在班干部的不满，我想到曾经在随笔中，他也多次表达着这种不满，我便问他：“如果同学们都拥护你，你愿不愿意承担起班长的责任？”

他说：“我还没有仔细想过。”

我说：“我建议你争取竞选班长，原因有两个。第一，为我们班，一个人应该有点责任感，通过自己的努力为班级建设贡献力量，这是一件很有意义的事，让同学们因你的存在而感到幸福；第二，为你自己，你目前的数理化成绩比较好，但能力还不全面，你看你昨天的演讲就很不成功，而未来社会需要的人才必须拥有全面的能力，这都需要现在开始培养锻炼自己呀！”

他说他的确为自己的演讲能力不强而苦恼，但是他没有就竞选班长一事表态，我问他有什么顾虑，他说：“我担心自己做不好。”

我给他分析道：“其实现在的班委做得也不好，如果你当上班长，我可以说，只要稍微尽点力，班上就会有积极的变化，也会赢得同学们的拥护的。”我还说：“如果你真的竞选成功，我建议由你一个人组阁，也就是说由你确定班委成员，这样可能更好些。”

他若有所思，过了一会儿说：“我考虑一下吧！”

我说：“好。我会尊重你的。”

2004 年 12 月 31 日　星期五　晴

我给凌飞的父母打了一个电话，跟他们谈了凌飞的在校表现，主要是希望他们鼓励鼓励凌飞。我也直率地希望他们不要迁就凌飞，不能让凌飞在家里吸烟。电话里，我有意隐瞒了凌飞因为吸烟而被学校处分的事。

2005 年 1 月 4 日　星期二　阴

班会课上，谈到有同学说我不应该把我们班的同学与成都市最有名的重点中学石室中学相比时，我说：“看不起同学是不对的，但我肯定要用石室中学的学生来要求你们。这点你们应该理解。如果你们觉得没有必要比，我就不比了，但那才真是看不起你们。同学们对自己应该有一个高标准。其实我们有的同学心里就是在和重点中学的同学比。李老师就是要去比，把你们往上提。咱们班上有些同学已经比上或者超过石室中学的同学，我们班已经有同学在思想境界上达到或者超过了我以前教过的学生。”

说到这里，我拿出凌飞的随笔本：“比如凌飞。当然不是说凌飞现在就没有缺点，不，他现在仍然有不少问题，上次咱们班上仅有的一次处分就有凌飞。但是他的缺点是前进中的缺点。本质上讲，凌飞是一个要求上进的同学。就凭这一点，我就毫不掩饰对凌飞的欣赏。下面，我们听听凌飞上周写的随笔片段。特别要说明的是，我是征得了凌飞的同意才在这里给大家读他的随笔的。”

我开始读——

每当这个时候，我的心情总是很平静的。这个本子，给我提供了一个自我的心灵交流。这很好。除此之外，我每天还坚持写两篇日记，我想这对我的写作很有帮助。现在我的一天的写作量大概有李老师的五分之一吧！呵呵！还是挺骄傲的。虽然有很多垃圾文字，但都是我心灵的轨迹。我会一直写下去的。

最近我的思维似乎给堵着了，做作业老犯傻，明明很简单的题要想半天。唉，不会是我老了吧！不过唯一值得庆幸的是，我还明白在文学作品中寻找精神力量。我每次读一篇有思想和内容的文章，都能汲取很多很多有用的东西，这样最好，不然我早就崩溃了。万一以后我事业成功了，都要感谢那些文学作品。

面对众多的困难与挫折，我的心永不言败。每个晚上，我安静地坐在桌前，都会享受子夜最寒冷的空气，秒针最清晰的走动，台灯下，总有一句不断激励自己的话：强者不会在困难中退却。

……

李老师跟我说的竞选班长那件事，我会认真去思考的。其实自己真的没有什么信心，也没有那种心思，但我有热情。我现在还在下决心，我的原则是不做则不做，做就一定要做得最好！

读完后，我说："其实凌飞还有许多烦恼，有烦恼是很正常的，幼儿园的孩子才没烦恼，有了烦恼，从某种意义上说，是走向成熟的体现。凌飞他很爱思考，人区别于动物就是有思想。李老师希望大家各具个性，但是在这个方面——比如一个人要战胜自己，要自我反思，这个应该是大家都具备的。我觉得凌飞这样坚持下去的话，肯定各个方面都会进步很大。"

我又说："李老师多次说过，教育就是提供选择，而受教育就是选择。同样一个老师给大家讲道理，可有人选择，有人却不选择。什么是真正的成熟？凌飞现在当然还不成熟，但他正在走向成熟。真正的成熟是做自己灵魂的船长！"

2005 年 1 月 5 日　星期三　晴

吃了晚饭，我又把凌飞请到办公室和他聊，我给他讲了今天我和一个犯错误的同学谈心的经过，以此告诉他应该怎样做思想工作，同时也征求他的意见，看我这样做有没有什么不妥。他认为很好。

我又问他对竞选班长的想法，他说他有信心获胜。我说，你也要有思想准备，你能否当上班长，我是无法保证的，只能由同学投票来决定。打个不太恰当的比方，现在我和你的关系好比是离任前的叶利钦和普京的关系，叶利钦可以提名普京为总统候选人，但并不能保证他能够当选。我想可能还会有同学参与竞争的，不过，即使你失败了，竞选的过程也是一次锻炼。他点头表示同意。

我说：“我只能建议你参加竞选，我之所以对你寄予希望，不是因为看中了你的能力，说实话，我现在并没有发现你有什么特别强的能力，我看重的是你那种上进心，和你追求高尚正直的心！我是把你当作我以前教过的杨嵩、程桦那样的优秀学生来培养来雕琢的！”

他说：“李老师，如果我当上班长，我有信心做好！其实，我觉得我很有组织才能的。”

“好！祝你成功！”我说。

晚自习前，我来到教室里，征求同学们对班委改选方式的意见，结果有的赞成只选班长然后由班长“组阁”，有的认为选了班长以后应该再选一次班委，于是我们投票表决。结果赞成只选班长然后由班长“组阁”的有26个同学，显然是大多数。

“好，就这么定了！下周星期二我们正式投票选班长。从现在起，凡是有意竞选班长的同学直接到我这里报名。”我说。

2005年1月7日　星期五　晴

我在班上搞了一次“全班之最”评选。结果凌飞获得了五项“全班之最”：“学习最刻苦的同学”“最稳重的同学”“最负责的班干部”“最有上进心的同学”和“最受同学欢迎的同学”。

我今天设计制作并印发了一张“班委干部信任度调查表”，让同学们对班委干部再次投信任票。表格分为这样几个栏目，“班委姓名”“是否信任”“简述理由”“可否留任”，让同学们认真地填写。

统计结果表明，在全班38位同学中，凌飞获得33张信任票（上次获29票），有36人同意他留任班委。

在对班委干部投信任票的同时，大家还对因吸烟而受处分的凌飞、苏畅是否同意撤销处分而进行了投票，结果凌飞和苏畅得以通过撤销处分。

凌飞正在准备班长竞选，我觉得还应该给他添一位竞争对手，于是我找到杨晓梅："你想过竞选班长吗？"她说没有想过。我说："我建议——注意只是建议，你勇敢地站出来竞争，为女同学争口气！呵呵！你现在的优势还是很明显的，同学们都很喜欢你。当然，既然是竞选，就有可能失败，你要把这次竞选当成一次锻炼，即使失败了，也虽败犹荣！"

2005 年 1 月 10 日　星期一　阴雨

凌飞的随笔——

昨天因为停电，随笔都没写成，日记也是，心里一直都不舒服。而现在用笔在纸上跳动，我的心无比欢快。我没想到这种心灵的自我倾诉能令我的心如此喜悦。

这个星期虽然只有五天，但密度颇大。作业量也非常地饱和，发生的事情也不少。一个就是班委的改选。这件事曾一度使我伤脑筋，但经过了李老师的多次开导引上了正轨。所以我每天以日记的形式不断地警醒自己，我这一天中干过多少缺德的事，我要加以改正。不然我也会随波逐流的，现在这个"波"的流向已没有了以前的纯正思想，更多的是为了硬生生的大学录取通知书。

……

这个学期，给我的感觉，很像在杯子下面抽白纸。速度当然很快，但纸上的确留下了痕迹，证明着你是经过了这个学期。在抽的同时，更有因为失误而将杯子弄倒的，那是一种对生命的挥霍。我是不敢去玩那种游戏了。

……

2005 年 1 月 11 日　星期二　阴雨

班长选举开始之前，我对学生们说："李老师一开始就希望我们这个班能够让同学受到民主的启蒙。民主，对于一个国家来讲，就是人民当家做主；对于一个班来讲，就是同学当家做主。有的同学就在随笔里说上周给班委干部投信任票很开心，从小学到现在，班干部都是老师说了算，现在我们说话也算数。这一学期我们大家都体会到了什么叫民主，李老师喜欢的人选同学们不喜欢，我也没有办法，李老师不喜欢的人选同学们喜欢我也没办法。今天我班的班长竞选程序是这样的，先由两个候选人发表竞选演说，完了以后同学们要提一些问题，回答完了再下去。最后投票。如果两人得票势均力敌，还要辩论。刚才有同学问我能不能弃权，我说当然可以。但是我们要通过自己的选票为班级尽一份力，所以我希望大家都不要弃权。说实话，两位候选人都很优秀，真是不好选！但我们还是要选。哪位先开始？”

同学们有的说杨晓梅先，有的说凌飞先，还有的建议通过划拳决定顺序。这时候，杨晓梅说：“我先！”

我说：“好！下面掌声有请杨晓梅！”

杨晓梅精神抖擞地走上了讲台：“同学们老师们，大家好！这是我第二次站在这里。我失败过，但我要再试试。这次如果选我的话，我会比较有经验。这是我的优势。班长的工作我知道怎样去处理。以前我做班长的经验是比较多的。我从幼儿园小班开始做班长，一年级到初三我都做班长，应该说是比较称职，还被评为优秀班干部，不好意思。（同学大笑）我的经验应该比较丰富。前段时间的工作有失误，可能是热情没有酝酿好，现在差不多了。请同学们相信我！”

杨晓梅的讲演不长，但获得了掌声。同学们开始提问，由杨晓梅回答。

同学们没有什么问题了，我便说：“好，下面欢迎凌飞发表演说。”

掌声中，凌飞拿着演说提纲走上讲台：“很感谢大家对我的支持。现在开始我的演说。如果我当上班长，我有三个基本思想。第一个是要保证每一个同学的利益和权利，无论男同学还是女同学。同学之间利益冲突，我都应该调节平衡，处理公正，还有同学与老师之间的事情，我都要协调好。这样有利于班级的发展。第二是班干部的本职是提供服务的，要为同学提供最好的服务，让同学在班级有更好的发展，创造更有利于学习的环境。第三是对于生活委员，如果我当上了班长，我一定要选好生活委员，不能让一个同学在最后时期生病，生活委员要关心到这一点。我希望大家认可，但是无论大家是否认可，我都希望大家在最后两周鼓起勇气度过黎明前的黑暗——期末考试！”

同学们以热烈的掌声对他的演说做了很好的评价。

裴丹第一个提问：“如果说你当上了班长，但是我们班还是出现了狂打的现象，但是他们不给你面子，你还敢不敢阻止？”

凌飞说：“这一点我很有信心，我相信男同学会支持我的！”

李运：“你会不会使用暴力？”

凌飞说：“不会！”

我说：“非暴力。呵呵！”

黄泳问："在你当班长的期间里，你会采取哪些措施让我们在学习生活方面更丰富？"

凌飞说："我想下学期在班级内部组织一些小的团社，比如五子棋社、跆拳道社等。"

王楠楠问："大家都知道你不爱说话，和同学沟通比较少。如果当上班长怎么办？"

凌飞说："我这几天已经在改变，如果我当上了班长，一定努力去改。请大家相信我！"

金薇问："大家对上届班委都不太满意，在你没有竞选之前，你为什么不给前任班干部提意见呢？"

凌飞坦然说道："我向大家承认错误，我以前对于班级没有很大的热情，但是对我的宣传委员工作，比如办黑板报，我做得蛮好的。"

同学们都笑了。

我问了一个问题："假如说遇到这种情况，同学们强烈要求做某件事，但李老师不同意，也就是说发生了冲突，你站在哪一边？"

凌飞说："这个要看具体情况。如果是伤害到了同学的权利，我一定会维护同学的利益，一定会向你发难。"

黄泳又问："已经临近期末了，你会采取什么样的措施来让同学们提高积极性和紧迫感？"

凌飞说："我觉得咱们班同学都很努力，不用我采取什么措施了。"

两位候选人的演讲和答问结束了，我说："现在大家拿出纸，开始选班长。注意，只能写一个名字。刚才咱们班著名歌星王龙要求唱票，我们请他用美声来唱票，呵呵！黄泳和余鑫要求监票，好的，就请他们来监票。在场的'国际观察员'负责监督。"我指了指后面坐着的老师。

同学们都笑了，同时开始填写选票。

然后当场唱票和统计票数。终于，在大家的掌声中，投票结果出来了。凌飞获得 28 票，杨晓梅获得 10 票。

我说："我们首先要对杨晓梅同学的参与表示敬意！同时，我们向凌飞同学表示热烈的祝贺！"

大家再次鼓掌。

我说："凌飞，你应该说几句呀！"

凌飞站了起来："我，我很激动！我很感谢大家的支持，我想以后的工作有大家的支持，我们一定会做好！"

我说：“我想强调的是，凌飞是大家选出来的，这个班长不再是凌飞一个单个的人，而是我们班集体意志的象征和代表。李老师都不敢得罪他，因为得罪他，就是得罪全班同学。当然，我不是说如果凌飞犯了错误我不敢批评他，该批评还得批评，而是说他如果代表全班同学向我提意见或建议，我肯定不敢小视，因为我会感到我是面对着38个同学！同样的，同学们也要服从凌飞的管理，如果你不服从凌飞的管理，就是违背了全班同学的意志。我希望同学们不要以为是在服从凌飞，不，不是服从凌飞一个人，而是服从全班同学的意志！”

下课后，凌飞来到我的办公室，我把上次同学们推荐的班委候选人给他，供他组阁时参考。我再次祝贺他，他腼腆地笑了。

我问他：“你感觉今天的演说和答问怎么样？”

他说：“我感觉我是超常发挥！”

我说：“我也觉得你今天表现特别棒！”

然后我说：“这两次选举很‘奇怪’，评选全班之最，杨晓梅的票数远远在你之上，但今天的班长选举你又超过了她。其实不奇怪，今天的选举不是人品选举，而是能力选举。也就是说，虽然杨晓梅落选了，但并不意味着同学们就不尊重她，只是因为和你比较，同学们认为你能力更强些。杨晓梅仍然是很好的同学，她肯定会支持你的工作。”

凌飞说：“我知道。我会让她担任班委的。”

2005年1月13日　星期四　雨转晴

凌飞把他本周写的随笔给我看，其中叙述了他参加班长竞选的经过及自己的感受。越看这篇随笔我心里越感动，因为它忠实记录了我班同学的进步。

2005年4月20日　星期三

凌飞是进高中以来思想上变化最大的一个学生，他的许多随笔都真实记录了他的心路历程。今天的随笔也不例外——

上个星期我的确写了许多随笔，但我从来没有想过去显示自己写得多，让老师感到这个学生很重视，我写自己的成长过程真是一种纯粹的精神享受。翻看着自己写下的文字，还是有一定的成就感，试想，初中是怎么也找不到这种感觉的。

看着左边李老师激情热情的字迹，我也是感慨万千的。又再一次地回想起进校时，李老师背个相机，短袖短裤的打扮，不高的身材。而且他说话的气势，从口中迸发出的激情，足以震撼我的心灵。从那时起我就知道自己会有很多的新思想了，而不再是以前那个思想还不成熟的我。从进入高中到现在，我的思想真是两个样。当初，我的思想消极，没有明确的目标，从没想过自己的前程，而现在的我，却已有了自己的一套思考问题的方法，虽还不够成熟与完美，但却有巨大的进步。这些进步起码有一半是来自李老师对我的人格教育。

李老师的教育思想，关键一点就是注重人格塑造，现在我才清楚地感到，人格的完善与提升，不仅会对你的成绩起着巨大的和积极的影响，而且会渗透到你的思想，你的行为，你的态度。这些比单纯地抓成绩实在是高明了太多。我渴望几年后，我便能以成功人士的身份回答记者的提问，我会肯定地对他们说："我现在的成就，有一半归功于我的高中班主任。"我真是这样想的！我相信这一定会到来的。在以后的学习生涯中，我更渴望李老师对我严格要求，提炼我的思想，让我储存好进入社会所需要的东西，有更完善的人格。

今天是我的生日。

我17岁了。我存在这个世上已有17年了。细细想了想，我感到特别奇怪，真是时间过得太快了，居然就过了17年了。纵观这17年来，我到底做了些什么？有什么成就？我不禁这样质问自己。

今天我收到了数份礼物，都令我很感动。其中最珍贵与最有价值的便是李老师送给我的一本书《教有所思》。我一触碰到封面，就感到了这其中的分量。而李老师也在上面亲笔签了名。呵呵……一回到了寝室，我便津津有味地读了起来，第一篇《愧对先生——陶行知墓前的随想》，把我的激情也调动起来，我感到了一个教育者的责任感。第二、三篇有关于教师的，虽然这些文章的主题与我现在这个学生的身份实在没多大联系，但我真是深受其感。而且令我想到了我的17岁。17岁了，应该是准成年了。

然后，我这个存在了17年的生命有多少价值呢？这并不是对自己的不自信，而是对自己的一种反思，我在思考，我在追求什么，我拥有了什么，我的价值该如何去评估。这些问题会让我深思良久。

读这样的文字，让人很难想象，就是这个凌飞，在刚进高中时，完全是一副颓废的样子，军训时唉声叹气，嚷着要回家。从他的进步轨迹中，我感受到了教育的成就感。

第二节　教育呼唤民主、科学与个性
——转化“后进学生”

转化“后进学生”的指导思想

一、民主：用心灵赢得心灵

爱，是教育的前提；对“后进学生”来说，这种“爱”尤其应该是真诚的。换句话说，教育者对“后进学生”的爱，绝不应是为了追求某种教育效果而故作姿态的“平易近人”，而是教育者真诚人道主义情怀的自然流露。当我们自然而然地把“后进学生”看作朋友时，这些顽皮的“后进学生”也会不知不觉地把我们视为“哥儿们”。我喜欢与“后进学生”们“吃喝玩乐”：星期天，和他们一起去公园，在草坪上摔跤、斗鸡；假期，和他们一块儿徒步去郊外旅游，在田野追逐；他们有了学习上的进步，我带他们去吃火锅以示庆贺……也许会有教育者指责我的教育“太庸俗”，但我认为教育能够真正走进学生的心灵，是无比幸福的！也可能会有人敬佩我善于给“后进学生”们带去欢乐，我会说：“不！不是我给他们带去了欢乐，而是他们给我带来了欢乐；或者说在没有师生界限的交往过程中，我们获得了共同的欢乐！”

当孩子们与教师产生了朋友般的依恋之情后，点燃学生心中“想做好人”的愿望，便是教师实施教育的关键。苏霍姆林斯基多次谆谆告诫教育者：不能让儿童那种“成为一个好人”的愿望的火花熄灭。而且长期与顽童们打交道的经历告诉我，即使是某些教育者心目中“一无是处”“不可救药”

的学生，其心灵深处或多或少也有着美好道德的萌芽，因此，对“后进学生”的成功转化，与其说是教师向他们“灌输”（即使是很巧妙的“灌输”），不如说是引导他们发现自己身上的善良之处、高尚之处，帮助他们树立“我是一个有缺点的好人”的道德自信。我经常与“后进学生”谈心的话题，便是让学生谈“我有什么优点”；如果某一“后进学生”因为长期受斥责而丧失了道德自我肯定的勇气和能力，我便让全班学生帮他找优点。注意，教师这样做，绝不仅仅是一种教育技巧，而首先是一种对“后进学生”由真诚热爱而产生的真诚信任。

当然，比起其他学生，“后进学生”犯错误的时候要多一些，教育者很难做到不对他们发怒；但是，“一个好的教师，就是在他责备学生、表现对学生的不满，发泄自己的愤怒（教师也有权发泄他的愤怒，任何一个有涵养的、受过教育的人也在所难免）的时候，他也时刻记着：不能让儿童那种‘成为一个好人’的愿望的火花熄灭”（苏霍姆林斯基）。我这里还想强调的是，在批评教育的问题上，师生同样是平等的：教师当然可以批评学生，学生也可以批评教师；教师如果批评失误，应该尊重学生申辩或解释的权利；如果冤枉了学生，教师应该公开主动认错。有一次上课，我看到一位因平时上课极爱说闲话而被我经常苦口婆心教育的学生，又在向周围同学说着什么，我一怒之下声色俱厉地把他痛斥了一顿，当时他红着脸低着头承受着我的批评；可是课后，有学生来告诉我，说那个同学刚才是为同桌念黑板上的板书（同桌眼睛近视而又忘戴眼镜了），并不是有意说话。我顿时惭愧极了，立即回教室当着全班学生向那个学生认错，并决定替他当一天值日生，以表达我的歉意。这事让学生们很感动，我却说：“学生认错，大家习以为常；为什么老师认错，同学们就格外感动呢？错误面前，也应该人人平等！”

二、科学：把教育主动权交给学生

前面谈到的学生心灵深处美好道德的萌芽，是学生自我教育的内在依据。但是，对“后进学生”而言，这些“萌芽”往往被各种缺点的“杂草”掩盖着。教育者的明智和机智，在于引导“后进学生”经常进行“灵魂的搏斗”，不但善于发现自己的可贵之处，更勇于用“高尚的‘我’”战胜“卑下的‘我’”。

要求“后进学生”在一个早晨就根绝所有坏习惯，显然是不可能的；但我们可以让他们通过自我控制而逐步减少犯错次数。有一位“后进学生”上课特别爱唱歌（虽然有时候只是小声哼哼），他知道同学们对他这个坏习惯很反感，自己也很想改正，但缺乏信心。我对他说：“你现在是每堂课都要唱歌，影响同学们学习。这样吧，你先试试尽量争取每天有一堂课不唱歌。如果没做到，我暂时不批评你，但如果哪一天做到了有一堂课没唱歌，你就来给我报个喜，好吗？”第一天，他没来报喜；第二天他来报喜了，而且特别兴奋；第三天和第四天他又没来报喜，我知道他未能战胜自己，但仍然耐心期待着；第五天，他又来报喜了。尽管一周之内他只有两天报喜，但我仍然给他以热情的鼓励。就这样，他犯这个错误的频率逐渐减少；半学期过后，他基本上改正了这个坏习惯。在表扬他的时候，我向全班强调的是，他有“战胜自己”的勇气和毅力。

引导学生自我教育，也包括利用学生集体的健康舆论对集体中某个或某些“后进学生”施予积极的影响。在这种情况下，教师要善于巧妙地把自己的表扬或批评转化为集体舆论的褒贬，让集体的每一个成员（不只是“后进学生”）都意识到：自己有了进步，是全班的光荣；自己犯了错误，是全班的耻辱。我多次在新学期第一天开始让几个“后进学生”进行“看谁进步大”的比赛，期中语文考试时，让全班学生以《进步大》作文进行投票，由于学生的作文只能写一位同学，这就使参加“后进学生”的比赛具有竞争性，而且这种竞争随时在学生集体的监督之中；由于学生的“选票”是考试作文，他们自然会认真对待，而这种“认真”必须体现为平时对那几个“后进学生”的细心关注。这种教育技巧，我在对历届学生的教育中都运用过，可以说是屡试不爽。其成功的原因，就在于其中蕴含着一条朴素的教育科学规律：“真正的教育是自我教育。”（苏霍姆林斯基）

但是，必须指出，“后进学生”的“自我教育”很难一劳永逸，相反，这是一个充满反复的长期教育过程。教育者期望通过一次谈心、家访、班会或听英模报告，便使“后进学生”从此成为一名优秀生，无疑是把教育想得太简单了。“犯错—认错—改错—又犯错—又认错”这是“后进学生”普遍存在的循环。教师因此斥责学生“屡教不改”“光说不做”“本性难移”等，是极不公正的。教育者应该容忍“后进学生”的一次次“旧病复发”，与此同时，又继续充满热情和信心地鼓励学生一次次战胜自己，并引导学生从自己“犯错周期”的逐步延长或者错误程度的逐渐减轻的过程中，看到自己点点滴滴的进步，体验进步的快乐，进而增强继续进步的信心。我从来不对“后进学生”提“下不为例”之类他不可能做到的要求，相反，我专门印制了“报喜单”，如果某位“后进学生”觉得自己在某一周犯错误的次数减少了甚至没有犯错误，都可以主动到我这儿来领一张“报喜单”，拿回去向爸爸妈妈报喜。

实践证明，把教育主动权交给“后进学生”，让他们在自我教育的同时又接受集体的监督，既允许其反复，又鼓励其进步，这最能体现“以教师为主导，以学生为主体”的教育科学。

三、个性：不以分数论英雄

苏霍姆林斯基告诉教育者：“不要让上课、评分成为人的精神生活的唯一的、吞没一切的活动领域。如果一个人只是在分数上表现自己，那么就可以毫不夸张地说，他等于根本没有表现自己，而我们的教育者，在人的这种片面表现的情况下，就根本算不得是教育者，我们只看到一片花瓣，而没有看到整个花朵。”因此，我们不应该把“后进学生”看作思想品德坏、学习成绩差的群体，而应该视为一个一个具有自己丰富而独特精神世界的“个体”。没有健康愉快的精神生活的人，是不幸者；而我们眼里的“后进学生”，几乎都是这样的不幸者！由于在智力水平、行为习惯、知识基础、家庭背景等方面的差异，“后进学生”很难在短时间内与班集体同步，于是心灵的悲剧便发生了：自卑自贱但表面上满不在乎，上课无法听懂又不得不日复一日地坐在教室里，作业往往做不好便只好胡乱应付，因此自然常被各科老师斥骂，受尽了同学们的白眼，于是处处与集体作对……

“尊敬的教育者们，请时刻都不要忘记：有一样东西是任何教学大纲和教科书、任何教学方式都没有做出规定的，这就是儿童的幸福和充实的精神生活。”（苏霍姆林斯基）要求所有学生必须在同一时间内，达到思想道德、文化学习的统一标准，这是许多“后进学生”根本没有“幸福和充实的精神生活”的主要原因之一。而转化“后进学生”，从某种意义上讲，就是还他们以本来应该拥有的“幸福和充实的精神生活”。这，又必须从每一位“后进学生”独特的精神需要入手。平时上课老坐不住的陈元兵，有一次课堂上居然偷偷地在抽屉里“研制”炸药，结果引燃了书包，差点儿造成恶性事故。我严肃地批评教育他后，主动给他介绍了一位化学老师，让陈元兵“好好从基础学起”，结果他不但课堂上“老实”多了，而且居然逐渐迷上了化学。伍锐课堂上耍蛇，吓得全班同学不敢进教室；我介绍他与生物老师交朋友，后来生物老师叫他当科代表，还让他参加了生物课外兴趣小组。文建国上课从来不听讲，说是“听不懂”，但他对小制作特别入迷，所有的零花钱几乎都用来买车模零配件，于是，我专门嘱咐物理老师，叫他指导文建国搞各种小制作，并让其参加各种小制作比赛。万同一上课便睡觉，我也看不出他有啥兴趣爱好，于是，我给他推荐既有教育意义又有精彩情节的长篇小说《烈火金钢》，叫他在课堂上抄这部小说……

曾有同事对我的这些做法不理解：“这些学生的学习本来就够差的了，你还如此迁就他们，毕业考试怎么办？”我的回答是：“我不这样做，他们仍然毕不了业；而根据他们的个性，发展其爱好，这不但能使他们或多或少学点知识，而且还能引导他们的做人之道。”后来这些学生的表现和发展，不但证明了我的这些尝试的成功，更进一步印证了苏霍姆林斯基的这段精辟论述：“我在学校里对儿童、少年和青年的几十年工作，使我得到一条深刻的信念：人的天赋、可能性、能力和爱好确实是无可限量的，而每一个人在这方面的表现又都是独一无二的。自然界里没有一个这样的人，我们有权利说他是‘无论干什么都不行’的人。共产主义教育的英明和真正的人道精神就在于：要在每一个人（毫无例外地是每一个人）的身上发现他那独一无二的创造性劳动的源泉，帮助每一个人打开眼看到自己，使他看见、理解和感觉到自己身上的人类自豪感的火花，从而成为一个精神上坚强的人，成为维护自己尊严的不可战胜的战士。”

把更多的关注投向“后进学生”

多年的教育实践告诉我，“后进学生”产生的主要原因有：

1. 家庭方面的原因

①教育方法不当。要么是溺爱，让孩子从小就在百依百顺的“温柔”中习惯于“朕即真理”；要么是粗暴，使孩子在呵斥和棍棒中学会仇视一切“教育”；要么就是放任，孩子在“自由”中疏远了棍棒也疏远了感情，养成了懒惰也养成了散漫。

②家长行为不正。“家长是孩子的第一任老师”已是人人都懂的道理，但为数不少的“第一任老师”却不知不觉地以自身并不美好的言行影响着孩子。胸无大志、工作懒散、趣味低级、生活平庸、言谈粗俗、热衷赌博、沉迷色情，如此等等都是在对孩子进行启蒙教育。

③家庭离异。真诚和睦的家庭，不但是孩子生活的温馨港湾，而且从教育的角度看，更是他们健康成长必不可少的良好环境。相反，夫妻经常打架、吵架，无疑会在孩子心中投下生活的阴影，扭曲他们的道德是非观念。由父母离异而造成的家庭破裂，使一些子女失去了应有的家庭温暖和教育，心灵的创伤、感情的失落、畸形的教育，使不少孩子渐渐成为学校中的“后进学生”。

2. 学校方面的原因

①教师的歧视。这是我在一次对“后进学生”的问卷调查中获得的“惊人”发现。相当多的“后进学生”诉说，他们从小学起就被老师冷落、辱骂，甚至体罚。这种歧视，不一定是教师的自觉所为，但后果却是不但使这些学生丧失了自信更丧失了自尊，更严重的是在他们心中播下了对教师乃至对教育的敌意。

②教学的失误。这主要表现在教师教学上的“一刀切”。“因材施教”是古已有之的教学优良传统，但一些教师在教学中总习惯于让所有学生“齐步走”，必然出现并不断积累的学习成绩差异使越来越多的学生沦为“后进生”。

③多次尝试失败。人们常说：“失败乃成功之母。”但对相当多的“后进学生”而言，失败是失败之母。面对他们的第一次“失败”，教育者并未予以应有的心灵抚慰和学习帮助，以致使沉重的自卑感成了第二次失败的前奏。如此恶性循环，本来可以学得不错的学生，成了教师眼中的“瘟猪子”！

3. 个人方面的原因

①街头结交。不正当地交友，因而染上社会恶习，是一些孩子成为“后进学生”的重要原因。

②身体状况。体质较弱或身体某些方面的疾病，自然会导致孩子的学习成绩不佳，以致成为“后进学生”。

③智力状况。个别学生反应迟钝、接受能力较弱，也是他们学习落后的原因。

以上只是粗略地将“后进学生”的成因做了个大致的划分。我认为，在家庭、学校和个人三者中，来自家庭和学校的原因占主要地位，其中最主要的原因首推家庭。但作为教育者，我们在研究“后进学生”时，却应该也必须把着眼点放在学校教育方面。

就班主任工作而言，我们在转化“后进学生”时，必须把他们放在整个集体教育中来考虑。根据我多年工作的体会，转化“后进学生”务必注意以下几点：

第一，注重感情倾斜。教师对“后进学生”真诚的爱，是转化他们的第一剂良药。“后进学生”几乎是从受教育起就伴随着呵斥、嘲笑、辱骂甚至体罚，因此，教师应怀着强烈的人道主义情怀给他们以心灵的呵护，帮助他们树立起人的尊严。我要特别强调的是，首先这种“爱”不是故作的特殊的“偏爱”，而是自然而然的和其他学生一样平等的爱。不然，“后进学生”仍然会觉得老师对他是另一种形式的“另眼相看”。其次，这种“爱”不应该仅仅来自老师，还应来自学生集体，要让“后进学生”感到不但老师没有歧视他，而且同学们也在真诚地尊重他，进而唤起他对集体的热爱之情，并把这种感情转化为上进心。

第二，唤起向上信心。苏霍姆林斯基有句名言：“真正的教育是自我教育。”我想，这对“后进学生”同样适用。每当我感到学生不听我的话时，就问自己：“我的这些话，是否点燃了他心灵深处向上的愿望和信心？”无数事实证明，只有当学生自己有强烈的上进愿望和信心时，他的进步才会出现并得以持久。所以，从某种意义上讲，所谓转化“后进生”，更多的时候就是不断设法唤起他向上的信心。

第三，引导集体舆论。每当读到或听到关于某一位班主任如何如何长期无微不至关心或苦口婆心帮助某一“后进学生”的经验时，我总是纳闷：怎么帮助“后进学生”成了教师一人的孤军奋战呢？集体的力量在什么地方呢？事实上，比起教师单枪匹马的操心，学生集体的健康舆论更有利于“后进学生”的转化。教师要善于把自己对某一学生的批评、表扬、鼓励、关心、帮助变成集体对这个学生的批评、表扬、鼓励、关心、帮助。

第四，讲究有效方法。我这里没有说“科学方法”而说“有效方法”，当然不是不讲“科学”，而是更强调“有效”。“有效”的方法往往包含有“科学”的因素，但有时“科学”未必“有效”（比如：缺乏可操作性、缺乏具体针对性等）；另外，这里的“有效”，还包含有“艺术”的意思（让我们的方法更新颖而使学生易于接受）。总之，转化“后进学生”除了耐心细致的思想教育，还必须有“十八般武艺”的行为引导、规范甚至必要的制约。

在我与“后进学生”长期磨合的过程中，我采用过的比较有效的具体方法有：

1. 写“家校联系本”。让“后进学生”为自己确定一个“帮助人”，让这个“帮助人”每天将“后进学生”的当天表现（纪律、作业、进步、问题等）写在“家校联系本”上，然后让“后进学生”带回去给家长看。

2. 填“报喜单”。每当新学期开始，我便印制好一沓“学生进步报喜单”，然后在每周末发给本周进步明显的“后进学生”，让他们带回去向家长报喜。

3. 游玩。我常常利用节假日，邀约班上的“后进学生”和他们的“帮助人”一起去公园或野外游玩，有时我还把这样的活动当作对进步学生的奖励。当学生忘记了我是他们的老师而和我“摸爬滚打”时，我的教育已成功了一半。

4. 集体评议。不定期由全班学生评选“最近表现最差的同学”，再让班长当场公开结果，并对有关同学提出批评和希望；然后过一段时间，再在班上评选“最近进步最大的同学”，仍由班长当场公布结果，并对进步大的同学发奖或“报喜单”。根据我的体会，这样前后两次评选活动的当选者往往是同样的学生。

5. 写“每日九问”。引导“后进学生”养成每天自省的习惯。一问今天影响同学学习没有，二问今天上课开小差没有，三问今天学习上提出什么问题没有，四问今天的功课复习预习没有，五问今天做过什么不文明的事没有，六问今天说过脏话没有，七问今天战胜弱点没有，八问今天有进步没有，九问今天有什么遗憾没有。

6. 写“灵魂的搏斗”。引导“后进学生”自己战胜自己并体验其中的乐趣。我常常在某一“后进学生”做了一件他以前不容易做到的事之后，请他写《灵魂的搏斗——记一次“战胜自我”的经过》，然后在班上朗读，以激励更多的学生。

7. 安排当干部。为了让“后进学生”也有体现自己尊严和才能的机会，我有时鼓动班上同学选他们当班干部，或者给他们安排一个“助理”“干事”之类的“职务”。他们一旦有较好的工作成绩，及时让全班同学给他们以褒扬和鼓励。

8. 对手竞赛。让每一个“后进学生”都找一个与自己各方面情况接近的同学作为竞争对手，在纪律、学习等方面展开比赛，并定期让全班评比。

9. 学生作文表扬。经常向全班学生布置写“同学进步大”的作文，后在班上大张旗鼓地朗读或张贴这样的作文，以形成一个催人向上的集体舆论氛围。

10. 推荐好书。有针对性地给有关学生推荐有益读物，并定期和他们一起讨论阅读体会，以引导他们形成健康的精神生活。

下面，我想以我和一位名叫张超威的高一“后进生”打交道的经历，来展示一下我转变“后进学生”的酸甜苦辣、喜怒哀乐……

转化张超威：三个月“较量”日记

2004年10月8日 星期五 阴

上课时，我发现教室里坐着一个陌生的男生，一打听，原来是新转来的同学。于是我请他做自我介绍。他有些不好意思地说：“我叫张超威，原来是××中学的，我喜欢上网……”我首先向他表示欢迎，同学们也对他鼓掌表示欢迎，然后说：“张超威同学刚到我们班我们校，一切都比较陌生，生活上学习上一定会有许多不方便，我们应该多关心他。这样吧，我们先请一个同学负责这几天对他的照顾……”

我话还没有说完，路遥同学举手了。

“好，就是路遥了！路遥呀，我可把张超威同学托付给你了！”我笑呵呵地说，同学们也笑了。

然后我把张超威叫出教室，在教学楼过道简单和他聊了几句，我问了问他的有关情况，然后对他说：“同学们和我，还有王老师都会帮助你的。但你一定要主动，凡是遇到不方便的地方，一定要问，问我，问王老师，问同学们，好吗？”

他点了点头。

2004年10月26日 星期二 晴

下午，我找新同学张超威聊天。

我对他说：“虽然我和你接触才十多天，但我感到你很有上进心！真的。今天李老师找你，不是因为你犯了什么错误，而是因为李老师习惯于找同学们聊天。我们随便聊聊，好吗？”然后我和他随便聊了起来。

我问他为什么这次作文没有交，他说他不会写作文。我说那我一会儿就指导你。然后我问他为什么要转学，他说他已经读了一年高一，到这里来是重读高一的。我问他为什么要这样，他说他在原来学校表现不好，高一一年是混过来的，后来也接触了一些不好的朋友，这些朋友都是属于常常在社会上集结团伙打架斗殴的那种人，他也染上不少坏习气，甚至还吸过烟。国庆前，因为没有完成作业，结果和班主任发生了冲突。于是，母亲便建议他转学并重读一年高一。

我非常感谢他对我的信任：“刚才你叙述你和原班主任的冲突，很生动呀！用文字记下来，不就是一篇很好的作文了吗？这样，这次作文你就写这个！”他有点惊讶，我说：“作文并不神秘，无非就是写自己、自己的故事、自己的思想、自己的感情……”

然后我又问他有没有目标或者说追求，他说他有的，我便和他谈起了今后的追求，学习和做人方面的追求。我真诚地希望他和过去的坏朋友断绝往来，他说他也是这样想的。我给他提了不少建议。

不知不觉和他谈了一个小时，分别时我告诉他：“以后你有任何困难，随时找我！好吗？”

2004 年 11 月 1 日　星期一　晴

早晨一到教室，唐朵就找到我要求调换座位，几位同学就向我反映张超威上课爱说话，严重影响周围同学听课。于是我找到张超威：“你看你激起‘公愤’了，呵呵！你是不是上课爱说话，影响同学上课？”他点点头：“是的。”

我说：“本来我想过把你的座位调一调，但我现在不把你调开，因为我相信你会改正的。如果我把你调开你不说话，那是因为你周围没有同学，如果你在现在的座位上仍能够管住自己，这就叫战胜了自己。好吗？”

他说：“好！”

2004 年 11 月 2 日　星期二　晴

张超威虽然到我班还不到一个月，但我已经感到这个同学的确存在许多毛病。今天，我读到他的一篇随笔，题目是“战胜自己”，全文如下——

说到战胜自己的人，大家一定会联想到居里夫人、马克思、毛泽东等名传千古的伟人。伟人都能战胜自己，但能战胜自己的人却并不一定都是伟人，但有一点要肯定，能战胜自己的人都是成功的人。

我并不是个成功的人，因为我很难战胜自己。当我向妈妈发誓一定会按时回家时，却不能抗拒篮球的诱惑而让我妈妈担心；当我说干口水让老师相信我不再迟到之后，却往往在朦胧状态下将可恶的闹钟摔在地上；当我努力让自己忘记有网络的存在时，却一次又一次地走入网吧……

我努力让自己改正所有缺点，努力让自己变得完美，但我却又不断失败，不断地漏洞百出。我拼命想要战胜自己，却又一次次被自己打倒。后来，我放弃了对自己的挑战，我觉得这是一种折磨自己的行为，愈想做好就愈是让自己痛苦。我开始放纵自己，我不顾老师、家长的劝说去做所有我想做、我爱做的。我每天在快乐中醒来，又在快乐中入睡。我渐渐讨厌学习，讨厌读书，讨厌再去学校，讨厌老师和家长的唠叨。我希望自己的每一天都在网吧或是篮球场上度过。伴随着快乐，我的成绩直线下降，面对着那些听不懂的课和下不了笔的作业，我只好全身心投入到快乐之中。

我也想回到从前，做回那个成绩优秀、热爱学习的自己，然而我总是不能战胜自己，我通往成功的路越来越迷茫，越来越遥不可及。李老师，你能告诉我怎么做才好吗？

这段文字不长，但真实地反映了张超威现在的心态。虽然它反映的是张超威现在的迷茫心态，但我从中还是读到了迷茫中的张超威有一种真诚向上的愿望，更读到了他对我的信任。

我决定今天就找张超威好好谈谈。我走到教室门口，叫张超威的名字，同时跟他招手，示意他出来。他听到我叫他，却坐在座位上不动，不停问我：“什么事？什么事？”眼睛里充满了恐惧。

我说：“你出来嘛！”

他却不愿意出来：“什么事？什么事？”

周围的同学都急了：“李老师叫你，你就出去嘛！”

他只好走了出来，眼里仍然有一种不安。

我把他叫到过道上，笑着说：“你真有趣！我教书二十多年，从来没有哪个学生被我叫了之后不出来。呵呵！你是第一个。”

他小声说：“我又没有做什么错事。”

我更乐了：“啊，我终于明白了，刚才李老师叫你，你一定以为是因为你犯了错误李老师要批评你。这就是说，以前凡是老师叫你，都是要批评你，因此你已经形成条件反射了，只要被老师叫，就一定是要挨批评，于是本能地恐惧。”

他不好意思地点点头，还在小声嘀咕：“反正我没有犯错误。”

我说：“李老师今天找你偏偏不是要批评你，李老师要帮你呀！”

他有些不解：“要帮我？”

我说：“是呀！你交来的随笔上不是写着，希望李老师帮你战胜自己吗？李老师今天就是来帮你出主意的。”

他笑了，有点不好意思的样子。

我问他：“你这几天，上课还在影响同学没有？”

他说没有。

我说：“课堂上还转来转去和同学说话没有？”

他说没有。

我说：“你这不是战胜自己了吗？怎么不能战胜自己呢？”

他说：“因为我想你对我说过的，不要影响同学们；再说，老师在上面讲课，看到我影响别人也不好。”

“不管什么原因，反正你做到了上课不影响别人，这就是进步！这就是战胜了自己！”我又问，“你觉得你有没有上进心？”

“没有。”他毫不犹豫，说得斩钉截铁。

“那你为什么要写这样的随笔，还说‘我也想回到从前，回到那个成绩优秀、热爱学习的自己’？”我问他。

他说：“但我管不住自己呀，总想玩，不想学习。”

我说：“这是没有毅力，就是说不能战胜自己，但并不能说你没有上进心。没有上进心，能写出这样的文字吗？告诉你，你这篇随笔，让我很感动！第一，你非常信任我；第二，你非常渴望上进！现在要解决的，是如何战胜自己。我要说，你是能够战胜自己的，刚才我不是说了吗，你能做到上课遵守纪律，这就是战胜自己！我问你，你是不是非常不愿意再过你过去一年的那种浑浑噩噩的生活？是不是想彻底改变自己，有一个新的开端？”

他说：“是的！”

“这不就是上进心吗？”然后我又说，“我不指望你从明天起就在任何方面都能战胜自己，都能做得很好！给你一个建议，你每天给自己布置一个战胜自己的作业，比如最不喜欢做的事，而这件事又非常有用，你就强迫自己每天都做；或者你最想做的什么事，而这件事又有害，你就强迫自己不做！”

他想了想：“我从明天开始睡午觉吧！以前我都不睡午觉，从明天起我坚持每天中午睡午觉！”

我说：“好呀！还有没有其他的？比如，做到不迟到。”

他说：“我也想做到不迟到，但我怕做不到呀！”

我说：“不要紧！以一个星期为单位，先争取一周不迟到，再争取两周不迟到。怎么样？”

他说：“好。”

我得寸进尺：“还有，能不能做到每次作业都按时交？”

他说：“这……我真的不敢保证，比如有时作业太难，我不会做，可能就无法交。”

“你可以问老师嘛！算了，这点不勉强你。你就把刚才说的两点做好，慢慢战胜自己，好吗？”

他点头：“好。”

我又语重心长地对他说：“张超威呀，李老师从来没有苛求你必须从第二天起就改正所有的缺点。不，没有那种人！我允许你明天又犯同样的错误，如果你明天真的又犯了同样的错误，李老师决不会批评你说：‘你怎么搞的！昨天才批评了你，你今天又犯！’但是我希望你尽量少犯同样的错误，或者说，犯同样错误的周期越来越长。懂我的意思吗？”

他说：“我懂。我也不愿意做什么保证，因为我怕保证了又做不到。”

“不，我不要保证。我相信你能够尽量少犯错误。”我又说，“其实，从这篇随笔中，我还看到你一个优点，你特别爱你妈妈，特别体谅你妈妈！”

他说：“我妈妈对我特别好，每次我犯了错误，都是好好地对我说。”说着说着，他的眼圈好像红了。

“是呀，所以你应该对得起你妈妈，少让你妈妈为你操心。”我说，“以后我见了你妈妈，一定对她说，你的儿子多么体谅你呀！你真应该感到骄傲！但是，我要对你说，你能改正缺点，提高学习成绩，你妈妈就会非常高兴！我相信，你能够让妈妈欣慰的！好了，你进去学习吧！”

我拍拍他的肩膀。

2004 年 11 月 3 日　星期三　阴

张超威是我目前重点关注的对象。昨天我叫他出教室时他那条件反射的恐惧表情，给我留下了深刻的印象。今天，我又把他的第一篇作文拿出来反复看并研究。这篇作文是上周写的。当时，我布置了作文他却没有交，问他为什么不交作文，他说不会写。于是我把他叫到办公室，给他说如何作文。我说作文就是把自己想说的写出来，没有什么神秘的。他说他没有想说的，我问他为什么要转学，他便滔滔不绝地跟我讲了转学的经过。我听了之后说：“你把你刚才讲的写出来，不就是作文吗？”于是，我要他把转学经过写出来。后来他果真交上了这样一篇作文——

今年暑假一完，我以刚刚达标的分数进入了全年级仅有的两个文科班。一进那个班，我便被班主任当作了重点问题人物监视起来。只要是我有一点的风吹草动她就会把我叫到她跟前教育一番。如果我上学迟到，上课睡觉，或是作业没做甚至和某位老师顶撞，这样我便会被大声训斥或是请家长或是写检讨，至于补做作业并要多抄几遍，那更是家常便饭。来到新的班，在老师同学都焕然一新的情况下，几乎所有人第一个认识的就是我。这不是因为我成绩优秀，品德过人，还是助人为乐，全都归功于我上课下课的“优秀表现”，作业出勤的“保质保量”。早在高一，我的名字便响彻全年级，这并不是我惹是生非造成的，而是因为我上课睡觉出了名，并且多次和老师顶撞。除了语文书上的几篇古文，我几乎什么也没学。

至于我的班主任，是一个33岁的中年妇女，她的女儿今年4岁。她是我高一的地理老师。说来我还要感谢她，是因为她的软硬兼施才让从不听地理课的我能在地理结业考试中顺利过关。她还是传说中的严厉出了名的老师，她在双林中学教的那个班，是有名的烂班，就连语文和数学课，都会有近一半的男生逃课，但是一到上地理课，就算再费（李注：费，四川方言，意为难管教）的学生都会乖乖地回教室。

开学不到两个星期，我出教室的频率是一天两次。每当我出教室站在走廊上补作业时，总会有路过的以前班上的同学过来和我谈两句，或者和我开开玩笑。一般他们走向我时总是会微笑着，故意装作关心似的说：“你又出来啦？”我人缘不错，所以来“关心”我的人从高一到高三都有，但如果这些场面被我的班主任撞见，她就会黑着脸说：“你（们）想和他一起抄吗？”随后就只剩我一个人孤独地站在走廊上。

在我看来，对我最好的老师是英语老师，每当她叫我出去补作业，我总会做出一种不情愿而又略带气愤的表情，毕竟我也想和别人一样，不想老出教室。如果在走廊上补作业时被班主任或是年级主任看见，又会训斥我。但每当这时候，她总会耐心地和我讲道理，即使我血压上升抱怨几句，她也不会说要把我送到德育处去。另一个我认为好的是数学老师，他很风趣，常和我们开玩笑，还让我们叫他“华眼镜儿”或是“华老头儿”。有一次我把书放在抽屉里，上课时他看见我桌子上是空的，便批评了我几句。后来他得知我带了书，便在第二天上课前当着全班的面向我道歉。我很感动，因为这是我第一次听到老师向我道歉。

后来有一天，我没有做数学作业，不是我不做，而是因为我不会做。数学老师在对我近半个小时的单独辅导之后让我把作业补上。但不幸的我被班主任碰见，非要我重做八遍。我花了一上午的时间补完了八遍。当我活动一下早已站酸的双腿后，班主任又向我提出了一个更加苛刻的要求：把题也抄八遍。我的天！这几道题全是应用题，若要抄八遍，至少也会有上万个字。原本不情愿的我，在听到这个时一下子失去了理性，就在教室外和她吵了起来，引来许多的听众和看客。可能她也认为一向让学生“闻风丧胆”的自己在众目睽睽之下被我公然顶撞，也气昏了头，竟连“滚！爬”一类的话也说出了口。后来我妈妈到了学校，她就对着我的妈妈以每秒三个字的速度陈述了我的种种不是，而我就一直斜着眼睛盯着她，看她那张不停翻动的嘴能向我妈告诉我的多少条罪状。她可能也注意到这一点，也就当我妈妈的面和我吵了起来。说实话，如果当时不是我妈老拉着我，我就真想上前一步在她脸上扇上一巴掌，以发泄我几个星期来对她的愤怒。

一番唇枪舌剑之后，我自然是背着书包被我妈领着回家反省。我妈是一位很成功的教育者，至少我这样认为。一路上，她分别站在我和我的班主任的立场上分析了这件事的原委，最后便得出了转学的结论。虽然我也想转学，但考虑到经济的原因，也就推辞了。但我妈又对我做了多次思想工作，分析了现在家境比较宽裕，并告诉我不用为钱的问题担心。

最终，我就转到了盐外，并重读一届高一。

经过这次教训，我性格改了很多，虽然还有许多不足，但我认为我已进步不少。我不敢担保我以后不犯类似错误，但我有信心克制自己，当然也少不了老师的监督、提醒和帮助。

文章很长，但看得出张超威是用心在写，而且说出了他的心里话。一边看我一边想，如果不是被学生气昏了头，老师不会这样惩罚他的，可见张超威以前的表现确实很令人头疼。我很理解甚至同情他以前的老师包括他的班主任老师。

同时，从这篇作文中也看到张超威也有懂事的一面：对于老师的一点点儿好，他都看在眼里，并感激不尽，比如数学老师向他道歉；另外，他非常爱他的妈妈，而且体谅家里的经济状况。这些都说明他并不是一无是处。正如他在文章结尾说“我不敢担保我以后不犯类似错误”一样，我也不敢担保就一定能够教育好他，毕竟教育是复杂的，但我愿意竭尽全力帮助他。

晚上去吃饭，正碰上张超威在饭堂门口，远远地就和我打招呼：“李老师！”等我走近他，才知道他找我是有事。“李老师，给我一张纸吧，你看我刚刚上了体育课，脸上的汗太多，我要擦擦。”我掏出一包纸巾给了他。

我一边看着他擦汗，一边问他：“今天睡了午觉吗？”

他笑着回答：“睡了！”

“迟到了吗？”我又问。

“没有！”他说。

我表扬他：“很好！可见你是能够战胜自己的！继续努力！”

2004 年 11 月 5 日　星期五　晴

早读课刚走进教室，我就发现本来坐第一排中间的唐朵居然把课桌搬到后面靠窗的地方。我过去问她为什么要擅自搬到这里来坐，她说不想挨着张超威坐，我说张超威有什么对不起你的地方，我可以找他谈，帮助他，但这不能成为你搬座位的理由。我耐心地劝她把课桌搬回原位。但她很坚决地说：“不搬！”

如果在二十年前，面对这样的学生，我肯定会更加强硬地说：“必须搬！”因为我必须维护我作为班主任的权威，如果我说话居然没人听那还得了！但今天我很冷静：学生正在气头上，班主任不妨忍让一下。

我想到今天是她的生日，于是我走到讲台上，对大家说：“今天，是一个同学的生日，我照例要送一份礼物给这位同学！这位同学就是——唐朵！”

唐朵刚才还很不高兴的脸一下子绽开了笑容。在同学们的掌声中，她走上前来从我手中接过了《花开的声音》。

稍停了一下，我接着说：“我今天还有第二份礼物要送给唐朵，这就是对她的直言批评——同学们是知道的，李老师多次对大家说过，真正的好朋友应该直言对方的不足，这对朋友来说，也是最珍贵的礼物。今天李老师就要送给唐朵这份礼物！”

我简单说了一下唐朵擅自搬动课桌移动座位的事，然后说：“刚开学编座位时，我要大家自己想怎么坐就怎么坐；但一旦编定，就不能随便改动，不然一个班不是就乱套了吗？今天这样坐，明天那样坐，显然是不行的。但唐朵却这样做了。我认为，她做得不对！我知道，她肯定有什么委屈，或者有什么充足的理由。但是，无论个人有什么委屈，都不能成为擅自搬动课桌改变座位的理由！现在唐朵不愿意搬回原处，我也没有办法。但我希望唐朵冷静想想，希望她能够在第一堂课下课后把课桌搬回原处。”

说完我准备离开教室，突然看到唐朵向我招手，我走了过去。

她说：“李老师，我搬课桌是有原因的。”

我说：“我知道你有原因，而且可能还受了什么委屈。”

她说：“我愿意搬回去。”

我说：“这就好！”

我把张超威叫出了教室，来到走廊上：“你是不是和唐朵吵了架？”

他非常有情绪地说：“我又没有说什么！大家都在开玩笑，不关我的事！”

我说：“我没有说只是你不对，但既然双方发生了矛盾，不应该只是一方的责任。她肯定也有不对，但现在我是和你说，你有没有不尊重她的地方？”

“没有！”他态度越来越强硬，高昂着头，眼睛斜看着窗外，我甚至感到他表现出一种痞相。

我知道，如果此时强硬，以气势压他，只会让师生双方越来越对立。我缓了口气说：“你有没有无意中说了什么伤害她的话，这话不一定是出于恶意，但客观上她觉得很委屈？”

他不说话，头仍然扬着，一副不屈的样子。

我叹了口气：“张超威呀张超威，你来我班不久，应该感受到我班的风气，也感受得到李老师对学生的要求，这就是做人第一，而做人首先是尊重别人。你给李老师说过你为什么转学到这里来，还写了一篇文章，从这篇文章中，我感到有三点让我感动。第一，你很信任李老师，跟李老师说心里话；第二，你对老师的评价很公正，哪怕是骂你并罚你的班主任，你也肯定她教学不错，让你地理考试过了关，你还表扬了你的数学老师；不过，我觉得你说班主任让你抄题至少要写上万字，恐怕有些夸张吧？”我有意说了一个非常枝节的问题。

他想了想，说：“是有上万字。”

我说："怎么会呢？一道题难道有一千多字吗？"

我故意和他争论，并仔细算账。

他很认真地给我解释："是应用题，每道题就有一千多字。老师要我抄八遍呢！"

就这样，我不知不觉让刚才很倔强的他和我说起了话，而且他说话的语气自然缓和了。

我说："哦，原来如此。第三，从这篇文章中，我感到你非常孝顺，对你妈妈非常体贴。我很感动。正是因为你母亲的建议，你才转学，到这里你也希望彻底告别过去。那么，现在难道你愿意回到过去吗？说实话，自从你转到我班，给我增加了许多工作量，但我觉得值！因为我看到你有着真诚的上进心！"

他扬起的头慢慢低下了。

我直接问他："你说没说过杨海峰喜欢唐朵？"

他说："说过。"

我说："什么叫喜欢？这个年龄的异性同学之间多说几句话，就叫喜欢？跟你说，人家杨海峰很有志向，绝不可能。你不要随便猜测议论人家。退一万步说，即使有这种情况，同学们就应该议论吗？"

他不说话了。

我继续说："我还想强调的是，你是男同学，是男子汉，应该有这宽广的胸襟，怎么和女同学较起劲来了，说起来都丢人！还男同学呢！你需要的是大度，大气！你不是跟我说过，你人缘好吗，怎么人缘好还会和别人吵架？人缘好，应该是尊重别人，并以此赢得别人的尊重。"

他依然不说话，但很认真地在听我说。

"现在，唐朵已经搬回来了，可能对你还是会有些情绪，我希望你让一让她，男子汉嘛！气量大一些，好吗？"我说。

他点点头说："好！"

课间我找周围的同学了解了一下情况，知道昨天晚上的纠纷是同学之间开玩笑引起的，包括唐西龙在内的一些同学怀着捉弄别人的心态搞恶作剧，的确有些过火了，而且无聊，再加上有的同学太小气，于是矛盾升级……本来，班集体里出现这些问题也是很正常的，但我觉得应该引起重视。因为如果一个班的同学之间热衷于一些庸俗的玩笑，同学之间互相议论一些无聊的话题，这个班的风气不可能真正优秀。

这次风波还涉及一个人：杨海峰。应该说，真正无辜受伤害的是他。于是我也找到他聊。他平静地说了一下昨晚的情况，事实和其他同学说得差不多，但当我问他是否感到委屈的时候，他淡淡一笑说：“没有什么！同学们都是开玩笑，只是有些过分了。”我问：“有个别同学议论你喜欢唐朵，你都不生气吗？”他还是淡淡一笑，豁达地说：“不会生气。说他们的嘛，我不会往心里去的。”

我感动地拍拍他的肩膀：“这就是男子汉！男子汉就是要有这样的胸襟！”

语文课前，我走进教室。我看到张超威在写作业，突然他的笔不能写了，于是便重新找笔，坐在旁边的唐朵赶紧把手往自己的文具盒伸去，准备借笔给他。但张超威很快找到了笔，所以她便没有继续拿笔。然而这个细节被我看到了。我心里很高兴。

我在讲课文前花了一点时间来说这件事。我开门见山地说：“今天早晨我不高兴，因为唐朵擅自坐到其他地方去了。下来以后我做了一些调查，了解到事情的来龙去脉，我觉得这不是一件小事。我先要表扬一个同学，杨海峰。有同学说杨海峰喜欢谁，杨海峰知道不知道？知道。如果换了一个人，这样被人说，一定会气急败坏，但杨海峰没有，他淡淡一笑，表现出一种对同学的宽容，更是一种大度。人的尊严在什么地方？这才是真正的尊严！有同学就喜欢捉弄别人，拿别人开心，甚至欺负别人。李老师最不能容忍的是对同学的欺负，你有什么了不起，没有谁可以在精神上优于对方！当李老师怀着同情的心情找杨海峰谈，想安慰一下他时，没有想到杨海峰是淡淡一笑，说‘没什么的’。我感慨万千——这就是人与人之间的差别！杨海峰当然有许多缺点，他的随笔写得不认真，还有上次班委他没有选上，我说你要总结经验教训。但在这件事情上他值得表扬。我在想，以后我们之间应该怎么相处，每个同学都应该想想这个问题。昨天也有些同学表现比较好，他们都在劝：‘没有什么的！’有关同学还应该想想：我在这件事情上扮演什么样的角色，你要想一想。总之，一个人要大气，大度！”

我注意到，张超威和唐朵在我说话的时候很是难受，把头低着。于是我说：“但是刚才上课前我很高兴地看到了一个细节。刚才张超威的笔不能写了，他想另外找一支笔，唐朵便马上帮他拿笔。我非常高兴看到这个细节！一个人的度量越大，就越能在人格上高于对方！你越尊重别人，越能赢得别人的尊重。我经常说，我们同学要大度大量。我希望我们的男女同学都能够大气一些，大气要从小处做起！”

讲完课文后，快下课了。同学们缠着我要唱歌，说昨天说好了的，必须唱。我说中午读报课我一定唱，说到这里我突发灵感："这样，中午十五分钟的读报课，我们为今天的寿星唐朵同学举办一个演唱会，我领衔演唱，同时请唐朵点几位同学和我联袂演唱！"

同学们都鼓掌表示同意，唐朵高兴得有点不知所措，我叫她点几位同学，她便点了凌飞、王龙、王楠楠等几个同学。

下午读报课前，我到了教室，看同学们正在做眼保健操，便悄悄在黑板上写了几行字。当同学们做完眼保健操睁开眼睛时，看到黑板上写着——

生日快乐

庆祝唐朵同学诞辰十七周年

歌曲演唱会

同学们都笑了起来，遗憾的是，唐朵在学生会开会，但因为时间关系我们不能等她，便提前开始演出了。几位同学在大家的欢呼声中走上了讲台，一一给大家演唱……

这时唐朵回来了，演唱会达到了高潮。在大家最热烈的掌声中，我分别演唱了《恋曲 1990》和《大约在冬季》。

下午，学生们上体育课，我来到操场，准备找唐朵谈谈，毕竟她是女同学，还得把工作做仔细一些。我看到同学们在运动场上龙腾虎跃，一群同学正在跑道上打羽毛球，其中正有张超威和唐朵。何晓蕊等几个同学邀请我打羽毛球，我便过去了。唐朵、张超威、何晓蕊、金薇、杨海峰等同学一一和我厮杀，特别痛快！我累了，便坐在一旁喘息，这时我看到唐朵和张超威正在快乐地打着羽毛球。我想：还需要我找唐朵谈吗？

显然没有这个必要了。

2004 年 11 月 15 日　星期一　阴

回到教室，我想到张超威本周没有交作文和随笔，便走到他的座位前问他，他说他的手打篮球受伤了，写字很吃力。我看他的右手的第二个指头果真受了伤，便原谅了他。我问他伤口处理过没有，他说没有。他想找创可贴，但没有。我说我家里有，明天给你带来。

然后我跟他说："星期五晚上我和你妈妈通了电话，妈妈告诉你了吗？"他说知道的。我问："你能够理解李老师吗？"他点点头。我说："我真是希望你彻底改正缺点呀！这不光是为你，也是为我呀！你想想，一个有缺点的同学在一个老师的教育下成为优秀学生，这是当老师多大的幸福！你的进步，会让李老师有成功感的！”

我离开学校前，张超威叫住我，说他饭卡上没有钱了，想向我借一百元钱。我给了他。

2004 年 11 月 16 日　星期二　晴

白从上次班长提出提前十分钟早读后，每天早晨七点四十，同学们便来到了教室开始学习，今天也如此。但有一个人迟到了——张超威。

我问他为什么迟到，他居然说：“我迟到了？我看其他班的教室里空空的呢！”

“但我们是三班！”然后我对他重申了我们班的纪律要求，并要他以后不要再迟到。我说这些话的时候，他满脸不高兴。

想到他长期养成的一些习惯也不可能一下子改正，我便没有多说了。他正要进教室，我说“别忙”，同时用手往衣服口袋里掏东西，一边掏一边问他：“知道我在掏什么吗？”他说不知道，我问真的不知道，他说真的不知道。我把东西掏出来放在他的手上：“创可贴。你忘记了，昨天晚上我说过要给你带的。”

他脸上的表情马上柔和了：“谢谢李老师！”

2004 年 11 月 22 日　星期一　阴雨

听其他老师说，星期五我走了之后，班上发生了打架事件。我找了一些同学来做了一些调查，也找有关老师问了问情况。了解到大致的经过——

原来，星期五课间，张超威和陈霜蝉把周杰的钢笔拆卸了，并将墨水弄了一桌子。周杰看了很不高兴，埋怨了几句，结果两人发生了冲突，最后两个人便打了起来。许多同学都去拉他们，英语老师看到后也批评了他们。恶劣的还不仅仅是张超威欺负周杰，更恶劣的是当赵老师批评张超威时，他居然还和老师顶撞，骂赵老师是“瓜婆娘”！

这种现象是我绝对不能容忍的！

让我高兴的是，同学们也感到绝不能容忍。同学们在向我反映情况时，无比愤怒：“李老师，我们实在看不惯他那种社会上二流子一样的气息！”“李老师，怎么让他转到我们班呢？”“我们这么优秀，他的影响太坏了！”我把同学们这种“看不惯”视为我班的正气。

下午，我到教室先把陈霜蝉找出来问情况，他居然不承认做了对不起周杰的事，口口声声说是“开玩笑”的，我火了：“你愿意别人那样开你的玩笑吗？”当时快上课了，我对他说：“你好好想想，想通了再找我！”

然后我便走进了教室，我先对同学们说：“下面的话不是针对全班每一个人的，所以如果我的话说重了，大家不要以为我在批评你。但这些话我的确是批评个别同学，而且必须公开批评，因为有人公开欺负同学，这种现象绝对不能在我班出现！”

然后我说：“许多同学都为生活在我们高一（3）班而……”

我正想说“而幸福”，结果话还没有说完，就被同学们打断了：“而骄傲！”

“对！而骄傲！为什么？因为我们班的同学之间互相尊重，李老师尊重你们，你们也尊重李老师。可是，在我班，大家都看到了，居然有同学可以明目张胆地欺负别人！你有什么了不起！”我越说越气，声音无比严厉，“李老师最见不得欺负别人的人！请个别同学别把社会上那一套拿到我班来！如果你认为你可以任意欺负别人，那你不可能在我班得逞，因为咱们是三班！任何一个同学都不会容忍你的！如果有人要欺负我班的任何一个人，就是在欺负我的孩子！我决不答应！！！如果我容忍了你，那就是对被欺负同学和其他同学的犯罪！”

自开学以来，我从来没有在班上这么严厉地批评过同学，哪怕是不点名地批评。我看到有的同学因此而感到惊讶。

最后我说：“请理解李老师的愤怒。我再说一遍，我决不容忍，我相信我们班上绝大多数同学也不会容忍这种可耻的行为！”

晚上吃饭时，王老师跟我说，她找张超威谈了，他不愿意向周杰道歉。同时王老师告诉我，女同学都同情周杰，非常反感张超威。王老师告诉我：“女同学都说，如果张超威胆敢再欺负周杰，我们所有女同学都会站出来！”我请王老师转告张超威，请他到我办公室来一趟。

我来到办公室，看到和张超威一起来的还有陈霜蝉。我请他们坐下，然后我也坐下。

他们一言不发。我一脸严肃，说：“你们来做什么的，怎么不说话？”

迟疑了一会儿，陈霜蝉说：“我和周杰开玩笑，有点过分，伤害了他……”

我打断了他的话：“对不起，打断一下，你们是知道李老师的性格的，李老师最不喜欢听违心的话，因此我希望你们说的一定是发自内心的话，不要为了迎合李老师而说假话。”

陈霜蝉说：“我说的是真话。我很内疚……”

我说：“上周我才给你们讲了《论语》，讲了‘己所不欲，勿施于人’，如果别人那样对你，你愿意吗？既然不愿意，你又为何那样对待别人呢？”我讲了一些尊重人的道理，然后说：“你现在的态度很好。我希望你以后不要再有这样不尊重别人的行为！好，你走吧！”

剩下张超威，他不说话。我说：“你来做什么的，老坐在这里不说话算怎么回事？”

他说：“我有点看不惯周杰，所以就……”

他不说话了，我耐心地等待他继续说。但他仍然不说。

我便问：“就这些？”

“是的。”他说。

我正要说话，他又很有情绪地说：“我觉得以后你要批评我，就直接点名，不要像下午那样不点名，谁不知道你说的是我！”

我故作惊讶：“别人怎么知道我是批评你呢？”

他说：“因为那天的事大家都看到了。”

“这就对了！既然我没有点名，别人都知道是你，可见如果说你的形象受到了影响的话，首先是你自己的行为损害了自己的形象。我点不点名都一样！我之所以不点名，是想给你点面子，但由于你自己不给自己面子，公然欺负同学，所以我连想给你面子都不可能了！”

他哑口无言。

我毫不客气地斥责他：“张超威，你不懂起码的尊重人！你来我们班，我和同学是怎么对待你的？你看不惯周杰？我实话告诉你，现在班上大多数同学非常看不惯你！但人家欺负了你吗？你看不惯就可以随意欺负别人？什么逻辑！你知不知道，这次调整寝室，同学们都不愿意和你在一个房间，是我一个一个地做工作，他们才容纳了你，因为我对他们说，任何人都有关心同学的义务！如果你有良心，你应该感到愧对同学们！”

他低着头，依然不说话。

我继续大声斥责：“我是班主任，我要对我的另外 37 个学生负责；我同时又是这个学校的管理者之一，要对全校学生负责。因此，凭你这种表现，我一句话就可以让你离开我们学校，另请高明！”停了一会儿，又说：“但我没有这样做，我现在暂时也没有想这样做。因为，我对你还怀有一丝希望。你想想，你来到我班，我在你身上花了多少心血？同学们是如何关心你的？但是，我要告诉你，教育不是万能的，我不会轻易放弃你，但如果你实在要堕落我也没有办法！只是现在我希望你珍惜这么好的班集体，珍惜老师对你的信任！我在外面讲学，常常有老师问我，李老师，你是否有过没有教育好的学生？我说当然有了！我20世纪80年代教的一个学生后来还被判了刑呢！当时我很痛心，觉得自己教育失败了。后来我想了想，也就问心无愧了，因为我在他身上尽了我所能尽的全部力量，而教育的确不是万能的。只是我以后每遇到一个“后进生”，我就告诫自己：不要轻言放弃，但如果我尽到了自己的努力而没有达到目的，也不必自责。现在我对你就是这个态度！”

他一直沉默，但我看得出来，他已经不再有抵触情绪了。

我继续说：“我知道，你原来有许多恶习，我也知道你很想改正。但我告诉你，一个人要进步，是非常艰难的，甚至要经历一个痛苦的过程。你千万不要后退呀！我宁愿认为，你这次欺负同学，是过去恶习不可自控的惯行。如果你继续这样，学校肯定不会再留你，我也不会再要你，因为我必须还得对得起更多的同学！你说，你这件事错了没有？说真话，说你现在的想法。”

他说：“我错了。”

我说：“错了？错了就应该认错。你必须公开向周杰道歉，而且写成书面的道歉信！这没有什么商量的余地，必须这样做！”

他说他和周杰已经和好了，我说：“我现在不是在调节你们两人的矛盾，而是要消除你在班上的恶劣影响。你既然公开欺负了别人，就必须公开道歉。”

他表示愿意，我说那今晚就道歉吧，他说还是准备一下，明天道歉。我表示同意。

然后我又说：“你曾说你人缘好，但为什么班上绝大多数同学都很反感你？难道你刚来同学们就反感你吗？这一切都是你自己的行为造成的。而你所说的所谓人缘好，是你在原来的不良朋友那里人缘好，但在我们班你的人缘就不好，这说明我们班风气正。我对你说，现在你要理解同学们对你的愤怒，不过，你放心，如果你改正了恶习，同学们仍然会接纳你的。你必须用行动重塑自己的形象！李老师继续期待着你！再说一遍，李老师现在不会放弃你！你的进步，就是李老师的成功；如果你真的被开除了，这是李老师教育的失败！只要你不放弃你自己，李老师永远不会放弃你。你放弃你的那一天，才是李老师放弃你的那一天！”

晚自习，我在班上公开讲了张超威的事，我表扬了同学们的正义感，特别表扬了女同学。然后又叫大家给张超威一个机会，相信他能够改正缺点。

2004 年 11 月 23 日　星期二　阴

翻开张超威的随笔，他谈的是“自由”，从中可以看出他的苦闷。他说他从小就比同龄人更自由，这些自由表现在他能在平时看电视，周末不用去补课，周末晚上能在外玩到十点。而这些自由都要建立在学习之上。如果学习不好，这些自由就会受到约束。

可见他从小的家庭教育主要是纵容和娇惯，而他获得的快乐主要来自网吧和社会上的“朋友”；现在他被严格要求，却认为失去了“自由”。

为此，在今天语文课前，我说了一段话：“李老师今天给大家带来一个话题：民主与自由。民主有两点应该注意，一个是对人的尊重。在一个互相侮辱的社会，是不可能建立真正的民主制度的。民主的实质是尊重，民主教育就是要尊重学生的人格与尊严，同时教会学生尊重他人。第二，民主对不同的人群含义也不完全一样，对成年人，有选举权的人……这里顺便问问，你们是不是公民？”

同学们说：“不是。”

我笑了：“你们当然是公民！只是没有选举权而已。同样是公民，你们为什么没有选举权呢？这是不是不公平呢？当然不是。因为你们是未成年人，还不能对自己的行为负完全的责任。对你们来说，是‘有限民主’。我们设想一下，假如我们在幼儿园里搞选举，可能不行，因为他们还不具备这个能力。一方面你们在法律上受到‘优待’，比如杀了人，未成年人是不会判死刑的；另一方面你们受到了限制，比如没有选举权。假如李老师任何事情都需要你们表决，看起来民主了，其实这是庸俗的民主。因此有的事情不需要投票，比如这次调整寝室，这是不是说李老师是假民主？不是，那是对你们负责。教育对你们应该是尊重与引领的统一。昨天下午我找一个同学聊天，我说是不是过去有一些不好的习惯，现在就非常想改正？他说是，而且说他现在思想上有一些彷徨。我说这是正常的。任何人都要经历精神上的涅槃，李老师可以帮助你们。那么还有没有另外一种？比如说有的同学有一些不好的习惯，他还觉得这很正常，很喜欢这样的生活。在这个关头，李老师给你们一些提醒。”

我又说："第二，说自由。什么叫自由？孟德斯鸠说过：自由就是享有做法律允许做的一些事的权利。马克思说，如果有人认为自由是为所欲为，那么你就没有这个自由，因为别人同样有这个'自由'！可见法律是底线。对于同学们来说，自由意味着遵守纪律。其实，对于遵守纪律的人来说，他从来不会感觉到不自由。比如我从来不会因为有法律存在而感觉到不自由，我不会埋怨，凭什么我不能够杀人，凭什么我不能盗窃；遵守纪律的同学也不可能埋怨，我凭什么不能作弊，凭什么不能上课说话，太不自由了！要明白，在一个集体当中，不能妨碍别人。对我们班来说，自由就是做一些不违反纪律的事情，或者说不能妨碍他人的事。其实这只是一个底线。咱们班各个方面都是很优秀的，我们要珍惜今天的荣誉，不要做任何有损荣誉的事。比如我说上课不能看小说，有没有同学没有遵守呢？在寝室里要把时间用在正当的地方，有没有同学做了中学生不该做的？李老师说不能把饮料带到教室里来，有没有同学没做到呢？中国搞民主为什么难？其中一个重要的原因，就是许多百姓还没有形成真正的民主意识。当然，我这话的意思不是说只有等所有老百姓有了民主意识再搞民主，不是，民主启蒙和民主实践要同时进行，要在民主当中学会民主，在自由当中学会行使自由！"

上课时，我发现张超威趴在桌子上，一问，他说他头晕，说是病了。我叫他到医务室去看看。下课后，我到医务室去，看他坐在那里，我问是不是发烧，一摸他的额头，不烧。

课间操我找到陈霜蝉，单刀直入地说："你应该向周杰公开道歉！"

他表示愿意。我说："比起张超威，你程度稍微轻一些，就口头道歉吧！"

他说："不，我还是写一个书面的道歉，然后在班上读。"

我在办公室继续看学生的随笔，突然看到不知什么时候，周杰放了一封信在我的办公桌上。信的内容是认错，他认为他自己也不对，虽然受了欺负，但也不能用打架的方式来解决。

午后读报课，张超威被杨校长叫去谈话了。我便叫陈霜蝉先上来公开道歉。他发言之前，我对同学们说："我们希望听到真诚而不是敷衍的道歉，大家认真听听，我根据同学们是否有掌声或者掌声是否热烈来判断大家对陈霜蝉这个道歉的评价。"

陈霜蝉走上讲台，读他的道歉文字："我现在对我在上几个星期所犯的错误做检查。由于我与周杰一个寝室，所以平时都对他开一些不大不小的玩笑。当时我也没有考虑到这会侮辱到周杰。现在我明白了，这些行为都是对他人的极大的不尊重，这使他人的心理受到了极大的伤害。这也是一种将自己的快乐建立在别人痛苦之上的行为。我现在已对自己的行为感到深恶痛绝，后悔不已。我决心以后再也不会去做有损他人自尊的事情，更不会去羞辱、欺负他人，做一个正直的人。现在我真心而诚恳地向周杰同学道歉，对他说声对不起，希望他能原谅我。但愿我们能在以后的学习生活中和睦相处，成为好朋友！”

同学们给他以热烈的掌声。

我说：“我和同学们一样，也认为陈霜蝉这个道歉是诚恳的，为他这种态度而高兴。”

这时张超威回来了，我同样对他说：“该你道歉了。我将根据同学们是否有掌声或者掌声是否热烈来判断你的道歉是否真诚。”

张超威也开始读他的道歉文字：“自从周杰搬到我们寝室后，我就和同寝室的陈霜蝉一起开周杰的玩笑。起先还只是说说罢了，后来就愈演愈烈，玩笑也开得越来越过分，以致伤害到周杰的自尊心，而我起先还一直不以为然，全然不顾他的感受。经过上周五的打架事件后，王老师、赵老师和李老师都对我进行了严厉的批评和教导，让我了解到凡事都应先站在他人的立场上想一想，如果别人也是这样对我，我会怎么想。我为了自己一时的高兴而去伤害其他同学，这本来就是不对的，而当老师在给予我批评时，我反倒和老师公然顶撞，这又是错上加错。身为一名中学生，本该以学习为重，而我却把心思投入于开同学的玩笑，这不符合一名合格的中学生应达到的要求，况且是一名盐外的学生。通过老师细心的教导，我认识到了自己的错误，了解了一个人要先学会尊重别人才会受到别人的尊重，不会尊重别人的人，别人也会同样对你。这里，我向周杰以及以前因为我而受到伤害的同学表示深深的歉意，并决心永远不犯同样的错误，请老师和同学们监督。”

同学们也为他鼓掌，掌声不如刚才热烈，但至少多数同学还是原谅了他。

我对张超威说：“你不仅欺负了周杰，而且还极不尊重赵老师，对赵老师说了一些极其不应该说的话，你还必须给赵老师道歉！”

他表示愿意。张超威走下讲台后，我说：“在这件事情上，周杰是被欺负者。但是，周杰采用的解决办法不对，因此，也有那么一点点过错。报上常看到这样的新闻，某人遭遇不公，不是通过司法的途径，而是私了，结果酿成恶果！因此，以后谁遇到类似的情况，首先应该报告老师。这不是软弱，而是理智。下面的话，我是对班上每一个同学说的了。虽然，这件事情只发生在个别同学身上，但我看到了许多同学的冷漠！如果我们的同学都有正义感，能够及时制止，这样的事情也不会发生。这让我感到很痛心！我们班，不能仅仅有爱心，还得有正气！在这件事情上，为什么会有那么多的看客？当然，那天也是有不少男生上前把两人拉开了。但是，这么长时间，周杰被欺负被戏弄，为什么没有人出面制止？也许有同学觉得不关自己的事，多一事不如少一事。不对，我们周围的任何一件事，都和你有关；任何一个人的遭遇，都和你有关！”

然后我给学生读了关于自己与他人关系的两段警示的文字——

一位名叫马丁的德国神父留下了一首诗，被镌刻在美国波士顿大屠杀纪念碑上：

起初他们追杀共产主义者，
我不是共产主义者，
我不说话；

接着他们追杀犹太人，
我不是犹太人，
我不说话；

此后他们追杀天主教徒，
我不是天主教徒，
我不说话；

最后他们奔我而来，
再也没有人站起来为我说话了。

英国诗人约翰·堂恩：“谁都不是一座岛屿，自成一体；每个人都是那广袤大陆的一部分。如果海浪冲刷掉一个土块，欧洲就少了一点；如果你朋友或你自己的庄园被冲掉，也是如此。任何人的死亡使我受到损失，因为我包孕在人类之中。所以别去打听丧钟为谁而鸣，它为你敲响。”

晚自习前，我找到凌飞、张豪博、谢舒云，说：“现在张超威在你们寝室，第一，你们不能受他坏习惯的影响，如果他欺负寝室里的任何一个同学，大家都要挺身而出制止；第二，如果他有任何重大违纪情况，你们一定要及时报告；第三，对他还是要给予关心，要相信人心都是肉长的，尽可能给他以感动，和李老师一起转化他。”

我又找到张超威，再次勉励他一定要拿出顽强的毅力战胜自己，向过去的恶习告别。

2004 年 11 月 24 日　星期三　阴雨

听杨校长说，昨天找张超威谈的时候，他态度还是很不错的。杨校长还说，她发现张超威也有一些积极的变化，比如以前吃饭时他往往是同外班的一些品行不良的学生在一起吃，而昨晚上他已经和我班的学生一起吃饭了。就这么一点进步，我今天课前就专门表扬了张超威，并鼓励他保持进步。

2004 年 11 月 25 日　星期四　阴

我从王老师和其他同学的口中了解到，张超威最近两天表现不错。王老师还说，昨天晚上自习课的时候，他很认真地做作业。我想把张超威叫到身边表扬几句，但想到他现在对老师的召唤有一种本能的恐惧，因此，决定给他写一封信。

我的信是这样写的——

张超威同学：

你好！

本来想找你谈谈，怕你又不高兴：“我又没有犯错误，怎么又要找我？”因此，想来想去，还是给你写一封信好一些。

其实，我今天并不是想批评你，而是想表扬你。因为最近两天，听同学和老师说，你有了明显的进步：不再和其他班不好的同学来往了，吃饭时都和我们班的同学一起吃；上课也很认真，自习课认真做作业，等等。说实话，听了这些消息，我真是太高兴了！

昨天家长会，你妈妈和我单独交换了意见。从你妈妈的谈论中，我感到她非常善良，对你寄予了很大的希望。看着眼前的这位母亲，想到你过去的表现，我甚至对她产生了深深的同情——这位母亲太不幸了！你妈妈还说，你爸爸现在对你采取的是放弃的态度。我不同意你父亲的态度，但我理解他，就像我现在理解你原来的老师为什么要罚你抄八遍作业一样（你转到我班来，缺了多少作业呀）。但是，我不会放弃你，也不会要你抄八遍作业。我相信你会变好的，最近两天不就让我看到了希望吗？

那天杨校长对我说："张超威幸好分在你班上，如果分在其他班就糟糕了！"你应该明白这句话的意思。我想你也会珍惜这个机会的。近两个月来，你肯定已经体会到我在你身上花了多少时间和心血，如果你没有到我班，或者说到了我班表现很好，我的这些时间会花在其他同学和其他更有意义的事情上——我要备课，批改作业，有那么多的文章要写，那么多的行政事务，还有许多社会事务，等等；但是，如果我在你身上花的心血能够见到效果，也就是说，如果你真的能够进步，我觉得值！老师的任务不就是帮助学生吗？那天我对你说了，李老师一句话就可以让你离开这个学校，而且这次你犯的错误的确足以被开除。但是我和学校都没有这样做，为什么？就是相信你会改正。教育不是万能的，我不保证所有后进同学都能被我转化，但只要有一线希望，我就会尽最大努力。只要你不放弃自己，我就不会放弃你！

我们的班风，你应该感受得到，你刚来的时候，同学们对你是多么关心；但这次你犯了这样的错误，同学们一致对你表示极大的愤怒和谴责。在上周的周记中，相当多的同学对你提出了措辞严厉的批评。我这里随便给你看其中的一篇——

刺眼的污斑

高一（3）班是一个非常优秀的班集体，不管是成绩还是其他方面，几乎都很完美，就像一块洁白无瑕的玉，但现在这块玉上出现了一个非常刺眼的黑斑，真的很刺眼，这使这块玉毫无争议地大打折扣，从一个无价之宝，转眼间变成了一块石头，毫无美丽洁白可言。

一个多月以前，一位新同学转到了我们班，当时全班37个同学都非常欢迎他，每位同学都希望在接下来的日子里同舟共济，团结一心，但在一个多月后，事情可就没这么简单了，这真是对我班的一个沉重打击。

那位同学现在看起来并不那么友善，甚至对我们班是一种极大的侮辱，周杰同学从来没有招惹过他，但他总是找些不正当的，可以说是根本就不成立的理由去数落周杰，在寝室里面划拳，谁输了就去踢周杰一脚，别人周杰可是根本没有说过半句话，难道人家在寝室里看书、写作业都让他看不顺眼，以至于采取这种卑劣手段去报复人家，还经常数落人家，连别人睡觉时都不放过，弄得周杰中午都不敢回寝室，这像一个班的同学吗？这像一个寝室的室友吗？在班上，经常大叫别人的外号，还把别人的笔全部拆开，桌上弄一摊墨水，这难道就是他的本事吗？这样下去，那位同学一定会遭到全班同学的鄙视和愤怒，他应该想想在高一（3）班他是否再“混”得下去，他配不配说自己是高一（3）班李老师的学生，37 对 1 的感觉可不是那么好受的，在此，我劝他早点回心转意，一声“对不起”不难，否则他将受到上天最严厉的惩罚！

同学们的话说得很重，但你应该理解大家。这是我班有正气的表现。那天你上去给周杰道歉，有的同学没有鼓掌，下来这些同学对我说：“我们对张超威能否改正错误持观望态度，因此我们的掌声愿留在他改正错误之后再给他！”你放心，也应该相信我们同学，只要你改正了错误，大家一定会对你非常欢迎的！同学们是公正的——这两天你进步了，同学们都给我说，这就是证明。

你上周的随笔谈到“自由”，我很坦率地说，你的理解是错的。从你的周记来看，你父母过去是相当纵容和娇惯你的，什么“平时可以随便看电视”，什么“周六可以不去补习”，什么“周末晚上可以在外面玩到十点半”……你过去的确很“自由”，但正是因这种“自由”给了你许多恶习，同时，也使许多观念在你的脑子里完全扭曲了，比如什么是正确的，什么是错误的，你可能和大家的认识不一样。现在要让自己回到正轨上来，很痛苦，你得自己约束自己，同时，周围的老师也在约束你，你自然会感到不“自由”，但只要你真的想改正，就必须丢掉过去的那种“自由”，来一个思想上的脱胎换骨，成为一个新的张超威！这是完全可能的！你要有信心！俄罗斯现任总统普京，少年时就是一个小混混，但后来他彻底告别过去，现在不成了一个杰出的政治家吗？类似的故事我还可以讲许多许多。我多么希望你能够从此成为一个朝气蓬勃的、品行端正的、勤奋好学的张超威呀！那样的话，你会找回自己的尊严，受到周围同学的尊敬，这将是你的成功，也是我的成功！

我现在给你提两个建议：第一，在平时日常行为中严格要求自己，从细节处追求高尚。比如不说脏话（就这一点你就给同学们特别是女同学留下了很不好的印象）；比如把头发剪了，不要留着社会青年那样的长发；比如平时走路要昂首挺胸，精神抖擞，而不是懒懒散散，畏畏缩缩。第二，与你过去的坏朋友决裂。注意，我这里用的是“决裂”一词，意思就是彻底和他们断绝往来，周末回家不要和他们往来，包括电话往来。这点恐怕你很难做到，但是如果你真想进步，就必须做到。我常说，一个人的品位可以从他交什么朋友中看出来。常言说“近朱者赤，近墨者黑”，道理我不用多说。另外，你也不要和外班不好的同学往来，包括你的所谓“小学同学”。你多和班上的同学接触，从他们身上学一些好的东西。我打算在一个月后，给同学们布置一篇作文，题目是“张超威印象”，我想通过这种方式，让同学们关心你，并观察你的进步。

李老师今天很忙，本来想的是今天下午批改同学们的作文，但一听说你有进步我就很高兴，就决定给你写信，及时鼓励你。虽然花了一个多小时，但如果你能够理解李老师，我就不觉得这是浪费时间。我真希望你以后三年都在我们班，李老师也愿意继续教你，看着一个有缺点的同学在自己的帮助下慢慢成长为好学生，最后成为国家的人才，这是做老师的幸福，我期望你给我这个幸福。

张超威，你能满足李老师这个要求吗？

希望能够得到你的回信。

祝你天天进步！

你的老师和朋友：李镇西

2004 年 11 月 25 日

下午最后一堂课，是体育课。我来到操场把信交给文海，请他转交给张超威。同时我问了问张超威最近的表现，他说明显有进步。在操场边，我又把和张超威同寝室的三位同学——凌飞、谢舒云和张豪博同学找来问了问，他们也说张超威进步不小。我特别叮嘱他们要多关心张超威，多和他接触，不要让他感到大家不理他。

2004 年 11 月 27 日　星期六　晴

语文课时评讲作文。这次半期考试的作文，题目是“独爱＿＿＿＿＿＿”。张超威写的是《独爱步行》，写他奶奶喜欢散步，因而身体健康。整个作文语言通顺，感情真挚。我特意请张超威上台念他这篇作文。

张超威有些不好意思，但还是走上了讲台，认真读他的作文。

读完后，同学们给他以热烈的掌声。这是他欺负同学那件事以后，第一次在班上正面亮相。我就是要给他一个机会，让他感到自己仍然被尊重。

我评论道：“从张超威这篇作文中，我感到他特别孝顺，很爱他奶奶。”“哎，你奶奶叫你什么？”我问。

他不好意思地说：“叫我威威。”

“呵呵！如果你奶奶知道你写这篇作文，一定会说‘威威真懂事’！”我笑着说，“我想，你奶奶一定盼着她的威威能够早日成长为有用的人才。我想，你一定不会让你奶奶失望的。希望你见了你奶奶，代我问候她老人家，祝她身体健康！”

2004 年 12 月 1 日　星期三　阴

今天张超威交上来一篇随笔《还是不懂》，表达了对生活的一些思考。

我在后面批道——

读你的随笔，感到你还是很纯真的，至少不乏纯真的一面。人越是走向成熟，不懂的东西越多；旧的不懂解决了，新的不懂又冒出来了。从书本中找答案，从生活中找答案，一生都在找答案，这便是有意义的一生。

又：这几天各科老师都反映你有进步。保持！

2004 年 12 月 14 日　星期二　大雾转晴

昨天我在语文课上表扬了张超威，他的确有进步。这个进步，不仅仅是我一个人的感觉，许多老师和同学都感觉到了。魏雨萱就在上周的随笔中写到了张超威的一些优点。

也许是巧合——其实未必是巧合，张超威上周三的随笔也谈到自己第一次融入班集体的感受。

我看了这个随笔非常高兴，在后面批道："很好！这次不少同学的随笔都写到你的进步！我很高兴。看到你的进步，比我自己有了进步还高兴。这也是我教育的进步啊！愿你天天快乐！"

我找到张超威，给他说了同学们对他进步的肯定。他很高兴地笑了，同时很得意地告诉我："这次数学考试我考了128分！物理考试考了全班第二名！"

我说："李老师真是为你高兴呀！你原来不是说你上数学课听不懂吗？"

他说："现在不了，我觉得我找到学数学的感觉了！"

我说："你的进步，也是李老师和其他老师的成功，是全班同学的成功！希望你带给我们更多这样的成功感！"

回到办公室，我赶紧给张超威的母亲打手机，想告诉她儿子的进步，但手机关了。于是我发了一个短信给她："张超威近来有进步！特报喜！"

2004年12月15日　星期三　大雾

今天课间操，我看张超威脸上有许多印痕，便笑着问他："刚才上课睡得还好吧？"他一惊，然后不好意思起来。

我说："我一看你脸上的印痕，就知道你刚才上课睡觉了！什么课？"

"英语。"

"这可不好。以后不能再睡觉了！这不但会影响你的学习，也对老师不尊重。"

语文课上，张超威发言特别积极，虽然他说得不一定对，但绝对很认真。课后我和他开玩笑："你语文课上精神十足，是因为你英语课上睡了觉，有的是精神！只是挖肉补疮不合算呀！"

最近我的确为张超威的进步而高兴。杨校长也说："最近看张超威走路的状态都和过去完全不一样了，就像换了一个人！"

我说："我也表扬了他，对他说，以后你可能还会犯错误，但希望你永远都要有上进心！"

其实，我内心深处也做好了他反复的思想准备。"后进生"的转化是一个长期的过程，是在反反复复中走向进步的。在学生犯错误的时候，我们要充满希望，相信他在我们的帮助下总会有进步的；在学生取得了进步的时候，我们要清醒地认识到，教育转化一个学生不是那么简单，他随时都可能反复。

2004 年 12 月 21 日　星期二　阴

语文课上评讲学生随笔，我想到张超威的随笔。“我不知道张超威同学愿不愿意，或者说敢不敢让我读？”我有意激他。张超威不好意思地拿出了他的随笔本。

同学们开始听我朗读张超威的随笔片段——

星期五的语文课，让我集中了精神，这全是因为《我与地坛》。

虽然是第二次学这篇课文，第 N 次读这篇文章，但我不得不承认，这是几年来语文教材上少有的几篇能令我心为之一颤的文章之一，只因为他写到了母亲。

我从小与父亲感情不和，他喜欢的是那种整天抱着书看的呆子型的，所以，我与母亲的感情就越发浓重。我对我母亲几乎无话不说。我觉得我妈妈与别人不同，她更能理解她的儿子。像我这样的儿子，无论生在哪个家庭都会受到父母的责骂，而我母亲却很少骂我，代之以更多的鼓励和理解。这并不是她对我的溺爱，而是她的教育方式奇特罢了。

文中最让我感动的，是写作者母亲到地坛找他。这让我想起了我母亲。我有段时间迷恋网络游戏，常常是早出晚归，母亲便出门找我。她几乎走遍了附近所有的网吧来找我。恰巧有一夜，我和朋友在离家较远的地方上网，玩得太投入忘记了时间，看钟时已十二点半。朋友说在网吧过夜，我不加考虑就答应了。第二天回家，见妈妈脸色苍白，显然一夜未眠。不知她又走了几家网吧，又失望地回家，她一定一夜未合眼，只怕我回来没人开门。

李老师曾说我爱我妈妈，但我认为不是。如果我真的爱她，我不会让她为我担心；如果我真的关心她，也不会在读这篇文章时，后悔不已。

这篇文字从写作上说，并不算上乘，但真诚的情感打动了大家，自然同样赢得了全班同学的掌声。

我说：“张超威也不过才十几岁，有的是机会，后悔什么？以后完全可以报答母亲的！”

2004 年 12 月 27 日　星期一　晴

上周我叫同学们在随笔本上写一篇小作文《进步最大的同学》。

当然，更多的同学写的是张超威，如果把同学们写的作文视为“进步奖”选票的话，那张超威无疑是得票最多的同学。

不论在学习还是生活中，张超威的进步是有目共睹的，是不可否认的。

当然，张超威进步大并不说明他现在就完美得没有一点缺点了。有同学在写到张超威的进步的同时也写了他现在仍然存在的一些问题。

今天我把几篇写张超威进步大的随笔给了张超威，让他看看；同时，我也把那篇涉及他仍然存在的问题的随笔也给了他。

我把张超威叫来，问他看了同学们写的作文有何感受，他说：“同学们说的都是事实。”

我说：“对你的批评也是事实吗？”

他说：“是的。”

我说：“同学们是公正的，你取得的进步，大家都看在眼里；你存在的问题，大家也看到了。但我认为，你现在存在的问题，是进步中的问题，这和没有进步时存在的问题是两码事！不过，我还是希望你逐步克服这些问题。好吗？”

他点点头。

2005 年 1 月 4 日　星期二　晴

下午第二堂课下课后，谢舒云和张超威急匆匆地跑到我办公室，我以为发生了什么大事。“怎么了，你们这么着急？”谢舒云说：“李老师，我的手太疼了！写字都很疼的。”他把手伸到我的面前，我一看，他的手指和手掌都肿胀着，有的地方已经溃烂。我这才想起，一到冬天，谢舒云的手就要生冻疮的。

我问：“去医务室看了吗？”

张超威帮他说：“医务室的医生说，必须去医院看看。李老师，让我陪谢舒云去吧！应该去四道街的皮肤病医院，我熟悉路。”

看张超威的表情那么急切，仿佛是他的手生了冻疮。

“好！你们去吧！”我问谢舒云身上有没有钱，谢舒云说有，我给了他一百元。“多带些！”

本来我想开车送谢舒云，但我一会儿还有课；又想请学校车队师傅送一送，但怕学校没这规矩，便只好把他俩送到学校大门，让他们去赶公共汽车。我一再嘱咐他们：“路上一定要小心啊！”

已经是晚上七点了，可谢舒云和张超威还没有回来，我担心他们是不是出什么事了，后悔没有让学校派个车送他们。正在我异常着急的时候，突然看到他们回来了。原来他们转了好几次公共汽车，先后走了两家医院，回来时正是下班高峰期，公共汽车堵车，因此现在才回学校。

我说：“回来就好！我放心了！怎么样，谢舒云？”

他说：“拿了些药，有内服的也有外敷的。”

我对张超威说：“张超威呀，今天你能主动陪谢舒云去看病，让李老师特别感动！”

张超威说：“因为我想到谢舒云对成都街道不熟悉嘛！”

我说：“我很高兴你的进步！你应该知道，对你的每一个进步，没有谁比李老师更高兴的了！”

张超威非常纯真地笑了。

2005 年 1 月 7 日　星期五　晴

在对班委干部投信任票的同时，大家还对三位因吸烟而受处分的凌飞、谢舒云和张超威同学是否同意撤销处分而进行了投票，结果凌飞和谢舒云得以通过撤销处分，张超威则没有能够通过，不少同学在简述理由时，说他虽然有进步，但行为习惯和大多数同学相比还有距离。

这个结果，让我再次感到班上同学的公正：张超威有进步，大家都充分肯定，但对他存在的问题，仍然看得很清楚。我把这个结果告诉了张超威，他感到有点意外。我要他清醒地意识到自己仍然存在的问题，不要因一点进步而沾沾自喜，并鼓励了他几句。

2005 年 1 月 10 日　星期一　阴雨

有网友和我探讨教育转化“后进生”的问题，我昨天在网上简单写了一个帖子。今天，由这篇随笔，我特意在中午读报课的时候，读了我那个帖子——

刚开始和张超威谈心时，我说过这样的话：“教育不是万能的，你能否进步，首先取决于你。但是，我愿意最大限度地给你提供帮助，而且决不主动放弃你！只要你不放弃自己，我就不会放弃你！如果我尽了最大努力，你还是放弃了自己，我将问心无愧！”

这里涉及对教育功能的认识。

我始终认为，教育不是没有作为的，但教育不是万能的！

我对所谓“没有教不好的学生，只有教不好的老师”的说法很不以为然。

回头说这个班的孩子。未来有许多不可预测的因素，学生在受我的教育的同时，还受着家庭和社会的教育影响，有的是我不可控制的，比如，如果学生严重违反足以开除出学校的校纪，甚至触犯了法律，那他肯定要离开我班，而且还要离开我校！

当然，我这是最坏的设想，但既然要我那么绝对的回答，我当然要考虑到可能发生的一切。

但是，我现在，不，从一开始，我就下定了最大的决心，决不轻易放弃任何一个学生！

2005 年 1 月 14 日　星期五　大雾转晴

俗话说：“送人玫瑰，手有余香。”张超威那天送谢舒云去看病的事，谢舒云至今都还心存感激，并把这种感激之情写进了随笔。今天我把这篇随笔打印出来给了张超威，让他感受一下助人的余香。

我对同事谈到了张超威，我说：“张超威现在在行动上变化很大，我很高兴。但思想深处是否开始转变，我不敢保证。一个人的坏行为好纠正，但不好的思想认识要改变则很难，我也没有希望一下子就能改变他的思想，只能慢慢来。当然，一个人的是否转变取决于多种因素，我也不敢保证张超威最终就一定能成为优秀学生，他也可能反复甚至堕落，但我会尽到我的努力。”

我说我这学期最大的成就，是建立了充满爱心和正气的班集体。“同学们渐渐形成了集体荣誉感，班上有了凝聚力。这几天凌飞的工作之所以比较顺利，这和同学们心中已经建立的集体情感分不开。可以这样说，我做了一学期的工作，同学们的凝聚力在这几天就充分体现出来了。”

我还说：“班上几个同学之所以能够有比较大的进步，最重要的原因，是我把他们交给集体！也就是说，无论是他们犯了错误时受到的批评，还是取得了进步时获得的表扬，都不是来自我一个人的，而是全班同学的！因此，我特别信奉这一点：班主任要善于把对某一个学生的褒贬，变成整个学生集体对他的褒贬。这也就是我 80 年代末期提出的一个观点：要把教师的权威转化为集体的权威！”

2005 年 1 月 17 日　星期一　阴

我今天从部分男生那里了解到一件非常令人生气的事：昨晚上因为停电，张超威便准备在寝室里点蜡烛，结果被生活老师耿老师发现了，耿老师说学校规定不能在寝室里点蜡烛，于是耿老师便把蜡烛没收了；张超威便和耿老师大吵大闹，还用极为肮脏下流的语言骂耿老师。

我听说这件事之后，便去男生宿舍找耿老师核实情况，结果事实真的如此。

对张超威犯错误，我一点都不感到意外——我从来就没有想过他以后就不犯错误了，我是随时准备迎接他的错误。但是，如此辱骂生活老师，仍然让我非常生气。

晚上，我把张超威请进了办公室。

我问：“知道我为什么找你吗？”

他说知道。

我说：“昨天晚上是怎么回事？你说说好吗？”

他用简单的语言把事情说了一下：“昨晚上没电，我就点蜡烛，结果生活老师把蜡烛没收了，我就和她吵起来了。”

“你觉得在这件事情上你错在什么地方？”我问，但马上觉得我的话太绝对了——万一他根本就不认为自己有错呢？于是，我改口问：“你觉得你有错吗？”

他不假思索地回答：“没有错！”

这倒让我吃惊了，难道他真的不知道自己错了吗？但我还是耐心地对他说：“好，那我帮你分析分析。我认为，在昨天的事情上，你至少有两点错。第一个错，你不应该在寝室里用蜡烛，这违反了学校的规定，学校为了安全，严禁学生私自用蜡烛……”

他把我的话打断：“以前也有人点蜡烛的……”

我也把他的话打断：“请你让我把话说完，好吗？以前有人点蜡烛，并不等于他们就是对的，只能说明他们也违反了规定。法律规定不能杀人，可照样有人杀人，你能说杀人合法吗？好，我继续分析。你用蜡烛，这是不对的。但是我要说，这个错可以理解可以原谅，因为我可以理解成你不知道学校的规定，是无意中犯的错。但是，第二个错就很难让人理解和原谅了——当耿老师指出你的错并把蜡烛没收了的时候，你不应该辱骂耿老师……”

“她不还我蜡烛嘛！”他说，“她不还我，我当然要找她啦！”

我提高了声音：“那你就该破口大骂吗？”

他说：“她的声音也很大，如果我不这样，就压不倒她！”

我一下火了，站了起来，厉声斥责道：“她的声音大？她严厉批评你是她的责任！如果出现了火灾，谁负责！你要压倒她？你有什么资格压倒她？你有什么资格辱骂她?！老师制止你点蜡烛，你就可以破口大骂，你这简直就是社会上的流氓行径！在我们班，在我们学校，决不允许有这种行径！！！”

他被我镇住了，一言不发。

我说：“你居然还说自己没错！连幼儿园的小朋友都知道骂人是不对的，你居然不知道？张超威呀张超威，你好不容易有了一点进步，我和同学们都为你高兴，可你又退步了！我很难过。当然，我也想过，要让你一下子改变一些思想认识是不可能的，但至少在行动上必须和大家一样遵纪守法！”

他依然一言不发。

我说：“有一位同学说过这样的话：‘有错就要认，这也是男子汉必备的条件！’”我有意把他曾经写在随笔里的话说给他听。“你想想，你还是男子汉吗？这样，你回去想一想，给你 24 小时，想好了我们再谈。不过，我要说说我的处理意见：必须写成书面的道歉书，然后公开给耿老师赔礼道歉——因为你是当众辱骂耿老师，所以必须当众赔礼道歉！”我说到这里，停了一下，又说：“人家耿老师可以做你的妈妈了！你怎么会如此恶毒地骂人家！如果你不愿意给耿老师认错，那么，你就别住校了，你回家去住，每天由你妈妈送你上学！”

他不说话，也不走。

我说：“今天我是从同学口中知道这件事的，大家都很气愤！这说明同学们是有正义感的。我和同学们最见不惯的，就是谁对普通劳动者的看不起！你不仅仅是看不起而且辱骂了！我要提醒你，你有了进步，同学们给你鼓励；你有了错误，同学们仍然帮助你。这就是我们的集体！如果你改正缺点，大家都会欢迎你；如果你不改正过去的恶习，这个班就没有你的市场！对于你，我从来就没有保证过，一定有把握让你彻底改正所有缺点变成一个优秀学生，不，这要取决于你。如果你执意不改正恶习，我也没有办法。如果你因此而哪一天被学校开除，我也问心无愧。但我会尽到我最大的努力帮你！我愿意重复一遍过去说过多次的话——只要你不放弃你自己，我就不放弃你！但是我还要说的是，如果你的一些思想意识和坏习惯不改正，以后早晚要跌大跟斗！不信我们走着瞧！——就这样吧，我不和你多说了！”

他说：“那我给耿老师认个错吧！”

“可以！但必须当众认错！”我斩钉截铁地说，“因为你是当众辱骂耿老师的！”

说到这里，我又心痛地说：“张超威呀，其实我刚听说这事的时候，已经在心里为你‘开脱’了许多，比如我想你可能当时也是一时冲动。而且，刚才你进来的时候，我还在想，张超威一定会很后悔，觉得自己是做错了，不该骂人。哪知道你根本就不认错，还觉得自己有理！唉！”

他小声说：“我刚才进来的时候，是比较冒火，因为我饭卡上没有钱了，晚上吃的是方便面，再加上一会儿又考物理……”

“你有再大的困难，都不能成为不认错的理由！好了，既然要考物理，我就更不能留你了，你去吧！抽空想想，明天再谈！”

他离开办公室前问我：“一定要写道歉书吗？”

“一定！必须有书面道歉！”我不容置疑地说。

2005 年 1 月 18 日　星期二　阴

晚自习开始时，耿老师来到我们班上，同学们以热烈的掌声欢迎她。张超威上台读了他的道歉信。

读完后，同学们给了他不太热烈的掌声。然后我请耿老师说几句话，耿老师说：“我其实已经原谅张超威了！没什么的。那天我的态度也不是很好，也要向张超威表示歉意！”

同学们以最热烈的掌声向耿老师表达敬意！

我说：“耿老师严格要求同学们是没有错的，但耿老师却还向张超威道歉，我很感动！我注意到刚才同学们给张超威的掌声并不太热烈，我想这可能是大家还没有完全信任张超威吧？那就让我们继续关注张超威的行动吧！最后，我提议，我们提前祝耿老师春节愉快！”

更热烈的掌声再次响起来……

耿老师走了以后，我说：“张超威这是第二次骂老师了，我希望不要再有第三次！我也相信张超威不会有第三次！”

2005 年 1 月 25 日　星期二　晴

明天就要放寒假了。晚上，我来到教室，发表本期的“告别演说”。

接下来，我宣读了学校表彰的同学名单。这个名单是根据前次同学们评选“全班之最”的结果确定的，但前段时间出了一个小插曲——当初张超威被评为“进步最大的同学”，因此理应获得进步奖，可是因为后来他辱骂生活老师，便被我取消了，我让同学们再选一个进步大的同学，大家选的是舒霈。但今天舒霈的随笔对此提出了不同看法——

本周评选了学校表彰的同学，张超威本来是被评为了进步最大的同学的，可是后来因为他犯了一些原则性的错误而被取消了，后来同学们就把这个仅有的名额给了我。其实，我觉得我有些愧对这个评选，因为在我看来我的进步并不是很大，至少说是不显著，况且我还有太多太多的不足的地方需要去改进。再说张超威的事，或许李老师对这件事作了周全的考虑后才做出这样的决定。但我认为张超威是不应该被取消的。首先我们必须肯定他无可厚非的进步，其实犯错误是在决定之后的事，我们不能因为他犯一个错误而否定了他的进步，毕竟取得进步是比犯错误困难许多的。再次，或许这对他来说不仅是对他的进步的一种肯定，而且是在很大程度上可能成为他想往更好方面发展获得更大进步的一种动力。而霎时间这种动力就因为自己的一个错而烟消云散荡然无存，心里难免会有一种失落感。

其实我是坚信张超威本性还是单纯善良的，因为他毕竟还只是个孩子而已。以前的环境多少会对他有影响，改变是需要时间的，或许有些难，但只要他不妥协不屈从于过去的“他”，进步和超越是再容易不过的事了！

所以我希望李老师能够将“进步最大的同学”的荣誉还给张超威。我要声明的是，这绝不是我的同情或退让，而是我切切实实的感言。

上午读到舒霈这篇随笔时，我就感到脸红，觉得自己的宽容之心有时还不如学生。当时，我便动了还是把进步奖授予张超威的念头。但我转念又一想，还是让同学们来决定吧！

于是，晚上我在宣布学校表彰名单前，特意把舒霈的随笔给大家朗读了。然后我说：“李老师觉得在相信同学这一点上远不如舒霈！我要向舒霈学习！这样吧，究竟是不是还是让张超威得进步奖，还是让大家来决定。——张超威，你回避一下好吗？”

张超威正想站起来走出教室，同学们纷纷说：“没有必要！我们同意舒霈的意见！”说着，大家便鼓起了掌。这掌声既是给张超威的，也是给舒霈的。

后记：上面只是我和张超威三个多月“较量”的经历，但这三个多月的日记已经充分展示了教育的复杂性、艰巨性，也体现了我转化“后进生”的思考和具体做法以及初步成功——在第一学期期末，张超威尽管又犯了错误，但他的进步依然得到了同学们的认同。其实，我和张超威的“较量”刚刚开始，后来他又不断反复，我不断地和他磨，可谓煞费苦心！限于篇幅，我不便将有关他的所有日记展示于此。尽管对于教育者的探索来说，重要的首先不在于结果，而是过程，但我可以告诉读者我最近收到的他母亲的短信：“李老师，张超威现在新加坡留学。我们永远感谢您！”

2006年4月，课堂上

第五辑 形成和谐的团队教育

只有家长好好学习，孩子才能天天向上，孩子之间的竞争，其实是家长之间的竞争，要从六个方面影响家长：

第一，通过阅读启迪家长

第二，通过写作改变家长

第三，通过书信沟通家长

第四，通过孩子促动家长

第五，通过家长转化家长

第六，通过家访感染家长

第一节 班主任的校内人际关系

比起单纯的任课教师，班主任与人的交往面更加广泛。这里的人当然首先是学生，同时还包括了学生家长、学校各级干部（校长、主任等）、同事（包括各科室人员）以及本班任课老师等。

关于班主任如何与学生家长相处，我有专门的章节论述。班主任如何与学校其他同事相处，我也打算略去不谈。在这一部分，我重点谈谈班主任如何处理好与领导、本班任课老师之间的关系。

如何与学校领导和谐相处

这里的学校领导，指的是校长和主任，尤其是分管校长和德育处主任。在日常生活中，班主任主要是和他们打交道。

常常有年轻班主任给我写信，说他们的理想得不到领导的理解，他们的创新得不到学校的支持，问我有没有过这样的苦恼。我总是说："一样的一样的，我年轻时候也经历这样的苦恼。"其实，从学校健康运行的角度说，班主任应该服从校长和主任的管理，不然每个班主任都各行其是，学校岂不乱套。但恰恰在这一点上，在很长时间里——从参加工作开始一直到90年代中期的十多年里，我做得很不好。

比如春游。我是特别喜欢带着孩子们到大自然去，我觉得离开了大自然，就不可能有真正完美的教育。所以，在我的班上，我曾经搞过许多郊游活动——有时候同时也是语文活动，我甚至把学生带到黄果树瀑布、云南石林、峨眉山巅，带到原始森林。这必然有悖于现行的学校管理规则。从校长的角度看，首先应该以安全为重，因此不主张带学生到野外搞活动；从我的角度看，关在校园内的是一种片面而畸形的教育。于是发生冲突便是不可避免的了。记得有一年，我周末带全班学生去青城山踏青，而且还打算在森林里住一夜。学校分管校长知道后劝我别去，我给他讲了为什么要去的理由，但校长依然不同意，我也毫不妥协。最后校长严厉地说："学生在校外出了事你要负全部责任！”年轻气盛的我毫不客气地反击：“那你的意思是，学生在校内出了事，你负责？”后来，我固执地带着学生在山里住了一夜。回到学校，校长告知我，已经按规定将我当月的班主任津贴全部扣除。我表示服从，心想，以一百多元钱的代价就换来了一次带学生玩儿青城山的机会，也值。

像这样的冲突不止一次，而我现在想起来都没有觉得我在道理上有多大错。只是现在的我能够理解校长的苦衷了。对于带学生出去活动，校长内心何尝不是和我一样的想法？但上面有规定，他也不得不遵守。如果这是放到现在，我会这样做，依然尽可能说服校长理解我并同意我的做法，并在安全方面采取更多必要的措施，比如多派几个老师和我一起带学生，而且还邀请一些家长协助管理，等等。

还有一次冲突是半期考试前，针对学生中愈演愈烈的作弊风，学校决定推出一项考试方式的改革——跨班、跨年级的混班交叉考试，即同一个考室里交叉混合坐着两个不同年级的学生。这种似乎行之有效的改革，一开始就受到我的质疑，我找到校长表明我的观点：“这是对学生的不信任！”校长开始是循循善诱乃至苦口婆心地对我解释端正考风严肃考纪的重要性和紧迫性，但我偏偏据理力争：“不能因为极少数学生的作弊行为，而失去对绝大多数学生的信任。而师生之间的信任，是最可宝贵的教育前提！”

说到最后，校长见我仍然想不通，便说：“想不通可以慢慢想，但行动上还得服从。”

我很认真地说：“不，我无法做我想不通的事。这次考试其他班分不分我管不着，但我班决不分一个学生出去，我也不许其他班的学生到我班来！”

“你能保证你班绝对不会有一个学生作弊？”校长质问道。

我自豪地答道：“当然能！请校长去问问任课老师，我班是不是全年级考风最好的班级！”

校长也许不知道：我的班早在平时单元考试时就实行无监督考试了！

校长依然说：“那也不行！是这学校的老师就得服从学校的大局！”

然而，在我固执的坚持下，那次半期考试我班硬是没有分出去一个学生——当其他班的学生一分为二参加混班交叉考试时，我班（也是全校唯一的一个班）全体学生整整齐齐坐在自己的教室里完成考试！

也许是我平时工作态度还算端正，也许是我当时的语文教学成绩还算可以，也许是我的班主任工作还算突出；总之，事后校长居然没有追究我的

“公然抗命”，我在意外之中不由得对校长的大度油然而生敬意。

这事如果放到现在我也不会那么固执。不是说我现在变得圆滑了，而是我现在更能从校长的角度思考问题。站在校长的角度看，当时的主要问题是遏制比较严重的作弊风，因此他必须重拳出击，采取一些比较严格的管理措施尽可能根除作弊的可能。我班虽然考风很好，但不能因此作为例外而不服从学校统一的考试管理。我应该这样做，坦然地向学生说明学校这样做的原因，为了保护我班学生的荣誉感和自尊心，我将特别强调说明学校这样做并不是对我们班的同学不信任，然后服从学校的统一安排。

所以，凡事换位思考，也就是多站在校长角度想想，我就减少了许多冲动，也避免了许多莽撞。

前不久，某报记者为写我一篇通讯，专程去采访了我 20 年前的一位老校长，老校长提到我时总说：“那时候的李镇西，简直就像《亮剑》中的李云龙，让我又爱又怨。爱他工作热情高，富有创造性，成绩突出；怨他常常不听话，而且很固执。”

我庆幸我遇到了比较开明的校长，尽管我不太“听话”，但他们依然对我很宽容。有时候为了支持我，还对我的一些另类的管理方式睁一只眼闭一只眼。记得当时学校对班主任有一个明确的规定：每天必须做到“五到场”，否则不但要通报批评班主任，而且还扣奖金。所谓“五到场”指的是早读到场、课间操到场、午休时间到场、读报课到场、自习课到场。而我一直致力于培养学生的自我管理能力。我认为，高明的班主任应该追求让学生自己管理自己，如果一个班的学生能够在老师不在场的情况下依然保持良好的风貌，那才是真正的优秀！所以，我一开始便培养学生的自律能力，通过一套具有可操作性的管理办法，逐步让学生做到老师在场不在场一个样。于是，我就渐渐放手让学生管理，并没有做到“五到场”。可是，学校领导知道我在进行改革，便默认了我的不到场，而且既没有批评我也没有扣我的奖金。记得有一次校长私下还给我解释：“我们不能公开取消‘五到场’的规定，因为学校大多数班主任还做不到你那样。所以在公开场合，我们依然要强调‘五到场’，请你理解！”我当时非常感动，直说：“校长放心，我不会给学校丢脸的。”后来有个别班主任不服：“同样是班主任，凭什么李镇西可以不到场却要我们必须到场？”校长的回答很干脆：“如果你做到了李镇西那样，我也允许你不到场。”

这又引出我的一个观点：要想赢得校长的支持，关键是你要拿出成绩来。改革就意味着打擦边球，就是突破常规，所以一开始你就要校长明确支持你，恐怕比较难。但是，如果你能够用良好的班风和突出的效果证明你的改革正确，校长不但会支持你，而且对你以后的改革会有更多的宽容。我班上曾有个学生成绩相当差，上课根本听不懂，于是老不安分，说话唱歌影响同学们上课，我便让他每堂课都抄精彩小说，于是，他上课安静了。然而，这样一来，科任老师们不答应了，说上课不听课居然抄小说，这算怎么回事儿？事情反映到校长那里，校长笑了笑，说："人家李镇西嘛，在搞教育科研！"为什么校长对我这么宽容？那是因为我刚刚带毕业一届高三，无论班级管理还是高考成绩都十分突出，校长自然会对我无限信任。所以现在我经常对一些年轻班主任说："质量才是硬道理！拿出质量比什么都有说服力。"

在保持个性的同时服从大局，在勇于创新的同时增进理解，多站在校长角度想问题，尽量用出色的工作成绩说服校长并赢得校长最大程度的支持……这是我 25 年的班主任实践给予我最大的体会之一，我后来班主任工作中的任何一项改革，都没有遇到过任何阻力，无论是校长还是主任，都成了我改革班级管理和教育的坚强后盾甚至有力助手。

如何处理好与任课老师的关系

一个班要搞好，班主任是非常关键的，但仅仅靠班主任显然是不够的，而必须整合教师团队的力量和智慧。所谓教师团队，主要就是指包括班主任和科任老师在内的所有教师。如果说在我的班主任工作的历程中，有一段时间我曾和领导发生这样或那样工作中的冲突的话，那么，我这个班主任和科任老师的关系一直很好，合作得一直很愉快。这是我所带的每一个班都能成为优秀班集体的最重要的原因。

一、多沟通，统一教育思想

就一个班而言，我把班主任、任课老师看成是一个教育团队。而班主任无疑应该是这个团队的精神领袖。这里所说的精神领袖，指的是班主任应该有一个明确的教育理念和治班思想，并通过沟通，将自己的这些理念和思想转化为所有任课老师的共识，并尽可能落实在行动上。只有这样，一个班才可能成为真正的优秀班集体。所以，班主任和任课老师的关系，首先是一种志同道合的协作关系。建立这种关系，需要不断沟通思想，统一认识。

有一年，我主动要求担任了一个由全年级行为习惯和学生成绩都很糟糕的“差班”的班主任，让我感到得意的是，我把一批优秀老师也动员来和我一起教这个班。我是靠什么去说服他们来和这些“后进生”打交道的呢？我反复和他们聊一个观点：转化“后进生”是最好的教育科研，我们在教这个班的过程中，会遇到许多我们想象不到的难题，而每一个难题都是课题，因此，教书的过程也就是教育科研的过程。

我的这些合作者不但接受了我的观点，乐于和我一起搞科研，而且我们还一起形成了我们共同的教育追求：让每个孩子享受成功。研究并制定了针对这个班的特点所采用的教育教学策略：分层递进教学。下面几段文字选自当年我和我的任课老师多次讨论后形成的一篇小论文——

人们常常把行为习惯不好、学习成绩欠佳的学生称之为“差生”。一般的教师往往认为，“差生”的学习之所以欠佳，是因为其行为习惯不好。这种认识当然不错，但并不全面。根据我多年对“差生”的观察与研究，发现相当一部分“差生”的行为习惯不好，其实是由其学习成绩欠佳造成的——尤其是小学生和初中生。由于家庭文化背景、个体智力状况以及学生性格差异等因素，某些学生在学习上落下一大截：知识欠缺、能力低下、学习成绩总是不及格……试为这些学生设身处地地想一想，面对老师讲授的知识他一窍不通，面对老师布置的作业他束手无策，他能不胡思乱想、调皮捣蛋吗？因为学生首先是人，需要一种精神寄托。既然无法在学习中体会自己的精神乐趣，这些所谓的“差生”必然会通过其他令教育者头疼的不良行为来体现自己的存在。

由此看来，欲转变“差生”，除了加强深入细致的思想教育和科学严格的行为规范外，还应帮助“差生”获得学习上的成功感，并以此树立起一种健康而稳定的精神追求。说到让“差生”获得成功感，不少教师会感到难以企及。的确，在现行教育体制中，要让所有“差生”“达标”（主要是“达”中考和高考之“标”）几乎是不可能的。但是，这并不意味着我们的教育注定要让一部分学生失去成功的欢乐，乃至失去人的尊严！既然孔夫子早就提出因材施教，既然苏霍姆林斯基曾多次谆谆告诫教育者“要让每一个孩子抬起头来”，既然我们的社会主义教育——特别是九年义务教育是面对所有学生，那么，我们就没有任何理由不充满真诚地帮助每一位学生获得求知的乐趣进而享受成功的快感。

这里自然又涉及一个关键的问题，即何为成功。不同的人，其一生的成功标志不可能一致，对此无须多加论证。我们想强调的是，对于不同的学生，衡量其成功的标准也不应是同一尺度。根据苏霍姆林斯基的“个性发展”理论来看，每一个学生都是一个“独一无二的个性”。苏霍姆林斯基认为，教育者的明智，就在于他能从似乎都“差不多”的学生中，发现每一个人特有的兴趣、爱好、特长和志向，大胆地让每一个人的才能得到尽量的发展。苏氏并不以及格率和升学率来衡量自己教育工作的成败，他感到满意的是，他的每一个学生都成了全面发展的人、“合格的公民”，每一个人都在生活中找到了他的条件许可的合适的地位：能够成为科学家的成了科学家，能够成为集体庄员的成了有道德有知识的普通劳动者。（参见《给教师的建议》）这里的“每一个学生”当然包括我们所说的“差生”。如果我们把苏霍姆林斯基这一闪耀着人性光芒的教育思想用于指导我们的日常学科教学，那么，教师就应该千方百计地让每一位学生在各科学习的每一个阶段都学有所乐、学有所得，不断增强学习兴趣和信心，积极主动地获取新知，使所有学生——特别是“差生”平等地分享学习成功的欢乐。

正是基于这样的思考，我们决定尝试着在教学中采用分层递进教学法。

所谓分层递进教学，即学生不同的学习基础编成不同的教学组，采用鼓励性、激励性的因材施教，让每一个学生都能在自己原有的学习基础上有所提高。我们把学生分为四个教学组——带头组（学习能力最强、知识基础最好）、提高组、普通组（学习能力中等、知识基础一般）、基础组（学习能力极弱、知识基础极差），语文、数学、外语三门主科教师在课堂教学、作业要求、测验考试等各个教学步骤中体现出四个层次，以体现出教学鲜明的针对性。每个学生所属的四个教学组不是固定不变的，随着学习的进步，每个学生都可能按“基础组—普通组—提高组—带头组”递进流动（当然，对个别学生而言，也可能出现与之相反方向的流动）。

实施分层递进教学，教师教学的艰巨性复杂性大大增强——每上一堂课，须备四套教案，而这四套教案又是在同一节课内立体操作完成；布置作业，须在质与量方面提出四种不同的要求；单元测验和半期、期末考试，教师要制定四套难度不等的试题……但是，对学生而言，这种分层递进教学极大地调动了他们的学习兴趣，并增强了他们——尤其是“差生”的学习信心，从而激发起所有学生的学习热情；每位学生都有学习上的成功感，这种成功感又激励着他们向新的学习目标迈进。就整个班级而言，分层递进教学促进了班级浓厚学习风气的形成，进而推动了整个班风的明显好转——连原来学习最差、最不想学习的学生都开始把兴趣转向了学习，课堂上调皮捣蛋的学生自然就少了。

分层递进教学尝试的初步成功启示我们，让每一位学生享受成功，使他们从学习中体验有所发现、有所创造的快乐，这既是教育者教育艺术的体现，更是我们充满人性的教育所应达到的目的之一——因为“正是这种有所发现的欢乐，正是这种靠着自己的努力完成作业的欢乐，乃是人的自尊感的源泉”（苏霍姆林斯基：《给教师的建议》）。

班主任和任课老师相处，第一重要的，就是这种思想上的高度统一和行动上的和谐协调，这是班主任工作最终能够取得成绩的最关键的因素。

二、真诚欣赏，并把自己的欣赏变成学生的欣赏

由于班主任处于某种中心地位，所以往往更容易被学生们关注和尊敬，相比之下，任课老师和学生接触相对少一些，则容易被学生们忽略，感情相对要淡一些。班主任老师就要善于通过点点滴滴的发现，让学生们也像爱班主任一样爱所有任课老师。

新年前夕，我让学生们给任课老师写贺卡；虽然班主任不提醒，学生也会写的，但班主任要细心地想到会不会有老师被遗漏，比如实验室的老师，等等。另外，我留心任课老师的生日，每到哪位老师生日前夕，我都会暗中让学生做些小小的准备，第二天给过生日的老师一份小小的惊喜与感动。

在我的班上，班规也管我这个班主任的，比如我如果迟到了或不按时下课等，将按班规处理，一般是唱一支歌；如果无故缺课或冤枉了学生，还要罚扫教室。这些规定，我完全能够接受。因为在我看来，师生遵守共同的规则天经地义。但对其他任课老师呢，最初我怕老师们的认识跟不上，所以班规没有对任课老师做任何要求，也就是说班规不管任课老师。但后来我想，班规不管任课老师，其实对任课老师不利，也无助于任课老师在学生中树立真正的威信。后来我把这个道理给任课老师们讲了，他们都同

意接受班规的约束。于是，班规里便对所有老师都做出了限制性的规范：不得迟到，不得提前下课，下课不得拖堂，不得当着学生的面吸烟，不得用脏话批评学生，等等。时间一长，老师们都习惯了，教学行为更规范了，学生自然更尊敬老师了。

当学生和任课老师发生冲突而明明学生又没有做错什么的时候，是班主任最难为情的时候。维护公正而直接指出老师的不对吧，这样有伤老师的尊严；维护老师的面子而批评学生吧，又对学生不公平。我的做法是尽可能做双方工作，增进双方的理解。

曾经有一个物理老师是个小伙子，他在一次课堂上评讲作业的时候，因一个学生没有交作业，便狠狠批评了他，其实这个学生已经病了好几天，于是该生便解释了几句，这个老师厉声喝道："你居然还顶嘴！"一边说一边走过去给了他一个耳光。这事在班上引起强烈反响，我也觉得物理老师不对。被打的学生找到我哭诉，物理老师在我面前埋怨学生不好管。一时间我也不好办，非常为难。我仔细分析，觉得物理老师的举动很反常，便和物理教研组长一起对这个物理老师进行了分析。从教研组长那里我了解到，原来物理老师的母亲因患癌症住医院已经一个多星期，最近他的情绪低落，很容易发怒。知道这一情况，我完全理解了物理老师的失态。于是，我专门去医院看望了物理老师的母亲，我还动员班干部代表全班给物理老师写了一封慰问信。然后我又找被打学生谈心，给他说了物理老师最近遇到的困难，我说老师打你肯定不对，但老师在这种情况下，情绪容易失控，你要多理解老师。我建议他给物理老师写一封恳切的信，再次就不交作业的原因做个解释，并向老师表示慰问。我对这个学生说："我不是要你忍气吞声，委曲求全，而是希望你表现出你的宽容与大度，在这个前提下，给老师有礼有节有情地提意见，老师会接受的。"同时，我也找物理老师谈了谈，主要是说教师的修养，我说我理解你的冲动，因为你是有原因的，但无论如何打学生是不对的，何况这个学生是被你误解了。我建议他在适当的时候，与这个学生沟通一下。我说的沟通其实就是道歉的委婉表述。一周之后，我没有想到，这个老师不但向这个学生道了歉，而且还在全班认了错，全班同学用掌声向老师表示了谅解。

有时候，在同一年级，某位班主任可能同时担任另外一个班的任课教师，这时候如果出现了老师在教学上偏心的情况，也很让班主任棘手。有一年我教高三，学生给我反映，数学凌老师明显偏心，在咱们班评讲试卷，就只说 A、B、C、D 答案选项而很少做分析，没说明为什么要选某一答案；

但在她当班主任的那个班，则讲得非常细致。还有，她给她班上的学生增加了许多模拟试题，而这些试题她根本不给我班学生做等。

开始我认为这是学生的偏见，所以便对学生说，不要瞎想，你们的基础好，凌老师讲得略一些，给你们少做一点题，不是很正常吗？但后来我略作了解，知道学生所说基本属实。作为班主任我真的很为难，我理解她把我班作为竞争对手的心理，但也不能太过分了呀！我的学生也是你的学生呀！然而，我不能这样直截了当地去质问她，还得想办法和她搞好关系，特别是不能让学生和她产生对立。

有一次，凌老师病了，而且病得不轻，但她依然坚持上课。那天下午放学后，我把班长叫到办公室，悄悄对他说："凌老师最近是带病坚持给你们上课的，今天晚上又是她的晚自习。你做两件事，第一，在讲台上放一把椅子，请凌老师坐着给你们上课；第二，用班费给凌老师买点营养品，周末去凌老师家里慰问她。"

第二天上班，凌老师坐在我后面，很有感触地说："李老师，你班的娃儿确实懂事！"

我故作惊讶："怎么啦？"

她说："我病了好几天，我自己班上的学生都没有觉察到，可你班的娃儿就感觉到了，昨天晚上专门在讲台上放了一把椅子，要我坐着给他们上课。我非常感动！"

我心中一喜，但嘴上却很平淡地说："学生尊敬老师，应该的嘛！你也要多注意身体呀！"

过了一周，凌老师再次很感动地说，星期天我班一群学生去她家里看她，给她买了营养品，还感谢她带病坚持上课。凌老师再次说："我班的学生怎么就没有你班的学生懂事呢？"

这以后，我明显地感到了她对我班学生的热情，学生也反映凌老师不偏心了，甚至对他们更加关心。

我曾经把这件事在做报告时讲过，有的老师坦率地对我说："李老师，你这是教学生讨好老师，教他们世故。"我则不这样认为。班主任让学生和老师之间增进沟通，引导学生关心老师，用情感去打动老师，感化老师，这没有什么不对。

最后我要强调的是，和任课老师搞好关系，不是一种技巧，更不是一种圆滑，而是班主任发自内心地对任课老师的欣赏与尊重。特别是欣赏！班主任要善于欣赏自己的任课老师，这样才能引导学生欣赏每一个任课老师。班主任应该是一个特别容易被感动的人，被学生感动，被任课老师感动。如果我们随时都用一颗善感的心，去看待我们的任课老师，就会发现每一个老师都值得我们欣赏。

1995年7月，又一届高三学生毕业了。我编撰了一本反映我班三年历程的书《恰同学少年》，在书的结尾，有我写的一篇文章，向我的任课老师表达由衷的敬意。全文如下——

接过人格的火炬

书的结尾，该写写与我合作过的各位科任老师了。虽然在前面，学生们已专门写了文章歌颂老师，但我想从我的角度发表一点感想：三年来，先后教过我们班课的十六位老师（除了我），不但是学生们的老师，也是我的老师。他们和我风雨同舟、并肩战斗，同时也和我一起精心培育着这个班集体，在这个过程中他们以自己的师德及教学艺术影响着我，启迪着我。限于篇幅，我不可能把十六位老师一一写出来，这里只着重说一说高三时与我同甘共苦的四位老师：何勤、刘聆、马家健、刘传碧。

何勤老师是成都市优秀共产党员，她在我班教课两年，证明了她无愧于这一光荣称号。别看她身材高大，其实她身体并不好，患有高血压等病症，而且又同时担任着另外一个班的班主任和化学课教学——其工作量之重可想而知。工作累极了，或者某一天血压又上去了，她也叹息，也发点小牢骚，但铃声一响，她便像充足了电一样，精神抖擞地迈上讲台。她像一台工作机器一样不停地运转着：给学生们弄复习资料，给同学们解答疑问，常常晚饭也来不及吃便开始了晚自习辅导；不止一次，因高血压犯了，她也不休息，坐在讲台的椅子上坚持为学生上课……她常激励学生要“争坐第一把交椅”（即争当第一名），其实，她优良的敬业精神，优秀的教学效果，不是已经坐上事业的“第一把交椅”了吗？

刘聆老师的工作负担令人吃惊：一人教全年级三个班的外语课，高三时周课时达三十多节（还没包括晚自习）！实在让人难以想象，她弱小的躯体内竟蕴藏着巨大的工作热情。她开放型的教学备受学生称赞，她热情开朗的性格使她和学生们关系融洽和谐。越到毕业，她越爱对我说：“你班的学生太乖了，太可爱了！只要我一进教室，问问题的人便把我团团围住。”看，她之所以认为我班学生可爱，是因为我班学生团团围住她——须知这实际上是在增加她的工作，在“围攻”“折磨”她呀！可是，刘老师的幸福，似乎正在被学生“围攻”“折磨”之中！她的爱人常出差在外，唯一的儿子也上高三，她的家离学校最远——她该有多忙啊！这样的场面我见过不止一次了：晚自习下课了，她还在办公室为一个又一个的同学解答疑问。当最后一名学生说“谢谢刘老师”之后，她才拖着疲惫的身躯在浓浓的夜色中骑着自行车奔向那已经离开十几个小时的家！

马家健老师是高三时才到我班教物理的。对学生而言，他具有令人叹服的教学艺术；对我来说，他更有着一种人格力量。我从旁人的介绍中了解到，马老师有着极为坎坷的人生经历：“文革”前因为“出身不好”，十七岁的他便被剥夺了考大学的权利，而被强迫赶到了农村——而且是极为偏僻艰苦的凉山！八年农民、八年工人、八年教师……当他再次回到成都，已年近五十！不少有类似经历的人总爱炫耀自己的不幸或叹息命运的不公，但马老师从不把过去的苦难写在脸上！他工作任劳任怨，对学生谦和，与同事相处稳重平和真诚，虽然特殊的经历使他在文凭、职称等方面失去了许多，可是我没听见过他一句激愤之词。人生的霜雪冷却了他也许曾经有过的一颗浮躁的心，岁月的风雨却洗净了他的灵魂，使他拥有着博大恬静而一尘不染的胸怀——他用这样的胸怀对待生活，也对待事业，他以这样的胸怀感染学生，也感染着我……

我不止一次地感叹过：刘传碧老师是一位极为普通却绝非平凡的老师！她的确普通：普通的外貌使她一旦离开学校便汇入了一片平凡之中；她每天的工作无非是每位教师每天都必须做的琐碎小事，上课呀，备课呀，批改作业呀，辅导学生呀，等等；她的课堂教学也不是属于那种引人入胜的“表演型”（我曾想：她也许是上不来公开课的）……然而，她普通的外貌里面却实实在在有一颗善良而伟大的心，她每天琐碎的工作体现出她兢兢业业的工作态度和对学生强烈的责任心，她朴实无华的课堂教学使我班学生的数学成绩稳步上升……我发自内心地把她视为我做人的良师——仅以她对工作与金钱的态度而言，她的确是足以成为许多人的人生导师。她为学生补了大量课，却多次真诚地表示不收补课费：“明明已经多占了学生的时间，却还要收人家的钱，真是……”在高二结束后那个特别炎热的暑假，她主动约上几位数学成绩不太好的学生到学校补课。虽然她已是快要退休的人，而且酷日当空，可她仍然一次又一次从家里步行到学校为几位学生义务上课！事后，家长们要付给她报酬，她硬是一分钱不收！“是我自己把学生叫到学校来的，怎么能收钱呢？那样做，岂不把人家娃娃当成摇钱树了吗？”在上个月游西岭雪山的过程中，我一直搀扶着白发苍苍的刘老师，她直说：“要不是小李，我还爬不上去呢！”我却在心里说：“三年来，要不是刘老师，我班不会这么好；要不是刘老师，我不会懂得这么多的做人道理。”——我是在用扶刘老师登山的方式表达我对她的感激之情啊！

这几位老师身体都不怎么好，（有一段时间，他们同时全病了，却没有一个人倒下，仍然坚持上课，为此我动情地对学生说：“老师们是用自己生命的逐渐暗淡来换取你们人生的日益辉煌！”）年龄都在五十左右，再过几年他们将先后退休；而我比起他们，身体还行，也比较年轻——时代给了我更多的幸运与机遇，那么，我又怎样接过他们人格的火炬，事业的旗帜，走好自己的人生之路呢？

1995.7.14

第二节　班主任和家长的配合

没有合格的家长，就没有完整的优质教育

往往有这样的家长，第一天领着孩子入学，便对老师说：“我这孩子交给您就放心了！孩子犯了错误要打要骂随您，我决不袒护！”家长说这话时，脸上的表情绝对是真诚的。还有的家长，常常到学校向老师告孩子的状，“控诉”孩子在家里的种种“罪行”，末了往往说一句：“您帮帮我吧，我的孩子就听老师的话！”

每当我遇到这样的家长时，我会为自己能被他们真诚信任而感动，但同时也会感到不安：如果家长仅仅用“托付”与“告状”与我配合，我的教育能够成功吗？我毫不怀疑这些家长对老师对学校教育的厚望，但这种厚望背后隐藏着一种令人忧虑的东西，这就是——同样作为教育者的家长的失职。

是的，家长也是教育者！

然而，我们不少家长却很难说是合格的教育者。

新学年开学不久的一天中午，我正在办公室休息，赵芬华、刘美和张舒敏三位女孩子来到我办公室，说想和我谈心。

赵芬华先向我说她的父母特别是她妈妈平时经常骂她，只要成绩没有考好，除了骂就没有别的。“可他们只知道打麻将，其他时候根本不管我。”说着说着，赵芬华流下了眼泪。

刘美说她的父母更狠，平时根本不管她，但只要是没考好，便打便骂，甚至罚跪，就在上个月月考之后，因为成绩下滑，她还被父母罚过跪。刘美开始还笑眯眯地说话，说着说着便泪流满面。她说：“我爸爸妈妈在我很小的时候，就对我这样。我平时虽然脸上挂着笑容，可是我的心里特别孤独。常常一个人在自己的屋子里号啕大哭，但我从来不让他们知道。”

我问张舒敏：“你的父母也这样吗？”

她说：“我的父母从来不骂我，对我很好，但是我觉得我成绩不好，对不起他们……”说着便泪如泉涌。

我说：“哦，你是一个非常懂事的孩子！”

我问她们父母的文化水平，结果她们的父母最多初中毕业，有的小学都没毕业。

整整一个中午，三个孩子向我倾诉她们的苦闷和伤心。

我感谢她们对我的信任，又问了问她们的学习，她们说英语和数学很难。黄韵说：“我小学的数学本来不错，很喜欢数学的，因为教我们的数学老师对我们非常好，可是后来，后来……”说着说着她又哭了。“后来到了六年级最后一学期，我们数学老师走了，换了一个数学老师，我们都不喜欢他，我也不喜欢数学了。”

看着她满面泪痕，我心里想，有时候，一个老师的确可以决定一个孩子对某门功课的兴趣和成绩啊！

我给她们讲了讲学习方法，鼓励她们一定要把学习搞好。

最后，我对她们说——

第一，你们一定要理解你们的爸爸妈妈，他们绝对是爱你们的，只是方法不当，而且他们意识不到已经伤害了你们，作为女儿应该有一种宽容心理。

第二，你们应该学会和父母老师沟通。你们应该把刚才对我说的话，对你们爸爸妈妈说，如果不好当面说，可以通过书信的方式，我女儿以前就爱用书信的方式和我沟通。

第三，你们应该想想，影响自己学习成绩的有哪些因素，然后要尽力克服这些因素，把学习成绩搞好，让爸爸妈妈放心。

第四，保持你们的纯真。你们给我留下的印象是很纯真，是好学生，没有沾染坏习气。一定要注意结交的朋友。还要多读课外书，扩大自己的视野。同时养成写日记的习惯，不断反思自己。

她们说原来都写日记，后来爸爸妈妈老要偷看，看了之后还要骂，说什么话不能给我们说，于是，她们干脆不写了。

我说，我会通过家长会，通过给你们家长写信，逐步转变他们的观念，我相信你们的家长或多或少或早或晚都会有变化的，因为他们毕竟是爱你们的。

她们走了之后，本来我想继续在沙发上睡一会儿，但我怎么也睡不着，想到这些学生家长的素质，真是觉得我所面临的挑战实在太大了——挑战还不在于有这样的家长，而是这样的家长绝非个别！

如果没有合格的家长，就没有良好的家庭教育，而没有良好的家庭教育，就没有完整的优质教育。

每一届新生入学，在第一次家长会上，我都会对家长们说："我们是同事关系。我们也许在社会角色、专业知识、性格特征、气质修养等方面都不太一样，但有一点是共同的，那就是我们有着共同的使命——教育，而且我们的教育对象完全一致——那就是你的孩子！"也正是在这第一次家长会上，我总要朗读杰出教育家马卡连柯给家长们的一段话："你们自身的行为在教育上具有决定意义。不要以为只有你们同儿童谈话，或教导儿童，吩咐儿童的时候，才教育着儿童。在你们生活的每一瞬间，甚至当你们不在家的时候都在教育着儿童。你们怎样穿衣服，怎样跟别人谈话，怎样谈论其他的人，你们怎样表示欢欣和不快，怎样对待朋友和仇敌，怎样笑，怎样读报……所有这一切对儿童都有很大意义。你们态度神色上的一切转变，无形中都会影响儿童，不过你们没有注意到罢了。如果你们在家庭里粗野暴躁，夸张傲慢或酩酊大醉，再坏一些，甚至侮辱母亲，那么你们已经大大地害了你们的儿童，你们已经对儿童教育得很坏了，而你们的不良行为将会产生最不幸的后果。父母对自己的要求，父母对自己家庭的尊敬，父母对自己一举一动的检点，这是首要的和基本的教育方法。”

作为从教近20年的教师，我的学生中有不少出类拔萃者——不仅仅是考上名牌大学，而且走上工作岗位后也事业有成。但我从来不在任何场合说自己如何如何“培养”了许多“人才”，这不是因为我谦虚，而是我清醒地知道：对于学生来讲，他的真正成才，教师或者说学校教育的功劳最多占三分之一，还有两个三分之一分别是其家长的教育培养和孩子自身的天资以及勤奋。因此，我对一些教师爱把自己班上考上大学的学生作为自己的教育成果不以为然。在我看来，一个孩子考上了大学乃至以后成就了一番事业，这首先要归功于其父母。因为父母是孩子的第一任老师——从某种意义上说，也是伴随终身的老师。

从学校教育的角度看，家长的教育者身份也是至关重要的，尤其是现在提出素质教育，学校所进行的每一项教育改革如果没有学生家长的理解与支持，几乎是不可能成功的。曾有一位年轻教师对我说：“现在教育上的种种弊端是明摆着的，我很想进行一些改革，但我怕呀！”我说：“怕什么呢？校长不是很支持你的工作吗？”他说：“我怕家长呀！我想通过提高课堂效率少给学生布置点作业，家长有意见；我想取消星期六的半天补课把时间还给学生，家长有意见；我想让学生每晚看《新闻联播》，家长有意见；我想叫学生每天吃完晚饭后洗一顿碗，家长反对……”他的话让我沉思：是呀，教师是为孩子好，家长也为孩子好，可为什么这两个“为孩子好”竟然“打架”了呢？问题就出在这些家长不是教育者——他们非常希望自己的孩子健康成长，但是他们对教育却一窍不通。

而我是幸运的。我的历届学生进校，我都通过家长会、家访、家长校访接待日、家校联系本等形式与我的“同事”——学生家长们探讨教育，不仅仅是探讨某一个孩子的具体教育，也探讨比较宏观的教育话题。尽管我绝大多数学生的家长的本职工作并非教师，但经过一学期或更长的时间，越来越多的家长都或多或少懂得教育了，面对孩子的成长能够自觉从教育科学教育规律的角度进行审视。我们有家长委员会，这个家长委员会绝不仅仅是帮班主任做一些琐碎的事儿，更多的时候是和我一起开会研究班上的工作。我的学生家长还常常出席我的班会，有时也来听我班上的课（不仅仅是我的课也包括其他老师的课），我的确常常情不自禁地把他们真当成我的同事了。这使得我所进行的每一项教育教学改革几乎从来没有遇到过来自学生家长的反对。因此，每当我的学生取得了学业上的成功或者我自己教育上获得了新的成果，我总是发自内心地感谢我的学生家长。

我总是给家长提出四条建议——

成为孩子人格的榜样。我对学生家长说："你希望孩子成为怎样的人，请你先做那样的人。没有一个家长不希望自己的孩子善良正直，那么请问你是否善良正直；没有一个家长不希望孩子勤奋上进，那么请问你是否勤奋上进？"我反复告诉学生家长，最好的家庭教育，是家长人格的无声影响。

成为孩子知心的朋友。我常常在家长会上问各位学生家长："你们每天都和学生聊天吗？你们和孩子有没有共同的兴趣爱好？"成为孩子的知心朋友，不是居高临下地训斥，而是平等民主地和他们相处，成为孩子最信任的人。在倾听孩子心声的过程中不知不觉影响孩子，引导孩子。

和孩子一起阅读。我还常对学生家长们说："看一个人的品位，更多的是看他业余时间在做什么。"要培养孩子的书卷气，必须靠家庭的书香气；而家庭的书香气，不仅仅是家里有没有藏书，而是看孩子的家长是否有阅读的习惯。之所以主张和孩子一起阅读，就是通过同读一本书，让亲子之间能够平等对话，能够互相影响。对此我下面还要详细说。

和孩子一起写作。这里的写作，其实是反思。孩子通过写作，反思自己的成长，家长通过写作，反思自己的进步。我要求家长们每天给孩子写几句话，可以是鼓励，可以是批评，可以是期望，可以是倾诉……不在于写多少，甚至不在于写什么，关键是每天都写，以这个行动告诉孩子，爸爸妈妈每天都在关注你！

六个方面影响家长

班主任除了教育学生，还有一个重要任务，那就是影响家长。从某种意义上说，只有影响了家长，我们对学生的教育才能真正成功。我是通过六个方面来影响家长的。

一、通过阅读启迪家长

上面我已经简单谈了谈家长的阅读在家庭教育中的意义。我教每届学生的时候，我都要给家长推荐读物。比如《爱的教育》《写给年轻妈妈》《赏识你的孩子》等。

一开始，并不是每一个学生家长都乐意阅读的，他们往往强调自己工作忙，没有时间。我便对他们说："你不是说愿意为孩子的成长作出任何牺牲吗？现在就让你每天牺牲一点点时间读书，不算过分吧？”我还常常在家长会上说：“一个人，无论他在自己的专业领域取得了多么显赫的成就，只要他的孩子不成功，他的人生就谈不上真正的辉煌！”

从去年九月开始，我给家长们推荐的是我写的《做最好的家长》，书中记载了我女儿从零岁到十八岁的成长经历，也记载了我家庭教育的得失。我要求家长们和孩子一起读。

刚开始，也有一些家长以工作忙为由而不读。有一天一个男孩子很认真地对我说：“李老师，我非常崇拜你！”我问为什么，他说：“我正在读你写的《做最好的家长》，读到手记八了！”我太高兴了：“那咱们拥抱拥抱！”我们紧紧拥抱。然后我问他：“你爸爸妈妈读《做最好的家长》了吗？”“没有。”“为什么不读呢？”他说：“他们说太忙，就不读。”我本来阳光灿烂的心情，一下子暗淡了。我很认真地对他说：“告诉你爸爸妈妈，就说是我说的，一定要读这本书！”

应该说，绝大多数读了《做最好的家长》的学生家长，都不同程度发生了积极的变化。不止一次，有学生告诉我，读了《做最好的家长》后，爸爸妈妈变了，不再打骂他们了，喜欢和他们谈心了。

下面是一位学生的母亲读了《做最好的家长》后写给我的一封信——

李老师：

我的孩子从一降生就体弱多病，但他很聪明，刚学说话，奶奶（他爷爷去世了）、外公、外婆都夸他，说他像个“小大人”。幼儿园老师说他反应快，是个懂事的孩子。从小学一年级到六年级（读了四所学校）成绩一直名列前茅，所有老师都夸他聪明，所有亲朋好友都因我有这样“优秀”的孩子而羡慕我。因此我们做父母的也感到骄傲，就有了望子成龙之心，所以在教育方面就出了很多错误。

从他小学一年级下学期开始，就让他读巴金写作学校、数学奥校，还要求他每天写日记，尽管如此，他在奥数竞赛中也只能得个三等奖。写作文也只是通顺而已，没有生动的描写，也没有深刻的含义。因此我就怀疑他所在的学校是否是全市最差的，或者是他班上的同学笨才显出他有一点“小聪明”。由于这样，我对他的教育就更严格了，常对他说，知识是无尽的，永远都学不完的，山外有山，楼外有楼。你与别的孩子不一样，你是山区来城的孩子，要脱离农村就得不停地学习，别人学你要学，别人不学你也得学。因此我们就一步一步地踏入了误区，用我们所谓的“为他好”的教育方式对他进行“摧残”，我们剥夺了他的童年的快乐，摧残了他的身心健康，失去了我们之间的亲情。这让我感到非常的头痛和无可奈何。只要他犯一点错，就被我们打骂，还要让他认识到错并写保证再也不犯了。他脾气犟，有时不肯认错，我们就打到他认错为止。比如说玩网络游戏，只要被我们知道就打他，直至筋疲力尽才罢休。而他也是伤痕累累，手脚青一块紫一块，邻居都觉得可怜，说我们虐待孩子，说我们打孩子是家庭暴力。可是我们没有认识到自己的错。

有一天，孩子回到家，从书包中拿出一本书扔给了我，说：“这是我们李老师给你们看的书。”一转身就走了。当时，这本书的书名就吸引了我。我开始慢慢地看，越看越觉得它的好。这本书让我深感教诲，得到启发，使我不平衡的心态变平衡了。我开始与孩子沟通，表明愿意做他的朋友。所幸的是一开始他没有排斥我，他给我谈了许多许多，对我是无话不谈，使我感到以前对他的种种不理解而惭愧。我自己也有许多不如他的地方。我的内疚感告诉我要立志做一个好家长，而他也说要立志做个好孩子。我们相互找缺点，改正缺点，效果还真棒。他在家有了灿烂的笑容，我们有了母子般的亲情。我也觉得没那么伤神了。在半期考试中，他的成绩上升了。现在他的自信心也有了。干家务由以前的被动变为主动。正如李老师书中所写的那样，我不要把孩子当天才，做最好的自己就行，自己和自己比进步就行。

非常非常感谢李老师给我的书《做最好的家长》！

一位曾经心灰意冷的母亲

在我的办公室抽屉里，这样的信很多，都是学生家长们自发写给我的。

前不久，那个曾经对我说他爸爸妈妈不看《做最好的家长》的男生对我说：“李老师，告诉您，我爸爸妈妈看了您写的书了！”

我问：“他们怎么说？”

他说：“他们说后悔没有早些看这本书。”

我又问：“爸爸妈妈有什么变化没有？”

他说：“以前，我考不好，妈妈骂我，爸爸打我。最近我又没考好，但爸爸妈妈都和我谈心，帮我分析原因，还鼓励我下次考好！”

听了孩子的话，我非常欣慰。

二、通过写作改变家长

让家长写作，就是让家长随时反思自己的教育，所谓和孩子一起成长，其实就是一起反思。最开始，许多家长都很抵触，他们反对的理由一是没有时间，二是不会写。我对他们说：“只要你真正想写，就不可能没有时间！如果你真正对孩子负责，更不可能没有时间写！至于会不会写的问题，我没有要求你们写小说写诗歌，只是把你要对孩子说的话通过文字写下来，怎么想就怎么说，这和写作水平的高低没有多大关系。”

慢慢地越来越多的家长开始尝试每天给孩子写几句话了。

我们学校的陈玲老师，也收到了学生家长读《做最好的家长》的体会文章，文中特别谈到他写日记的感想——

> 做家长难，做一个好家长更难。
>
> 看着儿子一天天长大，我们之间问题越来越多，让我捉摸不透他的心思。正在这时儿子给我带回来一本书《做最好的家长》，让我受益匪浅。书中介绍家长给孩子写日记的方法，对我很有启发。
>
> 现在我用书中的方法每天给他写教育日记，随时指出他的缺点，表扬他的优点，在日记中教他怎样去做一个合格高尚的人。如何去面对失败与挫折，看完我写给他的日记后，还要让他写上他对日记的感悟及改正缺点的日期。这种方法让他改掉了很多坏习惯。
>
> 我用书中的方法同儿子一起学习，一起喜怒哀乐，我与儿子成了无话不谈的好朋友。他对某件事的看法见解都会告诉我，我们一起探讨，沟通。在这一过程中我也学会了不少知识。
>
> 书中李晴雁同学经历过的，就是以后我们做家长要面对的，在这些事到来之前让家长、学生有心理准备，知道如何去面对那些事。
>
> 感谢武侯实验中学李老师，送给我一份如此珍贵的礼物。

班主任陈玲老师对我说：“这位家长的孩子入学时是一个非常好动的孩子，活泼可爱，我一直担心孩子不能静下心来学习，甚至影响周围的同学，所以一开始我就把几个有类似性格的孩子都放在一、二排坐，以便随时能看住他们，中期考试后一段时间，我发现这几个孩子的情况有所不同，其他孩子虽能督促在学校认真听课，但作业情况一直不是很好，家长对这些也不重视，所以成绩不太理想，唯有这个孩子各方面都有很大的进步，尤其感觉他有越来越强的上进心，学习主动爱问，表现也很积极主动，成绩也逐渐在上升，让我越来越放心他，欣赏他。为什么有不同的变化？我想其中有个很重要的因素，那就是他的家长变了，以前从来不写教育日记，现在写了，教育方式和方法发生了很大的改变，并收到了很大的成效。我不得不感叹，一本书的影响力太大了，这是我以前不曾预料到的。”

是的，写作的确能够改变学生家长。上学期期末，我们学校还举行了一次班会展示，主题就是亲子共读共写。一位父亲说到他写日记的经过：“最开始，我的确不愿意写，因为我的文化程度不高，笔拿在手中比锄头还重。但想到我女儿的成长，想到我的责任，我便打算试试。我每天写得都不多，但无论多忙，我都坚持。写了之后，我给女儿看。以前我女儿犯了什么错误，或者让我不高兴，我性子一来，就要骂她甚至还要动手打她。现在通过写，我就平息了自己的情绪，话也说得更加让她容易接受，多讲道理。慢慢地，我感到我和女儿比过去容易沟通了，我们的关系也很和谐了。”

父亲的话刚一说完，女儿就站起来了，她流着泪说：“以前不理解爸爸，但看了爸爸写的日记后，很感动，理解了爸爸的一片苦心。爸爸每天工作那么忙，还坚持给我写日记，我一定要好好学习，这样才对得起爸爸！”

三、通过书信沟通家长

我爱写信，给学生写，也给家长写。之所以要通过书信给家长沟通，原因有二：一是双方见面时间有限，而通过写信在时间上则比较灵活；二是有些话如果当面给家长说，家长不一定能够接受，而通过书信可以在语言上更有分寸感，更容易打动家长。给家长写信的方式主要有两种：一是通过家校联系本给家长写信，二是以传统的方式直接给家长写信。

所谓家校联系本，是我从参加工作起就开始采用的一种联系家长的方式。我给每一个学生都准备一个小本子，每天由学生写自己的在校表现和当日的家庭作业，然后由我签字后让孩子带回家去，让家长了解孩子的在校情况，并督促孩子完成作业。每个周末，我都要在每本家校联系本上根据每个孩子的具体情况给家长写一封短信，并请家长也写孩子本周在家表现，并对我的工作提出意见或建议。有时候，如果对所有家长有统一要求，我便通过口授让学生记录给家长们写一封统一的信。这种联系本效果不错，其最大的好处就是能够及时和家长沟通，同时对孩子也是一种督促。

直接给学生家长写信，是针对一些特殊学生的表现而写，尤其是在家长不理解甚至不愿配合老师的情况下，我往往就直抒胸臆给有关学生家长谈我的想法。我班上曾经有一个叫陈忻（化名）的学生，行为习惯差，学习成绩也差，常常犯错，让我忧虑的不仅仅是他的表现和成绩，还有他所受的家庭教育。他的母亲管不了他，而父亲的管教方式就一个字：打！有一次，陈忻犯了错误，回家后又被父亲打了一顿，第二天陈忻来到学校，我看到他的脸都被打肿了，于是，我给他的父亲写了这样一封信——

陈伯山师傅：

您好！

想了很久，我还是决定给您写这封信，就陈忻的教育问题谈谈我的心里话。如果我的话说得直了些，请您一定原谅。

昨天早晨陈忻来到学校，我看见他变了形的脸，心里真不是个滋味，甚至非常气愤。我当然可以推想，您觉得您有一万个理由该打他，因为陈忻的确有时太气人了；我也可以想象，可能当时您并没有想那么多的理由，仅仅是一时性起，控制不住的拳头就砸了出去……总之，是由于陈忻惹您生气了，您才打他的。也正因为如此，我昨天对陈忻也说："以后你应该听爸爸的话，那样，他就不会打你了。"

但是，我仍然认为您实在太不该这样做了，因为您这恨铁不成钢的一拳，很可能将陈忻的前途彻底打掉！

有位教育家说过："差生都是教育者教育出来的！"这话当然有些偏激，但它强调了教育者对孩子的影响。而我认为，这里的教育者显然还应包括家长，因为父母是孩子的第一任老师。恕我直言，陈忻之所以有今天这么多难改的恶习，应该说已经折射出您十几年来家庭教育的教训。因此，要让陈忻彻底改正缺点，作为教育者，我这个当班主任的和你们家长恐怕都要认真反思并改进一下我们的教育啊！

何况现在陈忻至少在班上有了明显的进步。最近几周，他的行为习惯、课堂纪律和学习态度都有了相当突出的进步，上周班会上，全班同学都为陈忻的进步而自发鼓掌祝贺！要知道，为了这还不算很大的进步，我和学生们花了多少精力啊！他的同学方铭，几乎每天都在帮助他；全班每一位同学都给陈忻写了一封既热情洋溢又严肃认真的鼓励信；至于我在他身上花费的时间和心血，我不说您可能也知道，就在上周星期四下午放学后，我还和他在锦江边谈了两个小时的心！在这种情况下，我是多么希望您能与我们配合啊！

所以，当昨天我看见陈忻那被打伤了的脸，我怎不气愤呢！

据我一年来对陈忻的了解，他的确问题太多，其中有两点是最让人忧虑的。一是说谎成性，很善于以各种假象欺骗老师、同学和家长；二是与社会上不三不四的人交往较深，已经染上了许多社会习气。但是，也应该看到，在我和其他老师的耐心教育下，在我们班集体正义与温暖的感召下，陈忻告别过去、追求上进的愿望，也是极其真诚而迫切的。在这种情况下，他需要的是爱和鼓励，需要的是来自教育者的信任；相反，此时的任何辱骂和拳头都只能将他内心深处想做好人的道德火花彻底熄灭。我想，这是您和我都不愿意看到的吧！

除了爱心，还需要耐心。说实话，我从来没有想过通过一次震撼心灵的谈话，就让陈忻把所有缺点改正。对于“后进生”来讲，进步—退步—又进步—又退步……这样的反复不但是正常的，而且是任何一个人在改正缺点追求上进的过程中所必须经历的阶段。但这过程中，我们对陈忻的任何诸如“说话不算数”“纯粹是在欺骗我们”等指责都是不公平的。因此，我们指望他立即改正所有坏习气，也是不科学的。怎么办？那就只有用我们的耐心和尽可能细致的思想工作去慢慢教育他。

作为他的老师，我当然希望陈忻能够根绝他所有的恶习，但教育是复杂的，陈忻所面临的成长环境也是复杂的，所以，我没有奢望他在我手下的这几年就能真正成为一名优秀的学生。但我还是愿意尽我最大的努力，哪怕陈忻今后长大了没有成为我们所希望的人才甚至相反成了社会的罪人，但我至少在他的初中阶段为他留下了一点点温暖的回忆。

作为他的家长，您就更没有理由不管他甚至把他撵出家门。不管您怎样对他失望，您与陈忻的血缘关系是不可能切断的，还得尽家长的一份责任；而要管，就应该充满感情充满耐心，而不是简单粗暴。其实，我完全知道您还是很爱陈忻的（昨天您一天都在学校守候着他，就说明了您的爱心）。既然如此，何不好好改进一下自己的教育呢？

我的工作很忙，每一天的时间可以说是以秒来计算，但我仍然利用今天中午两个多小时的时间字斟句酌地给您写这封信，是希望您能理解我对陈忻的教育，理解我在他身上花的精力，理解我对您的意见。我们都是同龄人，我是把您当朋友推心置腹地说心里话。如果有不妥或者有所冒犯，还望您谅解。

让我们密切配合，期待着陈忻的进步！

祝好！

李镇西

2005 年 6 月 9 日

应该说，我这封信收到了良好的效果。后来这位父亲主动找我谈过一次，除了向我表示感谢，还诚恳地检讨了自己在教育孩子方面的失误。再后来，他对孩子的教育方式也发生了变化，而陈忻同学也有了很大的进步。

这个例子再次说明，如果没有家长的积极变化，班主任单方面的努力很难奏效。只有班主任和学生家长形成教育合力，教育才会取得真正的效果。

四、通过孩子促动家长

“和孩子一道成长。”是我经常给家长说的话。孩子一方面受大人（老师和家长）的教育，同时也在教育着老师和家长。在我的眼中，学生既是我的教育对象，也是我的学习对象，同时还是我教育和影响家长的“同盟者”。

我给学生家长提出的要求，往往通过孩子给他们的父母提出来，这就是通过孩子促动家长。比如读书，我要求家长读，家长可能不以为然，但我叫学生去督促家长则有效得多，好多家长就是在孩子的督促下开始读起了书。还有一个例子，我要求学生家长让孩子在家应该做家务事，但好多家长都娇惯孩子不要孩子做家务事。于是，我给学生明确规定，每天晚上吃完饭后，必须洗全家人的碗。然后我通过各种方式进行调查，看哪些学生在家的确洗了碗，哪些学生根本就没做。到了家长会那天，我肯定要搞一个调查：请按李老师要求每天坚持晚饭后洗碗的同学举手！然后我对举了手的同学说：“我首先要感谢你们的爸爸妈妈，他们是真正优秀的爸爸妈妈！”我没有直接批评没有洗碗的同学及其家长，但我这句话已经包含了我含蓄的批评了。这以后，全班学生都做到了每天晚饭后洗碗。

我常常收到孩子的信，向我“控诉”其爸爸妈妈的粗暴教育。我便选择其中我认为有一定普遍性的信进行评点，然后在学生姓名等具体细节上进行一些移花接木式的处理，目的是不让学生家长知道这封信是自己的孩子写给老师的。然后将信印发给所有家长。让孩子的心声去打动家长，去教育家长。下面就是这样一封信（括号内是我的评点）——

尊敬的李老师：

您好！我知道您是一位非常棒的老师。我很认真地看你写给家长的信，我的爸妈也有认真地看。（李镇西批注：代我谢谢你的爸爸妈妈！）不过，我觉得要我和家长沟通，可能是永远不可能。（李镇西批注：不一定，你也不要把爸爸妈妈想得太“坏”，要相信，为了你的成长，他们也会不断改进自己的教育方式的。）

平时，班上的“家校联系本”我如果不让他们写意见的话，都不会主动地写，而且我也不太愿意和他们沟通。不管用什么样的方式，我和他们没有一点共同的语言。（李镇西批注：是吗？这次试试如何？）我不知道，我为什么有给您写信的念头，但我一想到，毫不犹豫就动笔，也不知道用怎样的心情来写的，心里只想要您来帮助我。我想让您知道，我在怎样的家庭环境下成长，我不想闷在心里，我被闷了很多年了，我好累。我很信任您，这是我第一次给别人说我家里的事。（李镇西批注：非常感谢你对我的信任！老师所做的一切都是为了学生的成长。我愿意为你的成长，包括消除你的烦恼做些努力。）

我的家庭条件应该是算好的。从小就在城市长大，和爸妈弟弟住在一起。小时候有爷爷奶奶疼我，很不幸爷爷在我九岁的时候去世了，后来奶奶也去世了。在家就没有人疼我了。在家爸妈经常骂我。对于爸爸妈妈来说我不小心的一句话，都会招来骂，会让我难过一两周。有时候甚至每周都会哭一两次。（李镇西批注：可怜的孩子，我真的很同情你！）也许他们认为他们女儿的承受能力很好吧，但我真的受不了了。他们在邻居面前骂我，骂得不留一点余地。“死短命娃”“瓜婆娘”“死人”诸如此类的词语，在我的生活中经常出现，您会想到这是一位父亲对自己女儿说的话吗？有时会想，他到底是不是我爸爸？有时候妈妈也说同样难听的话。我很害怕回家，每天几乎都是七点以后回家，一回家他们就鸡蛋里挑骨头，没有挑的了，就拿我和别人比较。（李镇西批注：读了你写的这些，我很难过，也很惊讶。的确，很难想象做父母的会对自己的孩子这样说。也许他们气极了吧！）

“别人考试，考了前几名，你呢？瘟猪子，算了不要读了，早点去擦皮鞋，还多挣点钱，像你这种好吃懒做的，讨口都讨不到；喂个狗十几年，看到你还要给你摇尾巴，你啥子都不会做，狗都不如。”是真的吗？是从我爸爸妈妈嘴里说出来的吗？我好想给他们说，我是人，我不是狗，我是你们的女儿，我有自尊。但说了多次，他们好像都是聋子，都听不到。他们一直认为他们养我，我就要按照他们的思想去做，要完美，要成绩好，要没有缺点，他们才有面子，可惜我只是一个人，而不是神。（李镇西批注：作为老师，我也希望你的成绩能够更好些；作为父母，他们的心情我也理解。只是，因为成绩不好而这样骂自己的孩子，孩子的成绩就能上去吗？如果孩子的成绩能够被骂上去，人人都可以当教师！）

成绩，这两个字让我感到恐惧，有时也会感到好笑。由于眼睛视力不好，坐在倒数第二排根本看不到黑板，回家我就给爸爸说我要配眼镜。“你这成绩还要配眼镜？简直是浪费钱。”这就是我爸爸的原话。我平时上课只会听，看一下书，就完了。有时根本也不会听，脑子里全是爸爸妈妈联合起来骂我的话，我听了不敢还嘴，只有在心里流泪。（李镇西批注：爸爸是不该说这话，不过也许他是气话，你给他多沟通沟通，也许会让他有所醒悟。毕竟，我相信他还是爱你的。）

其实我很恨我自己不幸生活在这样的家庭，感叹命运不公，为什么别人有理解他们的父母，我没得，好不公平。（李镇西批注：你要相信，你的爸爸妈妈也是爱你的，只是不知道怎样爱。他们可能没有意识到，他们在爱你的同时，却伤害了你。）我有想自己的缺点是不是太多，有很多；但优点也有呀，为什么他们都看不见呢？我有自己的梦想，一直都在努力去实现，我比同龄人知道的东西多，我爱看书，喜欢书，可从来没买过书。我有我自己的人生观、世界观，语言表达能力也很强，也有礼貌，这些他们全都视而不见。（李镇西批注：是的，你肯定有很多优点。那天你把信送到我手上的时候，我看你是一个很有礼貌很有文明修养的女孩子呀！）对爸爸妈妈来说成绩最重要，其他的都没用！我知道他们是为了我好，但他们这种所谓的好我却不能接受，不是吗？我喜欢弹琴，我想去正规地学习，却不让我学，这些我家里都有那个条件，爸爸妈妈却从来不支持。（李镇西批注：对一个学生来讲，学习成绩的重要性不言而喻，但对于一个人来说，学习成绩不是唯一的，人生有很多乐趣，学习的乐趣只是其中一种。）

我现在什么也不想，要怎样都无所谓，只要有一个能让我信任的人听我说，就好了。对我来说，我只会为我自己的梦想去努力，不会在乎任何人。（李镇西批注：这话说得太好了！不管别人怎么样，你一定不要放弃你的梦想！并且要努力去为之奋斗！）我已经习惯了在家里被爸爸妈妈用非常难听的话骂我，我也无所谓了，随便怎样骂，怎样打都行。（李镇西批注：我相信你的爸爸妈妈看了这封信，一定会有所后悔的，他们对你的态度一定会有所转变。）

李老师谢谢您听我说完，工作辛苦要多休息，身体累坏了，就不好了。谢谢您。（李镇西批注：你是个懂事的孩子，谢谢你对我的关心，我的身体这几天好多了。放心！）

写给宁燕（化名）同学：

当你给我送信的时候，我就感到你的礼貌和教养。读了这封信，我很难过，很同情你。但是，我想对你说三点：第一，不要把你爸爸妈妈想得那么“坏”，他们骂你是不对，但我坚信——你也应该坚信，爸爸妈妈绝对是爱你的。第二，我建议你把你在信中对我说的这些话，也写成信给你爸爸妈妈看，有时哪怕是天天见面的人之间，也需要书面沟通。我相信，你一定能够让你的爸爸妈妈有所醒悟。第三，你一定要反思总结一下自己的学习，看看是什么原因阻碍了你的成绩提高。你一定要争气，为自己争气，让爸爸妈妈看看，他们的女儿是不是不爱学习。最后要让爸爸妈妈为你自豪！

再次感谢你对我的信任！

你的大朋友：李镇西

写给这个孩子的家长：

尊敬的家长朋友，读了你孩子的信，我的心情沉重到了极点。我也是一位女儿的父亲，实在难以想象，一个父亲一个母亲，会对自己的孩子进行如此的精神伤害！当然，我可以设想，你们有一万个理由觉得女儿应该被骂，但有一个理由足以让你们感到不应该这样骂女儿：因为你们的女儿是一个有耻辱感有尊严感的人！我当然不会怀疑你们对女儿真诚的爱，但在扭曲了的观念下，这些爱都成了伤害！在你们对女儿不堪入耳的谩骂声中，女儿的尊严被剥夺了，她的自信心被伤害了，她对你们的感情也在一点一点地泯灭！作为一个人，她在被父母爱的同时，却受到精神上的摧残，最后不成其为人，只成了你们发泄愤怒的工具！也许你们对女儿的成绩太失望了，也许你们对女儿的种种缺点已经到了无法忍受的地步。但是请记住，靠打骂而使学习成绩上升，古今中外迄今没有先例；靠打骂而让自己的孩子有出息，似乎有过先例，但付出的代价太大，这代价便是两代之间的血肉亲情！

也许我的话说重了一些，但请理解我的心情。希望你们能够认真读我这段文字。谢谢！

我把上面三封信（学生的信以及我写给学生及其家长的短信）都打印出来并发给每一位学生家长，让他们阅读并对照思考自己的家庭教育。后来的事实证明，这样做的效果不错，许多家长都开始反思自己的教育，并决定重新审视自己的孩子，改进和孩子的关系，包括上面这个学生的家长。

五、通过家长转化家长

让一部分优秀的学生家长以自己的现身说法，去影响另一部分还不够优秀或者正在走向优秀的学生家长，是我常用的方式。虽然每个孩子都有自己的特点，每个家长都有自己的个性，但同样在一个班，接受同样老师的教育，为什么孩子之间会出现那么大的差异？这些差异当然不能都归因于家庭教育，但家庭教育肯定是一个重要因素。所以，家长之间的互相影响，有时候胜过班主任喋喋不休的教导。

在每次开家长会的时候，我都喜欢事先安排几位优秀学生的家长谈他们的教子经验，或者请虽然不是特别优秀但进步很大的学生的家长谈他们是如何引导孩子的。这些家长都不是专业的教师，也没有系统地学过教育学，但谈起孩子的教育，却朴实而生动，很能引起其他学生家长的共鸣。

我在重点中学教书时曾有个学生叫蔡峰，考初中时成绩不太理想，根据有关政策，他顺利地进入了我们学校，来到我班。这孩子非常正直诚实，第一次办板报，他写道："有同学问我，是如何进入这所学校的？我总是说，我是根据政策照顾进来的，但这是我的耻辱，我一定要通过三年的努力，以自己的实力和成绩考上重点高中！"后来我家访了解到，这孩子天资并不特别聪明，但非常勤奋，而且让我感到特别欣慰的是，他的爸爸妈妈特别善于鼓励和引导他，给他以民主宽容和谐的家庭氛围。同时，他的爸爸妈妈非常正直善良和勤奋，随时随地以自己的行为感染着孩子。后来三年里，蔡峰发展得非常好，不但学习上突飞猛进，而且行为品格受人尊敬，在初二时被全班同学选为班长。三年后中考，果真以优异的成绩考上重点高中，再过了三年，同样以优异的成绩考上重点大学。而蔡峰的妈妈，当时就是我班家长委员会的成员，她多次应我的请求在家长会上谈对蔡峰的教育，她的经验和做法，让不少学生家长反思，进而影响了许多家长改进自己教育孩子的方式。我不止一次非常真诚地对蔡峰妈妈说："感谢你帮助我转变了许多家长！"她却谦虚地说："我要感谢李老师！"有一年五一节期间，一位学生母亲捧着一束鲜花来看我，结果我不在家，我爱人接下了鲜花问她是谁，她说："我是李老师学生的家长！今天是五一节，我向李老师表示感谢和敬意！"说完放下鲜花就离去了，也没有留下名字。我回家后，根据爱人描绘的情景分析了一下，然后略作调查，结果那位家长正是蔡峰的妈妈！

在我历届所教的班里，这样的优秀家长都不少，他们是我宝贵的教育资源，我永远感谢他们！

我还常常把一些优秀家长写的文章印发给更多的家长看。现在我当了校长了（同时兼任三个班的副班主任），我专门为学生家长编印了每月一本的《新父母》杂志，把一些优秀家长的文章印在上面，让更多的家长读，从中受到启迪。下面是我曾经刊登在《新父母》中的一篇学生家长写的文字——

日记是家长和孩子沟通的桥梁

我是初三（2）班一位15岁女儿的家长，有一天，她突然说学校里给家长留了个作业。我女儿在学校里上学快三年了，第一次回家说家长有作业，而且还是读书笔记，她从书包里拿出了《新父母》，我当时只看了名字就知道这一定是学校想对家长进行教育了。可是我写字已经有些困难了，这么久以来，一般都是看女儿写字，完成作业，真要我写字我还不知道怎么办了。说出来也不怕大家笑，我没啥文化，小学刚毕业，虽说字还是认识一些，但要写下来，似乎有些困难，而且也不会组织语言。

翻开的第一页是李镇西校长写的，我淡淡地看了一眼想，我说对了，李校长要对我们进行新教育了。把整册的文章看完后，我产生了许多想法，回想以前，再来看看现在，我想我应该对自己进行检讨了。我以前对女儿的教育到位了吗？我与女儿沟通了吗？我耐心地听女儿讲话了吗？我考虑过女儿的感受吗？我平时的所作所为是否对女儿有影响呢？我平时的打骂对女儿是否有伤害呢？……这些问题好像平时一直都没有注意到，一直以来，我认为孩子还小，知道我打她骂她是爱她的一种表现，同时，也不会有特别的想法和感受，可是我是否错了呢？我的这种想法给孩子的心里挖了一道深深的伤口，在这伤口里难免还夹杂着一些误会。我现在只想说："孩子，我现在为你疗伤还来得及吗？"

我们只是生活在一个普通的家庭里，女儿出生刚满月就同我一起外出做生意，她的爷爷奶奶都不管她，早上五六点钟就出去了，导致她从小身体就不是很好，常进医院，这些事情只是她现在问起的时候说说，一般我都不想回首往事，她到四五岁时，我认为她应该懂得一些事情了，所以对她要求高了些，打骂多了些，听她对我的解释少了些。有时我会没有耐心，只要她犯了我认为不该犯的错，我就会骂她，不听她的解释，骂完以后，有时就算错了也不会向她道歉，因为我认为虽然我也犯了不该犯的错，但不可能长辈还要向晚辈道歉嘛，就是因为我有这种想法，才导致家长与孩子之间无法正常进行沟通。有时女儿想跟我聊天，我会觉得烦，不容女儿把话说完，就会阻止她，说她话多，而我说时规定她必须听我把话说完才能再说话，不然就是对我不尊重，但我没有意识到我打断她说话，也是不尊重她。现在我知道了，我们无法沟通还有一个重要的原因就是尊重，我却无情地忽略了互相尊重的问题。

女儿很任性，我一直认为我是女儿的家长，这世界上除了她自己了解自己以外，我是最了解她的。直到那天她说她自己也不了解她自己，她自己太善变。第一天，她可能把你当知心朋友什么都告诉你，第二天，她可能认定你是她的仇人会和你吵闹。她那样的善变，我却不知道，还谈得上什么了解她呢？她任性，只要认定要去做的事就算处理得不好，她也会先做做看。有时，她决定了一件事，不管我是否同意就去做，有时也不听劝解，就算错了，也要一错到底。哎，真不知道她长得像谁！家里只有她一人那样任性，她有个老师或许说得对，也许她任性的个性与家庭有关：母亲常常的打骂，父亲的不沟通，所以让她在一个逆反心理很强的时期里误解了父母。可是她的任性有可能成为她这一生的绊脚石，我该怎样帮助她，让她不再那么任性呢？

《新父母》真的使我感触很深，还有许多话不知道该怎么说，希望以后还有这样的机会吧！现在我想到一件事，家长和孩子之间也可以换一种方式沟通——写交换日记，家长与孩子都把自己的想法写进日记本里，互相看，看后再写看了日记后的感受，这不也是一种很好的沟通吗？我认为现在还无法与孩子正常沟通的家长，不妨试试我的这种方法，也许会有很大的改变哦！在此我感谢学校给我们的宝贵资料，是它改变了我们的以前，是它让我们有了现在。望所有的家长朋友和学校老师一起来改变孩子的命运。

这位学生家长观念的转变具有一定的典型性。他的这篇文字的印发，又会影响更多学生家长的积极转变，而这可能是单靠班主任的说教所难以达到的效果。这就是通过家长转化家长。

六、通过家访感染家长

家访，是班主任和家长接触沟通的一种传统方式。家访的重要性和具体方法，我这里不打算多说。参加教育工作这么多年来，我一直坚持家访，为此不少人在感动的同时又表示出不解：“现在都什么时代了，还有必要这么一一去家访吗？做事得讲效率啊！”

对此，我想谈谈自己看法。

如果家访的目的仅仅在于向家长通报其孩子的在校表现甚至只是告状，那当然不一定非家访不可——在这通信发达的时代，我们只消拨一个电话号码，这一切不就可以快捷地解决了吗？

但是，家访仅仅是为了告状吗？

我们提倡在条件可能的情况下尽量家访，是因为家访这种联系方式有着特别的教育意义——

家访体现了教育者对学生真诚的关怀。对于一个优秀的班主任来说，他之所以决定去某个学生家家访，首先不是因为这个学生没交作业或与同学打架了，而是因为这个学生可能需要教育者的特别关怀：比如他是下岗职工的子女，或者他生病躺在家里已经好几天了等，当班主任叩开学生的一扇扇家门时，面对突然到来的老师，学生及其家长所感受到的将是一种别样的温馨，而这种温馨显然是电话筒无法传递的。

家访有利于教师和家长的心灵沟通。坐在学生家里同其父母朋友般地促膝而谈，比起在电话里三言两语地和家长对话，二者的心理体验是完全不一样的。前者是面对面的心灵交流，而后者只是例行公事般的情况通报。都说学校教育需要家庭配合，然而在我看来，这种配合首先不只是让家长每天在学生作业本上签字，而更多的是设法使家长从感情上贴近学校，从心灵深处理解老师。离开了家访，这一切显然是很难达到的。

家访能让班主任切身感受到学生的成长环境。如果说家长是孩子的第一任老师，那么，家庭就自然是孩子成长的第一摇篮，了解学生家长的文化修养素质、家庭经济状况、家庭人文气氛等，将有助于教师在教育过程中对学生真正的理解，进而让教育真正做到一把钥匙开一把锁。在一个对学生不但非常热爱而且高度负责的班主任看来，这样的家访本身就是他义不容辞的分内工作。

离开了爱心，就谈不上任何教育。为什么家访？为了让我们的教育浸透着真诚的人情味。

给全校学生家长的一组公开信

这是我 2006 年 9 月担任校长后，给全校家长的一组公开信。

只有家长好好学习，孩子才能天天向上

——给武侯实验中学全体学生家长的第一封信

尊敬的家长朋友：

我叫李镇西，本期开始就任武侯实验中学校长。我有一些真诚的心里话想对您说。

我首先感谢您把自己的孩子送进武侯实验中学，我认为这是

您对我校的信任。我和我们学校的老师一定尽我们的全力不辜负您的信任！

我也是一个女儿的父亲，我完全可以理解，当您把孩子送进我校的那一天，就对学校的老师寄予了厚望，希望您的孩子能够在老师的教育培养下成为一个有用的人才。但是，不知您是否想到过，其实，孩子是否能够成为一个有用的人才首先不是取决于老师，而是取决于您这位家长！

我们学校本期开始实施新教育实验，该实验有一个内容就是让所有学生家长学会做新父母。这点非常关键。

我一直坚持认为，一个孩子的成才，主要功劳不是学校而是家庭。道理很简单，家长是孩子的第一任教师，家庭是孩子的第一个课堂。家庭氛围如何，家庭教养如何，家长的素质如何，都将决定孩子的人生！

注意，这里所说的家庭氛围、家庭教养、家长素质，不一定和文化程度有直接的联系。在我的视野中，有的博士家长依然"培养"出了罪人，而大山里一些目不识丁的老太太却培养出了一个个有出息的孩子。我国著名生物学家、原北大副校长、现中国农业大学校长陈章良就是一个例子。他出生于农村，父母几乎没有什么文化，因此他也谈不上什么早期的文化启蒙，九岁才读小学，但因为他的父母首先是一个善良勤奋的人，于是一颗科学家的萌芽便在这对农民夫妇的手中开花了。

因此，从这个意义上说，家长也是教育者——不管家长是否有很高的文化水平或是否学过教育学，只要有孩子，他就是教育者。这样看来，我们——就是我、我校的老师和你们家长——之间，本质上是一种同事关系，因为我们都是教育者啊！因为我们都有着共同的教育对象——您的孩子啊！因为我们都有一个共同的愿望——期盼着您的孩子成为有用的人才啊！

我校教师在多大程度上提高自己的教育水平，您的孩子就在多大程度上能够成为我们所期待的人才，这是毫无疑问的！

作为孩子的家长在多大程度上提升自己的教育素养，提高自己的教育水平，您的孩子就在多大程度上成为您所企盼的有出息的人，这是不容置疑的！

可是，是不是每一个家庭都是适合于孩子成长的环境呢？您的家庭里有没有这样的场面呢？——晚上（或周末），孩子在书桌前痛苦而心不在焉地看书，旁边，孩子的父亲在和一群哥儿们喝酒聊天；另一旁，孩子的母亲正和一群人在桌上大呼小叫地搓着麻将；而在厨房，孩子的爷爷或奶奶正在洗碗；父母的声响干扰了孩子的学习，孩子有点不耐烦了，从书桌前站起来想出去玩电脑，这时父母开始呵斥孩子……

我可以断言，在这样的家庭中，孩子绝对不可能有优秀的学习成绩，更不可能成为有用的人才！

当然，我相信，武侯实验中学的学生家庭不会是这样的；而且我还相信，武侯实验中学的家长都是合格的家长！

但是，作为校长，我还得寸进尺地希望，我们武侯实验中学的所有家长不仅仅是合格的家长，更是优秀的家长！

刚才我说过，我也是一个家长。我有一个天资并不聪明的女儿，但在我的教育下，她成长得很顺利。在女儿成长的过程中，我也在成长，这其中有许多故事。我把这些故事写成了一本书，叫作《做最好的家长》。现在，我把这本书推荐给您，也许您能够从中得到一些启示。也许有的家长朋友会说："我怎么能够和你比呢？你是专门搞教育的，还是校长，而我却不懂教育。"不对，刚才我不是说了吗？每一个家长都是教育者，其教育水平和所谓文化水平不一定有直接的联系。

我的体会是，和孩子一道成长，是最好的家庭教育。所谓和孩子一道成长，说起来就是两点：第一，和孩子一起阅读；第二，和孩子一起写作，也就是共读和共写。

因此，我真诚地建议您，从今天起，和孩子一起读一本有趣又有意义的书。就从这本《做最好的家长》开始共读。这本书写的是我女儿从 0 岁到 18 岁的故事，她的成长对您的孩子一定有帮助的。这本书更写了我教育女儿过程中的酸甜苦辣，也有许多故事，我相信，我的教训和成功也一定会对您有参考价值的。请您和孩子一起读，一起讨论，一起反思，一起进步！

因此，我真诚地建议您，从现在起，和孩子一起写成长日记。成长的过程是一个不断反思然后不断超越的过程，而写作就是最好的反思。孩子通过文字，可以写自己的苦恼与喜悦，你通过文字可以写出自己对孩子的期待，写出自己对自己教育的感悟。可以毫不夸张地说，家长和孩子一起写作，是最好的成长方式。您也许会说：“我文化水平低，写作能力差，哪能写呢？”这话错了！最早开始成功实施家长写教育日记的是河南焦作市，那里全市的中小学生家长都给孩子写教育日记。在这些家长中，相当一部分人连小学都没毕业，有的家长甚至是一边翻字典一边给孩子写教育日记。正是通过教育日记，许多让家长老师头疼的孩子成为优秀的学生。这样的故事很多很多。这里，我随信给您一份材料，就是河南焦作市的几位写教育日记家长的事迹，您不妨看看，并试试。为了您的孩子，我相信你是什么都愿意付出愿意牺牲的，那么，就牺牲一点业余时间，从和孩子共读共写开始你新的家庭教育吧！

请记住：只有家长好好学习，孩子才能天天向上！

我相信您能够成为成功的家长，而只有您成功了，您的孩子才能成功；只有您和您的孩子都成功了，我们学校的老师才能真正有成功感。

让我们一起努力，好吗？

您的同事：李镇西

2006年9月27日凌晨1点35分

孩子之间的竞争，其实是家长之间的竞争

——给武侯实验中学全体学生家长的第二封信

尊敬的家长朋友：

这是我给你们写的第二封信。第一封信发出后，许多家长都认真看了，而且还写了读后感交到班主任处，也有家长直接给我写信。这些文字很朴素，但很真诚，让我感到了家长们对我的理解，对学校工作的配合，当然，这种理解和配合都源于你们对孩子真正的爱。

更让我感动的是，一些家长开始坚持每天给孩子写教育日记了。这种方式虽然原始，但这是对孩子的期待与爱。以前我以为，可能要求家长们给孩子写日记苛刻了些。但现在看来，家长们完全做得到。为了孩子，家长什么牺牲都愿意付出，的确如此。

我代表孩子们向所有为子女付出牺牲的爸爸妈妈表示感谢！

我个人向这些真正爱孩子的家长表示敬意！

武侯实验中学本期开学不过两个多月，已经发生了一些静悄悄的变化，其中首先包括家长们的变化。最近我找一些孩子聊天，他们对我说，这学期爸爸妈妈对自己要耐心多了，也不只是用作业来压自己了；孩子们还说，爸爸妈妈打人骂人的时候少了。还有一个孩子说，她和爸爸妈妈抢着读《做最好的家长》呢！

我坚信，有了这些不断反思的家长，孩子一定会成长得更加顺利！

但是，毋庸讳言，至今仍然有部分家长没有太大的变化。有的家长根本不读《做最好的家长》，更不愿意给孩子写教育日记。有一个孩子对我哭诉了家长对他的野蛮教育（打骂）后，我问他："你爸爸妈妈怎么不读《做最好的家长》呢？"他说："爸爸妈妈说，我们的孩子我们知道怎样教育，还用得着校长教吗？"我听了真是感到无语……

孩子之间的竞争，其实是家长之间的竞争——家长的智慧，往往会化为孩子的智慧；家长的善良，往往会变成孩子的善良。同样的道理，家长的愚昧，往往也会化为孩子的愚昧；家长的恶习，往往也会变成孩子的恶习。

是通过改变自己的教育而造就孩子的美好未来呢，还是坚持自己的愚昧的教育最终葬送孩子的前程？

——尊敬的家长朋友，我相信您会做出正确的选择。

那天，我在一个班为孩子们上了一堂班会课。我说了这样一个观点，从某种意义上说，师爱比母爱更伟大，因为教师和学生没有半点血缘关系，而家长对孩子的爱更多的是源于亲情。的确是这样的，老师对你们孩子没有半点私人企图，我对你们更没有一丝个人私利。我们对你们孩子的期待，纯粹是出于一种职业道德和职业良知，除此之外，别无所求。让每一个孩子健康地成长，是武侯实验中学所有教师的愿望，而这愿望的实现，必须靠每一个学生家长的配合！否则，再优秀的老师，也不可能一厢情愿地培养出优秀的学生。

在这一期《新父母》中，我们选登了部分学生家长的来稿，大家可以看到这些家长的进步。有一封学生给我的信（我做了详尽的批注）可能会让许多家长触目惊心进而想到自己。我还特意选登了两则我的日记。日记中所写的内容绝对真实。家长们可以从中了解你们孩子的精神世界，以及你们和孩子之间可能的差距。我还特意给家长们推荐了河南焦作市“培优扶弱”八十问，供家长们参考。最后我还刊出了我女儿最近的一篇关于家庭教育的文章，也许对大家不无意义。

我再次希望家长朋友们和学校继续配合（我不是说过吗？我们是同事关系），为你们的孩子健康成长而努力。

最后，我要重复一遍前次信中的一句话——

只有家长好好学习，孩子才能天天向上！

你们的同事：李镇西

2006年11月8日

为未来培养优秀的父母

——给武侯实验中学全体学生家长的第三封信

尊敬的家长朋友：

您好！

新年将至，我代表我校全体老师向您致以真诚的祝福！

同时，还要向您表示衷心的感谢——感谢您一学期来对学校工作的支持！

我今天想和您谈谈，如何培养未来的父母？

本期我就任武侯实验中学校长，在学校开展了“新教育实验”。“新教育实验”又一个重要的内容，就是培育现代父母。所谓“现代父母”，也称作“新父母”，就是具有现代理念、民主情怀、平等意识和科学家教观念的父母。要特别说明的是，这里的“父母”，既是指现在的父母，也就是你们；也是指未来的父母，也就是你们的孩子——他们将是明天的父母。

苏联曾有一位杰出的教育家，叫苏霍姆林斯基，他曾花了十年的时间，研究了两百个年轻家庭离婚的案例。他发现，其中有一百八十九个离婚案件的原因是彼此不善于了解对方。“这些青年男女对于互相之间应该善于培植复杂、微妙的感情一事一无所知，而这恰恰是婚后生活所必需的。”但是，这些年轻人在婚前却没有受过这方面的任何教育，于是，不幸的家庭便糊里糊涂地诞生了，然后是生孩子，然后是离婚……父母和孩子的不幸由此产生，家庭教育的不幸也由此产生。

所以，苏霍姆林斯基首先告诉教育者——家长和教师："应该从孩子小时起就培养他做父母的义务感。"换句话说，家庭教育绝不仅仅教父母如何做父母——这当然也是非常重要的，而且首先包括教孩子怎样做未来的父母！

教育者要在少男少女谈情说爱之前就教会他们怎样去爱——苏霍姆林斯基的这个观点即使放到今天，可能也是惊世骇俗的。他说："我们年纪较长的一代应当学会跟儿童们、少年们谈论这种伟大、美好的人类感情——爱情、结婚、生孩子、至死不渝的忠诚之情；在我们未学会谈论、思考这些问题之前，我们是不会培养孩子具有高尚、纯洁的心灵和情感的。无知识、无礼貌的环境，早晚会变成孩子的眼泪和愁苦。"

但苏霍姆林斯基说的观点是基于对这一现实的忧虑："不善于做丈夫和妻子的人，一旦成了年轻的父母，常常表现得像孩子似的无能力、无经验和束手无策；应当帮助他们，但很遗憾，就像帮助小孩子一样费力。当这些大孩子生小孩子的时候，更大的愁苦来临了，这对社会、对生下来的孩子都是不幸的，因为按道德和精神发育水平来说，自己还是孩子的人又生了孩子。"

在今天的中国，谈到家庭教育，人们往往首先想到怎么给父母提供一些教子"良方"，而且希望这些"良方"大多都是关于如何培养"天才儿童"的；而忽视了"怎样做父母"这样一个根本问题。人们常说："家庭，是孩子的第一个课堂；家长，是子女的第一任老师。"但人们往往看重的仅仅是家长如何"教育"孩子，而忽视了家长自身的素质。

我从事中学教育已经25年，我从来都认为任何一个孩子首先是其父母的作品。我曾教过一个品学兼优的学生叫叶诚，他不但学习勤奋，成绩拔尖，而且思想纯正，为人朴实，对同学特别善良。有一次我去家访，他母亲给我说了很多叶诚在家孝顺父母和爷爷奶奶的事，他母亲说："我为我有这样一个懂事的儿子而自豪。"碰巧的是，有一次叶诚写了一篇作文，题目是《我为我的爸爸妈妈而自豪》，文中写道："本来我们家的住房条件是不错的，妈妈单位分的房子很宽很宽。但我们现在一直住在几十平方来的旧房子里，因为妈妈说，爷爷奶奶身体不好，而他们又不愿搬家，和他们住在一起好照顾他们。”从这里，我找到了叶诚为什么如此孝顺的原因。我还有一位叫钟楠的女生，学习自觉性特别强，有着一般女孩子没有的毅力。奇怪的是，她的爸爸妈妈是很少管她的。我去家访时，给她的父亲谈起这事，她父亲说：“我的科研所任务特别多，我的确没多少时间具体管孩子。但我认为我时时刻刻都在管孩子，这就是用自己的勤勉给孩子以感染。当女儿看到深夜的我还在伏案疾书时，她会明白，勤奋才是生活真正的内容。”对这样的家长来说，所谓家庭教育首先不是“说”，而是“做”。如果说叶诚和钟楠是优秀学生的话，那么首先因为他们的家长是合格家长。家长的人格对孩子无声的感染，这是家庭教育的上乘境界。

遗憾的是，我们许多为自己孩子头疼因而四处寻找良方的家长，往往自己却不会做家长。这样的家长几乎每一位教师都遇到过，而且远非个别。我常常面对街头那些痞气十足的少年叹息——不是叹息这些可怜的孩子，而是叹息他们的父母。我长期与“后进学生”打交道的经历告诉我，这些孩子的父母大多连做人的一些基本素养都成问题，却成了孩子的“第一任老师”。如果要彻底转变这些孩子，必须同时转变他们的家长，然而要转变已经成人的家长几乎是不可能的。于是，教育的遗憾乃至悲剧便产生了。而更大的遗憾和潜在的悲剧还在于，这些不良少年再过十多年又是为人父母！

套用一句当代中国的习惯语：提高父母的素质，“从娃娃抓起”。培养孩子的义务感，让孩子懂得为别人负责——这既是为了今天的孩子，也是为了明天的父母，最终也是为了明天的孩子。很少有人会想到，应该在一个人的少年时代便让他具备将来做父母的义务感和素质，这是一般人家庭教育观念中的盲点。愿我们武侯实验中学的学生家长克服这个盲点，不但能够努力使自己成为优秀的家长，也能够为未来培养优秀的父母！

感谢您认真阅读完了我这封长长的信，相信您能理解我的良苦用心。其实，这封信的内容，在我赠给您的《做最好的家长》里面都有的。只是我不放心每个家长都认真读过我的这本书，所以，在这旧岁将尽的时候，重复强调一下这个重要的话题。

说到我写的《做最好的家长》，我还要感谢所有读完了这本书的家长朋友！不少家长不但认真读，还认真写下了读书体会，并且在行动上开始改进自己对孩子的教育。我这里收到一些孩子的来信，他们在信中表扬自己的爸爸妈妈“变得亲切了”“比过去耐心了”“喜欢鼓励我了”……在本期《新父母》中，我们选编了一些家长的文章，供大家交流学习。

重复一遍我过去说过的话：只有家长好好学习，孩子才能天天向上！

最后，再次祝您和您的家人新年快乐！

李镇西

2006年12月25日

两代人心灵的对话

我常想，在任何时代对任何民族来说，“历史”都是一份珍贵的遗产与财富，其意义恐怕不仅仅是“以史为镜，可以知兴替”，还在于历史往往同时是一种文化、一种传统、一种力量！它能使后人在回顾往事中反思现状，在反思现状中走向未来。

由此我又联想到了学校班级教育。我在教高九五届（1）班的时候注意到了这样一种现象，班上的学生家长，年龄大多在四十五岁上下，这正是当年的“老三届”！而我理解的“老三届”，是一对对反差极大的矛盾组合，曾经面临的知识失落与如今拥有的文化重建，少年阶段的理想破灭与中年时代的信念追求，忍辱负重的人生坎坷与继往开来的事业辉煌，“文革”风暴的历史弃儿与改革大潮的时代栋梁……正如著名学者、作家余秋雨所说：“在没有战争和灾荒的情况下，老三届可以说是二十世纪有文化的青年人中遭受最多磨难和折腾的群体之一。他们的经历不妨看成是一段历史的生命化缩影。‘文革’的具体事端会渐渐淡忘，但这群人以及他们的后代却以一种乖戾的生命方式作了永久性的记载。无论如何，这群人绝不是历史的展览品，他们还是咬着牙把中国历史的断裂处连接起来了。是的，历史曾使他们的生命断裂，没想到他们在修补了自己的生命之后立即又以生命修补了断裂历史。这是一个颇具悲壮色彩的故事。”（《文明的碎片》第266页）

其实，从广义上说，不仅是“老三届”，三中全会以前由于种种原因历经磨难而又在改革开放后重现生命辉煌的人，都是这个“悲壮故事”的主人公。而我班的学生家长绝大多数正是属于这样一批人。把他们“悲壮的故事”告诉现在的中学生，不仅可以而且完全必要。

但学生对其父母的过去并非一无所知，相反，他们对饭桌上的爸爸妈妈们“想当年”的唠叨已普遍感到厌烦。那么，如果我再简单地请一两位家长来班上进行“忆苦思甜”，其效果很难令人乐观。于是，我决定换一种形式，让历史告诉未来，让未来与历史对话。具体做法如下：

第一步，家长写信。我先在家长会谈了我的设想，让家长理解这次活动的意义。然后，我请求每一位家长以“我的求学经历”为内容给高一（1）班全体同学写一封信，家长可以写自己的中学时代，也可以写自己的大学生活，还可以写自己考大学或自学的经历。家长明白了教师的用意，特别是这封信的内容正是令他们感慨万千的经历，因此，家长们积极地投入了写作。为了完成这封信，许多家长克服了工作忙、家务重的困难，张一同学的父亲的来信，甚至是出差途中在宾馆里熬夜写成的。不少学生在家中目睹了父母写信的过程，这对他们本身就是一种感染力。

第二步，教师读信。家长陆陆续续把信交来后，我便利用读报课或班会课为学生们朗读。虽然信中的内容也许有学生已多次听父母讲过，但课堂读信为学生创造了一种特别的氛围，对某一学生而言，全班同学聆听自己家长来信，他会感到一种自豪；对全体学生来说，集体回顾属于爸爸妈妈的那段人生，他们会感到一种心灵的震撼。每当此时，教室里只是静静的，只有我读信的声音在教室里回荡。我一边读一边评论，引导学生通过想象把父辈的回忆化为触手可及的形象，启发学生比较两代人求学的共同点和不同点。在这种气氛中学生所感受到的精神撞击的力量，是其他形式所难以达到的。

第三步，学生回信。集体阅读家长来信的反响是极为强烈的。同学们觉得这些来信者个个都是事业的强者，人生的英雄，而这强者、英雄不是来自电影、小说，恰恰是自己的爸爸妈妈。他们在感动中惭愧，在惭愧中自责，都觉得应珍惜今天优越的学习条件，发扬父母逆境奋斗的精神，刻苦学习，奋发向上。于是，我抓住学生的这一感情特点，布置他们每一个人都以“高一（1）班全体同学”的名义给爸爸妈妈写一封信，然后交给自己的父母。学生写回信的过程自然也是一个自我教育的过程。

任何教育形式我们都不能夸大其教育作用。那种认为通过某一次谈心，读某一本好书，听某一次报告便能使后进变先进的观点是片面而可笑的。因此，我也不认为两代人的通信就如何如何推动了班风建设，但它的确在学生心灵中引起了震动，激起了思考，它起的教育作用，也是显而易见的。

附：要爱你的妈妈
——主题班会实录

时间：1998 年 4 月 14 日上午第二节课　　地点：石室中学逸夫楼讲演厅
学生：初 2000 届 3 班学生　　班主任：李镇西

班主任：今天我们开一次班会，这次班会同时也是一次作文评讲课。谁的作文呢？就是你们爸爸妈妈写的“作文”。这学期开学的第一次家长会上，李老师给每一位家长都布置了一道作文题：《我为我的孩子而……》，“而”什么呢？或者“自豪”，或者“欣慰”，或者“遗憾”，或者“伤心”，或者“一把鼻涕一把泪”……（众笑）最近，家长们都把自己写的文章交给了我。因此，今天这个班会课，同时也就是评讲你们爸爸妈妈“作文”的语文课。（学生惊诧，小声议论）

班主任：我把今天这个班会的题目取名为“要爱你的妈妈”。班会的题目是来自一所学校的校训。这所学校是苏联一所名闻全球的农村中学，叫巴甫雷什中学。校长就是我经常给同学们提到的杰出的教育家苏霍姆林斯基。正是他给学校制定了这个校训：“要爱你的妈妈”。校训贴出来以后，有人就提出疑问：“为什么不说爱祖国爱人民呢？”苏霍姆林斯基的回答是：“只有爱妈妈，才能爱祖国！”听到这里，可能会有同学还有疑问：“爱妈妈？那还有爸爸呢？”同学们，这里的“爱妈妈”，实际上包括了爱爸爸。那么包不包括爱爷爷奶奶呀？

学生：包括！

班主任：对了。这在修辞上叫什么？

学生：借代。

班主任：对，借代。就像我们说“吃饭”，实际上还包括了“吃菜”。所以，今天我们的班会虽然题目叫“要爱你的妈妈”，实际上包括了要爱你家里所有长辈的意思。——咱们先来搞一个现场调查：请知道自己爸爸妈妈生日的同学举手。（不少学生举起了手）

班主任：好，很多同学都把手举起来了。我现在来抽一位同学，请他把自己父母的生日准确地说出来。抽谁呢？咦！刚才张涛同学没有举手，大概是看到同学们都举了手，他只好也把手举起来了。那我就抽张涛同学

吧！（众笑）张涛你说，你爸爸妈妈的生日是哪一天？（张涛站起来，不好意思地摇摇头。同学们大笑）

班主任：哦，不知道。那刚才你举手是怕老师批评你，是吧。其实，不知道就不知道嘛。你今天回去问问爸爸妈妈的生日，好吗？请坐。我再抽一位同学。解斌，请你准确说出你爸爸妈妈的生日。

解斌：我爸爸的生日是1952年6月4日，我妈妈的生日是1957年4月15日。

班主任：非常好！（众鼓掌）那么，现在我要问第二个问题了。上个月，我们全班同学和李老师一起徒步到太平寺机场郊游。那次的辛苦，用有的同学的话来说就是："李老师，你就只差没把我们杀死了！"总之，是非常累非常疲倦。同学们回家后洗澡没有？

学生：当然洗了的。

班主任：洗衣服没有啊？

学生：洗了的。

班主任：谁洗的？是自己洗的吗？（学生沉默）请问：那天哪些同学是自己洗衣服的？请这些同学举手。（有几个学生举起了手）

班主任：哦，有同学举手了。我数一数：1，2，3，4，一共四个，其中还有一位是男同学。这四位同学非常值得其他同学学习！让我们鼓掌向他们表示敬意！（众鼓掌）可能有同学会说："哎呀，平时换下来的衣服都是我洗的，那天是因为我实在太累了！"是不是这样的？哪些同学平时都是自己洗衣服的？请举手。哦，这次举手的同学比刚才多一些了。好，请把手放下。问题是，平时你们爸爸妈妈下班回来以后，也很累呀，你们想过给爸爸妈妈洗衣服没有呢？所以，爱自己的父母，就应该从这些小事做起。父母哺育我们不容易啊！从你们出生起，就不知操了多少心啊！（学生长时间的沉默）

班主任：说到这里，我要问第三个问题了。同学们的名字，可能都寄予了你们爸爸妈妈对你们的期望。那么，有没有哪个同学的名字，是和自己出生有关的？好，邹冰举手了。你说吧，你的名字和出生有什么关系？

邹冰：我出生那天，正下大雪，天很冷，所以爸爸就给我取名……

班主任：别忙，我问一下，那天结冰了吗？

邹冰：（点头）结冰了。

班主任：哦，所以你就叫邹冰！（众大笑）你爸爸给你取这个名字，大概是希望你记住妈妈生你时的艰难，对吧？所以，你现在可不能对你的爸爸妈妈“冷冰冰”的啊！好，请坐。——还有没有同学的名字和出生有关？好，黄芪举手了。哎，对了！黄芪的名字很特别。我先给各位听课的老师介绍一下，这位同学名叫“黄芪”。（板书，众大笑）为什么会叫“黄芪”呢？好，请你给大家解释一下。

黄芪：因为我出生的日期是7号，出生时体重是7斤，而且，在我出生的时候，我妈妈由于失血过多，昏迷了，医生就要她多食用一些黄芪之类的补药补补身体，所以妈妈就给我取名叫“黄芪”。（众大笑，鼓掌）

班主任：哦，原来是这样！嗯，他这个名字的确有意思：出生是7日，体重是7斤，更关键的是母亲在生他的时候，身体因失血过多而极度虚弱，靠着黄芪等补药才得以恢复。不过，我现在突然产生了联想：可能你妈妈给你取名的时候，还希望你今后成为对国家有用的人，成为我们振兴祖国的……“补药”！（众大笑）

班主任：我认为，爱自己的爸爸妈妈，不仅仅是咱们中华民族的传统美德，而且还是人类共有的一种崇高美德。在世界上许多国家，都有不少这方面的感人故事。下面，我们先请向启同学给大家讲一个这方面的故事。大家欢迎。（众鼓掌）

向启：老师们，同学们，这是一个感人的故事。在美国得克萨斯州有一个农场。1980年的一天，农场主突然把他10岁的儿子洛迪叫到身边，对他说：“孩子，我又要出远门了。这样，现在你便是家里唯一的男子汉了。你一定要照顾好你的妈妈！”洛迪庄严地回答说：“您放心吧，爸爸！”父亲走了不久，母子俩便遇到了一场罕见的暴风雨。洪水卷走了他们，把他们冲得很远很远。在与洪水的搏斗中，母亲受了伤，她的左臂骨折了。小男孩也已经精疲力竭。可是，每当洛迪想起父亲临走前嘱咐自己的那句话时，他就对自己说：“我是一个男子汉！我一定要照顾好我的妈妈！”于是，他拉着母亲的手，勇敢地同恶浪搏斗。终于，三个小时过去了，他们到达了浅水区，洛迪再次想起了父亲嘱咐他的话。他把母亲放进一间小屋，母亲躺在地上，很快睡着了，可他无法入睡，也不能入睡，他告诫自己：“一定要照顾好妈妈。我要保护好我的妈妈！”过了很久，母亲醒了，洛迪搀扶着母亲上了公路。警察发现了他们，用救护车把洛迪的母亲送进了医院。洛迪看到母亲被送进了手术室后，才放心地松了一口气，然后回到家中，倒在床上沉沉地睡了。后来，人们在他的枕头前发现了一张纸条，这是洛迪临睡前写的，上面是一行大字：“我是一个男子汉！”（众长时间的鼓掌）

班主任：讲得很好。这个故事，是在准备这次班会的时候，我给向启同学提供的。刚才向启在充满感情地讲这个故事的时候，我情不自禁地在下面想：向启在他妈妈的心目中，也是一个男子汉！这次，在我收到的家长作文里面，向启妈妈写的题目就是：《我为我的向启而自豪》，他的妈妈在文中这样写道："我为我的儿子向启而感到自豪。……他富有同情心，善良，正直，有礼貌，孝敬父母及老人。当我们有病时或者有困难需要他的帮助时，他会尽力做得很好，让我们从心里感到欣慰！"所以我想，虽然向启和他的妈妈没有遭遇过暴风雨，但是如果遇到这种情况，向启一定也会是一个坚强勇敢而富有爱心的男子汉！让我们向他表示敬意！（众鼓掌）

班主任：刚才向启讲的这个故事，其实是一个突发事件。可能会有同学在听的时候，会这样想：要是让我和我的妈妈也遭遇一次暴风雨该多好啊！平时妈妈总说我不爱她；如果到那时，哼，看我的！（众大笑）其实，爱爸爸爱妈妈，在平时就可以表现出来。上学期，我给同学们推荐了意大利作家亚米契斯的《爱的教育》。不知同学们还记不记得其中的一个情节？有一次，主人公恩里科对他的母亲说了非常不礼貌的话，他父亲非常生气，便对他进行了一次语重心长的谈话。书中有一则恩里科的日记，记载的就是这次父亲的话。下面，请李翱同学为大家朗读这则日记。大家欢迎！（众鼓掌）

李翱：（朗读）恩里科，你竟然会对你的妈妈如此不尊重！你那些无礼的话，像针尖一样刺痛了我的心。我想起了几年前你生病的时候，妈妈担心你的病不会好，通宵坐在你的床前，数你的脉搏，算你的呼吸，整日整夜担心得一直在哭！她宁愿用自己一年的欢乐去免除你一时的痛苦，会为了你去屈膝乞讨，会用自己的生命去换回你的生命！听我说，恩里科，在你这一生中注定要经历一些痛苦，而在这其中，最痛苦的一件事就是失去妈妈。恩里科，在你成人以后，尝遍了世间的冷暖辛酸，必有时候你会在心里千万次地呼唤她，渴望能够再次聆听她的声音，哪怕只有一分钟，你会渴望再次投入她的怀抱哭泣。那时，你想起你曾带给她的痛苦，心里不知有多么懊悔。可怜的人儿啊！如果你现在令妈妈痛苦，将来你即使悔恨，请求她宽恕你，永远敬爱她——可这一切全都是徒劳，良心会让你不安，那张温和、甜蜜的笑脸在你心中会永远带上悲伤和责备的神情，让你的灵魂日夜受到煎熬。啊，恩里科，母子之爱是人类情感里最神圣的亲情，不要去践踏它。即使是一个杀人凶手，只要他尊重敬爱自己的母亲，那么，这个人还算是有救的；而一个人再出名，如果他是一个使母亲痛苦哭泣的人，那就是一无可取的人渣！所以，对于亲生的妈妈，今后不该再说无礼的话了，万一不小心说错了话，你也应该从自己的心里深深悔悟，主动到你妈妈面前，请求原谅。我爱你，儿子，你是我生命里最可宝贵的希望。但是，我宁愿没有你，也不愿你对自己的妈妈不敬不孝！（众鼓掌）

班主任：李翱同学朗读得很有感情，可能是因为她对自己的父母很有感情吧！我这里收到的李翱妈妈的文章中，有这样一段："记得李翱读小学三年级的那年春天，我生病了，病情较重，呕吐，头昏，不能起床。中午，她放学回家，我躺在床上正担心她吃什么呢！她却立刻放下书包，拿起扫帚把床前我吐的脏物打扫干净。接着又打水给我洗脸、拿药……跑前跑后，手忙脚乱地做着。当她把一碗泡好的方便面放在我的床头柜时，我看到她脸上的倦意，她坐在我身边问道：'妈妈，以往我生病，你照顾我时累不累？'我没有直接回答，反问她说：'你今天觉得如何呢？'她说累但是心里也很愉快。从这件小事中，我感到欣慰，因女儿懂得关心父母，她从照顾我们的劳动中，理解了平时爸爸妈妈对她的爱！"这就是母亲眼中的李翱！（众鼓掌）

班主任：就在今天早晨，成都电视台的《早间新闻》播出了这样一则新闻：一个儿子因为长期不但不孝敬父母反而虐待父母，所以被忍无可忍的母亲杀死了！刚才李翱朗读的那段话中，有这样一句："即使是一个杀人凶手，只要他尊重敬爱自己的母亲，那么，这个人还算是有救的；而一个人再出名，如果他是一个使母亲痛苦哭泣的人，那就是一无可取的人渣！"那么反过来我想：一个母亲居然不得不杀死自己的亲生儿子，可见这个儿子已经丧尽天良到了何等程度！（长时间的沉默）

班主任：刚才向启和李翱给我们讲述的关于父母之爱的故事，都是外国的。其实，在我们中国这样的动人故事也多得很，"孔融让梨"这样的故事不用说了，咱们身边就有许多关于孝敬父母的感人事迹，只是还没有进入世界名著而已。（众笑）下面，让我们一起来听听一位母亲的述说，这是一位母亲在朗读她写的文章。（放录音）

我为我的孩子感到欣慰

儿子进入初中已经快一年了。他已经经历了人生的十三个春秋。在这十三年中，我们有过烦恼，有过焦虑，但更多的是欣慰。

儿子办事非常认真，善于思考，在学习上有一股"牛劲"。从小养成了勤俭节约的好习惯，不讲究吃，不讲究穿，生活上不与他人攀比。从不乱花钱，就是在炎热的夏天也很难买上一支便宜的冰糕。学习之外的空余时间他尽力帮家中做一些家务，特别是在假期，除洗自己的衣物外，有时还要帮爷爷、婆婆、父母洗一些小东西。帮爷爷婆婆择菜、洗菜和买些东西。家中有什么好吃的，他都要带给爷爷婆婆吃。在一起吃饭时，他总要把好吃的菜先夹给爷爷婆婆，宁可自己不吃；吃水果时，总是把大的给长辈，自己拣小的吃；家中有人生病不舒服时，他总是跑上跑下，嘘寒问暖，为你端水拿药，叫你测体温，叫你休息。

像这类的小事实在太多，最让人难忘的，则是1996年7月28日的那一天。那天我们一家三人去看望孩子的爷爷婆婆。晚上7点多钟，婆婆突然发病，神志不清，话也说不出来了。看着这突发的情况，我和孩子的父亲急忙把老人送进了医院。医生诊断为：脑血管多发性梗死。经过医生的抢救，老人的病有所稳定。孩子的父亲留在医院。当我回到家中已是深夜11点。一进门，孩子就迫不及待问我："妈妈，婆婆现在怎么样？得的是什么病？现在还说不出话吗？有没有危险？"看着儿子湿润的眼睛和那焦急的样子，我告诉他，婆婆现在的病情有所好转了，让他放心。可他却一声不吭地找出医书认真地翻了起来。看到那情景，我当时真感到孩子懂事了。婆婆刚住院没几天，我又病倒了，起不了床，周身无力，又发高烧。孩子的心情变得更加焦急不安，但在不安中也显得更加懂事。他给我端水拿药，每天晚上都要起来五六次，把水递给我喝，并说："医生说的，要你多喝水。"还问我需不需要什么，并摸着我的额头问："妈妈，您感觉好些了吗？"望着孩子，我的眼睛湿润了。

家中的经济条件并不宽裕，可孩子只要从报纸杂志上知道什么事物对婆婆的脑梗死有益，就不停地叫我们给婆婆买。平时买点好吃的让他吃，他则对我说："妈妈，您先吃，我才吃。"我说："你正在长身体，吃好了才能更好地学习。"可是他却像个大人一样地说："妈妈，您的身体本来就不好，不吃怎么行？"望着懂事孝顺的孩子，我常常不知说什么好。

这些虽然都是一些微不足道的平凡小事，可它们却体现出中国传统美德。我为有这样一个儿子而感到欣慰！

班主任：听了刚才这位母亲的录音，同学们都很感动。同学们一定想知道这位同学是谁，那我们先来猜一猜吧，有没有哪个同学知道这位懂事孝顺的同学是谁呢？

（一女生举手）好，周晓竺同学举手了。你说吧，这位同学是谁？

周晓竺：是叶诚同学。

班主任：你怎么知道是叶诚同学呢？

周晓竺：因为我在小学和他也是同班同学，对他很了解。叶诚在小学就是很懂事、很孝顺的同学。

班主任：对，的确是叶诚同学！（众鼓掌）现在我想临时采访一下叶诚同学。（班主任走到叶诚身边）叶诚同学，刚才你妈妈把你说得那么好，我想问一问：有没有这样的时候，就是你妈妈冤枉了你，错批评了你，而你就忍不住和妈妈顶起嘴来呢？

叶诚：（略加思考）还是有这种情况。我记得有一天中午，婆婆在给爷爷配吃面的作料，我想到爷爷的病还没有好，还在咳嗽，就对婆婆说，要她少给爷爷的碗里放些辣椒，婆婆说她知道了；但我不放心，就站在婆婆身旁看她配作料。这时妈妈就批评我，说你怎么不相信婆婆呢？我当时很委屈，觉得我是关心爷爷，而妈妈却误解了我。于是，我就情绪激动地给妈妈解释，妈妈越听越生气，就更加严厉地批评我，而我又极力想解释清楚，这样我就和她顶撞起来了。

班主任：后来这件事最后是怎么解决的？

叶诚：当时，我看着妈妈非常生气的样子，知道继续解释只会让她更生气，便不再说什么了。到了晚上，我看妈妈的情绪平静了许多，便主动找妈妈谈心，我耐心地说明了中午的情况，同时，向妈妈承认了自己当时不该那么激动。这时，妈妈也对我说，她当时也不应该那么激动，希望我原谅她。我听了妈妈的话，心里很感动，也更加理解妈妈了。（众鼓掌）

班主任：叶诚滔滔不绝地说了这么多，我和同学们很自然地会想到他刚进初中时，有一次在课堂上，我请他朗读课文，当时，他站起来非常紧张，一个字都读不出来。每次只要我课堂抽他起来发言，他的表现都是“千言万语不知从何说起”。（众笑）可是半年过去了，现在叶诚的口头表达能力真是大大提高了。这是在学习上不畏困难战胜自己的结果。正如他在一篇题为《成长的烦恼》中所说：“人生的烦恼不是真正的烦恼，人生没有烦恼才是真正的最大烦恼；人生如果没有烦恼，剩下的就只有卑微的幸福。”叶诚对困难坚忍不拔，而对母亲却是一腔柔情。只是那一次，你的柔情她一点不懂。（众笑）我们今天有幸将叶诚的母亲也请到了我们的班会上，让我

们向叶妈妈表示欢迎和敬意！（众鼓掌）

班主任：现在，我也准备现场采访一下叶妈妈。（班主任走到叶诚母亲身边）叶妈妈，你好！今天在场听课的人里面有很多都是做爸爸做妈妈的，我从他们现在的面部表情上看出，他们都很羡慕你有这么一个懂事的儿子，也很敬佩你培养了这么一个好儿子，那么，我想代现场所有的父母向你请教一个问题，你能不能用简洁的语言概括一下你对儿子进行孝心教育的秘诀？

叶妈妈：我用四个字来回答您的问题，"言传身教"。（众鼓掌）

班主任：很好！谢谢。"言传身教"，的确，高尚的人格是无声的教育。据我所知，叶妈妈本来有自己的房子，但为了照顾老人，她和孩子至今仍然和老人们住在一起。这，就是无声而最有效的孝心教育！

（众长时间的鼓掌）

班主任：实际上，在咱们班，孝敬父母的同学绝不仅仅是叶诚一个人。在我收到的文章中，许多家长都是饱含真情地述说着自己孩子的懂事和孝顺。下面，我随便念几则。周晓竺的妈妈这样写道："今天回家，女儿送给我一件小礼物——一张她亲手做的生日贺卡。这时我才想起，今天是我的生日。我当时非常感动。女儿能够想着我，懂得尊重长辈，这就让我感动，让我感到欣慰，同时也感到了一种愧疚，我们因为工作忙，有时竟忘了自己父母的生日，看来在有些方面我们也需要向孩子学习啊！"王倩芸同学的妈妈写道："在王倩芸9岁的那一年暑假，她父亲因腰部受伤躺在床上不能动，是她在家里照顾父亲，中午替父亲在食堂买饭，给父亲拿药拿开水。有一天，她父亲单位组织孩子们去世界乐园游玩。这对孩子来说是很有吸引力的，王倩芸非常想去。但是她一想到如果自己走了，中午就没有人给父亲买饭了，没人照顾父亲，于是她就打消了去的念头。这时有小朋友在楼下叫她上车。她回答说：'我不去，我爸爸病了，我要照顾我爸爸。'她的回答让我和她父亲非常感动。她年龄那么小，就已经知道关心别人了。我们感到十分欣慰。她站在阳台上看着小朋友们一个一个地上车，眼中充满了羡慕。她父亲看到这种情形，就劝她：'你去吧，我没关系。'我也劝她：'你去吧！妈妈中午赶回来照顾爸爸。'（因为我上班地点离家很远，平时中午是不回家的。）在我们的反复劝说下，她最后终于才登上了去世界乐园的车。临出门前，她还问了一句：'真的不需要我吗？'"同学们看，王倩芸同学对爸爸妈妈就是如此富有爱心！我相信，当时她虽然去了世界乐园，但她的一颗心一定仍然牵挂着病床上的爸爸。（众鼓掌）

班主任：其实，有时候对父母的爱，并不一定要在父母生日或生病的时候才能表达，一些小事也能表达出儿女对父母的爱。比如，彭莹同学的妈妈这样写道："一次，我因工作太忙，中午没有按时回家煮饭。午后一点半到家时，孩子已经上学，桌上留着一张纸条，上面写道：'妈妈，饭在锅里。我上学去了。彭莹。'看完纸条后我立即到厨房揭开锅盖一看，里面是一碗热腾腾的蛋炒饭。顿时，我的眼泪夺眶而出，感到我是世界上最幸福的母亲！"（众鼓掌）

班主任：有时甚至一句看似微不足道的话，也能让父母感到来自儿女的温馨。郭晓君同学的妈妈这样写道："一次，我到学校去看望女儿，当时，学校正在修建教学大楼。我和孩子走在工地旁的操场上，突然，她对我说：'妈妈，注意前面有坑。小心点！'并过来扶我过了这个坑。当时，我心里一热，很激动，我觉得我的孩子懂事了，知道关心别人了。"可能郭晓君同学已经不记得这件事了，可是当时你一句关心的话，却给妈妈留下了永远的温馨。（众沉默）胡昕同学的父亲这样写道："记得今年元旦前夕，家里买了很多东西，需要从一楼搬到五楼，由于当时大人有其他事情临时出去了，他一人往返跑了七八次，累得满头大汗，但他毫无怨言，硬是把所有东西全部搬进了屋里。"我想，当时胡昕在一趟一趟地扛着东西登楼时，他心里一定想的是："因为我是男子汉！"让我们向这位小小男子汉表示敬意！（众长时间热烈鼓掌）

班主任：我们还有许多同学在家里为父母分担家务。向楠同学的家长这样写道："向楠在家孝敬父母，开饭前，先给爸爸妈妈放好餐具，并等长辈到齐，最后自己才入座。星期六、星期天，她总是帮助我们做家务，上街买菜等。现在学会了用高压锅做饭，还能做简单的菜汤，炒土豆丝、蒜苗肉丝等。她自己的衣服总是她自己洗。"会做家务的还不只是向楠，据李文力的家长说，李文力喜欢帮厨。他的拿手好饭是——蛋、炒、饭！（众笑）其秘诀是什么呢？多放味精多放油！（众大笑）

班主任：王墨兰同学的家长写道："有时我看见衣服没洗干净，我就知道是王墨兰洗的。我不但不生气，反而还穿在身上到处炫耀：我女儿帮我洗衣服了！"（众笑）还有我们的卢星月同学，他家境贫寒，可他的母亲却为有他这样的儿子而感到骄傲："记得是他在上小学三年级的时候，学校改建，中午他只好在外面餐馆就餐。有一天，他不小心将脚踩进了街边的积水中，鞋袜连同裤脚全被水湿透，当时正值冬天，他并未哭鼻子，而是脱下鞋袜，挽起裤脚，找破布条把脚包起来，坚持上课，课间同学出去玩耍，他只能坐在座位上等着上下一节课。当我外出办事顺路到学校接他时，看见他脚上包着薄薄的布条，一只手提着鞋子，一只手高举着因上课认真听讲所获得的老师奖励的红五角星向我跑来，我赶紧打开布条，看见他冻僵的小脚时，心里真是一阵酸楚！现在，他读初中了，我每天给他两元钱的午餐钱，可他总爱挑比较便宜的吃，余下的钱哪怕是一角钱两角钱都如实地退还给我，至今仍保持着这种习惯，在家里也从不提过高的吃穿要求……”同学们知道，卢星月同学一贯学习刻苦，正是因为他有这种坚忍不拔的吃苦精神，所以，上学期他取得了期末考试第一名的好成绩！（鼓掌）汪圆同学的生活也很俭朴，她的爷爷这样写道：“圆圆在生活上不奢侈，不浪费，不攀比，给她买衣物，她总是说还有，不用买。一定要买，她往往又说太贵，或者借口不好看不买。所以她现在穿的和用的绝大多数都是在她不知道的情况下给她买的。但她用压岁钱献爱心、交学费从来都毫不犹豫。”李之同学也是这样。她母亲写道：“在衣着上，女儿从来都是捡两个表姐的旧衣服穿。一件7岁时去北京买的汗衫至今还衣不离身。现在又穿她妈妈的衣服。对此她从无怨言。”（鼓掌）

班主任：当然，作为家长，对儿女最大的希望还是把学习搞好。林媛的父母写了这样一件事：“上次她为班上办板报，回到家里已经很晚了，她吃完饭便抓紧时间做作业，作业做完已经是10点多钟了。但她还得办手抄小报《石室晨报》，怎么办？这时我们家长叫她别办了，给李老师说明情况，缓一缓时间。但林媛坚决不肯，说就是不睡觉也得完成。果然，我们都睡了，她还一直在自己的房间里不停地忙着。她的父亲已睡了一觉后，起来看到她还没睡，当时已经是凌晨一点多了，便强令她睡，说李老师一定会原谅你的。林媛坚决不肯，还很伤心地哭了。但在我们严厉的强迫下，她才很不情愿地去睡了。可第二天早晨不到六点她又起床了接着办报。为了学习，那天晚上她只睡了四个多小时！我们家长被林媛这种精神所深深感动，我们有这样的好女儿，在学习上基本不让大人操心，很自觉，这怎能不让我们感到欣慰和自豪呢？”（长时间鼓掌）

班主任：如果我们每一个同学的家长都有这种“欣慰和自豪”，那该多好啊！遗憾的是，有一部分家长正为自己的孩子而忧虑呢！这里，我不点名地念几位家长的文章。有一位家长写道：“我们的孩子在家里生活极为懒散，也不尊重别人。衣着不整洁，每天上学连衣服都没穿整齐过，随随便便的。他早晨刷牙洗脸更为马虎，一两秒钟就完成。下午回家换上拖鞋后，脱下的球鞋满屋飞，脱了的衣服也是满屋飞……”还有一位家长这样写道：

“他自己日常生活能力比较差，虽然按老师的要求有时洗碗、铺床、拖地、擦灰等，但始终不会自觉去做，需要经常提醒。自己的学习用品，或玩的东西，或书，用完后，就摆得到处都是。虽然，我每天都在说他，可就是积习难改，始终不见长进。这也是最令我头疼的事！他总是说我爱唠叨，但是只要他一天不改正，我就准备一直唠叨下去，直到见效为止！”（众笑）某同学的家长这样写道：“我的孩子从不知道什么叫节俭。突出表现在不爱惜文具上，撕本子、乱画本子成了他的爱好。自进初中到现在，一年不到，我先后给孩子买的软硬抄笔记本和他得奖的笔记本近三十本，有的是记了几页，撕了几页，打草稿几页，弄得面目全非；有的被撕得片甲不留，只剩下硬壳。看到好好的笔记本变得七零八落，我心疼极了，但他却在我的吼骂声中无动于衷……”（长时间的沉默）

班主任：下面，我们听听一位父亲的录音。（放录音磁带）

我为我的儿子感到担忧

我的孩子小时候是一个很听话的孩子，从小和爷爷奶奶在一起生活，周围的大人都喜欢他的机敏和懂规矩。在幼儿园和小学期间，老师都比较喜欢他。当他拿回“小红花”“小喜报”以及各种奖状的时候，我们是由衷的高兴！但记得是从小学三四年级开始，他变得不太礼貌，不论是对长辈或是同学，有时甚至还有一些让大人伤心的言辞和表现。近一年来，则更是表现出一种与家人的淡漠，一种莫名的疏远，一种……爷爷奶奶都是八十多岁的人了，一个星期就想见他一见，一天里没有任何奢求，只想在电话里听听他的声音，可是他一接起电话，像背台词似的“奶奶，回来了，好了，再见”。为此，奶奶多次流下伤心的泪水。晚上，我临睡前总要看看他的被子是否盖好，帮他塞一塞，有时见他没睡着，顺便问他句什么，他便十分不耐烦：“你还要不要我睡觉嘛？烦人得很！”他妈妈对他特别呵护，可是你听：“老妈，帮我剥广柑！”“老妈，帮我倒开水！”“老妈，帮我……”有时甚至叫妈妈是“农大妈”“农民”。

这时候，我总是想起在小时候听过的那个故事：一个死刑犯临砍头时，要求再吃他妈妈一口奶，他妈妈答应了他。他一口咬下妈妈的乳头，问他妈妈：“你为什么从小纵容我？”可我们从来没有纵容过他呀！

李老师希望我们讲真话，扪心讲，我今天讲的都是我的心里话。虽然今天我们对孩子的不足说得多一些，但我们对他仍然充满了希望！因为我们相信他血管里流动的是鲜红的血液，生活在一个虽不十分富裕但却值得珍惜、珍视的家庭环境，更重要的是在他人生观开始形成、行为习惯开始养成的关键时刻，遇到了很好的老师！

我们希望他把主要精力用到学习和品行修炼上，用到意志的锻炼和良好行为习惯的养成上。要以成为一个对社会尽责任、对自己负责任、对爱护自己关心自己帮助自己的人负责任，以做一个对社会有用的人为目标；踏踏实实，从每一点小事开始做起，从每一次战胜自己，战胜诱惑中不断进步；坚决地与一切害你一辈子、后悔一辈子的坏习惯、坏朋友决裂！

孩子啊，孩子！向前向上走，每一步都是累，但这是在进步！向后退、向下滑，每一步都很轻松很舒服，但这是堕落，其代价是高尚心灵的丧失和美好人生的毁灭！是任何后悔和再下决心都无济于事的。我和你妈妈坚信，你一定不会让我们失望的！

我们期待着你的进步，充满信心地期待着……

同学们听了这位父亲的话，想必心灵都会受到震动；而且我相信，这个暂时让父母感到担忧的儿子此刻也会在心里暗暗发誓，从今以后一定要做一个让爸爸妈妈欣慰的好儿子！（长时间的沉默）

班主任：这里，我再念一篇母亲的文章——

我为我的儿子感到伤心

十几年前的一个七月，我怀孕了。当时我的战友们问我：“喜欢儿子还是女儿？”我十分自信地说：“喜欢儿子。”她们问我：“为什么？”我说：“儿子有出息，成龙的概率大。”可有人说：“如果您的儿子成不了龙，而成了虫怎么办？”我生气了：“你怎么就想他成虫呢？”

由于种种原因，孩子不足月就降临了，是个男孩，我非常高兴。哪知第二天孩子因为体温调节中枢发育不良导致全身皮肤发硬，同时吸吮功能也消失了，生命垂危，在医院里抢救了半个月。

那期间，医生对我说：“这孩子质量太差，不行就算了，将来重新再生一个高质量的。”听了这话，我哭了：“不，我一定要把这个孩子养大，让他有出息！”终于，半个月后孩子他活了，我给他取名“锐”，意在不仅今天能战胜死亡，将来还要排除万难成为生活的强者。

然而，十几年过去了，一切都不是我当初所希望的。现在我为我的儿子感到伤心！尽管学校里有那么多的好同学做他的榜样，还有老师、家长的教育，可这一切都好像与他无关。在学校他衣着、举止不像个学生，口中常吐脏话，学习成绩让我羞于启齿；在家中是“常有理”，听不进大人的话，你说一句，他顶三句，顶得我们不得不揍他。他也为此不知受了多少皮肉之苦……这么多年来，我不知为他流过多少泪！为此，我也经常想起当年战友们的话。我羞愧，我伤心，我不止一次地想放弃他，但作为母亲，责任又不允许我这样做，我必须一如既往地帮助他，爱他。唉，但愿我的儿子有一天能理解做妈妈的一片苦心！

（全场沉默）

班主任：我不知道在座的某一个同学此刻有没有勇气承认，自己就是这位可怜又可敬的母亲的儿子。（长时间的沉默，陈忻同学慢慢举起了手，并泪流满面地站了起来。）

班主任：好，我们为陈忻同学的勇敢鼓掌！（全场长时间的鼓掌）

班主任：我从来没见过陈忻流泪，相反我多次亲眼看见他不接受母亲的帮助教育，可是现在我们都看见了陈忻饱含真情的泪水。这泪水已经说明了此刻他心中所想的一切！让我们再一次为陈忻的泪水、为他的进步而鼓掌！（长时间的鼓掌）

班主任：咱们班还有一位同学原来也常常使母亲生气，但最近她在家里有了极为明显的进步。她的家长是这样写的：“记得刚上初中的一个星期六，孩子睡懒觉一直到九点才起床，然后拖拖拉拉把作业做完，其余的时间包括星期天就一直贪玩，当时，我和她爸爸非常生气地批评她，可她居然和我们顶嘴：‘你们管我那么多干啥？你们烦不烦呀？’当时，我心里真是如同五味瓶打翻了似的，十分难受，心想：她怎么会说出这样的话？想想自她上学以来，为了能给她创造最好的学习环境，我们什么苦和累都忍受了！想着想着，眼泪忍不住就流出来了。她爸看见我气成这样，就把她叫了出去教育了很久。到了晚上十点钟，她主动来到我跟前跪下，流着忏悔的眼泪承认错误，表示一定要以实际行动改正错误。我原谅了女儿。从此以后，她真的改正了过去的不良习惯，学习上非常认真自觉刻苦，而且在家务劳动方面她也很自觉，比如自己做早餐，晚饭后主动洗碗，自己的衣服自己洗，等等。特别让我们感动的是在前几天，她放学回来后，马上给我们讲了当天李老师含着眼泪给全班同学读安金鹏事迹的事，她在向我们转述安金鹏的故事时，也流下了热泪。她对我说：'妈妈，从现在起，我向您和爸爸保证，决不乱花一分钱，把所有的零用钱节约并存起来，支援像安金鹏那样的贫困生！'听了孩子的肺腑之言，我和她爸爸非常感动。孩子也真说到做到，她开始一点一点地把零用钱自己存起来了，再也不轻易花一分。有这样的孩子，我们当家长的能不欣慰吗？"（鼓掌）

班主任：同学们，这位懂事的同学是谁呢？她就是骆娜同学！（长时间鼓掌）

班主任：说到安金鹏，同学们可能还记得，安金鹏同学生活在一个十分贫寒的家庭，但他为自己有一个虽然贫穷但非常坚强而又高尚的母亲而自豪，他认为，对母亲最好的报答，就是用自己勤奋的学习为国争光！后来他获得了国际奥林匹克数学竞赛金牌后，首先想到的就是把金牌挂在妈妈的脖子上。（众沉默）昨天刚刚去世的著名表演艺术家新凤霞，曾以自己卓越的艺术成就为祖国赢得了荣誉。她曾写过一篇文章，题目是《父母留给我的遗产》，第一条便是："见到长辈要问好，出门要告诉家人，回来也要打招呼：爸、妈，我回来了！"还有我们的邓小平同志，他不但是一位伟大的改革家，而且也是一个十分富有孝心的儿子。在"文革"中，邓小平同志曾被流放江西。在那些蒙难的日子里，小平同志却始终守候陪伴着一位比他更年长的老人，那就是小平同志的母亲，而且是他的继母。正因为小平同志对自己的母亲有着深深的爱，他把这种赤诚的情感扩大升华为对我们民族的爱，真诚地爱自己的祖国，他说："我是中国人民的儿子，我深情地爱着我的祖国和人民！"——由此看来，爱母亲与爱祖国是统一的：爱母亲是爱祖国的基础，而爱祖国是爱母亲的升华！（长时间的沉默）

班主任：现在，请同学们思考一个问题：今天回家以后，我应该为爸爸妈妈做些什么？在今天的班会就要结束的时候，我给大家布置一道作文题："写给爸爸妈妈的一封信"，谈谈你们听了或者读了爸爸妈妈的文章后的感想。注意，一定要是真情实感。但愿我们的同学能够从现在做起，从小处做起，从小事做起，爱自己的妈妈！好，今天的班会到此结束。（长时间鼓掌）

图书在版编目（CIP）数据

做最好的班主任 / 李镇西著 . -- 桂林：漓江出版社，2021. 12（2023.3 重印）
（李镇西教育文集）
ISBN 978-7-5407-9041-7

Ⅰ . ①做…　Ⅱ . ①李…　Ⅲ . ①班主任工作—文集
Ⅳ . ① G451.6-53

中国版本图书馆 CIP 数据核字（2021）第 060045 号

做最好的班主任

作　　者　李镇西

出 版 人　刘迪才
策划编辑　文龙玉
责任编辑　章勤璐
营销编辑　杜　渝
封面设计　周泽云
责任监印　黄菲菲

出版发行　漓江出版社有限公司
社　　址　广西桂林市南环路 22 号
邮　　编　541002
发行电话　010-85891290　0773-2582200
邮购热线　0773-2582200
网　　址　www.lijiangbooks.com
微信公众号　lijiangpress

印　　制　天津嘉恒印务有限公司
开　　本　710 mm × 1000 mm　1/16
印　　张　21
字　　数　340 千字
版　　次　2021 年 12 月第 1 版
印　　次　2023 年 3 月第 3 次印刷
书　　号　ISBN 978-7-5407-9041-7
定　　价　46.00 元